中国传媒业的观察家与思想者

观察家 与 思想者

《新闻记者》三十年选

 选编

文匯出版社

编 委 会

序

徐　炯

《新闻记者》创刊 30 年,从历年发表的众多论文中选出精品力作汇编成这一本书,当然不是简单地为了展示办刊成果。

抱着"温故而知新"的阅读期待,许多人愿意读一读此类新编的旧文。不过据我观察,多数媒体同行恐怕不属此列。我们做的是"唯新是从"的工作,读书也往往偏好"知新",不大情愿花精力和时间去"温故",容易低估和忽视"旧"的价值。读新闻论文,我们更期盼了解媒体行业的新情况、新问题、新趋势,获知同行的新想法、新说法、新做法,更加敏感和兴奋于新近冒出的新名词、新概念。但其实,实际生活并不像每天出版一张报纸这般简单地新旧更替,总是新旧交织,而且,在实际生活中作出取舍的主要评判标准常常并非"新"与"旧"。同样地,在探讨媒体工作的种种议题中确定重点,主要标准应当是"重要"与"不够重要"、"核心"与"非核心"。

比如新闻界前辈马达老人在 2009 年 9 月到 12 月间抱病接受访谈时提出的"如何认识舆论和正确对待舆论"、"新闻工作和宣传工作是不是一回事",依我看就是两个核心的议题。由于至今没有明确、清晰的结论——不要说媒体业界与社会上相关各方取得共识,就连诸多媒体领导及其上级领导,对此也不曾想清楚,甚至没有认真想过,结果我们在实践中始终备受困扰。如今已是互联网时代,舆论环境较之马达老人办报的年代远为复杂,而传统主流媒体面对越来越严峻的挑战,这两个问题再不认真解答,以"公信力"为最大优势的传统主流媒体如何力守阵地?带着"造舆论"的想法踏足网络,又何以保证"引导舆论"的切实有效?

翻读这些文章,我很留心看编者附注在每篇文章末尾的发表年月。这是富有意味的细节。身在此时的我们，回看作者们当年郑重提出的观点，和这些观点所针对的问题，既为 30 年间媒体工作的种种进步而欣慰，也不时为某些问题的"历久弥新"而遗憾焦虑。"新闻改革""观念更新"等等带有年代印记的词汇，于今读来不免感觉有些生疏，但前辈们流露于字里行间的热切心情是不是穿越了岁月余温犹在？

重读旧文，重新去想那些值得想、必须想的问题，重燃探寻答案的热情——如果这本旧文新编能促使我们"温故而知新"，那真是对《新闻记者》创刊 30 年来一代代编者不懈劳作的最好肯定和莫大激励。

（作者系文汇新民联合报业集团党委书记）

目　录

新闻的力量来自哪里

1 新闻改革三十年

《新闻记者》创刊告读者

在大兴改革之风的 1983 年之初,上海市新闻学会主办的《新闻记者》月刊和大家见面了。

经济战线上的改革方兴未艾,文教战线上的改革也正在兴起。相比之下,新闻工作的改革就显得落后了。然而,为反映和评价新事物层出不穷的新形势,开创新闻工作的新局面,新闻改革也势在必行,刻不容缓。本刊愿意为新闻改革造舆论,总结经验,交流体会,介绍一些行之有效的经验。我们还准备从新闻工作的实际出发,就新闻工作者、新闻研究教学人员和新闻爱好者普遍关心的一些理论和实践问题,开展一些必要的讨论。

从新闻工作的现状看,应当说,新闻的理论落在实践的后面。我们的新闻理论研究工作十分薄弱。因此,《新闻记者》将在注重新闻业务的实践活动的同时,努力开展新闻学的理论研究工作,力求将新闻理论与实践熔于一炉,将刊物办成一个有理论色彩的新闻业务刊物。

此外,为满足广大通讯员、作者和新闻爱好者的要求,本刊将用一定篇幅,介绍中外新闻知识,著名新闻工作者的经验,记者、编辑在采访、编辑活动中的感受、见闻,以及各种名作欣赏,等等,使这个刊物对加强新闻工作者的知识修养、提高业务水平,能够有所裨益。

当然,广大读者(包括广播电视的听众、观众)对新闻工作有什么表扬、批评和建议,我们也是热忱欢迎的。

在全国新闻界的同行面前,我们是知之不多的小学生。但是,我们愿意向各兄弟省市新闻工作者学习,荟精集萃,博采众长,使刊物成为反映新时期新闻工作的一面镜子,成为广大新闻工作者的挚友,成为交流新闻工作经验的阵地。我们期待着上海和全国新闻界同行们的支持和帮助。

选自《新闻记者》1983 年第 1 期

论报纸上的消息改革

陆　灏

一

新闻改革涉及新闻工作的许多方面。就一张报纸来讲，诸如消息（包括通讯、特写，我们习惯上通称新闻报道）的问题，报纸的理论宣传问题，副刊问题，版面问题，干部培养和它的结构问题，一直到报社的体制、经营管理和新闻设施装备的现代化等问题，都属于新闻改革的范围。本文谈的是有关报纸上的消息改革的问题，也就是我们通常所说的有关报纸新闻报道本身改革的问题。

消息是报纸最重要的组成部分。粉碎"四人帮"后，报纸上的消息发生了很大的变化。且不说内容，就以形式而言，报纸杂志化、消息文章化的毛病，已有了根本的改变。现在，报纸上消息的数量明显增多了，一张对开报纸的一个版面，经常刊载二三十条消息。人们也注意消息的时效性了，报纸上昨天（晚报是当天）发生的消息多起来了，"日前"、"不久前"、"最近"这一类时间概念不清的消息少得多了。消息也写得短了，两三百字、三五百字的消息占据了报纸主要的篇幅。十年内乱期间，"四人帮"把报纸、通讯社、电台、电视台作为他们一伙进行篡党夺权的工具，弄得面目可憎，失去人心。"四人帮"垮台，新闻工作恢复了光荣的传统，迎来了兴旺发达的黄金时期。把消息从"少"、"慢"、"长"、"空"改变为"多"、"快"、"短"、"实"，这是新闻工作拨乱反正的一个重要方面。现在的问题是如何进一步提高消息的质量。如同工厂的产品要赢得用户的信任必须讲究产品的质量一样，报纸要赢得读者，也一定要在提高质量上下工夫。有了质量才有效益。我们报纸上发表的东西，拥有的读者越多,读者面越广泛,这就说明我们的报纸越办越好,越办越兴旺。为了使我们报纸的宣传效益发挥得更好,我们必须对消息进行改革。

如何选择事实写成消息,是提高消息质量的第一位的问题。大家都知道,并不是世界上发生的一切事情都需要写成消息登在报纸上,也不是哪个单位、哪位同志可以不顾客观需要而主观地认为这件事情重要,就必须在报纸上发表消息。如何从千姿百态、瞬息万变的社会生活中选择事实写成消息,对于我们的记者、编辑来说,是十分重要的。没有正确的选择,就没有消息的质量。选择的能力决定于选择者的水平。新闻工作者的思想水平、业务水平越高,就越能选择出符合党和国家需要、符合人民需要的消息。这样的消息,才能拥有广泛的读者。可是,我们有些报纸经常登一些纯粹属于工作性、业务性的消息。那是读者没有兴趣阅读的。当然,报纸并不是绝对不能刊登有关工作性、业务性的消息,譬如在实行对外开放、对内搞活经济的政策的过程中,有些什么成功的经验,是在什么思想指导下取得成功的;有些什么失误和问题,是哪些思想使工作走了弯路的。总之,有关四化建设的大政方针、事关全局的某些工作的具体政策,以及与人民生活密切相关的问题,即使是有些工作性和业务性,报纸也是应该刊登的,读者们也是关心的。但是,现在的问题是,有些报纸登载的一部分消息,讲的只是某个方面的工作经验、工作活动、工作部署,不少消息工作性太强,业务的分量过重,且带有事务性,只有他们本系统或本部门的人才有兴趣阅读,即使是本系统、本部门的人,也只有极少数领导干部、业务干部对它有兴趣,而对广大读者来说,是没有多少关系的。严格说来,这些事情是不成其为消息的,因此读者感到乏味是很自然的。由于我们的记者联系着社会各个方面的工作部门,每个记者为了要同所联系的部门保持良好的关系,他们往往会反映这些部门的需要,向编辑部发送稿件,争取版面。如果某个部门所做的工作确为群众所关心,报纸上登载这些稿件是理所当然的。问题在于,有些日常工作并不同广大读者都有密切关系,那就没有必要都在报纸上发表消息。报纸上登载的消息,总是要同党的路线、方针、政策有联系,为人民群众所普遍关心,使读者看了之后,或获得信息,或有所启发,或受到教育和鼓舞。有些部门的领导同志不大了解报纸的需要,以为本部门做了什么事,或者是本部门有了一件什么重要的事(如重要的会议、重要的活动),他们就希望报纸能够为其报道,所谓"宣传宣传"。当然,有些事情虽然发生在某个具体部门,但它对全局是有关系的,对整个社会、多数读者来说是有必要知道的,是能够发生作用的,这当然应该发表。但某些具体工作部门的工作进度、工作内容、工作经验,本来让本行业的同志们知道就可以了,没有什么必要在报纸上发表消息。特别是那些带有业务性、技术性、事务性的消息,外行人看不懂,内行人不愿看,连记者、编辑本人看了也不知其所以然。这类消息虽然比过去是少得多了,但在有些报纸上还时有出现,这只能使读者望而生厌。

报纸编辑部感到头痛的是一般的会议消息。当然,重要的会议消息需要报道,特别是党和国家的重要会议,同亿万人民的根本利益直接有关,是为广大读者所普遍关心的,有的还为国际上所瞩目。这些会议、讲话当然要登,而且要登在显著的位置。读者通过阅读会议的报道,能够知道领导机关、领导同志新的决策、新的见解和新的信息。问题在于,有些会议消息讲的只是属于某个具体工作部门的事,或者是它的内容同社会、同人们的生活关系不大。现在编辑部收到的会议消息,有时一天可达一二十条之多。有些部门开了一个什么会议,甚至并无什么内容的春节联欢会、座谈会,或者是中秋节的赏月会,也不分是否确实需要,都希望报纸一个一个报道。有些重大的会议消息,要登若干出席会议人的名单,这是必要的,也是可以理解的。但目前有不少会议消息,动辄要登若干出席人的名单,还要摘发他们的讲话,不管这些讲话是否有新意,和读者、和社会是否有关系,似乎非如此不能显示其会议的重要。有些会议消息是故意做样子给领导看的,以此表示他们"闻风而动"、"响应号召",这类消息当然同读者风马牛不相及。有的会议消息还有重复冗长的毛病。本来要发全文的报告,为了让读者先读为快,把若干最重要的内容摘发消息。这对读者本来是件好事,但现在有的做法走了样,往往先把一篇报告的全文或先或后地分段摘要发表,然后再发全文;有的其实发个摘要可能实际效果更好，但不发全文好像就不够郑重，结果造成了人力、物力的浪费。冗长也是有些会议消息的通病，原因之一是，有些领导同志对消息所表达的内容，总觉得还不够充分，你看后加了一些，他看后又作了补充，层层追加，等到消息定稿时，难免要得"浮肿病"。为了防止报纸上的会议消息充斥版面，不少报纸制订了发布会议消息的具体办法，但如果没有领导机关的支持和各方面的谅解，这些办法也只能是纸上谈兵。

还有一些送往迎来的消息，占了报纸一定的篇幅。党和国家领导人的重要外事活动，为人们所普遍关心，报纸应当刊登消息，有的还应突出处理。至于一般性的送往迎来，出于礼仪，发一点简讯，人们也是理解的。我国现在实行对外开放、对内搞活的政策，国内外的宾客彼此访问、宴请，许多"中心"、"公司"纷纷成立，这类消息偶一为之，未尝不可，但登多了，报纸很为难，读者也受不了。如果真正为读者着想，为社会着想，这类消息就应该压缩到最低限度。

目前我国的报纸一般只有四个版面，如何在有限的篇幅里尽可能多地容纳一些能引人入胜的消息，能给人教益的消息，更好地为读者服务，这是报纸工作人员需要经常考虑的一个重要问题。现在的情况是，报纸有相当一部分篇幅，被可登可不登的消息，或者是被一些根本毋须登载的消息占据了。这个问题不解决，消息本身的改革是无从谈起的。

二

报纸上的消息所存在的种种问题，首先是我们有些同志对新闻工作的性质不完全了解，对报纸的功能、作用理解得不够全面，对办报的目的性不明确。我们的报纸是干什么的？在无产阶级没有取得政权之前，我们的报纸为本阶级的阶级解放、为人民的解放而斗争。革命取得胜利之后，特别是在政权巩固之后，在新的历史时期，报纸要为发展社会生产力服务，动员和组织人民群众为建设现代化的，高度文明、高度民主的社会主义国家而奋斗。报纸作为党的宣传工具，它主要是通过传播消息、反映和引导舆论起宣传的作用，它是读者的良师益友。正如胡耀邦同志最近在说到党的新闻工作的性质时所指出的,党的新闻事业是党和政府的喉舌,也是人民的喉舌。党和政府有什么重要事情要向人民群众公布、传达和说明,报纸发挥着巨大的作用。同时,报纸又是人民的舆论工具、社会的舆论工具。报纸要和群众保持密切的联系,要积极反映读者的愿望和要求,包括向他们提供所需的各种信息、经验和知识。上情下达,下情上达,报纸是党、政府同人民群众相互沟通的一条重要渠道。读者对此越感到满意,说明报纸办得越好。如果报纸上发表的消息"货不对路"、"产销脱节",报纸上登的东西缺乏说服力,读者不爱看,那就没有达到预期的目的。这样的报纸在群众中、在社会上,自然难以发挥应有的作用。看报的人,总是选择他认为最重要、最爱看的新闻报道看的,很少有人从头到尾看完整张报纸。因此,一张报纸可供多数读者阅读的东西越多,一般地说,这张报纸发挥的作用就越大,也就说明办得越成功。诚然,报纸上要发表的消息,有些是必须让读者知道的,即使是这类消息,也要考虑读者接受的程度,即宣传的效益。报纸的领导者对于报纸上发表的消息,是不能不考虑广大读者的普遍需要的。

以上是从领导报纸的角度来说的,而消息本身的改革,更重要的是要解决报纸编辑部本身存在的问题。

一个是报纸要面向生活的问题。如前所述,报纸上之所以登了许多工作消息、业务消息(包括某些会议消息),这涉及正确认识、理解报纸的指导性问题。报纸要讲指导性,要讲指导工作,这是毫无疑问的。对一些事关全局的工作,比如全面整党,报纸发表领导机关指导性的意见,发表一些带有普遍意义的经验,提出一些值得注意的政策上的问题,对整党起了巨大的推动作用。从成功的事例中可以看到,报纸对工作的指导主要应该从党的方针、政策的高度,从思想、理论的高度得以实现。报纸指导工作,不是对一项一项具体工作进行事务性的指导。各项工作的具体情况千差万别,要想用某种模式千篇一律地去指导某一项具体工作,这本身就是违背从实际出发,违背实事求是的思想路线的。实际上,读者的生活面很广,他们除了关心工作,还关心生活领域各个方面发生的事情,诸如市场、交通、市政建设、法律、家庭、娱乐等方面的问题。因此,报纸的指导性,除了表现在从思想上、政策上指导工作外,还要指导生活的各个方面,给读者知识以及各种信息,也应该是属于指导性的范围。不要把报纸的指导性理解得太狭窄了,即使就指导实际工作而言,由于我们国家地域辽阔,条件各异,报纸也不宜指令性地这个要这样做,那个不要这样做。报纸在宣传经验时,要十分慎重,务必说明条件和背景;特别是有些经验,未必成熟,经不起实践的考验,报纸过分热心地宣传,有时反而贻误了工作。至于读者毫无兴趣阅读的,读了以后也不知其所以然的那些事务性的工作消息,报纸应该下决心不登。那些专业性的、技术性的消息,只有少数专家才能看得懂的,可以在专业的报刊上发表。总之,报纸的指导性表现在,通过某项工作,从思想的高度,宣传党的路线、方针和政策,宣传唯物论和辩证法。一切以条件、地点和时间为转移,这是马克思主义的一个基本观点。就报纸的指导性问题来说,由于不顾实际情况,硬性地机械地指导工作,这方面的苦头我们是吃得够多的了,应引以为训。

另一个是报纸要面向社会的问题。一张报纸的读者,少则几万、几十万,多至百把万、几百万,报纸上发表的消息理应引起读者的共鸣、社会的呼应。可是我们有些消息登在报纸上,读者看过之后,思想上引不起什么反应,没有多少社会效果。尽管有些事情我们自己宣传得很起劲,但读者却并没有多少响映。社会是广阔的、复杂的,人们关心、议论的问题是多方面的,他们要求报纸解释、回答,或者是想进一步了解情况,但我们有些报纸有时对读者最关心的问题却没有反映。当然并不是所有的问题报纸都能够作出回答,问题是,有些事情,报纸是应该作出反应的,却保持缄默,因而就不能满足读者某一方面的需要。我们的报纸应该使读者感到是和他们血肉相连、息息相关的,而不是可有可无的。1984 年 5 月 21 日,上海地区受黄海海域地震的波及,家家户户关心地震的情况,议论生命财产有无损失,周围波及什么地方,那里的情形怎样。可是,上海两张大报只发表了简短的公报性消息,不能满足读者需要;只有《新民晚报》登载了比较详尽的报道,受到了读者的欢迎。

这几年来,社会新闻有了较大的发展,就是因为它紧密地联系着人们的思想和生活。勇斗歹徒、舍己救人,高尚的品质、正义的行动,牵动着千百万颗读者的心。榜样的力量是无穷的。社会新闻宣传的新人新事,为建设精神文明提供了学习的榜样,给予人们精神上极大的鼓舞。如果我们记者的采访工作过多地停留在领导机关、领导同志那里,那些新鲜活泼的材料,充满生活气息的情景,相对地来说,是会了解得少一些。当然,在各部门的领导机关、领导同志那里,集中了大量基层的情况,他们对于经济建设、人民生活有很多好的见解,记者从他们那里了解情况、搜集材料是完全应该的;但若仅仅如此,是不够的。我们的记者要舍得花更多的时间深入到社会的各个方面去。"不入虎穴,焉得虎子"。记者如果能经常到工矿企业、农村、商店、学校等基层去,把深入社会、深入基层和跑领导部门结合起来,就能得到取之不尽的新闻线索,就能占有第一手的有血有肉的写作素材。我们的记者工作如果真正做到了面向社会,就能使我们的消息的采写进入一个更为广阔的天地。

再一个是报纸面向群众的问题。报纸的群众就是读者。面向群众,就是面向读者,就是要使报纸能更好地为读者服务。我们的读者当中有领导干部,也有普通群众。领导同志看我们的报纸,群众也看我们的报纸,我们都要为他们服务,都要使他们感到满意,两者不可偏废。一般地说,我们的报纸比较重视反映领导的意图,这不仅因为有的报纸本来就是领导机关办的,而且报纸的领导者同上面领导的关系也比较密切,记者也习惯于跑领导机关。相比之下,报纸编辑部对群众那一头,如何使报纸更加接近群众、了解群众,充分地反映群众的思想、愿望和要求,成了一个值得重视的问题。事实上,报纸多登一点来自群众的东西、来自基层的东西,这对领导机关了解情况、体察民情、吸取养料、提高自己的领导水平,有百利而无一弊。如果一张报纸不加选择地只注意刊登领导机关的活动、领导同志的讲话,而忽视群众的声音,这也是会影响到报纸的生命力的。

如果我们的报纸能够认真做到面向社会、面向生活、面向群众,报纸上的消息就能同社会、生活和群众更紧密地联系在一起,就能使党的主张更容易为群众所接受,同样,群众的实践也会使党的号召、政策更为丰富和具体。这样,报纸上新闻报道的质量就能提高,宣传的效果就会更好。而要做到这一点,光靠报纸编辑部自己的力量是不够的,需要各个方面的协调配合。同做任何事情一样,统一思想是个基础。报纸的上级领导,它的左右的实际工作领导部门,报纸编辑部本身的领导及其有关的工作人员,还有与报纸有着广泛联系的作者和通讯员,如果大家对于报纸的性质及其功能和作用,对消息的来源和发布的目的,有个一致的认识,都能尊重新闻工作的规律,这样,办报就能有更多的自由,报纸就能办得更好,就能深深地扎根在群众之中。

三

要对报纸上的消息进行改革,报纸就要根据自己的具体情况,创造和发展独家消息。报纸的独家消息越丰富、越精彩,就越能构成报纸的特色,也就越能吸引读者。发展有质量的独家消息是提高报纸宣传效果的一条重要途径。

这种独家消息,要考虑到读者是否有共同兴趣,能不能引起读者的兴趣,能不能让人读得下去,也就是我们通常所说的可读性。共同兴趣的说法,在十年内乱时期曾被说成是修正主义的黑货而受过批判,而在实际生活中,共同兴趣是客观存在。就人们的兴趣来说,因为出身、教养、经历、社会影响和所处的地位不同,兴趣是不尽相同的。读者对待报纸,如同欣赏文学作品一样,都是按照自己的兴趣来选择阅读的。但是,确实有一些东西是大家都有阅读兴趣的。任何人办任何一种报纸,都要考虑报纸上发表的东西哪些是人们有兴趣阅读的,哪些是人们不愿意阅读的。即使是一份专业性报纸,也不能不考虑使自己的报纸拥有更广泛的读者。当然,考虑到大多数读者的需要,决不是意味着迎合读者、迁就读者;决不能降低报格。在我们的生活中,确有许多事情是人们有共同兴趣的,如国内外发生的若干重大事件,从当前来说,各地乃至全国在对外开放、对内搞活的方针指导下取得的突出成绩,以及社会各界人士在四化建设中的出色贡献。因为这些消息给人以启发,给人以知识,因而它也就能吸引读者。我们讲的共同兴趣,并不会削弱对报纸的政治要求,因为强调共同兴趣的目的是为了使报纸上发表的消息能够拥有更加广泛的读者。有了读者,才有宣传效果。如同一台戏的演出要讲究舞台效果一样,我们讲的共同兴趣的出发点,就是为了提高宣传的质量,讲究社会的效果。

这种独家消息,还要善于提出问题。应该承认,报纸上有些消息,只是告诉读者有这么一回事。当然这一类消息,也应该是读者所关心的,想知道的。但是不是善于提出问题,始终是衡量记者工作乃至一张报纸办得成功与否的重要标志之一。表扬也好,批评也好,批评固然非提出问题不可,表扬也要能提出问题。消息不能客观主义地反映事实,不能有闻照录,而要沙里淘金,把握住问题的实质,也不能含糊其辞,说了半天,不知道在说些什么。消息总是要向读者、向社会提出一个问题,即使是动态消息也应明确写作的目的。先进的思想激励人们去学习、去仿效,丑恶的东西引起读者的厌恶。不能钝刀子割肉,割了半天割不出血来,消息总要是非清楚,旗帜鲜明。记者、编辑个人也好,编辑部的集体也好,脑袋里都要装许多问题。一个记者,一张报纸的编辑部,如果脑袋里空空如也,说不出多少情况,讲不出什么问题,或者讲了几个问题就枯竭了,或者讲的问题浮皮潦草,不能一针见血,击中要害,或者大而化之,不着边际,就解决不了什么实际问题。如果发生了这种情况,那就赶快到社会上去寻找,到生活中去探索,到群众中去调查研究,去发现问题,分析问题,提出问题。这样周而复始,无限循环,才能使报纸生气勃勃,充满活力。

这种独家消息,还要重视它的社会效果。办报的人,既要有冷静的头脑,又要有炽热的感情。歌颂正气,揭露邪恶,都要能拨动读者的心弦,感染读者。报纸上大量反映人们当前生活中的新思想、反映四化建设中的新人新事的消息,用感情激励读者,对于提高人们的思想境界、推动精神文明的建设,起着不可估量的作用。感情的力量是发自内心的巨大的力量。一则优秀的消息,同样能产生如文学那样震撼人心的作用。一张报纸如果能够一个月抓几次独家消息,或者一个时期进行几次"战役",充分地表现具有我们这个时代风貌的新人新事,通过他们宣传献身四化的思想,使读者在感情上引起共鸣,使社会发生热烈的连锁反应,报纸的作用就得到了有力的发挥。要拨动读者的心弦,记者、编辑就要同人民心连心,力求做到人民对什么问题最关心,有什么话想说,社会上发生了什么事情,报纸上就能敏锐地作出反应,报纸上登了什么东西,群众中就能引起热烈的议论,彼此呼应。这样,报纸同群众紧密相连,相互沟通,报纸上的新闻报道植根于人们的心田,报纸也就办活了,报纸的力量就得到了充分的发挥。反之,报纸上发表的东西,连记者自己也感动不起来,编者看了也索然无味,读者看了根本无动于衷,这样的消息会有多少社会效果,岂不是可想而知!

要写好独家消息,当然同提高新闻写作的质量密切有关。现在某些新闻报道写作上存在的千篇一律和八股腔,应该尽速改变。要能够写得出好的消息,深入采访和准确判断无疑是很重要的,学一点文学也十分必要。决定一篇稿件质量的首先是思想水平的高低,但如果记者、编辑的文学修养高一些,新闻写作的质量就会得到相应的提高。文学当然不能代替新闻,但如果能够讲究点文采,那就能如虎添翼,使报纸上的新闻报道更有光彩。我们现在有些中、青年记者相当熟悉新闻业务,对实际工作也肯钻研,有分析问题的能力,因而也善于提出问题,但就是比较缺少文学方面的修养,因而在写作上还不能运用自如,新闻写得干巴巴的,心有余而力不足,肚子里有很多东西,却不善于表达出来,这是需要想办法弥补的。当然,读一点中外文学名著是必要的,但更重要的,我觉得可以多读一点散文和诗。学习散文的某些表现手法和诗的凝练的语言,会使我们的新闻写作更加生动和精练。许多为读者传诵的新闻作品,大多表现了很高的文学水平。毛主席写的横渡长江和攻占南阳的消息就是有口皆碑的。读者是多么期待我们的记者能多写一点有思想深度和文采斑斓的消息啊!

我们所说的独家消息,当然也包括选用和摘用新华社的统发消息和兄弟报纸的独家消息。选得准,摘得好,这些消息也能成为本报的独家消息。一个普通的读者,往往只订一两份报纸,如果报纸上除了有自己的独家消息,还同时能看到来自各个渠道的精彩的报道,这对读者来说,是个莫大的方便。因此,报纸编辑部如何组织适当的力量,根据自己的需要,精心地挑选和摘编这些消息,组织版面,集百报的独家消息于一家,这也是领导报纸的一种艺术。这样的报纸就能名副其实地成为消息的总汇,它在人民群众中自然会享有很好的声誉,从而产生更大的宣传效益。

选自《新闻记者》1985 年第 6 期

新闻改革刍议

全一毛

新闻改革的紧迫性

近年来新闻改革取得很大成绩,有目共睹,不容置疑。只要拿"四人帮"被粉碎初期的报纸同今天的报纸比较一下,即可见十一届三中全会以来新闻事业的变化带有根本的性质。可以说,这些年是新中国建立以来办报的黄金时期。

然而,目前报纸与改革、开放形势的发展和读者的要求还十分不相适应,突出地表现在下列三个方面:

一、与社会主义商品经济发展不相适应。商品经济的发展,促使生产关系和上层建筑一系列的变革,也促使人们一系列观念更新。人们对报纸传播社会信息的功能,提出了日益强烈的要求,希望报纸沟通信息,扩大交流,消息灵通,记载翔实。人们不仅关心经济信息,而且关心政治、文化、社会生活等各方面动向;不仅关心本市新闻,而且关心国内大事和世界风云。可是,现在的报纸,常常消息不灵通,记载不翔实。国际上许多重大事件,经常迟报、漏报,或者根本不报。国内也有许多为人们所普遍关心的新闻事件,比如某些大案、要案新闻,可谓"千呼万唤始出来,犹抱琵琶半遮面"。一些重要情节讳莫如深,有的连新闻要素都不全,而且好多是"出口转内销"。人们对这种做法十分不满意,批评报纸搞的是"鸵鸟政策"、"愚民政策"!还说:"香港人、台湾人、外国人都知道的事,为什么唯独不能让十亿人民知道一下?难道十亿人民觉悟特别低?"这些意见我们不能不正视。确实,我们的报纸在国内外消息报道上,远远不能满足读者的正当要求。

　　二、与社会主义民主政治的发展不相适应。商品经济与民主政治是一对孪生子。商品经济的根本法则是等价交换,必然要求在政治上实现民主、自由、平等,而民主政治又反过来促进商品经济的发展。这是经济基础与上层建筑相互作用原理,也是社会存在与社会意识相互作用原理,是符合马克思主义的。如同商品经济是社会发展不可逾越的历史阶段一样,政治民主化也是不依人们意志为转移的客观规律。如果说,民主革命二十八年的历史,证明"没有共产党就没有新中国",那末,新中国建立三十多年来的历史,证明"没有民主化就没有现代化"。民主政治的发展,反映的对报纸的要求是:议论风生,百家争鸣,开展批评,监督政府。报纸本来就是政治民主化的一个十分重要的方面。人民当家作主,参政议政,除了通过人民代表大会行使自己的权力之外,主要表现在运用舆论工具,表达自己的愿望和意见,监督政府的工作。但是,我们报纸搞的基本上是"舆论一律"。虽然,口头上也承认"又一律,又不一律",但一见不同意见(别说是反对意见了),某些同志就紧张万状,惶惶然不可终日,似乎天就要塌下来,赶快抽出棍子,又是撑,又是打。敢说真话的巴金,不是险遭"清污"么? 王若水仅仅为马克思主义人道主义辩护一番,不是至今工作无着么?"双百"方针讲了三十年,"文革"前是"三起三落",最后一落千丈,沦为阴谋家"引蛇出洞"的策略;"文革"结束后则是"三落三起",迂回曲折,大概也是螺旋形发展、波浪式前进吧! 这个方针的伟大意义及其实施之办法,讲得不少了,可谓连篇累牍,可是,放了多少? 争得如何?最近,《文汇报》关于谢晋电影问题的讨论,才发了三两篇文章,论点尚未摆开,有人就耐不住了。至于在报纸上开展批评,更是难矣哉! 鸡蛋里面也要挑骨头。实际生活是,街头巷尾,茶余饭后,宿舍内外,人们议论纷纷,思想十分活跃,真是盛世多争鸣。而报纸大体上是"舆论一律"。从 1949 年 10 月 1 日起,人民就是共和国的主人了,从 1954 年第一部宪法诞生之日算起,也三十二年了,时至今日才终于肯定"政治问题是可以讨论的"。但报纸如何吸引人民议政,还需要作艰巨的努力。如果人民不能运用自己的报纸发表意见,这样的报纸怎么能适应得了改革开放的形势呢? 又怎么能算是人民的报纸呢?

三、与人民群众多方面的精神生活需求不相适应。商品经济和民主政治的发展,促进人们观念的变革;物质生活逐步改善,人们要求丰富多样的精神生活;对外开放后,人们再也不满足于封闭式的生活方式;特别是,人们越来越迫切地要求掌握现代化科学文化知识,提高自己的素质,出现了文化热、读书热、自学热。他们不仅要求报纸迅速及时地传播各种新动向、新事物、新情况、新问题,而且要求报纸及时反映新观念、新思想、新知识、新技术,以满足精神生活多方面的要求。总之,读者希望报纸办得丰富多彩、千姿百态、生动活泼、引人入胜。可是,现在报纸往往题材狭窄,主题重复,角度不新,形式老化,引不起读者多少兴味。人们反映说:"现在是新闻看标题,文章看头尾,版面看天地。"话虽偏颇,却值得我们重视。

人民的报纸之所以引不起人民的阅读兴趣,归根到底,是因为办报思想老化,新闻观念老化,报纸模式老化,脱离实际,脱离群众。我们必须以宏观目光,从实际出发,实行观念革新;必须解放思想,突破禁区,实行办报思想的转变。

就办报思想、新闻观念的改革而言,我以为,以下三个问题带有全局的意义。

对现在报纸模式开刀剖析

现行报纸模式(包括管理体制、工作秩序、版面样式等等)是历史上形成的。基本来源有四个方面。一是民主革命时期老解放区党的机关报模式,这是基本的。当时,党尚未掌握全国政权,搞的是你死我活的流血政治斗争(包括抗日战争),各个根据地处于分割状态,农民是革命的主力军,经济上是小生产、手工业自给自足经济,分配关系基本上是战时共产主义。当时的报纸模式适应战时的环境和斗争需要;它不仅仅是党的宣传武器,而且担负了党政部门很大一部分任务。1942年延安《解放日报》的改版,是我国党报历史发展的一个新阶段,有重要的历史意义。由此发端、后来逐步形成的党报三大作风,迄今是我们的传家宝。但是,由于当时的历史条件,在办报上不可避免存在小生产思想,手工业方式,军事的方法,甚至是封建色彩的东西,需要分析。二是全国解放后,50 年代初,从苏联学来的《真理报》模式。他们那种模式,有列宁办报思想的因素,但基本上是他们政治上和经济管理体制上高度集中的产物,总的说,强调自上而下的"灌输",与生活脱节,比较僵化。三是我国对资本主义私有制的改造基本完成之后,继续在"以阶级斗争为纲"错误指导思想支配下形成的模式。从整体看,是错误的,当然从部分看,特别是1956 年以《人民日报》为首改版后一段短时期和 1961 年、1962 年一段时期,有不少可取之处。四是解放前国统区报纸模式,比如报纸由四大件(新闻、评论、副刊、广告)构成就是《申报》首创的。但由于全国解放后把国统区报纸(除《新华日报》等外)一概视为反动报纸和资产阶级报纸,对现行报纸影响不大,只是点点滴滴有些影子。此外,还有"文革"十年以假大空为特征的模式的流毒和影响。

粉碎"四人帮"后开始的新闻改革,对"文革"期间的办报模式拨乱反正,彻底否定,这是一个重大胜利。但是,对上述四个方面的模式还来不及作历史的、辩证的分析。无疑,各个时期的报纸模式、性质各不相同,对现行报纸的影响也不一样,不可相提并论,但这些时期的报纸有个基本共同点,即都是在以阶级斗争为主或"以阶级斗争为纲"的年代里产生和形成。

这些报纸模式对现行报纸的影响是多方面的。就其问题一面来说,主要是:灌输多于反映;言论重于信息;结论排斥对话;指令代替探讨;批判高于建设。办报人员缺少信息观念、时间观念、效益观念,缺少争鸣意识、竞争意识、开放意识。管理体制和工作秩序基本上是一个垂直的封闭体系。

显然,这样一种办报模式大大落后于历史新时期的生活实际,与发展社会主义商品经济的时代潮流不适应,与发展社会主义民主的时代潮流不适应,与改革、开放的时代潮流不适应。因此,我认为,除了改革新闻管理体制之外,当前新闻改革的关键问题在于,办报思想要从过时的模式中解放出来,坚定不移地贯彻十一届三中全会确定的路线,继续完成从"以阶级斗争为纲"

到以现代化建设为中心的转变。对各个时期、各个地区的办报模式要作过细的分析,哪些对今天仍有用,哪些在当时是对的、今天已不适用,哪些在当时就是错的,等等,取其精华,弃其糟粕。

所谓宏观的目光,就是要把报纸放在全国和世界全局之中,站在历史的高度,跑到潮流的前面,看我们报纸存在的问题。所谓从实际出发,就是要从社会主义低级阶段的实际和现代化建设的需要出发,从当代多层次读者的多样化需要出发,来考虑我们的改革。

坚持"党性和人民性的一致性"

如前所述,当前报纸最大的毛病是脱离实际、脱离群众。人们批评我们的报纸是:"眼睛朝上不朝下,文章着皮不着肉,评论开口见喉咙,新闻出口转内销。"虽不全面,却一针见血。造成报纸脱离实际、脱离群众的原因是多方面的。重要原因之一是,对"党性和人民性的一致性"这个办报根本问题,认识模糊,思想混乱。

党的报纸是党和人民政府的喉舌。也是人民自己的喉舌。胡耀邦同志指出的党的报纸的这个根本性质,是由党和人民政府的根本性质所决定的,即我们党和人民政府不是凌驾于人民之上的政治集团和统治机关,而是代表人民利益又是为人民服务的。我们党之所以能够在全国人民心中起核心和领导作用,就是因为我们党全心全意为人民服务,除了人民利益,再无任何特殊利益。人民利益高于一切,这是党报的党性和人民性一致性的基本前提。离开这个基本前提,党就会犯错误,报纸就会转向,也就根本谈不上党的喉舌和人民喉舌。这本来是不成其为问题的。

前几年,对党报的党性和人民性关系问题,一度展开探讨,以后又讳莫如深,令人费解。其实,党报的党性和人民性的一致性,是党中央的一贯主张,是党和人民利益一致性在报纸工作中的体现。对于这个带有根本性质的问题,不应缄口不言,不应绕开道走,而应大谈特谈,务求明确解决。只有在这个根本问题上建立起明确的观念,才可能正确处理报纸工作中一系列关系问题,比如,宣传党的正确主张与反映人民群众的实践和呼声之间的关系,新闻的客观性与宣传的目的性的关系,宣传需要与读者需要的关系,指导性与可接受性的关系,等等。

　　为了说明问题,不妨回顾一下历史。早在 30 年代,党中央机关报《红旗日报》宣言中就明确宣告:"本报是中国共产党中央委员会的机关报,同时是中国广大工农劳苦大众之唯一的言论机关。"1942 年,延安整风时,党中央机关报《解放日报》在为改版《致读者》的社论中,提出党报应贯彻"党性、群众性、战斗性和组织性"。所谓群众性,就是"密切地与群众联系,反映群众的情绪、生活需求和要求,记载他们可歌可泣的英勇奋斗的事迹,反映他们的身受苦难和惨痛,宣达他们的意见和呼声",使报纸"成为他们的反映者、喉舌,与他们共患难的朋友"。1944 年,延安《解放日报》在《本报创刊一千期》的社论中,进一步提出,党报的第一个特点就是"人民大众的报纸","要把人民大众的生活,人民大众的抗战活动,人民大众的意见,在报纸上反映出来"。1947 年 1 月,在重庆出版的党中央机关报《新华日报》更明确提出:"《新华日报》的党性和人民性是一致的。"并进一步阐述了这个一致性的基础:"固然,《新华日报》是中国共产党的机关报,它的言论和新闻报道,是不能违反中共的整个路线、纲领和政策的。但是,由于中国共产党是一个人民的政党,它代表的是中国最广大人民的利益,它的一切政策是完全从人民利益出发的,因此,《新华日报》也是完全站在人民的立场,从人民的利益出发。这就是说,《新华日报》是一张党报,也是一张人民的日报,《新华日报》的党性也就是它的人民性。《新华日报》的最高党性,就是应该最大限度地反映人民的生活和斗争,最大限度地反映人民的呼吸和感情、思想和行动。"这个论述,对党报的党性和人民性的关系,说得再清楚也没有了。

　　那末,在新中国建立后,在我们党成为全国执政党后,党报的党性和人民性一致性的原则是否改变了呢? 没有改变,不可能改变,也不允许改变。这是因为,尽管党的中心任务已由夺取政权转到巩固政权和领导人民进行社会主义建设,但是,全心全意为人民服务是党的唯一宗旨没有变,党的报纸也是人民的报纸这个根本性质也没有变。1956年，党中央在关于《人民日报》编委会向中央的报告的批语中，明白无误地指出："《人民日报》应该强调它是中央的机关报又是人民的报纸。""地方党报是地方党委的机关报又是人民的报纸。我们党的各级报纸，都是人民群众的报纸，它们应该发表党的指示，同时尽量反映人民群众的意见。"

从以上追本溯源的引述中，可以清楚地看到：一、"党报的党性和人民性的一致性"这个提法，与"党报是党的报纸也是人民的报纸"的提法，以及"党报是党的喉舌也是人民的喉舌"的提法，其基本含义是相同的，只是表述方法不同而已。二、为人民服务，为最广大的人民谋利益，党的利益与人民利益的一致性，是党报的党性和人民性一致性的基础。三、新闻领域的人民性，同文艺领域的人民性（不论是别、车、杜讲的"人民性"还是现代文艺领域中普遍使用的"人民性"）以及历史学中讲的"人民性"，并不是同一个概念，内涵不同，应用范围也不同，不能望文生义，更不应相互混淆。四、1957年反右派斗争扩大化中，把"人民报纸"的提法当作资产阶级新闻观点加以批判，是完全错误的，粉碎"四人帮"后一段时间，对"党报的党性和人民性一致性"的观点进行批评，更是令人费解的。

为什么新中国建立以后反而会放弃甚至批判这一提法？主要是由于"左"的错误思想影响。有的同志把党性与人民性对立起来，有的甚至把人民性归结为"超阶级观点"，以此显示自己阶级立场的"鲜明"。也有的同志对报纸的党性原则的理解比较狭窄，往往把党性仅仅归结为报纸工作应该具有的组织性纪律性，又把组织性纪律性等同于"上级观念"，以至"听第一书记的"。这种理解，不仅不能完整、准确地体现党性原则，而且在实践中十分有害。报纸不注意调查研究新情况、新问题，不重视群众的丰富多样的实践，不尊重人民群众的切身经验，不顾人民群众的呼声、愿望和要求，一味按上级个别领导意图办事，而不问是否符合实际。凡此种种脱离实际、脱离群众现象的存在，重要原因之一，就是出于一些报纸工作者对党性原则的片面的错误的理解。

共产党人的党性是无产阶级阶级性的集中表现，是阶级利益的高度自觉的集中表现。毫无疑问,组织性纪律性是无产阶级政党的党性的重要内容,宣传必须有纪律。但是组织性纪律性并不是党性的全部内涵。无产阶级政党的党性区别于其他政党的党性的最根本标志,是辩证唯物主义和历史唯物主义的立场、观点、方法,即我们党长期坚持的实事求是和群众路线。在民主革命时期,毛泽东同志曾正确地指出:"没有马克思主义的理论和实践统一的态度,就叫做没有党性,或叫做党性不完全。"邓小平同志一再说:"实事求是,是无产阶级世界观的基础,是马克思主义的思想基础。"胡耀邦同志在《关于党的新闻工作》中也指出:"实事求是的科学态度不但同党性的立场没有矛盾,而且正是党性的要求。"可以说,实事求是,群众路线,是党性的基本要求。报纸一旦偏离了辩证唯物主义、历史唯物主义的轨道,违背了实事求是和群众路线,必然丧失无产阶级党性,违背人民利益。我国50年代后期以来一段时期内,报纸的"组织性纪律性"可谓强矣,上级指示不折不扣地贯彻,第一书记的话简直奉若圣旨,却在"反右派"、"拔白旗"、"大跃进"中犯了一系列严重错误,损害了党和人民利益。可见,当时的错误,并不是真正强调党性的结果,恰恰是违背党性的结果。应当如实地把实事求是和群众路线看成是党性的根本要求。在这个根本问题上,该有一个新的觉醒才好。

党性和人民性一致性的原则体现在报纸工作中,就是要把对党负责和对人民负责统一起来。那种单纯的"上级观念",不问上级的意图是否符合实际情况,是否符合人民的根本利益,唯命是从,并不是对党负责的态度,恰恰是懒汉思想的表现。

党性和人民性一致性原则体现在报纸工作中,就是要坚持一切从实际出发,从群众的切身经验出发,用群众喜闻乐见的形式宣传马列主义真理和党的正确主张。那种板着面孔说教,连篇累牍"灌输",只问上头满意不满意,不顾群众爱看不爱看,是脱离实际、脱离群众的表现,也是党性不纯的表现。

党性和人民性的一致性原则体现在报纸工作中,就是要善于通过人民群众生动活泼的实践活动,丰富多样的社会生活,层出不穷的新事物、新情况、新问题的反映、评判和探索,举一反三地体现党的正确主张。那种"唯上"、

"唯书",照抄照搬,说一是一、说二是二的态度,是缺乏创造性的表现。

党性和人民性的一致性原则体现在报纸工作中,就是不仅要宣传党的政策,而且还要在群众的实践中去考察政策是否正确,有没有缺点或不够完善之处;就是要敢于揭露为党和人民所深恶痛绝的腐败现象,敢于批评违背人民利益、损害党的威信的严重不正之风,像少奇同志要求我们的那样,把"人民的呼声,人民不敢说、不能说的,想说而说不出来的话",通过适当方式说出来。有情不报,是对党的事业不负责任;"谎报军情",庇护腐败现象,更是丧失党性的表现,为党的纪律所不容。当然,哪些该公开报,哪些该内部报,应有所掌握。

只有树立党性和人民性一致性的观念,才有可能正确处理采访、编辑和报纸领导工作中的一系列问题,把报纸办得符合党和人民的需要。

科学地对待传统经验

传统是一个复杂的现象。我们的报纸当然要继承和发扬无产阶级报纸的光荣传统。但是,现代报纸毕竟是由资产阶级发端的,我们同资产阶级报纸,同资产阶级的新闻学,存在着历史的联系,应当重视研究资产阶级报纸的传统。

过去,我们比较重视老解放区党报的办报传统,这是对的;比较忽视国统区的办报经验,则是有欠缺的。

我们对资产阶级办报思想和新闻观点的批判,有做对的方面,也有许多是批错了的;特别是,不承认我们的报纸与资产阶级报纸有师承关系,这种割断历史的做法并不是科学的态度。

我们摒弃反动报纸的立场,这是必要的;把他们的办报方法也一股脑儿加以否定,则是形式主义的批判方法。

我们对当今资本主义世界的舆论工具采取审慎的态度,这是对的;把他们一律看成是资产阶级的货色加以排斥,则是形而上学的。

总之,我们要立足于党和人民的报纸这个根本立场,运用马克思主义的观点和方法,敢于"拿来"(鲁迅《拿来主义》意义上的"拿来"),为我所用,采百家之长,走自己道路。当前特别需要重视研究过去被忽视的方面,比如,国统区的办报经验,当今资本主义国家在自由竞争中发展的新闻理论和实践,等等。我们要有充分的自信,相信自己的胃肠有足够的消化能力,大可不必因噎废食,更不应把异域的东西统统看作异端。

新闻事业当然有阶级性,但是,新闻事业又有其共同规律。就这个意义上说,我们不应忽视矛盾的普遍性的研究。比如,报纸的基本功能问题,报纸与读者的关系问题,新闻的客观性问题,新闻与舆论的关系问题,等等,都是报纸的共性问题。另一方面,党的新闻事业,党的报纸,与党的其他宣传工具相比较,又有它的特殊性。比如,报纸与其他宣传工具不同,它的基本功能是传播消息、反映和引导舆论。就这个意义上说,新闻事业、报纸,又有其特殊规律。

我们在总结自己实践经验的基础上,分析报纸的传统经验,既注意普遍性的研究,又注意特殊性的研究,并把两者辩证地结合起来,我们一定能够在改革的道路上不断迈进。

选自《新闻记者》1986 年第 11 期

上海新闻界名流谈新闻媒介与透明度

本刊记者、特约记者集体采写

当了多年新华社上海分社社长的杨瑛,一提到透明度,就想起了"铁幕""竹幕"的说法。她说:过去西方资产阶级使用这些词,固然包含了他们对社会主义的敌对情绪;但是,长期以来,我们闭关锁国,讳莫如深,却是不可否认的事实。今天,在经历了十三大这样开放度很大的政治事件以后,连那些惯用"铁幕""竹幕"来看待我们国家的西方记者,也不得不承认,中国的大门打开了,中国开始透明了。现在,国内外的舆论界都指出:一个党代表大会请这么多外国记者,不要说中国没有,世界上都极少见。

是的,中国开始透明了,我们可以坐下来,公开地、直率地议论中国的政治透明度、社会透明度和新闻透明度了。这件事情本身,就具有极其重大的政治意义。1987 年 12 月初,本刊记者先后访问了上海新闻界的九位名流,请他们就透明度问题谈谈看法——

新闻开放　大势所趋

这个小标题是陆诒的原话。这位四十多年前就已全国闻名的战地记者、重庆《新华日报》的采访部主任,尽管年逾古稀,仍然精神矍铄,嗓音洪亮。他爽朗地对记者说:"刚过去的一年,中国政治生活经历了三件大事。第一件是4 月召开的全国人大六届五次会议,前后开了八次记者招待会。第二件是大兴安岭火灾,这个事件的报道可分三个阶段:第一阶段报道救灾,基本上还是灭火救灾、首长视察、全国支援等等;从第二阶段起就越出了传统的事故报道模式,不回避矛盾和问题,全面报道灾情,这就有了一定的透明度;到第三阶段,从中国青年报、中央电视台等新闻单位开始,在报道中尖锐地揭示了火灾后面的官僚主义,由新闻媒介触发了一场全国范围的反官僚主义、惩处官僚主义者的斗争,问题触到了社会深层,政治透明度也就更高了。第三件大事是党的十三大,新闻媒介的报道比前两件更开放、更透明。事实证明,新闻越开放,中外舆论反映越好,人民对改革、开放、搞活的政策也就越坚信不疑。"

著名的老报人、杂文家冯英子的话往往带着一种辛辣的"杂文味":"解放近四十年来,我们总是把社会主义比作天堂,总是高唱'解放区的天是明朗的天'。今天我们终于看清了,我们还处在社会主义初级阶段,我们的社会还是美好和丑恶共存的社会,我们还很贫穷落后。向十亿人民交了底,政治生活透明了,承认贫穷落后也就成了摆脱贫穷落后的真正起点。"

现代化的社会舆论必须是开放的

以快节奏闻名的《文汇报》总编辑马达惜时如金,言简意赅,他和记者只交谈了二十分钟。

马达说,十一届三中全会实现了党的新闻事业的一大转变,即从"以阶级斗争为纲"转变为面向现代化建设;今天,我们还要实行第二个转变,我们的新闻事业还要进一步转变为推进社会主义商品经济和民主政治发展的强有力的现代化舆论工具。

所谓透明度,也就是新闻的开放度。马达认为,现代化的社会舆论必须是开放的。随着商品经济的发展,社会舆论工具必须能够广泛传播各种信息,能够吸引广大群众参政议政,增强人民的参与意识,能够推动我国重大的决策过程的民主化和科学化,能够协调社会各方面的利益关系和人际关系。因此,提高开放程度,改变单一的统得过死、集中过多的舆论一律的状况,是改革开放的大势所趋,是建设有中国特色的社会主义、贯彻两个坚持的题中应有之义。

马达评论说,现在我们报纸的开放程度还是很低的,这有它的历史原因和社会经济文化条件。长期以来,党的新闻事业同社会联系不紧,在农村和战争环境下形成了一套比较封闭的办报形式和观念,报纸工作的领导方式和报纸工作者本身的活动方式,仍不能适应现今改革开放的需要,特别是观念陈旧。马达认为,主要是以下几个观念:第一,把自上而下和自下而上对立起来,把对领导负责和对群众负责对立起来,造成新闻中信息很少,读者关心和议论的事情反映很不充分;第二,整个决策系统单一、封闭,在舆论表现上,很多重大情况群众事先根本不知道,决定了以后再向群众灌输,排斥了群众的参与过程,不利于提高群众的参与意识和改革意识;第三,还有很多本不应该存在的现象和观念,如规定这个不能登,那个不能发,封锁新闻,这种做法掩盖甚至保护了官僚主义。

新闻改革重要目标之一就是提高透明度

《解放日报》总编辑陈念云为了准备明年扩版,十分忙碌,但他会见记者时,一口气就谈了一个多小时,说明许多思想在他头脑里酝酿已久了。他说:新闻改革已经搞了好几年,但是起步低,还没有迈出比较大的步子。这几年改革的进展,主要属于以下两类:一类属拨乱反正性质,如从"以阶级斗争为纲"变为着重宣传四化建设,从"假、大、空"变为提倡实事求是;再一类是新闻业务的改进,如新闻要短、信息量要大、新闻时效性要强等等,这恐怕属于小改小革;在新闻政策、新闻管理、新闻体制上,似都还没有根本性的突破,新闻理论上若干重大理论问题,认识也还不尽一致。这同我们国家改革、开放的形势颇不适应。十三大文件提出"重大情况让人民知道,重大问题经人民讨论",这就是要提高我们政治生活、政府工作的透明度。我想是否可以这样说,这也正是我们搞新闻改革的重要目标之一。我们的新闻改革,就是要有助于提高透明度,提高党政活动公开的程度。

现在还有许多该让人民知道的重大情况,没有让人民知道

王维在《解放日报》社先后当了二十多年正副总编辑,记者也算是他的一名老部下了,可很少看到这位老总编说得那么有个性,那么激情外露,那么欲

罢不能。

　　你听他说:"很多人都有这个感觉,觉得这次十三大,广大人民好像列席了大会一样。人民群众通过电视、广播和报纸,了解会议内容,看到会议场景。特别是党的总书记为我们作了榜样,他回答中外记者的全部内容,都现场实播,让全国人民及时知道,效果很好。我希望地方党政领导,也能像中央那样,把那些该让人民知道的重大情况,及时让人民知道。就拿猪肉恢复凭票供应这件事来说,这是有关人民生活的大事,就可以把前因后果通过传播媒介及时告知群众。现在老百姓对副食品问题、物价问题,有很多意见,领导部门为了解决这些问题,做了很多工作,也确有不少困难,我觉得应该把这些情况和困难加以公布,取得群众的理解和支持。"

　　王维充满激情地说下去:"我是上海市八届人大常委。我们人大常委开会其实是相当民主的,在讨论问题时,常有人发表不同意见,有时还有争论,会议开得生动活泼。可是,我们的报纸、广播、电视对会议的报道常常是干巴巴的,总是谁主持会议,哪些人出席,还有的就是'会议认为'如何如何,会议'一致通过'了什么决议,等等。不一致的呢? 有不同看法的呢? 没有通过的呢? 都没有反映。内容上没有透明度,报道形式又几乎是一个模式,群众怎么会喜爱呢? 造成这种情况,不能单责怪记者不努力,他们也有难言的苦衷。"

对领导人党务政务活动的报道要改革

　　经常接触并报道党政要人活动的杨瑛对这点体会尤深。她说,我们现在报道一个省长、一个市长的活动,几乎总是开会、报告、剪彩、发奖、送往迎来以及出席宴会等等。这样的报道不但刻板无味,而且容易给群众造成一种错觉,似乎领导就干这些事。其实,领导工作主要是决策工作,我们的报纸既要报道决策结果,更要报道议论纷纷艰难曲折的决策过程,其中的难点、热点,尤其要让人民知道。里根总统每星期都要作一次电视讲话,回答公众最关心的问题。杨瑛认为,我们的省长、市长完全可以而且应该利用新闻媒介,例如播放电视讲话,播放市长与市民的对话,以及答记者问等形式。这样做,不仅能通过新闻媒介让人民群众参政议政,而且还是提高领导者素质、克服官僚主义的有力手段。一个政府官员要在公众面前即席回答记者提出的各种问题,他就必须对自己负责的工作非常熟悉,他就决不会是一个开会做报告都要靠秘书的官僚。从这个意义上甚至可以说,大众传播媒介还是大众了解、考察进而选择他们的领导人的一个试场。

作为上海市人民代表,杨瑛特别提到了质询。她说,她参观过日本的众议院,议员们坐在会场中心,政府官员坐在一边,议员质询到一个问题,有关官员就要站起来回答,如果这个政府官员的回答不能使大部分议员满意,他就很难下台。近两年来,我们的市人代会、全国人大也搞过人民代表质询,她发现我们有些领导很怕质询,一听到这次人代会要质询就紧张。其实质询应当作为一项经常性的制度,人民代表对政府官员回答质询的满意程度,应当作为考察他们的政绩的一条重要标准。既然我们的国家是人民当家作主的国家,人民代表就有权质询人民的公仆,人民就有权通过大众媒介了解他们的公仆对这些问题所作出的答案。

原上海广播电视局局长邹凡扬告诉记者,十三大闭幕后举行的那场记者招待会,中央电视台记者拍一段、录一段、转一段、放一段,全部是实况转播。这样的报道突破了过去老一套的报道模式,新当选的政治局常委同中外记者平等交流,就一些尖锐的敏感的政治问题直言不讳,增强了透明度,观众觉得亲逢其盛,有一种强烈的参与感。这就是社会协商对话的方式,这种方式通过电视媒介进行,在国内让几亿人同时看到,对国外也有广泛的影响,充分表现了电视媒介的优越性.是其他文字媒介不能代替的。调查表明,这样的节目是电视收视率最高的。

邹凡扬特别推崇对话式的平等交流的报道方式。他认为这是新闻改革中带有根本性质的改革,传统的发布新闻往往是自上而下,我说你听,群众是"被告知",新闻记者是"下级",发布新闻的人"官气"很大,什么可提,什么不可提,都由他说了算。现在不同了。中央领导和记者、和群众是平等的,记者可以提出很尖锐的问题。

要把舆论一律改为舆论监督

　　记者去采访徐铸成时,这位八十老翁正铺开稿纸,准备写一篇题为"新闻的改革与开放"的文章。他告诉记者,他刚从北京开完民盟中央常委会回来,民盟中央的同志都希望他写一篇这样的文章。他认为当前新闻改革的一个重要之点,就是要把舆论一律改为舆论监督,舆论监督光靠人大、政协、民主党派几个月开一次会远远不够,还必须通过报纸、广播、电视这样最大量、最普遍、最经常的舆论手段,甚至可以说,只有通过大众媒介,才能形成真正的也是最有力的社会舆论。

　　冯英子也十分强调舆论的监督作用:"我们要承认丑恶,更要揭露和谴责丑恶,真正发挥舆论的监督作用。"他举出前两年曾写过的一篇杂文《孔狗江马论》:孔狗者,孔二小姐之狗也;江马者,"女皇"江青之马也。四十年前,孔二小姐靠着孔祥熙的赫赫权势,硬是不让难民上飞机,而把她的哈巴狗从香港带到重庆,报纸一揭露,激起极大义愤;四十年后,"女皇"江青把偌大一个北海公园围了起来,不准游人进园,专供她一人骑马。冯英子大声疾呼:这样的丑闻,在舆论一律的"四人帮"统治年代,当然不可能见诸报端;今天,中国的少数官僚主义者们还在利用舆论一律做坏事,你要揭露他们吗? 他就拿起"舆论一律"的棍子打过来。冯英子尖锐地提出,多少年来,我们提到报纸作用时,总是只讲组织、鼓舞、激励、批判、推动作用,从不强调舆论监督作用。这在战争年代,动员群众参加阶级斗争的年代,也许还说得过去,可是在政权巩固以后,任何国家都需要权力制衡,绝对权威只能走向专制主义,而报纸的舆论监督就是一种权力制衡。

　　"我觉得我们现在还要提出这样一个问题,"徐铸成严肃起来,"中国的舆论中心应当在北京,而不是香港或其他什么地方。现在舆论中心客观上还不在北京,中国的一些重大事件常常是外电先报道,然后'外转内销',这样对我们很不利。久而久之,人们对北京的声音就会不那么重视,不那么相信了,反而会去相信'外电',尽管那些'外电'很多并不确切,人们心理上却先入为主了。我们应该确立北京的舆论权威,确立新华社、《人民日报》的舆论权威,重大事件首先由北京发布,不同声音也首先从北京发出。我赞成报纸上有不同声音。既然我们的社会存在着不同经济成分,就会有不同的利益集团,对许多问题就会有各自不同的理解和看法。

提高透明度需要破除几个传统观念

"现在,新闻改革提到议事日程来了。这是贯彻十三大精神的需要,也是形势的需要。要进行新闻改革,提高新闻报道的透明度,进行舆论监督,我觉得当前需要破除几个传统观念。"《世界经济导报》总编辑钦本立在他的办公室接待记者时,说了这番话。

钦本立谈到,比如把报纸当作阶级斗争工具,就是传统观念之一。这在我们取得政权以前,是适用的,但现在,我们已取得了政权,是执政党,情况已发生根本变化了。人民是主人,人民当家作主。何况现在阶级斗争已经基本结束,国家已经以经济建设为中心。在全世界范围内,经济、政治也起了很大变化。因此,1980 年创办的《世界经济导报》明确提出,本报应该办成一张以改革开放为中心的社会主义新时期的报纸,成为让中国了解世界、让世界了解中国的窗口。

"还有一个传统观念,就是舆论一律。其实这是不符实际,也是脱离人民、违反新闻规律的,做不到的。"

新闻事业是个风险性很强的事业,记者要有风险意识

陆诒还同记者接触到另一个话题:"我还想谈点记者素质问题。现在许多人都觉得记者是个令人羡慕的职业,似乎记者工作就是在一张请柬、一次招待会、一份讲话稿中完成的,既有名又有利,有些记者自己也这样认为。其实,新闻事业是个风险性很强的事业,特别是要触及社会、写出透明度较高的文章,记者更得有风险意识。从没有透明度到有透明度,从透明度不高到透明度较高,本身就是一场改革。写透明度高的文章的记者就是改革者,就有

可能遭到'中箭落马'的危险。由于记者从事的是公众舆论的工作，在他们的改革还不被人理解的情况下，往往要受到公众(包括一些决策部门)的误解和压力，在我们这样民主还很不发达，政治透明度还很不高的国家里，这种压力有时还是很大的。现在提高记者素质，一个很重要的方面，就是要磨炼记者的风险意识，培养他们敢于思考勇于负责的独立精神。"

冯英子说："什么都需要争取，我觉得提高新闻透明度也要新闻工作者主动争取，这种争取本身就是政治民主化的过程，也是培养名记者的过程。我相信中国的名记者决不会出在既不花力气，又不担风险，甚至还能吃一顿、拿一份的公报新闻、会议新闻、请柬新闻上，而必然出在那些甘愿冒着不被人理解、不被人接受，反而被人谴责、被人批判的风险，勇敢地表现我们的政治透明度、社会透明度的记者之中！"

邹凡扬说："全国人大讨论破产法的电视报道，就是记者主动争取来的。这个新闻按常规处理，拍一两分钟的镜头。中央电视台的记者一个人在讨论现场，跪在会场中间，一个人连续拍了四五十盘带子。当时有的同行笑话他，说你拍那么多干什么，可他不管这些，拍完后又扛着摄像机去找彭真同志采访，直接录了彭真的讲话。"邹凡扬说，我认为中央电视台报道那次人大常委会关于破产法的辩论，是较早的一次成功的尝试，这位记者同志对于后来人大报道的开放和改革，是有功绩的。

邹凡扬认为，新闻改革的深化对新闻工作者提出了更高的要求，尤其是对电视新闻节目的记者、节目主持人。比如，记者如何进行采访，如何提出问题，如何引向深入，如何与不同的人物进行对话，如何消除协商对话方式的种种障碍，这都还是有待我们努力探索的问题。

提高透明度不能光靠新闻界，有赖于党政部门和社会各界的理解和支持

陈念云认为，新闻改革是政治体制改革的重要组成部分，也是建设、完

善社会主义民主政治的重要内容。但这个问题还并没有为各方面的同志所认识、理解。所以新闻改革举步维艰,有的同志听说新闻改革,就以为是要摆脱党的领导。"反自由化"一来,新闻改革就一度沉寂。这显然是一种误解。许多传统的新闻观念在社会各界也影响极深,对新闻改革制约很大。比如片面强调新闻的宣传功能,对新闻的传播功能理解不够,于是只要你这样宣传,不要你那样宣传,很少想到消息需及时传播。于双戈杀人抢劫案,从传播信息的功能看,案件一发生就应该及时作出报道,不应该让加油添醋的"马路新闻"到处流传;但要是片面强调宣传功能,就只能抓住罪犯才报道,以宣传罪犯逃不脱人民的天罗地网。其实,社会主义报纸当然具有宣传功能,但大量的宣传应可寓于信息传播之中,这样宣传效果会更好。又如,有的领导比较容易接受新闻应该引导舆论的提法,但对舆论监督就没有思想准备。他们认为党政司法部门的纪律监督、法律监督、行政监督,都是必要的,但运用传播工具进行舆论监督就不大习惯,甚至不大以为然,这就造成报纸开展批评非常困难,只能批评一些芝麻绿豆的小事。又如,大多数同志虽都同意新闻是党、政府和人民的喉舌的提法,但要真正起人民的喉舌的作用,实际上很难。经常向外国新闻同行介绍我们报纸既是党的报纸,也是人民的报纸,唯一能举的例子是我们经常发表读者来信,而人民通过新闻工具参政议政,对政府官员进行批评监督,就讲不大响。至于讲党、政府和人民利益的一致性,外国朋友一般就较难理解了。陈念云最后强调说,总而言之一句话,按十三大精神,新闻改革大有可为,新闻工作者应该为此作出最大的努力;但新闻改革取得根本性的突破,光靠新闻界还不行,还要取得党政领导部门和社会各界的理解和支持。相信只要大家对提高透明度的重要、对提高党政活动公开程度的必要有了高度的认识,并不断实践,新闻改革的新局面一定会到来。在一个多小时的谈话中,这个意思,他向记者重复说了三次。

马达也强调说,商品经济的发展和民主政治的建设是个过程,提高开放程度也要有个过程,它包括社会环境和心理承受能力的改善,也包括报人自律程度的提高,还要有法律和道德规范的保障和制约。十三大提出的社会协商对话制度,是充分发挥舆论作用、增加开放程度的一条重要途径,报纸在这方面是可以发挥创造才能、大有作为的。

新闻界呼唤新闻法

要提高新闻报道的透明度,要真正发挥舆论的监督作用,新闻记者就得有法律保障。上海新闻界的这些知名人士不约而同地提到了新闻立法的问题。

王维向记者介绍说,几年前,全国人大的领导同志就委任原《人民日报》总编辑、全国人大科教委员会副主任胡绩伟同志主持起草新闻法,成立了起草办公室,做了许多工作。由于种种原因,这项工作进行得不大顺利。鉴于全国的新闻法一时诞生不了,有的领导同志提出,是否由上海先拟订一个地方性的新闻法规,一边试行一边征求意见。在上海市委宣传部的领导下,上海新闻研究所的科研人员比较了世界各国的新闻法,已经草拟了一个征求意见稿,准备听取各方面意见后再提请市人大常委会讨论。

王维认为,十三大在理论和实践两个方面都为起草新闻法创造了良好的条件,希望我国的立法工作加快进行。有了新闻法,就可以保障新闻记者的合法权利,一些不明事理的人,就不敢随便来训斥记者了,也可以减少一些不必要的纠纷,记者们不会动不动被人家加上诽谤的罪名了。当然也要求记者遵纪守法,受新闻道德规范的约束。

冯英子和陆诒主张,应该在新闻法中明确写上"新闻自由"。我国宪法提到了言论出版自由,没有提新闻自由。当然报纸也是出版物,但是它和一般出版物的不同之点还在于,报纸(包括其他新闻媒介)还有舆论监督作用。报纸是党和政府的喉舌,同时又是一个相对独立的舆论机构。我们赞成这个说法:登什么,不登什么,应该由总编辑决定,除了事关国家机密等重大问题外,一般无需审稿。这一点,各国的新闻法都是这样规定的。

钦本立特别就新闻稿件送审问题谈了他的看法。他说,稿件不送审,就要求记者、编辑、总编辑有很强的政治责任感和历史使命感,要有很强的党性和政策水平。因为事实上,稿件不送审,记者采写时就要格外认真,发表前就要反复推敲。钦本立说,作为一个党报总编辑,应该是党性很强的人,是对中央精神和中国国情吃得很透的人,该你拍板的稿件你不拍板,等于把自己应该承担的责任推给别人。总编辑敢于拍板,就能带出一批敢于独立思考负责的编辑记者。

钦本立还说,当然,该送审的稿件还应该送审。记者走访的这几位新闻界知名人士几乎都这样认为。但送审主要是审核事实。记者送审是负责的表现,听取各种意见修改后发表,更加完善,更加有力。这也需要送审单位更好地合作,共同以负责精神做好这件事。

徐铸成、钦本立、杨瑛等还提到,中国长时期来没有一个对新闻记者权利的保障法,国民党统治时代的那个新闻法,是用来限制和迫害新闻记者的;现在已经制订和正在制订的一些规定,大都对新闻道德定得很细(这是必要的),而对新闻权利说得不多。应当明确,新闻记者的采访自由和发表自由受法律保障;当然,如果触犯法律,也要受到法律的制裁。

选自《新闻记者》1988 年第 1 期

试论新闻和政治权力的关系

杨继绳

这几年关于新闻改革的文章大多数没有触及新闻改革的一个至为重要的课题——妥善调整新闻和政治权力的关系(**注:本文所说的新闻,不是指报刊上的一种文体,而是指报刊、电台、电视台、通讯社及其行为的总称,即新闻事业的总称**)。

新闻不能脱离政治。一张报纸,一家电台,总有自己的政治宗旨和政治倾向。在阶级社会,政治权力被统治阶级所掌握,新闻也是统治阶级的舆论工具。因此,新闻和政治权力不能没有关系。

但是,新闻和政治权力并不是合为一体的。新闻不是政治权力的附属物,政治权力也不是新闻的靠山。因为二者各有其本身的特性和各自的运动规律。

新闻和政治权力的联系大体可分为三种类型:

刚性联系;

柔性联系;

相对独立。

新中国建立三十多年来,我国新闻和政治权力的关系基本是刚性联系。最近几年虽然有所松动,但是还没有摆脱刚性联系的模式。

我认为,新闻改革的近期目标是,新闻和政治权力采取以柔性联系为主的模式;新闻改革的远期目标是,新闻和政治权力采取相对独立为主的模式。但是,不管远期和近期,将是刚性、柔性和相对独立并存的多层次、多元的混合结构,只是不同的时期由不同的模式起主导作用而已。

刚性联系模式

在刚性模式中,新闻直接代表政治权力说话,新闻是政治权力的附属物。政治权力的意志就是新闻的意志。在这种模式中,记者行为,受众行为,都受到政治权力的控制,新闻的社会效果也受到扭曲。

在刚性模式中,记者(包括编辑)的行为有以下特征:

(一)紧跟。记者的工作成绩取决于能否紧跟政治权力。记者缺乏独立思考,权力的意志就是记者的意志。同一件事情,权力今天说好,记者就跟着说好;明天权力说坏,记者就跟着说坏。甚至什么词该不该用,也得听命于权力人物。记者很大部分精力用于揣摩权力的意图,并琢磨如何紧跟这一意图。

(二)近视。记者的视力、思维和劳动的投入一般局限在权力机构眼前重视的范围之内。权力所重视的事情是记者的"热门"主题;权力没有想到的,记者不愿去想;权力所划定的禁区,记者更不愿冒险涉足。记者的眼光不能超越权力的眼光,记者的思路不能突破权力的思路。

(三)官员化。由于新闻机构是官方机构,记者的言论代表权力机构的言论,往往造成记者的官员化和特权化。而记者一旦官员化,记者的应有素质就丧失了。

这种特征的记者行为不可能造就李普曼、邵飘萍、斯诺、范长江那样的名记者。记者形象往往成为文艺舞台上不明是非、反复无常、浅薄无知的丑角。电影《苦恼人的笑》虽然有文艺的夸张,但的确反映了某些真实的侧面。

在刚性模式下,受众对新闻的接受行为也受到扭曲。他们把报纸的声音当成权力的声音,"报纸是不见面的司令员"(林彪语)是较典型的说法之一。因此,见到报纸上的信息"闻风而动"者有之;因报纸的错误对政治权力不满者有之;因政治权力的错误对报纸大骂者有之。受众把新闻和权力看成一回事。

在刚性模式中,新闻内容经常出现以下问题:

（一）舆论一律。和政治权力的看法不一致的文章不能发表，只能有一种舆论。翻开 1955 年的报纸，可以看到连篇累牍的声讨"胡风反革命集团"的报道、文章、漫画，历史证明，胡风案件是重大的冤案；翻开 1957 年的报纸，可以看到势如洪水的反击"右派"的报道，历史证明，绝大多数"右派分子"都是错案；翻开 1958 年的报纸，可以看到对"大跃进"的齐声赞扬，历史证明，"大跃进"是对生产力的巨大破坏。但是，当时的报纸上只有一种声音。政治权力错了，而社会上不乏有识之士，但报纸上没有反映正确意见的一丝声息。

（二）客观性和真实性得不到保证。如果新闻成了权力的婢女，则新闻无客观可言，也无真实可言。在刚性模式中，对政治权力支持的事物只能说好，不能说坏，对政治权力反对的事物只能说坏，不能说好。由于权力的不恰当的干预，新闻不能如实反映事物的本质的情况是常见的。新闻报道中编造事实的极少，但是，为了迎合权力的意图，以点代面、以偏概全的情况比较多。在"文革"期间，如果政局发生剧烈变动，报纸上必定大量宣传安定团结，以至一些有心的读者从中找出一个规律：报纸必须从反面看。有的同志指出，一篇好小说公开宣称是虚构的，但读者感到是真实的，新闻报道公开宣称是真实的（报道中的具体事例的确是真实的），但读者感到离实际甚远。这说明小说从事物的本质上反映了社会生活，而新闻虽然个别事例是真实的，但本质上是不真实的。这是刚性联系造成的扭曲。

（三）一阵风，乱起哄。政治权力一有什么意图，各家新闻单位就一哄而上，造一样的舆论，唱一样的调子。在不好的政治权力下，这种宣传方式起了推波助澜的作用。在好的政治权力下，这种宣传方式往往帮倒忙。说承包，就"一包就灵"，说放权，就"一放就活"，说农村形势好，就造到处是万元户的舆论。

（四）信息量小，真正新闻不多。在刚性模式中，新闻价值的大小，是由该条新闻所反映的权力层次的高低和离权力中心的远近来确定的。领导人的一次外事活动消息，摆在一个地区强烈地震消息的前面；甘地夫人遇刺的新闻，摆在我国领导人悼念甘地夫人的新闻之后。由于权力的直接干涉，很多真正的新闻不能发布,很多没有新闻价值的会议公报、官方文件充满了报纸的版面。在繁琐的送审制度下,很多新闻失去时效变成了"旧闻"。

刚性模式所带来的种种问题在"文革"期间达到了登峰造极的地步。有些同志把这些问题仅仅归结为"四人帮"的破坏,不从体制上寻找其原因。这种认识未免失之肤浅。

柔性联系模式

在新闻政治权力保持柔性联系的模式下,政治权力不直接控制新闻,报纸登什么,不登什么,由报社自己决定。新闻不代表政治权力说话,新闻机构对自己的言论负责。政治权力可以通过立法、举行记者招待会、和记者交朋友等间接方式来取得新闻界的支持。新闻可以通过灵活多样的方式对政治权力的正确意图和行为制造有益的舆论,对政治权力的错误意图和行为施加一定的舆论压力,使其回到正确的轨道上来。

在柔性模式中,记者的行为特征是:

(一)记者有独立的思想。记者力求披露受众想知道而无法知道的新闻,力求发表有真知灼见的言论。他勇于探索,敢于创新,以人云亦云为职业的耻辱。

(二)对权力的言论和行为采取选择的态度。对权力的正确言论和行为,记者不是当传声筒,而是创造性地给予舆论的支持;对权力的某些言论和行为,记者采取不支持或批评的态度。记者不以紧跟权力为己任,权力机构和权力人物只是他的采访对象之一。他的报道范围比权力机构所关心的更宽广。

(三)记者的言论不代表权力的言论。一名好记者只有新闻的权威,没有权力的权威。记者的名誉、地位不是权力机构授予的,而是广大受众拥戴的。什么"局级记者"、"处级记者",将成为新闻史的笑料,记者拥有的读者越多,他的地位就越高。因此,他千方百计地争取表达更多人的心声,当好人民的喉舌。

（四）记者有强烈的正义感和社会责任感。他既客观地、实事求是地肯定权力的政绩，又毫不留情地批评权力管辖下的腐败现象，指出政策的弊端和不足。

在柔性模式下，新闻将肩负起它应有的社会责任，成为社会自我监督、自我完善的重要工具。它再也不是政治权力的附属物。

在柔性模式下，一家报纸的兴衰存亡不是取决于权力对它的态度，而是取决于读者的"选票"。"选票"就是订单。取得群众的信任，对新闻单位来说，是生命攸关的大事。如果说，在刚性模式下"权力就是帝王"的话，那么，在柔性模式下，"受众就是帝王"。

柔性模式下的新闻内容将摆脱刚性模式下的官气，使群众感到可亲，可信，可读，新闻内容比刚性模式下广泛得多。

但在柔性模式下，言论自由的边界应当是：

（1）不妨碍他人的基本权利；

（2）不损害国家的利益和安全；

（3）不违反既定的国策。

相对独立模式

新闻要主动地、创造性地当好阶级的喉舌，应当和它的阶级的政权保持相对独立的关系。

恩格斯在 1892 年给倍倍尔的信中写道："如果你们的报刊'国有化'，走得太远，会产生很大的缺点。你们在党内当然必须拥有一个不直接从属于执行委员会甚至党代表大会的刊物。"在这封信中，他进一步明确地指出："首先需要的是一个形式上独立的党的刊物。"恩格斯在这封信中还说："做隶属于一个党的报纸的编辑，对任何一个有首创精神的人来说，都是一桩费力不讨好的差事。"（《马克思恩格斯全集》第 38 卷第 517 页）

我在本文中所说的"相对独立"和恩格斯所说的"形式上的独立"是一个意思。

柔性模式和相对独立的模式的区别有两点：（一）言论自由的范围；（二）该范围的边界由什么来确定。

在相对独立的模式下，言论自由的范围比柔性模式下更为广泛。记者可以自由地评论政治、批评政策、分析时局，法律是言论自由范围的唯一界定。孟德斯鸠说过，"自由是做法律所允许做的一切事情"。只要不违反法律，一切言论都有发表的权利。界定自由的法律是事先明文规定的条文，而不是事后随意创立的规则。在柔性模式下，法律还不发达，它只能界定一个大框框，还需权力人物作出补充的界定。这种补充界定常常是因势而定，是松，是紧，往往掌握在权力人物的手中，因而带有一定的随意性和事后性。

言论自由是新闻改革的基本目标。言论自由的程度是国家兴衰的标志。"文网最盛之秋，乃国运衰竭之时"。我们现在国力强盛，政治昌明，我们的政权又是人民的政权。通过柔性模式逐步过渡到相对独立的模式，我们的新闻事业将享受到比资本主义国家的新闻事业更加充分、更加广泛的言论自由。

有的同志提出问题：在阶级还没有消灭的今天，我们无产阶级的新闻是无产阶级舆论的工具，政权是阶级的政权，二者保持相对独立的关系，新闻怎么能为其阶级服务呢？这一顾虑是多余的。由于新闻有其固有的特殊规律，在它和政权保持刚性联系的情况下，它为其阶级服务是被动的，笨拙的，表面的，其效果也是很差的。如果解除刚性的约束，则其主动性、灵活性、创造性得到发挥，它将从根本上为无产阶级服务，主动积极地当好无产阶级和人民大众的喉舌。其效果比刚性联系好得多。西方国家的新闻和其资产阶级政权不是刚性联系的，难道我们可以否定西方新闻的资产阶级性质吗？我们能说它们没有很好地为资产阶级服务吗？你这不是否定新闻的党性原则吗？党性和人民性是一致的。请问：一张不受人民欢迎的报纸，一张不能反映人民呼声和愿望的报纸，还有什么党性？而柔性联系或相对独立的模式，为新闻的人民性开辟了广阔的道路，当然也为党性开辟了广阔的道路。

刚性模式向柔性模式过渡的必要性

今天,刚性模式向柔性模式过渡的必要性表现在以下几个方面:

第一,是商品经济发展的需要。

新闻是上层建筑的组成部分之一,它应当和经济基础相适应。在高度集中的产品经济条件下,新闻也是集中的,以刚性模式与之相适应。在多样化的、多层次、多元决策的商品经济条件下,高度集中的刚性模式和经济基础不相适应。多样化的经济将推动新闻的多样化,经济的活跃将带来新闻的活跃。新闻是社会的镜子。刚性模式的新闻对于商品经济社会来说,是一面"哈哈镜",它不可能反映社会的真实面貌。随着经济体制改革的不断深入,刚性模式向柔性模式转变,是不可逆转的大趋势。

第二,是政治体制改革的需要。

政治体制改革的目标之一,是建设有中国特色的社会主义民主政治。而载诸宪法的"言论出版自由"是民主化的起码条件。马克思说:"没有出版自由,其它一切自由都是泡影。"(《马克思恩格斯全集》第 1 卷第 94 页)柔性联系下的新闻事业,可以加强社会监督力量,可以促进政权的自我完善。

第三,柔性联系是新闻规律的需要。

新闻的内容和服务对象有着最大的广泛性。刚性模式使新闻仅仅围绕权力这个中心,其内容和服务对象带有明显的局限性,而柔性模式可以保证新闻的广泛性。

新闻在传播上具有无障碍性。它可以把地球这个角落的消息传到另一个角落。在刚性模式下,权力机构可以根据需要扣发新闻、封锁消息,而柔性模式可以使新闻无障碍地传播。

新闻有很强的时效性。它要求以最快的速度传播消息。在刚性模式中,繁琐的审稿程序往往使新闻变成"旧闻",而柔性模式可以保证新闻的时效。

新闻必须具备新颖性。它不重复报道同类的新闻,它永远给人以新鲜的感觉。而在政治权力直接掌握的新闻事业中,为了行使权力的需要,一些毫无新意的会议公报、政府公文也进入了新闻渠道。柔性模式下，不容许陈旧的内容进入新闻领域。

新闻和受众的关系是平等的、互馈的关系。在刚性模式中，新闻凌驾于受众之上，而在柔性模式中，新闻和受众之间能够保持平等的、互馈的关系。

更为重要的是，真实性是新闻的生命。新闻垄断越严重，新闻的真实性越差。刚性模式是最严重的新闻垄断。柔性模式将打破新闻垄断，新闻的真实性将得到维护。

第四，是培养名记者的需要。

人民需要自己的名记者。名记者不是靠权力扶持起来的，而是靠自己的作品掌握了大量的群众。名记者其所以成名，或是报道了振聋发聩的重大新闻，或是向群众揭示了重要的事实真相，或是发表了具有真知灼见的言论。因此，记者其所以成名，除了主观努力以外，客观上至少需要两个条件：第一，报道无禁区，只要不违反宪法和法律，记者可以报道一切受众所关心的事实；第二，言论无禁区，只要不违反法律，记者可以发表自己的独立见解。显然，在刚性模式下，不具备这些条件，在柔性模式下，这些条件将基本具备，一大批名记者将脱颖而出，新闻界可望群星灿烂。

过渡是分阶段的渐变过程

政治体制改革必然带来新闻改革；而新闻改革必将促进政治体制的改革。十一届三中全会是政治体制改革的开端，因此，从十一届三中全会时起，新闻改革的航船已经离开了刚性模式之岸，正在向柔性模式的目标前进。

当前，我国的新闻事业也出现了新中国建立以来从来没有过的好势态，这表现在：第一，报刊数量之多，品种之繁，是新中国建立以来所没有的。第二，这些报刊逐渐摆脱了在刚性模式下形成的"千报一面"的状况，都在显示各自的特色，形成了万紫千红的局面。第三，言论开放程度也是新中国建立以来少有的，在报纸上不仅批评时弊，揭露腐败现象，而且可以讨论政治问题。第四，要求进一步民主化的呼声的强烈程度，也是新中国建立以来少有的。总之,新闻已经初步摆脱了刚性模式下形成的面目,长期形成的扭曲状态正在舒展。党的十三大更是为新闻改革明确了前进的方向。

由刚性模式向柔性模式过渡是一个分阶段的渐变过程。一般说来,这个过程可以分为以下几个阶段:

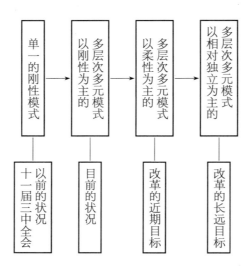

这里说的多层次、多元模式是指报纸的不同层次,不同的创办背景、不同的读者范围,既有党报,又有非党报,既有中央报刊,又有各级地方报刊,既有大多数人关心的报刊,也有小部分人关心的报刊,既有官方报刊,也有半民间报刊和民间报刊。依报纸类型不同,它们和政治权力的关系在任何时候既有刚性联系,又有柔性联系,还有相对独立的关系。但是,在改革的不同阶段,有不同的起支配作用的关系。例如,当前以刚性为主,改革的近期目标以柔性为主,改革的远期目标以相对独立为主。

在这个过程中,至少得注意以下三个问题:

第一,这种过渡的速度要和政治体制改革同步。过渡时间的长短要随政治体制改革的速度来定,既不要超前,也不要滞后。

第二,要加紧新闻立法。新闻法应该是言论自由法,它是宪法第三十五条中的"言论、出版自由"的具体化。

第三,要改变新闻观念。即改变长期在刚性模式下形成的对新闻的观念,其中有政府官员的观念、编辑记者的观念、广大受众的观念。

以上三个问题中的任何一个问题的解决都是十分复杂的。因此,完成刚性模式向柔性模式的过渡也将是一个长期过程。

选自《新闻记者》1988 年第 3 期

为了不可忘却的纪念

张芬之

转眼间,事情过去两年多了,按说应当逐步淡忘的。然而,这是一桩曾经轰动我国新闻界的大事件,或许至今,由此而产生的"冲击波"仍在悄悄地发挥着作用,所以,时至今日,我非但没有淡忘它,与此相反,随着我国各项改革的全面深入,尤其是随着新闻观念的不断更新,我越来越感到回顾一下当年的情况是很有意义的。为了不可忘却的纪念,也为了让全国新闻界的同仁们更全面、更真切地了解这桩"新闻公案"的来龙去脉,我应上海《新闻记者》编辑部魏永征之约,提笔写下了这篇追述性的文字。

不平常的哈尔滨会议

1986 年 8 月 9 日至 15 日,中共中央宣传部在黑龙江省哈尔滨市的北方大厦,召开全国省报总编辑座谈会。这是一次在中国新闻史上留下了深刻印记的重要会议,它以非同寻常的举动积极而又谨慎地揭开了新闻改革的序幕。当时,我作为《中国报刊报》的一位负责人,经中央宣传部新闻局的同意,有幸列席旁听了这次会议,为我采写滕藤同志谈新闻改革的那篇报道提供了契机。

滕藤系清华大学教授,在主持召开这次省报总编辑座谈会之前几个月,刚调任中宣部副部长。据了解,他原在国家科委任职,并担任过全国职称改革办公室主任的职务,对新闻工作已有所研究。滕藤在座谈会开始的时候说,召开这次省报总编辑座谈会的目的,主要是了解情况,征求意见,研究如何搞好省报的新闻宣传问题,作为他个人来说,也想借这次会议和各位"老总"见面,相识,向各位"老总"学习。为了开好这次会议,中宣部新闻局作过一些调查研究,来哈尔滨之前,他也曾当面请示过胡启立同志。他希望大家敞开思想、畅所欲言,不要有思想顾虑,不要怕抓辫子。滕藤的开场白颇为鼓舞人心,他给我的第一个印象是:思想比较解放,讲话干净利索,态度诚恳谦虚,富有教授风度。因此,座谈会始终开得很热烈。《人民日报》副总编辑陆超祺介绍了报社编委会关于办好报纸的初步改革设想,提出了"可读可亲可信"的要求,并联系"文革"中报纸宣传上存在的问题作了深刻的分析,明确提出要从"自立菩萨自拜佛"的宁"左"勿右的思想"框框"中解放出来,大胆刷新版面,下决心改革会议报道。与会同志十分赞赏陆超祺的发言,都深感当时报纸宣传中的问题急需要解决。大家认为报纸宣传存在的问题主要是:有关领导和部门不善于按新闻规律办事,对报社的工作干预过多,有的省委书记或省长、副省长亲自批示稿件上头条,还有的要求全文刊登领导讲话,连配发讲话照片的尺寸都要过问,弄得总编辑左右为难;片面理解党报的喉舌和指导作用,忽视宣传效果,报上会议消息成灾,报道领导层的活动过多,报纸办得枯燥,沉闷,读者不爱看;受"文革"中宁"左"勿右思想的束缚,报社领导习惯于按常规办事,"自立菩萨自拜佛",思想不解放,工作无生气……

《贵州日报》总编辑刘学洙在发言中,对报纸上近一段时间的会议报道作了一个详细统计,运用大量事实和数字证明会议报道已到了不煞不足以平"民愤"的地步,他强烈呼吁要"精简"会议消息,希望各路"老总"同心协力,互相影响,互相支持。《文汇报》总编辑马达和《解放日报》总编辑陈念云,两人虽然同在上海,但发言时的举止和声调大相径庭。马达性格豪爽,谈锋犀利,讲着讲着就从沙发上站了起来,声若洪钟,鼓动性极强,而陈念云端坐在沙发上,讲起话来慢声细语,有板有眼,极少动感情。两位"老总"的形象我至今还记忆犹新。在谈到破除旧框框、勇于创新的问题时,记得陆超祺还讲了这么一件事:前不久,邓小平和胡耀邦同志同一天分别在北戴河会见了日本一位贵宾。按惯例,两位领导人会见外宾的消息和照片都要登报,甚至要上一版,否则就是破了"规矩",就有可能受到批评。但《人民日报》的领导人从新闻改革的着眼点出发,经过商议,决定事先不请示,报上只登邓小平会见日本外宾的消息和照片,胡耀邦会见客人的照片不登报,而且把会见消息放在四版。他们把这种做法叫做"投石问路",假如上面不发话,不追究,以后党中央领导同志会见外宾的报道就照此办理,酌情予以简化。不知道是胡耀邦同志或有关方面未注意,还是胡耀邦同志看到了而默认了,赞可了,《人民日报》社的负责同志一连等了好几天,居然未见上面有人追究此事,也就放心了,从而在新闻改革的道路上悄悄迈出了第一步。与会同志听了陆超祺的介绍,都很兴奋,大家一致希望《人民日报》在新闻改革上要带好头,为各家省报做出表率。有的同志形象地说,《人民日报》迈半步,省报可以走一步,《人民日报》迈两步,下面可以小跑步。由此可以看出,当时的省报总编辑对新闻改革怀有多么大的热望和激情啊!

列席会议,身在其中,我深深地被会议上的发言和激情感染着。晚上,我躺在床上一边"过电影",一边思考着如何报道好这次会议,如何为新闻界的同志们提供点振奋人心的信息。然而,思来想去,觉得很犯难。因为,召开省报总编辑座谈会的消息,新华社驻哈尔滨的记者早已发了电讯稿,而且先后发过两篇会议报道,中央人民广播电台在早上"新闻联播"中播过了,《人民日报》也先后两次发过消息。《中国报刊报》作为四开四版的周报,与大报抢时效已望尘莫及,再重复报道,有点"烫剩饭",没有意思。怎么办? 会议消息该如何发? 一时间确有点急不可耐而又六神无主。我当时决定,消息反正是"迟到"了,与其重复别人的不如再等等新鲜的,实在没有,再想别的补救办法。万没料到,这一等果然等来了好新闻。原来,在座谈会将要结束时,滕藤让大家谈谈对今后省报新闻宣传的意见,尔后根据大家的发言作小结。各路"老总"针对会议报道过多,尤其是有关领导不按新闻规律领导新闻工作的问题,响亮地提出了在坚持党报的社会主义性质和党性原则的基础上,要自我解放,自我宽松,今后报纸登什么不登什么,应由报社自己定主张。这个呼吁,滕藤是赞同的,因此在做会议总结时,滕藤在强调党报坚持四项基本原则、要自觉接受党委领导的同时,引用有关同志的说法,也讲了应当解放思想、勇于创新,除重大报道要事先通气请示外,今后报纸上登什么不登什么,应当由报社自己决定。他希望各级党委注意改善和加强对报纸工作的领导，要当"开明婆婆"，不要干预过多。滕藤的讲话是大胆的，积极的，比较好地反映了与会同志的意愿，会场上响起了热烈的掌声。

含蓄的行文和醒目的标题

作为新闻记者，特别是作为面向全国报刊界的《中国报刊报》的记者，我从滕藤的讲话中欣喜地发现了它的新闻价值，迅速拟定了会议报道的框架。我把构思先与中宣部新闻局的同志说了一遍，接着又向有关负责同志作了汇报。他们让我写出来再看。当天晚上，我翻开会议记录本，按照事先想好的思路，写出了一篇题为"全国省报总编辑座谈会提出大胆探索实践改革新闻宣传"的会议消息，考虑到当时新闻界"冰冻三尺"的实际情况，以及我的某些顾虑，我对滕藤所说的"报纸登什么不登什么应由报社自己定"的观点作了低调处理，一未上副标题，二没有写进导语部分，只是在消息的第三自然段着重写了一笔，对当时报纸宣传中存在的弊端归纳开列了一个单子，以期引起人们的注意。稿件写好后，我自认为比新华社和《人民日报》已经发过的报道在内容上更加新颖充实，于是，送给有关负责同志阅后即通过电传发回了报社。编辑部的领导收到稿件，认为这篇会议报道有新意、有新观点，当即决定放在头版头条发表，并将滕藤所讲的那段具有较强新闻价值的话推上了副标题，同时写进了导语。报纸付印的当天下午，编辑部派人把大样送到《人民日报》总编室。有关编辑看到后，十分欣赏报道的主题，当即推荐，社里决定连夜推上三版头条，第二天与《中国报刊报》同时见报。《人民日报》在三版头条加框转载这篇报道时，进一步突出了滕藤的那句话，标题改为：

中宣部副部长滕藤谈新闻改革（引题）

报纸登什么不登什么应当由报社自己决定（主题）

各级党委要改进对党报的领导（副题）

中央人民广播电台新闻部当天夜里看到《中国报刊报》和《人民日报》的付印清样，也以特有的新闻敏感在"新闻联播"节目中摘编了这则消息。大概受广播"黄金时间"的限制吧,中央广播电台的摘编就更加简短,实际上只剩下这么一句话:中宣部副部长滕藤在全国总编辑座谈会上说,今后报纸登什么,不登什么,应当由报纸自己定。我是坐在返回北京的火车上听到这条新闻广播的。当时的心情犹如打翻了五味瓶,又惊又喜又有点担忧害怕,真乃酸甜苦辣,什么滋味都有。惊喜的是,此稿刚刚发回立即登报又广播,多日来的劳作没有白费;担忧的是,稿件被中央台掐头去尾,突出一点,有可能被人误解,甚至会给扣上不要党的领导、鼓吹新闻自由的大帽子。

惊喜中包含着希冀、担忧,我归心似箭。从北京站下了火车,我立即赶回报社,希望早一点探听到虚实。编辑部的同志见到我,几乎异口同声夸我抓住了一条好新闻,都说比新华社发过的会议消息价值高,一定会在国内外产生强烈的反响,一定会进一步提高《中国报刊报》的知名度。此话被同仁们言中了。第二天,打开首都的主要报纸,几乎都在一版或四版转登了。随后看到的大多数省报,包括《文汇报》在内,都分别转载了《人民日报》发表的报道,有的还放在一版突出处理。短短几天,报社接到不少新闻单位的电话和读者来信,普遍赞成滕藤同志的讲话精神,上海《新民晚报》副总编辑冯英子先生很快寄来了一篇题为"举双手拥护滕藤同志的讲话"的言论。看头几天的势头,报道的影响是良好的,中宣部新闻局的同志也认为反应不错,让我们注意了解各省、市、自治区的反应,继续抓好关于新闻改革的宣传。

非议和流言接踵而至

然而,秋天的气候是多变的。大约不到十天工夫,一些方面的抵触情绪明显表露出来。据说,有的省委领导同志给中央有关部门打电话,对滕藤的讲话精神提出异议。工、青、妇组织的有关领导也提出了不同意见。有一位领导同志对一家报社的负责人说,报纸登什么,不登什么,还是要听党组的,你们不能搞无政府主义,我的讲话不但要登,还要配评论、上一版。这家报纸的总编只好从命。甚至连一些报刊社的负责人也对此提出了意见,认为《中国报刊报》宣传新闻自由,把新闻的改革引偏了方向。山雨欲来风满楼,我已逐渐感觉到了有形或无形的压力。据说,省报总编辑从哈尔滨返回北京后,当时的中宣部部长朱厚泽专门召集部分路过北京的总编辑开了会,对报刊宣传问题提出了要求。事过不久,中宣部又召集首都主要报刊负责人开会,滕藤就他的讲话作了补充说明,目的在于平息日渐高涨的种种非议,让报刊社全面领会总编辑座谈会的精神。随后,中宣部将滕藤的讲话上报中央书记处领导同志审阅后,正式下发了座谈会纪要,明确指出:"日常的宣传报道,报纸登什么,不登什么,则应当由报社自己决定。办报如果无权取舍新闻,哪个该登,哪个不该登,实际工作部门都来干预,报纸是无法办的。"在中宣部召开的那次会上,滕藤虽未对《中国报刊报》的报道直接提出批评,但表扬肯定了新华社的报道,并说《中国报刊报》的报道从新闻价值上看是很新鲜的,选取报道的角度好,但由于没把来龙去脉讲清楚,有点片面性。接着,一些新闻单位和一些省市,便相继传出了《中国报刊报》犯了错误,滕藤的讲话收回了等等传言。老实说,作为这则引起争议的报道的当事人,我对一些说法和做法是有看法的。我重新查对了会议记录本,又认真研究了我发回的那篇会议报道,我至今认为文中所表述的主题思想是积极的,并没有什么片面性,从办报实践来看,上至《人民日报》下到地、市、县报,除个别重要的稿件外,绝大多数稿件都是由报社自己决定刊用与否的,何况,党报的总编辑都是上级党委任命的,他倘若不听招呼,随心所欲地刊登稿件,党委随时可以撤换,根本不存在搞什么新闻自由。为了澄清因这篇报道引来的层层迷雾,我曾询问过中宣部新闻局的负责同志,请示下一步报纸应当如何办。新闻局负责同志说,除个别提法的背景没有完全讲清楚外,整个报道的基本思想是对的。尽管有不同意见,滕藤并未收回他的讲话,《中国报刊报》在今后宣传这个问题时,不要再直接引用滕藤的原话,可多反映各省、市、自治区领导同志对新闻改革热情支持的动态,还可针对一些模糊认识,配发一点言论,从而引导人们同旧的传统习惯、旧的新闻观念决裂,以逐步跟上改革开放的好形势。

　　新闻局负责同志的鲜明态度,给了我们莫大的支持,等于吃了"定心丸"。回想起在那种特定的情况下新闻局有如此决断,应当说是很可贵的。于是,我们心领神会地坚决照办。首先在报上发表了冯英子先生赞同滕藤讲话精神的言论,只是把标题改得含蓄了一些。接着陆续报道了《安徽日报》、《人民海军报》、《贵州日报》以及华北五报和东北三省报纸协作会谈新闻改革的言论和动态。安徽省原省长王郁昭、宁夏回族自治区主席黑伯理和机械工业部副部长李守仁等,赞成滕藤的讲话精神,主动提出要尊重报纸工作,支持报纸按新闻规律办事。对于他们的讲话精神,我们都及时作了报道,同时针对某些人提出的"今后还要不要加强对报纸的领导"等问题,报上连续发表了《谈谈"定稿权"》、《报纸要多一点微笑》、《机关报与"百货公司"》、《不是"把关"而是"开关"》等言论,硬是把新闻改革的宣传坚持了下去。

"编者按"中的文章

1986 年冬天的学潮和党内少数人的错误言行,引发了全国范围内的反对资产阶级自由化的斗争。这场斗争很快波及新闻界,有人又重提滕藤的那篇讲话,甚至提到反对资产阶级自由化的高度来认识。在一次首都主要报刊负责人会议上,有人提出《中国报刊报》要停办,居然有人表示赞成。随后,在 1987 年 1 月上旬,中宣部新闻局负责人告诉我,《人民日报》即将重新摘要发表滕藤的讲话,并在"编者按"中点一下《中国报刊报》的名称:《中国报刊报》在报道中片面宣传了"报纸登什么,不登什么,应当由报纸自己定"的观点。这一突如其来的消息确实使我震惊,我隐约预感到这场反对资产阶级自由化的斗争照此发展下去将直接波及报纸,波及我个人。我甚至做好了必要的心理准备。他怕我有思想负担,再三要我正确对待,积极工作,又一次给了我热情的宽慰和支持。记得钟沛璋在赴香港考察工作之前,在全国记协小会议厅召开的《中国报刊报》编委会会议上,还特意肯定了《中国报刊报》的工作,指出我写的那篇报道基本思想是正确的,今后要不断总结经验教训,努力把报纸办得更好。

1987 年 1 月 15 日,《人民日报》在第三版下方详细摘要刊登了滕藤在全国省报总编辑座谈会上的讲话,并在按语中点了《中国报刊报》的名。对此,我们当时是有看法的,本来想给《人民日报》写信,提出我们的意见,后经报社领导研究,决定采取高姿态,但同时决定要在 1 月 24 日本报上摘要刊登《人民日报》上滕藤的有关讲话,并在"编者按"中对我们的态度加以说明。现在想来,这个做法比较好,既没有因为一篇报道与《人民日报》"闹别扭",也再一次宣传印证了那篇报道的真实性。现将本报 1 月 24 日的"编者按"抄录于后:"去年 8 月中旬,中宣部副部长滕藤同志在哈尔滨召开的全国省报总编辑座谈会上就新闻改革问题发表了讲话。本报在 8 月 20 日第一版头条以'大胆探索实践,改革新闻宣传'为主标题报道了这次会议的精神,并在副标题中标出:滕藤同志提出:报纸登什么不登什么,应由报社自己决定。现在看来,这个副标题所表述的思想不够全面。我们将认真总结自己的经验教训,争取把报纸办得更好。现将滕藤同志讲话的有关段落原文摘发如下。"

这个"编者按"由我执笔,也是那一特定条件下的产物,虽然在用词上还不很痛快明确,但它却半含不露地表明了报纸编辑部对那篇报道的态度。我们重新标出了原文的主标题并特意说明只是消息副题所表述的思想不够全面,并未否定整个报道,也未承认本报突出、片面宣传了某种观点,这在当时也只能这么做。值得庆幸的是,中央很快下发了文件,对反对资产阶级自由化斗争的政策、范围作出了具体规定,加上中宣部新闻局和全国记协的领导同志对此事的态度都比较开明,从而使这桩轰动一时的"新闻公案"没有再纠缠下去。

让实践继续作出判决

历史是一面镜子。如今回过头来重温那段历史,我觉得很有教益。我常想,作为报纸的负责人,在全面改革日益深化的情势下,现在和将来都可能遇到一些棘手的问题,都可能出现这样或那样的失误和差错。当一种思潮像海浪一样冲击过来的时候,是心有主见,始终保持着清醒的头脑,还是为了保乌纱而随之摇摆、人云亦云呢?我认为,任何一个正直的忠诚的新闻工作者都应当采取前一种态度,任何时候都不能放弃原则,也不能忘记实事求是,当然更不能忘记党和人民的利益,忘记自己所肩负的重任。

党的十三大胜利召开,为新闻改革开拓了前进的坦途,全国新闻界至今还在回顾议论我的那篇报道中的主要观点。为了认真贯彻十三大的精神,积极而又审慎地深化新闻改革,本报在前年11月份连续召开首都部分新闻单位负责同志座谈会,就新闻改革问题各抒己见、集思广益。新闻出版署署长杜导正在发言中,提出搞新闻改革要求创造一个更和谐、更民主、更活跃的环境,新闻界的同志要有一点创新精神,要在宪法和法律的范围内去发挥主动性和创造性。也是在这次座谈会上,新闻出版署特约顾问、《中国经济信息报》社社长刘爱芝在发言中说:"全国省报总编辑会议提出,今后报纸登什么,不登什么,应当由报社自己定。这个观点现在看来也是正确的。既然是报纸总编辑,如果连个定稿权都没有,报纸登什么不登什么样样要请示,那总编辑还怎么当,还有什么岗位责任可言!再说,总编辑也是组织上委派的,他也是有头脑的,他总不会随心所欲地瞎登乱登吧!"当前,各行各业都在搞承包,强调目标岗位责任制。作为报刊社的总编辑,既要对党委、报社和人民负责,也要对自己负责,因此,就应有一定的自主权,应能够决定稿件是否发表。我很赞成刘爱芝的这一见解,这是因为他的话印证了当年我采写那篇报道时的深深思考。或许现在,人们对这个观点还认识各异,我以为这是正常的,仁者见仁,智者见智,每个人都有权保留自己的观点。不是说实践是检验真理的唯一标准吗?在未来新闻改革的长河中,就让实践继续做出是非曲直的判决吧。

我的这番回顾性的文字是依据我所掌握的情况急就而成的,很可能存在不准确的地方,但基本过程不会错。我期望了解内幕和详情的同志指正。目的在于更好地总结经验教训,把报纸工作做得更好。

选自《新闻记者》1989年第1期

多种声音　一个方向

—— 论党在新时期的新闻政策

甘惜分

我们报纸的形象并不乐观

从数量上看,我们报纸、刊物、广播、电视的发展速度虽不能同发达国家相比,但从我们自身的历史出发看问题,我们的发展速度是惊人的。

但如果不只看数量,而到读者中去考察一下,我们的报纸的形象则很不令人乐观。报纸的发行数字最大量的是公费订报,如果取消公费订报制度,这一数字将大幅度下降。

我们到处可见,读者读报大都是一翻而过,认真读报者不多。公费订阅的报纸放在报架上,有的很少有人翻过。听众和观众对广播和电视也有不少意见。

既然如此,何以解释近几年来我国新闻事业如此之高速度发展呢?

据作者所知,这大都是因为各级领导干部逐渐认识到舆论阵地之重要,自己控制一张报纸,一个刊物,一个广播电台,一个电视台,可以随时发号施令、下达指示、发表讲话,而"不另行文",又快又省事。他们很少想过他们的报纸和电视等等是否适应人民的愿望,是否受人民欢迎。

据听到的反映,广大群众对我们报纸的评价是:

一、群众迫切需要了解的信息不多(不是完全没有),而群众不感兴趣的"新闻"却很多。

二、报纸上的新闻,不是客观世界正在发展变化的重要事实的反映,而是报纸编辑部想让群众知道的部分事实。报纸不讲真话,掩盖矛盾,不把国家真相告诉人民。

三、报纸只对上级领导歌功颂德,而很少批评上级领导,没有起到舆论监督作用。

四、党风败坏,社会风气不正,人民道德品质下降,物价上涨太快太大,部分人民生活困难,社会劳动报酬极不合理,如此等等社会迫切问题,报纸不敢大胆抨击时弊,而是绕开矛盾走,这样的报纸是得不到人民信任的。

五、报纸上国际新闻太少(《人民日报》稍多一些),好像中国是游离于世界舞台之外似的。

六、我们的报纸不能代表人民对国际问题发言。过去对一些社会主义国家,不到外交破裂之时,报纸只说它好,不敢有半句批评。其实人民自有看法,但无从表达。这个问题今天依然存在。

七、国家领导人对外宾很多话都讲,对人民却保密。领导人经常接见外国记者,却很少同中国记者作平等的交谈。

八、国民党统治时期,共产党领导下的报纸反抗黑暗统治,是何等英勇善战!国民党倒台了,共产党执政,党的报纸再没有从前那样尖锐泼辣了。

九、全国上百种日报,加上其他报纸,基本上都是共产党机关报,从上到下只发出一种声音,没有一家报纸敢发表同"官方意见"不同的意见,群众性的不同观点无从表达。

十、西方国家的报纸基本上都是受垄断资本集团控制,但是它们貌似独立、客观、公正的一些做法,很值得我们借鉴。我们不能让"新闻自由"这个政治口号为他们独占。

报纸三大弊端:单一性、封闭性、隶属性

从群众的反映可以看出我们报纸存在的弊端,总括有三:

第一,单一性。

现在我国的日报和大型报纸,除中央和省市级报纸是党机关报之外,还有部队机关报、群众团体机关报、专业报(中央各部门领导的报纸)、企业报,以及地市报、县报等等,莫不在党委领导下,是从上到下的党报系统。至于近

来出现的文摘报、信息报之类,不是党机关报,但它们在全国报群中不占重要地位。党报是人民的报纸,但实际上它们主要是党借以传达政策的宣传工具。人民的情况虽有所反映,但重在宣传政策。有的报纸官气十足,民气甚少。从党委来看,党报是人民报纸,但从人民群众看,自己欲知者报上没有,自己欲读者报上也少有,报纸是"官方"的。

单一的党报体制还有一个大弱点,就是发言缺乏灵活性。党报必须同党完全一致,党未表态,报纸不得随便发言。单一的党报体制不便我们在国际舆论界以至国内舆论界进行纵横捭阖的宣传斗争。

第二,封闭性。

我国新闻发布有一个特点:夸大成绩,隐瞒党内争论,掩盖矛盾,甚至人代大会的讨论也保密,报喜不报忧,多报喜,少报忧。十年动乱时期,新闻封闭达到极度,现在还未完全纠正过来。

我们从来讲究实事求是,在事实面前要无所畏惧。但是我们在新闻上却不敢把事实真相告诉人民,或半遮半掩,隐瞒了部分真相。

但是当前的人民群众有多种渠道了解情况,"大道不通,小道畅通",外国广播也常有中国消息(夹杂着一些猜测)。我们的新闻封闭恰恰助长了小道消息的传播,并且为外国广播开辟市场。与其如此,我们不如主动开放新闻传播,借着十三大以来新闻开放的好势头继续再向前几步。

第三,隶属性。

党报隶属于党委,是党组织的一个组成部分,接受党的领导,这是保证全党的统一所必要的。

但与此同时,还需要承认报纸是社会舆论机关,具有社会性和相对独立性,它是人民的舆论阵地,应当站在人民立场上,为人民说话。不要片面强调自己是党的喉舌,不要使广大中间群众和落后群众对我们另眼相看,看成是"上边"的报纸。

少奇同志 1956 年指出,报纸不挂党和政府的牌子。他的意思不是不要报纸的党性立场,而只是要给人以独立、客观、公正的印象。

为什么我们的报纸批评开展不起来？这是因为报纸既是隶属于党委，下级何敢批评上级？有些领导干部也依仗这种隶属关系，以权压人，甚至庇护自己的下属单位，阻挠报纸批评。1953年中宣部关于党报不能批评同级党委的批示，历史证明起了一些不好的作用。那个批示不分清楚报纸是不能批评同级党委组织，或是连同级党委成员都不能批评。演变至今，批评禁区越来越大，有权势者，有靠山者，都不能公开批评，被批评者无非是下级干部和基层组织。报纸的舆论监督权何在？

一般说，党委书记的政治水平高于记者，但也不能绝对化。记者每天接触新生事物，也可能有卓识高见，为党委书记所未料。党委书记对记者要平等对待，与他们交朋友。资产阶级政治家都有不少记者朋友，他们当然是为了搞宣传。难道无产阶级政治家就不能与记者交朋友？何必非要摆出领导架子，与记者难得一见？即使接见，论级别差了好几级，记者见了上级，有如老鼠见了猫，低声下气，听候指示。在中外记者招待会上，外国和港澳记者侃侃而谈，敢提尖锐问题，我们的记者坐在前排，却沉默不语，偶尔提问，也颇拘束，所提问题大概也事先请示过领导。这样下去，我国新闻界如何能培养出大记者名记者来？

党委也许认为，对报纸抓得越紧，管得越死，报纸就越少犯错误。在党的领导正确的情况下，也许如此。但在另一种情况下，即在党委本身也正在犯错误的情况下，党委死扣住报纸隶属于党委，做党委的喉舌，其错误可能更大。十年动乱时期的报纸固不用说，即使在粉碎"四人帮"之后，有几个省委仍继续奉行"左"的路线，并强制省报同党委一起犯错误，报纸编辑部欲反抗而不可能。可见在此和平时期，不予报纸以一定的自主权，不让报纸鉴别是非、服膺真理，结果将如何。

以上三大弊端——单一性、封闭性、隶属性，核心在于隶属性。我国新闻改革，要去掉三大弊端，首先应从隶属性下手，要改善党对新闻事业的领导。

树立新的新闻观念

变单一性为多元性。变封闭性为开放性。变隶属性为相对独立性。这就是当前新闻体制改革的三大课题。

这就必须根据十一届三中全会以来特别是十三大以来的新形势树立一些新的新闻观念。

第一，要改变片面强调报纸是党的宣传工具的观念，树立为人民办报和人民性的观念。

第二，要改变报纸的作用和力量仅仅在于传达党的政策的观念，树立"下情上达，上情下达，彼此沟通，相互理解"这一全面的新观念。

第三，要具体分析"新闻、旧闻、不闻"这个观念。任何国家的任何新闻机构都不可避免有旧闻和不闻，过去、现在、将来都有不能公开或暂时不能公开的新闻。保守国家机密和照顾国家大局是记者的职业道德，但不能任意扩大旧闻与不闻的范围和任意封锁新闻，而必须把一切应向人民公开报道的新闻统统开放，让记者根据形势决定其写作。

第四，要改变全国大报都是党报的观念，树立多层次多元化报纸体制的观念（这一问题详后）。

第五，要改变片面强调舆论一律的观念，树立在社会主义大方向一致的前提下报纸可以发表不同意见的观念。一切服从真理，一切服从国家和人民的根本利益。人民舆论既统一，又不完全统一，舆论一元化与多元化共存，求大同，存小异。

第六，要改变报纸只是受党领导而不能监督党的观念，树立报纸是舆论监督机关的观念。

第七，要改变报纸批评有禁区的观念，树立报纸批评无禁区的观念。为保持党的领导的统一，报纸可以不公开批评同级党委，但对任何个人的工作和作风均可公开批评。干部是人民公仆，任何人不能享受免受批评的特权。

第八，要改变对新闻自由这一观念的偏见，树立社会主义新闻自由的新观念。新闻自由是政治自由的一个方面,是人类几千年来梦寐以求的理想。我们不能因为资产阶级新闻自由的虚伪性而抛弃新闻自由这一伟大字眼,人民内部应享有充分的新闻自由。恩格斯说过:难道我们夺取自由是为了消灭自己的自由吗?这句话说得多么沉痛。我们不能把新闻自由同资产阶级自由化混为一谈,只有反对社会主义,主张恢复资本主义的人才是资产阶级自由化的典型代表。

第九,要改变社会主义报纸是计划经济通过新闻手段的反映因此全国报纸只许说一种话的陈旧观念,要提倡多种类型报纸之间的竞争。

从五个方面着手改革

具体地说,我国新闻改革要从几个重要问题着手:

一、先恢复一两家非党的社会主义大型日报。这里说"恢复",因为解放前和新中国建立初期都有这样的报纸,后来"左"的领导思想把它们砍掉了,只剩下清一色党报体制。今日恢复,正是正本清源。如有困难,可先在北京试办一种,也可在现有首都日报中选一家就地改组,去掉党报头衔,改称民间报纸。这种报纸不是什么"同人报",在政治大方向上与党报并无二致,但身份不同,说话较为灵活,不代表党和政府,完全站在民间立场发言。有时党报不便说的话,可由这张报来说,以试探舆论反应。报纸总编辑应慎重遴选,必须是政治上既可靠又开明、业务上精通的人,报纸编辑部由共产党员作骨干,以保证报纸的大方向。

这里必须说明,创办这种报纸决非离经叛道,决非倒退,而是势所必然。在党内创办独立报纸的主张最早见于恩格斯。1892 年,他写信给德国党的领袖倍倍尔说:"必须拥有一种不直接从属于执行委员会甚至代表大会的刊物,也就是说,这种刊物在纲领和既定策略的范围内可以自由地反对党所采取的某些步骤,并在不违反党的道德的范围内自由批评纲领和策略。"(《马克思恩格斯全集》第 38 卷第 517 页)在这封信中,恩格斯反复强调:首先需要的是一个形式上独立的党的刊物。党不能反对这种刊物的出现,而只能主动促使其出现。恩格斯说形式上独立的党报,并非脱离党的领导,而只是言论上有较大的自由。恩格斯反对党内言论控制太死,他把这种控制称为"国家化"和党内的"反社会党人法"。他告诫全党:"不要那么气量狭小,在行动上少来一点普鲁士作风,岂不更好? 你们——党——需要社会主义科学,而这种科学没有发展的自由是不能存在的。"(同上第 88 页)

恩格斯的观念今天对我们依然具有重要意义。在今天和平建设时期而非你死我活的战争时期,在广大党报群中有一两家以非党报的形式而独立的报纸,让全党听一听不同的声音,甚至是逆耳之言,有如一支乐队,多种乐器奏出高低强弱不同之音,形成一支谐和的奏鸣曲,有什么不好呢? 何必只听一种单调之音,一个角落发出异调,便大惊小怪,视为异端邪说,而大加挞伐,这种做法再也不能继续下去了。还要考虑十年之后,港澳回归,若干年后,台湾收复,实行一国两制,港台报纸涌入大陆,我们今日不早作准备,到时仍是闭关锁国,其可得乎?

二、现有的党报群也不能照今天这样办下去了。为今之计,求短、求快,辟专栏、开知识、求趣味,这一些业务改革也应当做,但主要的应当抓当前群众迫切关心的问题。目前我国社会问题很多,矛盾很多,人言啧啧,议论纷纷,报纸却对这些迫切问题避而不谈,而把一些次要问题塞给读者,难怪群众称报纸为"一分钟报纸"(个别报纸还是较好的,不能一概而论)。报纸之最可怕者为"平庸",为"微温";最可贵者为反映真相、坚持真理、尖锐泼辣。可以断言,如果报纸不做表面文章,而是敢于狠抓当前的"热点"和"难点",对上无所惧,对下无所隐,这样,你这张报纸立刻洛阳纸贵,人们奔走相告,发行量大增,信任度猛升。自古以来卓越的报刊活动家,从未有以平淡无奇、庸庸碌碌的报纸而能取得读者之信任者。旧世界的革命报人,当时勇敢战斗,今天社会主义社会的报人,对新人新事要大加表扬,对坏人坏事也要大张挞伐,方显出革命报人本色。我们不做破坏安定团结局面的蠢事,但是这决不是说我们可以碌碌无为。我们要以马克思主义思想办好一张人民报纸,求党性与人民性的统一。

三、党报实行总编辑负责制。总编辑的工作对人民负责,对党负责,对党委负责,而不对一个人负责。党委书记不能任用自己的亲信当总编辑,不能以"听话"、"听招呼"作为选用总编辑的条件,因为我们的报纸不是私人报纸。精通新闻工作规律,政治上识大体,掌握全局,坚持真理,讲原则,善团结,勤于写作和学习,才是担任总编辑的条件。不称职者不能任命,任命了就要完全信任,让他对报纸负全责。党委不要管得太多太死,除重大问题和重要言论外,一切由总编辑决定。即使偶然失误也不要紧,世界上没有不犯错误的报纸。每天新事物层出不穷,报纸都要迅速作出判断,出点错误是难免的,以后改正就是了。我党建党初期都是党的领袖亲自办报,现由知识分子干部办报,要在他们中间培养出敢于坚持真理的政治家、理论家,绝不要培养出一些唯唯诺诺、善于察言观色的风派人物和庸人。党的领导人对记者要平等相待,互通信息,商讨宣传策略,千万不可颐指气使,个人说了算。为使领导干部掌握新闻工作规律,最好在中央党校开设一点新闻学课程。

四、尽快制定新闻法。我国新闻事业日趋发展,无论新闻事业的领导,或是新闻单位本身,违反新闻工作的法则的事例很多。前者如任意干涉记者工作,弄虚作假,欺瞒社会。后者如记者无事生非,牟取私利。凡此都须制定新闻法加以约束。有了新闻法,保障新闻工作者的新闻自由,并规定其社会责任。这对于我国新闻事业的发展定可起促进作用。

五、建立全国舆论研究中心。办好报纸,必先掌握民情。办报与舆论研究工作相配合,才能收上下相通之效。民意测验等于大面积的无记名公民投票,被调查者可以说真话而无所顾忌,从中可以了解重大民情,既可供领导决策参考,也是人民参政的重要途径。目前,这一工作正在全国兴起,但十分分散,最好用适当方式组织起来,建立全国性的舆论研究中心,可组织大规模舆论调查,在此基础上更能进行系统的舆论学研究。

"多声一向论"

以上所论,一言以蔽之曰:"多种声音,一个方向。"简称之为"多声一向论"。"一个方向",即社会主义大方向。"多种声音",即在社会主义大方向下充分发扬民主,发展新闻自由,报纸要发表多方面的新闻报道,发表各方面的不同意见,创办具有不同性格的报纸,反映人民群众的情绪、愿望、要求与呼声。

选自《新闻记者》1989 年第 6 期

扬"解放精神"，创"解放风格"

周瑞金

上海《解放日报》创刊 45 周年了。我在《解放日报》工作了 31 年，参加编委会领导也有十多年。虽然 1993 年夏奉调到《人民日报》工作，然而我的心与《解放日报》是紧密相连的。我在北京天天阅读《解放日报》，时时惦念着报社的老领导、老同事、老朋友。报社要我为社庆 45 周年写一篇文章，我沉思良久，追忆了在《解放日报》三十多年的经历，从心底里迸出一句话：扬"解放精神"，创"解放风格"。

何谓"解放精神"？就是为解放思想、解放生产力竭力发挥舆论先导作用的精神，使《解放日报》真正成为推动解放思想、解放生产力的党的机关报。

何谓"解放风格"？就是在新闻改革中敢开第一腔、敢创第一流的风格，使《解放日报》真正成为在国内外有广泛影响的综合性大报。

《解放日报》有非常光荣的办报传统，有非常出色的新闻人才。离开了《解放日报》，我越发强烈地感受到这一点。"解放精神"与"解放风格"，就是《解放日报》同仁们在上海这个良好环境，在中共上海市委和市委宣传部的正确领导下，历经 45 周年的艰苦奋斗，所共同锤炼和创造出来的，值得永远珍惜、永远弘扬。

远的不说，仅从党的十一届三中全会以来，《解放日报》就在拨乱反正、推进新闻改革中，在全国新闻界创造了许多个"第一"或"最早之一"。如第一个刊登社会新闻，第一个刊登商品广告，第一个刊登连载小说，第一个创办文摘报纸，第一个在全国发行彩色周末增刊，同时又是全国最早扩八版和十二版的省市党的机关报之一。这是《解放日报》的光荣，也是《解放日报》同仁的骄傲。

　　我想借此机会,追记一下党的十一届三中全会以来自己在《解放日报》经历的三件事,作为"解放精神"、"解放风格"的一个注脚,也为《解放日报》留下一鳞史料。

领袖漫画的风波

　　1986 年 8 月中旬,全国各大报总编辑聚会哈尔滨研讨"全面改革的宣传与新闻改革"这一重大课题,改革气氛浓烈,新闻界颇受鼓舞。当时,《解放日报》总编辑陈念云同志赴哈尔滨开会,报纸宣传暂由我主持。一天,美术摄影组负责人赵立群同志来找我,说上海市美协正举办一个漫画展览,要求《解放日报》配合出一期画刊,并拿了一些漫画作品让我挑选。我问他这次漫画展有什么特点和创新的地方。他说有两幅领袖漫画是过去所没有的,引起大家关注。我马上要他把这两幅漫画拿给我看。一张画小平同志在打建设有中国特色社会主义"桥牌"的《中国牌》,一张是画耀邦同志指挥大家唱社会主义现代化建设新歌的《唱新歌》。虽然从漫画技巧来说并不怎么高明,但漫画的立意,所表现的主题,很好。领袖的形象虽有点漫画的幽默味,但恰到好处,是严肃的作品。况且以漫画手法来表现领袖人物的丰采,还是第一次,有一定开创性意义。当时我认为,过去习惯于用漫画来讽刺、丑化人,今天用漫画的幽默来美化领袖,这也是一种可贵的创新,于是拍板决定在漫画专刊刊登这两幅领袖漫画。

　　1986 年 8 月 15 日,这两幅领袖漫画在《解放日报》刊登后,出我意料的是,竟会在国内外引起那么强烈的反响。国外许多报刊转载了这两幅漫画,并发表评论,认为在中国党报刊登领袖漫画,是新闻改革的一个可喜成果,也传出了政治改革的信息,表明中国积极向民主政治迈进。法国电视二台两次派记者专程来上海作现场采访,向我提了为什么发表领袖漫画、发表后读者反应如何等一系列问题,我一一作答。据说,他们的片子到法国电视台播映后,观众反应良好。

　　国内反应更为强烈。发表当天,就有不少读者来电话、来信表示赞赏,认为漫画的功能不完全是丑化,也可以是幽默和美化,领袖漫画的幽默感使领袖更富人情味,接近群众,接近生活,具有一定的民主气息。《华声报》转载了这两幅漫画,并评论说:这是开建国以来风气之先,是宽松环境的产物。《文汇报》也在新闻版发表了江泽民市长在上海书展上买书的漫画,得到上海读者的好评。与此同时,也有一些读者打电话责问报社为什么刊登丑化领导人物的漫画。有的语气激烈,说"文化大革命"中有人用漫画画了一张"百丑图",极尽丑化领导人形象,怎么今天又出现在党报上? 事后,有次我遇到当时的中宣部部长朱厚泽同志,说起这两幅漫画时,他对我说,我们发表当天,他就接到四个电话,《人民日报》和天津《今晚报》要求转载,也有的提出批评,说"文革"中的"百丑图"记忆犹新。他考虑再三没有同意转载,认为宣传不要一哄而上,群众的欣赏习惯还要注意。同时他也指出,对刊登领袖漫画不要去批评,这也是一种探索。

当时,围绕领袖漫画引起两种观点的激烈争论,有些报刊跃跃欲试,竞相效仿,一些粗劣作品还见了报。于是,事情闹到了总书记那里。耀邦同志要首都漫画界议论一下,拿出一个意见来。后来,首都漫画家开了一个座谈会,多数认为《解放日报》发表领袖漫画没有错,但目前还不宜一哄而起,推而广之,以免引起领导层的不必要的感情激荡。耀邦同志为此也作了一段批示,大意是:我国的漫画相当发达,除报刊外,漫画专刊、小册子也不少。画不画国家领导人,只是漫画中一个极小的部分,一个时期不发展,并不会阻碍漫画事业的继续升华。每个民族每个国家,都有自己历史形成起来的一些独特的习俗,外国有的我们没有的东西,不可一概拒绝,也不可一律照搬。反过来说,我国有而外国没有的东西,不可一概废除,也不可一律继承。我们民族的心理因素,也就是心理承受能力,总有个逐步转变的过程。因此,画党和国家领导人的漫画,还是慎重对待为好。

我是同意耀邦同志"还是慎重对待为好"的意见的。一哄而起,粗制滥造,赶时髦,确实没有好处。当然,领袖漫画也不是什么异端,如果不是在1986 年,而是在今天,我想反响也许不会那么强烈吧! 毕竟今天读者的心理承受能力要强得多了。所以,领袖漫画在我国一个时期里不会发展,但决不意味着它永远在中华大地销声匿迹。正如林放同志在一篇《漫画与民主》的短文中所说的:"有的人,只习惯于接受那些祠堂里挂的祖先神像,却看不惯行乐小照式的传神之笔。我看,这是个习惯与修养问题,是可以逐渐培养的。现在第一步,且先画一些社会各界的名流,如英雄、劳模、文坛名人、著名演员……可以优先入画。慢慢地大家看惯了,被画对象的修养也提高了,那就可以扩大范围了,这就大大地丰富了我们的漫画题材,而且使得我们社会的民主气氛更加活跃。"

历史性突破的隐忧

1989年1月,适逢美国总统大选。1月20日,我应美国驻沪领事馆之邀,偕陈振平、周稼骏两位记者前去华亭宾馆卫星电视接收厅,观看美国总统大选的卫星现场直播情景。两位记者都懂英文,边看电视边采访,当天就采写了一篇布什当选美国总统的隔洋目击记通讯。当晚,根据陈念云同志意见,我到夜班编辑部同陆炳麟、贾安坤同志研究版面处理如何突破常规的问题。老陆、老贾与我的看法完全一致,他们爽朗地说,明天全世界大报都会把布什当选美国总统的新闻放在头版头条,我们《解放日报》也应当大胆突破一下。于是,第二天的《解放日报》便把布什当选美国总统的新闻放在头版头条地位,把记者采写的通讯放在头版显著地位加框发表,在全国报纸中创下了一个"第一"。

第二天,报纸一出来,读者议论纷纷。赞赏者说,我们国家实行对外开放,理应重视国际新闻,国际大事完全应该上头版头条,《解放日报》带了一个好头,在新闻改革中敢为天下先,堪称历史性的突破。多少年来,我们报纸似乎形成一个不成文的规定,国际新闻,尤其像美国总统选举这种国际新闻是不能上头版头条的。回想1969年美国阿波罗登月这样人类征服自然的大事件,全世界大报都放在头版头条作特大新闻处理,唯独在中国的报纸上竟只字未提,似乎没有发生过这件事。这种国际笑话发生在极"左"的封闭年代,不足为怪。然而,传统与偏见仍然影响着刚刚进入改革开放时代的一部分读者,他们来信或来电话责问报社,《解放日报》是党报,为什么这样抬举美国总统,让他上头版头条? 可见改革中的观念冲突是多么尖锐!

有趣的是,刊出布什当选美国总统消息的那天,正好中共上海市委组织部部长赵启正同志和宣传部部长陈至立同志来解放日报社宣布对我担任报社党委书记、副总编辑和丁锡满担任总编辑、党委副书记的任命。两位部长看到报纸,态度明朗,表示赞赏。他们拿着当天的《解放日报》与我们合影,并说这是一个有历史性突破的镜头。

事隔三年,当年的组织部部长赵启正同志已担任上海市副市长。我们在一个场合相遇,他还记忆犹新地提起三年前这件往事,并对我说了一句语带戏谑却又意味深长的话:"如果将来抓'走资派',我们那张合影倒是一份现成的罪证。"妙哉,此语! "历史性的突破"真还有隐忧哩! 尽管要把历史的车轮拉回到"抓走资派"的年代谈何容易,然而,直至今天,类似美国总统大选这样的重大国际新闻,仍然很难上我们报纸的头条,此中颇有值得我们思索之处。

"皇甫平"的悲喜剧

1991 年春,在乍暖还寒时节,我和凌河、施芝鸿同志以"皇甫平"的笔名撰写了四篇鼓吹解放思想、加快改革开放步伐的评论文章。想不到四篇文章竟在中华大地惹出满城风雨来。

当时,党的十三届七中全会刚刚开过,全会提出要冒一点风险搞活国营大中型企业。小平同志在全会结束后不久来上海过春节,他在视察上海工作时提出: 思想更解放一点,胆子更大一点,步子更快一点。凭我直觉,小平同志在七中全会前夕与中央领导同志的谈话及来上海就改革开放问题作的重要指示(即收进《邓小平文选(第三卷)》的《善于利用时机解决发展问题》和《视察上海时的谈话》),是有意识地就全国的深化改革、扩大开放问题作一番新的鼓动的。他的谈话有很强的针对性,不仅对上海工作,而且对全国都具有深刻的指导意义。

基于以上理解,我认为,作为中共上海市委机关报的《解放日报》,应当发表几篇有影响的评论文章,来阐述小平同志关于深化改革、扩大开放的最新思想。于是,在1991年农历小年夜(2月13日晚),我找了评论部凌河、市委研究室施芝鸿两位同志商议如何着手撰写。当时我们戏称来个新的"三家村",写几篇像当年"马铁丁"、"龚同文"那样有影响的署名评论。当晚商定,第一篇写《做改革开放的带头羊》,赶在农历大年初一(2月15日)见报,对"辛未羊年"作前溯后瞻,提出我们正处在改革开放新的历史交替点上,以增强改革开放的历史责任感。第二篇确定写《改革开放要有新思路》(3月2日刊登),提出进一步解放思想,敢于开拓,勇于创新,防止陷入新的思想僵滞问题,其中提到,在计划与市场的关系上,不能把计划经济等同于社会主义,把市场经济等同于资本主义,两者都是资源配置的手段。第三篇针对长期以来上海某些同志中存在的对改革开放的一些思想认识问题,着重阐述《扩大开放的意识要更强些》(3月22日刊登),明确提出对改革开放中的新探索不能囿于"姓社还是姓资"的诘难而坐失良机,要敢于冒点风险做前人没有做过的事。第四篇《改革开放需要大批德才兼备的干部》(4月12日刊登),是根据江泽民总书记在七中全会上关于干部问题的讲话精神,谈改革开放中的德才兼备干部的选拔任用问题,明确提出要大胆起用人民群众公认是坚持改革开放路线而又作出实绩的中青年干部,决不让那些"口言善、身行恶"的"国妖"、"两面派"、"骑墙派"一类角色混进我们的领导干部队伍。这四篇文章的基本思路,都是我设计提出的,具体由凌河、施芝鸿分头执笔,写出初稿,再集体讨论修改,最后由我修改定稿,并由我与总编辑丁锡满同志两人联名负责签发。"皇甫平"的署名是我拟定的,现在人们都知道它含有"黄浦江评论"的意思,这只从谐声取义,其实它还蕴含更深一层的意思。

由于这四篇文章没有人云亦云的套话、空话,也没有躲躲闪闪、支吾其词的滑头话,而是尖锐泼辣地说出了广大干部和人民群众蓄之已久的心里话,说出了当时情况下需要有点胆量才敢说的大实话,因此,文章一发表,在党内外、国内外反响强烈,引起广泛关注。不少读者来电话询问文章作者是谁,并说读了这些文章很有启发,有助于进一步解放思想,认清形势,打开思路,坚定信心。一些领导干部和群众来信热情赞扬这些文章以加大改革开放分量为主旋律,"说到我们心里去了"。一些经济学专家学者反映,这些文章有利于澄清对深化改革、扩大开放的某些误解,有助于加强我们改革开放的形象。全国不少省、市、自治区驻沪办事处也接到本省、市、自治区领导的电话,要求收集"皇甫平"全部文章,并向报社了解文章发表的背景。此外,"皇甫平"文章在外国的领事、记者中间也引起普遍关注。原苏联驻沪总领事馆在文章发表当天,就来电话询问作者身份及其背景,并说他们十分关心上海 90 年代的开放。美国《华盛顿邮报》驻京记者则专程来电,要求证实两个问题:一是文章系政府当局要求发表的还是报社自己发表的;二是文章的内容是否就是邓小平在上海的讲话。我们向他们说明,文章是报社作者所写,并非小平同志讲话原文。当时,港台的传媒也作出反应,有的突出报道文章的内容,有的则进而对文章发表的背景作出种种猜测,这些猜测大多没有什么根据。值得注意的是,个别海外传媒乘机捏造事实,制造谣言,挑拨中央领导的关系。这是我所始料不及的。于是在 4 月 14 日夜,我与中共上海市委宣传部副部长龚心瀚同志一同去看望当时在沪的中宣部的一位领导同志时,我向他汇报了"皇甫平"文章的情况。这位领导同志当即表示,中宣部决定今年(1991 年)要进一步宣传思想解放,这个信息已在新闻局办的《内部通信》上刊登了出来。当时,我预感到,在海外传媒的推波助澜下,这几篇文章可能酿成一场不大不小的政治事件。于是,我立即以总编室名义整理了一份《关于"皇甫平"文章在海内外引起广泛关注的情况》向市委汇报,并附上四篇"皇甫平"文章及海外传媒的造谣报道。同时,我于 4 月 23 日写信给市委三位负责同志,汇报文章的写作意图及写作经过。

不出我所料,国内对"皇甫平"文章的责难和批判接踵而至。那些喜欢拿大帽子吓人的人,纷纷在报刊杂志或座谈会上兴师问罪,大张挞伐,上纲上线,围攻批判。他们公然在报刊上气势汹汹地责问:主张改革开放不问姓"社"姓"资"的作者,你自己究竟是姓"社"还是姓"资"? 好家伙,这不是明摆着要扣你"走资派"的帽子吗？有的人更是"醉翁之意不在酒"，借机大批所谓的"庸俗生产力论"、"经济实用主义"，显然是"项庄舞剑，意在沛公"。当时，尽管我个人遭受到很大政治压力，但我冷静地审视自己：宣传小平同志的改革开放思想决没有错，个人受些委屈事小，事关要不要坚持小平同志建设有中国特色社会主义思想，要不要坚持党的"一个中心，两个基本点"的基本路线，这可是个重大的原则问题。当时，我们坚决执行市委的指示，对他们的无理责难不进行正面的辩论，相信大多数干部和群众会明辨是非，服从真理；同时又决不退缩，继续坚定不移地宣传小平同志建设有中国特色社会主义的思想。就在1991年8月，苏联变局后的一个星期，我们撰写评论员文章《论干部的精神状态》，明确指出，要牢牢把住经济建设这个中心，决不分散我们的注意力，阐述只有改革开放才是我们的唯一出路。10月间，我们又撰写长篇文章《"科学技术是第一生产力"的理论和实践意义》，着重论述现阶段中国社会的主要矛盾，是人民群众日益增长的物质文化需要和落后的社会生产力之间的矛盾，只有把生产力搞上去，才能在和平演变的挑战中岿然不动。这篇文章实际上是对苏联的衰变和解体的深层教训作一个鲜明的阐述。12月间，我们又连续发表二论"改革要有胆略"的评论员文章，批评那种坚持改革开放会被西方和平演变过去的错误观点。

俗话说，是非自有公论。历史很快对这场舆论公案作出了裁决。小平同志1992年春视察南方的重要谈话，像灯塔一样廓清了迷雾，扫除了阴霾，照亮了人们的心坎。越来越多的人认识到，"皇甫平"文章完全符合小平同志建设有中国特色社会主义的理论，完全符合南方谈话精神，完全切合改革开放实际，完全顺应党心和民心。在某种程度上甚至可以说，正是由于"皇甫平"文章引发的这场争论，使人们更加清楚地了解小平同志1992年南巡谈话的大背景和针对性，更深切地领会"改革开放迈不开步子，要害是姓'资'还是姓'社'的问题"，中国要警惕右但主要是防止"左"这些论断，是何等英明、何等深刻。宣传小平同志的思想有罪，打击改革开放有功，这种历史的颠倒理所当然地颠倒过来了。于是，曾几何时，被当作"靶子"围攻批判的"皇甫平"文章,在 1992 年五六月间,先在上海,后在全国,被评为 1991 年度好新闻一等奖。人们向我祝贺,说"皇甫平"平反了! 这真是新闻改革史上一出动人心魄的悲喜剧。

高举邓小平理论的旗帜

在庆祝《解放日报》创刊 45 周年的时候,我不厌其烦地回顾党的十一届三中全会以来自己经历的三件事,目的只是想说明,要扬"解放精神",创"解放风格",应当高高地举起邓小平同志建设有中国特色社会主义理论这面旗帜;应当牢牢地把握机遇,审时度势,积极推进新闻改革;应当紧紧地抓住评论这个武器,提高党报的权威性,增强党报的战斗力。

邓小平同志是我国改革开放的总设计师,也是当代中国马克思主义的奠基人。他的建设有中国特色社会主义的理论,是我们做好新时期一切工作的根本指针。《解放日报》在党的十一届三中全会以来,之所以能够创造那么多"第一"的辉煌业绩,成为国内外瞩目的有影响的报纸,说到底,就在于我们坚定不移地贯彻党的"一个中心,两个基本点"的基本路线,无所畏惧地宣传了小平同志的新思想、新观点、新论断。今天,我国面临建立社会主义市场经济体制的艰巨任务,又肩负全面推进现代化建设、实现翻两番的历史重任。报纸义不容辞要为实现这个伟大历史任务创造良好的舆论环境。因此,今后无论在什么情况下,无论遇到多大风云变幻,《解放日报》都要坚定不移地高举邓小平理论的旗帜,为解放思想、解放生产力发挥舆论先导作用,在宣传阵地上显示出鲜明的战斗风格。

目前,我们的报纸工作正处在由计划经济体制向社会主义市场经济体制的转变过程中,在办报思想、采编方针、组织机构、运行机制和报业结构等方面,都遇到许多新情况、新问题。比如,在舆论导向上如何敢于触及群众普遍关心的热点难点问题,又善于进行正确引导? 在报道内容上如何坚持以经济建设为中心,又毫不放松对精神文明建设的宣传? 在宣传方针上如何坚持正面宣传为主,又不忽视舆论监督? 又比如,在实行社会主义市场经济的条件下，新闻工作如何增强为广大读者服务的观念，满足不同层次读者的要求？如何建立有效率、有竞争的新闻运行机制，以充分调动编辑记者的积极性？如何进行报业结构的调整，以实现社会效益和经济效益的最优化？如此等等，都是当前迫切需要研究解决的重要课题。《解放日报》应当继续发扬开拓创新的精神，敢开第一腔，敢创第一流，不失时机地推进新闻改革，使新闻传播活动适应社会主义市场经济体制的要求，有利于推动两个文明的建设。

评论是报纸的旗帜和灵魂。一张报纸如果没有多少称得上是烛照社会、导引舆论、启迪读者的评论，它就会失去应有的权威性和战斗力。因此，从恽逸群到魏克明，从王维到陈念云，《解放日报》历任总编辑无不把高质量的评论作为报纸的高档次、高品位来追求。我们常说的舆论导向作用，首先表现在评论的导向上；我们讲报纸是党、政府和人民的喉舌，这种喉舌很重要的是通过评论发出声音来。在社会大变动、大变革时期，评论的这种导向作用、喉舌作用更为突出。党和政府以及广大人民群众会比以往任何时候都更关注评论的动向和质量，并据此把握和判断社会的脉搏、人民的心态、历史的走向。《解放日报》近年来的评论工作力求较好地体现方向性与创造性的统一、指导性与可读性的融合，在全国产生一定影响。这个传统一定要加以发扬，以特有的胆识、胆略写出各种好评论，充分发挥评论工作在改革开放中的先导作用。所谓"识"，就是对错综复杂的形势有高屋建瓴的宏观把握和深刻认识。没有这种敏锐的识见，就不可能把握全局，抓住要害，也不可能见微知著，运筹机先。所谓"胆"，就是要"敢为天下先"、"敢开第一腔"，在审时度势的基础上，敢于提出新问题、分析新问题，敢于写出新观点、新语言，写出有特色、有影响的评论。所谓"略"，就是注意策略方略。有胆无略，会变成鲁莽的评论家。评论应当做到分量要重，科学性要强，说服力要大，注重"深深水，静静流"的宣传方略，以取得良好的社会效果。

为庆祝上海《解放日报》创刊 45 周年，朱镕基副总理曾要我向报社领导转告一段语重心长的话："业绩显著，不要自满。总是要坚持人民公仆的态度,党的喉舌的立场,反映民间疾苦,主持社会正义,成为政治、经济的晴雨表,人民群众的良师益友。"这是我们的老领导对过去《解放日报》工作的热情肯定,也是对未来《解放日报》工作的殷切期望。说到底,也是扬"解放精神"、创"解放风格"所要达到的目标。愿《解放日报》全体同仁共同努力,为之奋斗。

选自《新闻记者》1994 年第 6 期

全世界在观看

——从传播学角度看"非典"报道

黄　旦　严凤华　倪　娜

文章的题目是采用拿来主义,出自美国学者吉特林(Gitlin)的书名。谈"非典"报道以此开题,是因为这是我们媒介生存的真实环境,看我们的"非典"报道也不能缺少这样的眼光。

一

全世界在观看,说明凡是地球上的重大事情,均在众目睽睽之下,吉特林称为是强光四射社会,一举一动都难逃逸。既然全世界在观看,每个人当然也在观看全世界。"站在城楼观山景",或"欲穷千里目,更上一层楼",与现在相比,都太费劲了。在"第几""第几"媒体泛滥的今天,人人都有不同的信息渠道,轻轻一揿,无限沟通。恰如法国学者勒莫所做的有趣比喻,社会像一只蛹,"如同蛹的外壳是多细孔的,是内外可以相通的,我们所称的社会实在性也同样具有多细孔,消息可以通过各种各样的网不断地从一个层面渗透到另一层面,从一个群体渗透到另一群体,从一个角色渗透到另一角色,其结果是不断地改变着社会实在性的内容,以潜在的方式向集体实在性注入幻想,构成活动人群想象的幻想。"当然,勒莫先生所说的"多细孔"和"网",现在主要是由大众传媒所担任了。按塔克曼(Tuchman)的理论,是大众传媒为现代社会构成了这多细孔的"新闻网"。

"网"的说法实在是好。由于是"网"而不是"毯",尽管媒介纵横交错,越来越多,穿梭于网眼上的经纬线越来越密,试图覆盖一切新闻,但最终仍是"网"而不是"毯"。"大鱼"不至于漏掉,一网打尽也颇有难处。关键性的问题是,这网撒在何处,如何织就,织补网眼的线(特约记者)、张网的力量(记者)和网的骨架(新闻服务机构)怎样分布,不仅关系到在空间上决定了什么地方有新闻,而且也关系到让我们看到的是一个什么样的世界。用塔克曼的原话,新闻网把秩序强加给了全世界。这当然是就宏观而言。具体到每一条新闻,选择现实中的哪些东西,使它们在一个新闻文本中处在何种位置,如何解释,等等,更是会影响人们对外界的认识和判断。可见,新闻"网"所网住的是一个与各种信念、价值和行动有关的轮廓,是被建构了的或框架条理化了的世界。由此看来,全世界在观看的,又是主要由大众传媒所引领的世界。可由于大众传媒的数量以及传播技术发展带来信息流通渠道的多元,任何一个大众传媒都不可能一手遮天,任意胡为。所以,全世界在观看,通过多渠道看全世界,看大众媒介所勾画出的全世界,三者之间有一种张力,在动态中,它们一起构成当前世界信息交流面貌。我们的"非典"报道,就是在这样的大背景中出现。

二

可是,面对"非典"的初起,媒介的表现居然是"失语",让我们无所看。

不报道或把某些事忽略不计,是新闻"网"中常常出现而且无法避免的现象。既然是"网",当然不可能把所有事件都撩上来。它就只能像一道躁动不安的探照灯光束,而不是普照大地的阳光,把一个事件从暗处摆到了明处再去照另一个。话虽如此,可照什么不照什么却也有章可循,不便肆意违背。更何况是在全世界观看的年代,你不报道,别人也会报道。所以在今天,凡是重大的事件,凡是与社会、与广大人民群众有密切关联的新闻,凡是广大人民群众应该知晓的事情,总是会被人们所传播、所公开,这也正是俗话说的"纸包不住火"。对于"非典"事件,我们媒介一开始是不报道,即通常所说的"压"新闻。

"非典"病例去年底就先后出现,今年1月下旬,广东省卫生厅为此做出了疫情通报,可广东和全国媒介基本是沉默无语。直至流言飞布,人心波动,抢购潮涌起,广东媒体才于 2 月 11 日正式介入并展开大面积报道,但这也仅仅限于广东。就我们所看到的,在 3 月 13 日之前的《人民日报》上,基本就没有"非典"的报道。如果说,因外界事实的无限性和传播时空的有限性而对新闻有所选择是客观条件所致,那么,压新闻却是主观有意所为,体现出对该新闻意义的认识:或无足轻重,或效果不好。可从社会躁动不安乃至媒介最终不得不介入看,媒介对"非典"事件意义的这种认识显然得不到民众的认同。

不错,民众的窃窃私语而后酿致波澜,与境外媒体和所谓的第五媒体不负责任的传播有关,不过这也恰恰说明在"全世界观看"背景下我们的失策。它不仅忽略了民众信息渠道的多元,试图以自己的一厢情愿来降低"非典"事件的重要程度,从而导致其他媒体乘虚而入,而且更重要的,以"失语"形式表现出来的"非典"意义界定,与广大民众对"非典"的切身感受不一致,不被人们所承认。2 月 11 日广东省卫生厅和广州市政府的记者会,以及事后广东媒体的大篇幅报道,在公开层面上是辟谣以正视听,但其背后,又何尝不是对自己"失语"的否定和对民众判断与感受的默认?"非典"是一全新的疫病,在认识上需要一个过程,是导致新闻报道尴尬的一个重要原因。除此之外,对突发性事件,我们的习惯做法是"一慢二看三通过",先要层层请示,待定下报道的基本调子,才可按此处理,甚至把突发事件报道简单地等同于负面新闻不让公开。此前不久的海城学生豆奶事件,遵循的就是这一原则。这种习惯做法在过去比较封闭的信息环境中曾经有效,可是,它已经在前两年,尤其是浙江千岛湖事件中尽显破绽。如此传统处理方式,在"全世界在观看"的信息全球化时期,"不仅不利于局面的控制和事情的解决,甚至会削弱党报主流媒体权威报道的公信力,即使事后尽力弥补,群众也将信将疑,可谓事倍功半"。

三

然后是失真。

在 4 月 3 日国务院新闻办的记者招待会上,卫生部门负责人为中国"非典"疫情状况做了这样的基本结论:中国局部地区已经有效地控制了非典型性肺炎疫情,积累了比较宝贵的预防和治疗经验。因此,到中国来工作、旅游、开会等等是安全的。于是,"中国是安全的""欢迎世界各地人士来华旅游""各地迎来旅游旺季"等等报道、图片在媒介中纷纷出现,一派风平浪静、莺歌燕舞的景象。这个结论以及顺着这个结论带来的大批报道结果如何,以后发展的事态已经得以证明,无需在此展开。报道的失真,不能说就是故意撒谎。4 月 20 日国务院新闻办的记者招待会上认定这是以下原因造成的:一是作为一种疑难病症,确诊不易,有一个过程;二是医院体制造成全面准确统计有困难;三是卫生部疫情统计存在疏漏。可就是如此,关于中国安全——这一所谓负责任的不留任何余地的结论下得也是非常不负责任。同样令人失望的是,媒介缺少应有的反馈机制以便为政府决策提供依据,相反,只能是一味推波助澜。

恰也就是此时,来自不同渠道的关于北京疫情的消息在社会中沸沸扬扬,"从一个层面渗透到另一个层面,从一个群体渗透到另一个群体","中国是安全的"现实建构,早被化解得七零八落。当然,都可以把这些称为流言或谣言。即便如此,值得我们深思的也不是谁相信了这些流言,而是产生流言的机制,是什么导致了这些流言的产生和广有市场? 在汉语词汇中,一说谣言就马上联想到虚假。其实不然,否则谁都不会把谣言放在心上。"谣言之所以令人尴尬,就是因为它可能是真实的"。更糟的是,谣言之所以产生,"是因为有人相信这确是一个真实的消息,并认为这个消息很重要"。反击谣言或流言的最佳方式当然是"真实",可"一个信息的真实性首先是协议一致和委托核实的结果,它不会注明在真假辨伪词典的某一页上,让每个人都能轻而易举地去敲打几下迷你电脑网络就能查出来。真实的概念,核实的概念,是源于社会的一致同意",只有"群体所认为是真的,那就是真的"。所以,最终能否"扑灭一则谣言的问题归根到底还是一个人的问题,相信什么取决于由谁来说。没有一个可靠的发言人,反谣言的战斗必然导致失败"(卡普费雷:《谣言》)。这也就是说,社会是否认为这消息是真的,首先在于他们是否相信报告消息的人。消息来源的可信性比消息本身更重要。按此来看,说谣言止于媒介还是简单化了些。媒介能否止住谣言,还要看它是否被社会认为是可信可靠的,是否有"能证明自己可靠性的东西,也就是说必须曾是这样一个人,他每回说的事实都说到了点子上"。如果说,"诚意、透明度及迅速",是防范谣言必不可少的条件,那么,早期的媒介"失语",丧失了"迅速",随之对"非典"疫情判断失误而导致的报道"失真",使媒介一定程度上又失去了"诚意"和"透明度"。虽然 4 月 20 日后形势大为改观,但所带来的被动有目共睹。于"全世界在观看"的眼睛中,媒介的可靠性不可能不被打折扣,至于由此造成的深层次影响还有待进一步观察。

四

4 月 20 日之后,用翻天覆地来形容媒介并不为过。无论是疫情通报的公开、科学防范知识的散布,还是有关党和政府各项有力措施的报道,媒介都发挥了强大的作用。特别是通过对抗击"非典"中典型人物的宣传,进一步动员起全社会的力量,在增强人们的决心和信心方面,更是做出了极大的努力,应得到全社会的赞许。可是在对这些成绩做出全面肯定的同时,也不能忽视媒介在报道中时有出现的"失度"——过分渲染和煽情。

随便打开电视或一张报纸,什么"战争"、"应急保卫战"、"舍生忘死"、"筑起铜墙铁壁"、"勇闯非典病区"、"围追堵截"、"火线入党"等等,几乎到处都是。这种比喻性的说法,其好处是可以突出气氛,但无疑也会引起紧张和焦虑,后者恰恰是我们面对"非典"这种人类尚未完全认识的疫病,很容易产生而又必须设法避免的。

失度,在对医务人员的报道上更是触目惊心。按理说,"救死扶伤"本就是医生护士的天职,钟南山说:"我们不上,谁上?"就是用朴素的语言道出了这一职业精神和追求。当然,由于"非典"的特殊性,使得医生护士面临前所未有的危险,在一定意义上,已经远远超出了对这一职业所具风险的预期心理承受能力。尤其在早期不明病情的情况下,他们没有退缩,临危不惧,在艰难情况下以顽强的毅力和勇气,以超负荷的付出甚至自己的生命为代价来探索救治规律。这当然十分值得赞颂,而且也必然受到全社会的敬重。然而,我们却毫无理由把救治"非典"诠释成一场"生死离别",时不时让人闻到"风萧萧兮易水寒,壮士一去兮不复返"的味道。这到底是医生护士的真实感受还是媒介自身的刻意营造?

5月17日,央视"面对面"栏目采访香港卫生署署长陈冯富珍。陈说,作为个人,对"非典"不害怕,做医生是不害怕的,因为选择了这个职业,害怕的是医务人员的感染,影响了团队的士气。言外之意,也就因此影响了整个救治。这才是一个医务人员真实的心态和应有的胸襟。我们的媒体可真正理解了第一线的医生护士?"人最畏惧的是接触不熟悉的事物。""人总是避免接触陌生的东西,在夜晚或在黑暗中,由于出乎意料的接触而受到的惊吓都会上升到一种恐怖情绪。"(埃利亚斯·卡内提:《群众与权力》)当媒介上出现的具有专业知识的医务人员,对上一线救治"非典"似乎都是舍生取义一般,那又如何让普通的民众消除恐惧心理,相信"非典"是可防可治的?当那种"探密式"的传染病区报道频频出现,又怎能使民众不对似乎从重重严密封锁中出来的治愈者乃至医务人员抱有戒心?抗击"非典"需要信念,这信念是建立在对党和政府的信任,建立在对科学救治的理解和信心基础上的,既不是靠激情的鼓荡,也不是靠情感的演绎。况且由于各地疫情不一,医务人员所面临的压力和危险也各异,一窝蜂用同样的力度尽情歌唱赞颂,其必要性也让人怀疑。很欣赏一条新闻的标题,叫"有一种力量叫平静",假如少一些过分的热情喧哗,以平静、客观、理智的报道来体现中国人的那种自信、坚定和处惊不乱,是不是更符合"依靠科学,战胜非典"的含义?

五

报道中所出现的"失语、失真、失度",既有媒介操作上的问题,但更多的是表明关于这种突发性事件报道的观念、机制乃至政策规定有待改善。在抗击"非典"的过程中,也许没有比"科学"两字所出现的频率更高的了。在一个突发性公共卫生事件中,科学不只是医疗诊断,也不只是防治知识,媒介如何应对、反映,同样是科学。在"全世界在观看"的新情景中,能否尊重这个科学,与时俱进,改变那些传统的但在目前已落后的东西,不仅仅关系媒介的威信,也与我们国家在全世界的形象密切相关。温家宝总理在致"科技活动周"的信中说,"非典"的发生,既是一场灾难,也是对我们民族的一次考验和锻炼。一个伟大和智慧的民族,从灾难中一定会学到比平时多得多的东西,一定会懂得比平时多得多的道理,一定会掌握比平时多得多的科学。因此,在总结"非典"报道的基础上,根据"全世界在观看"的基本状况,按照新闻传播和宣传的科学规律,参照《突发公共卫生事件应急条例》,召集有关方面人士,对"非典"报道做一全面的总结并为以后如何应对此类事件重新制定合理的科学的原则和章程,其重要性和必要性都是不言而喻的。若真能如此,我们不仅能从容不迫地应付突发性事件,更重要的,可以保持主动,使我们的媒介在为"全世界观看"和"观看全世界"中发挥自己应有的作用。

选自《新闻记者》2003 年第 6 期

正确的抉择　重大的胜利

——纪念中国新闻改革三十年

童　兵

胡锦涛同志在博鳌亚洲论坛 2008 年年会上表示,改革开放是决定当代中国命运的关键抉择,也是 13 亿中国人民的共同抉择。中国人民将坚定不移地沿着改革开放的伟大道路走下去。作为亲身参加中国新闻改革和新时期新闻学研究三十年的实践者,笔者深深体会到,只有坚持改革开放才有中国特色社会主义新闻事业的大发展。我们要在取得重大胜利的基础上,进一步解放思想,继续发扬成绩,排除万难,以新闻体制的调适和改善为突破口,去争取新闻改革的新胜利。

一、思想解放为新闻改革提供了原动力

思想解放是中国新闻改革强大的原动力。1978 年 12 月 13 日,邓小平在中共中央工作会议闭幕会上的讲话指出:"解放思想,开动脑筋,实事求是,团结一致向前看,首先是解放思想。只有思想解放了,我们才能正确地以马列主义、毛泽东思想为指导,解决过去遗留的问题,解决新出现的一系列问题,正确地改革同生产力发展不相适应的生产关系和上层建筑,根据我国的实际情况,确定实现四个现代化的具体道路、方针、方法和措施。"

推动包括新闻改革在内的中国改革开放事业的第一次思想解放的主潮,是党的十一届三中全会前后展开的三次全国性大讨论。

第一次大讨论是围绕着以《人民日报》为首的新闻界与理论界抵制和反对"两个凡是"方针展开的。1977 年 2 月 7 日,受到林彪、"四人帮"严重影响的《人民日报》、《解放军报》、《红旗》杂志发表"两报一刊联合社论":《学好文

件抓住纲》。这篇社论传达了党中央领导人华国锋的政治主张："凡是毛主席作出的决策,我们都坚决维护;凡是毛主席的指示,我们都始终不渝地遵循。"后来人们把这个错误方针称为"两个凡是"方针。在老一辈无产阶级革命家的指导和支持下,新闻界与理论界挺身而出,同"两个凡是"方针展开了英勇斗争。这场斗争敢于同错误的最高权威决裂,敢于同过去的政治路线较量,大大地解放了人们的思想,恢复了实事求是的马克思主义思想路线的光辉。

第二次大讨论是围绕着新闻界与理论界对真理检验标准问题的争论展开的。1978 年 5 月 9 日,中央党校《理论动态》发表长篇论文《实践是检验真理的惟一标准》。11 日,该文又以特约评论员的名义在《光明日报》发表。第二天,《人民日报》和《解放军报》全文转载。随之,各地报刊纷纷转载,一场全国性大讨论迅速展开。这次讨论使全党和全国人民进一步解放思想,受到深刻的马克思主义思想路线教育,使马克思主义者把握了拨乱反正的主动权,为党的十一届三中全会召开,实现历史性的伟大转折打下了思想基础。

第三次大讨论是围绕社会主义生产目的展开的。中国搞了这么多年经济建设,但对于为什么组织社会主义生产并不清楚。新闻传媒搞了这么多年经济报道,总是围着政治运动转。这种情况,是实现伟大的历史转折、建设四个现代化的严重障碍。这场一直延续到 1981 年的大讨论,为实现全党和全国工作重心的转移起了思想先导的作用。

这三次无产阶级革命家直接支持、主要由新闻界组织的大讨论,解放了人们的思想,倡导了马克思主义实事求是的思想路线,开始恢复马克思主义的理论权威,同时也重新塑造了党领导下的新闻传媒的形象,提高了新闻宣传工作者在人民群众心目中的威信。

这三次全国性大讨论也为中国新闻改革的全面发动,提供了强大的推动力。在思想解放大潮的涌动下,新闻界从 1979 年 3 月开始,接连召开了三次会议,酝酿、发动和谋划全国性的新闻改革。1979 年 3 月,中共中央宣传部在北京召开新闻工作座谈会,会议的首要议题是:新闻工作的重心如何转移到社会主义经济建设中来? 会议号召解放思想,改进工作,把发挥新闻工作者的积极性、主动性、创造性同加强党的集中领导密切结合起来,把新闻传媒办得既有思想性、科学性和战斗性,又丰富多彩、引人入胜。同年 10 月,在北京地区社会科学界庆祝新中国成立 30 周年学术讨论会新闻学组的会议上,与会的新闻界代表提出,新闻传媒必须进行自身改革,以更好地满足新的历史时期的要求。1980 年 2 月,北京新闻学会成立,胡乔木在会上传达了邓小平对新闻工作的要求:报刊要成为巩固安定团结、生动活泼的政治局面的思想中心,促进这个政治局面的发展。代表们提出,为了当好这个思想中心,新闻工作就要从加强同实际工作和人民群众的结合抓起,从抓重大主题、新生事物、重大典型、最能说明问题的材料入手,这是新闻改革的突破口。

这三个会议,振奋了新闻界的革命精神,把思想解放落到了实处:根据中央对新闻工作的新要求实行改革。

平心而论,当时的新闻改革,远没有像安徽小岗村农民要求实行经济改革的愿望与劲头那么迫切、那么热烈;亿万人民群众对当时的新闻宣传是有意见的,是不满意的。党的工作重心开始转移了,新闻传媒起初还在抱着"阶级斗争为纲"不放。经济建设高潮已经到来,可传媒上还没有经济新闻的重要位置。亿万群众以极大的热情参加拨乱反正、恢复和发展城乡经济,无数动人事例盼着传媒去反映,可报纸和电视上还是没完没了的领导人日常活动报道和无穷无尽的会议新闻。人民群众在肯定新闻传媒粉碎"四人帮"后取得进步的同时,尖锐地批评传媒的这些缺点和不足。人民期待着新闻记者去找他们,期待着自己的活动、欢乐、忧思能在传媒上得到充分的反映,期待着对官僚主义作风和不正之风进行无情的鞭挞,期待着新闻传媒能在推动民主和法制建设中发挥更大的作用,真正成为既是党的喉舌,又是人民群众自己的喉舌。种种期待,汇成一股推动新闻改革的来自民间的洪流。

思想解放振奋了人们的精神面貌,解放了社会生产力,也成为三十年新闻改革最大的推动力。

这里有必要强调技术进步对中国新闻改革的影响。制度变迁和技术进步始终是新闻传媒发展的两个基本驱动力,是新闻学研究必须潜心探讨的两个重要方面。中国新闻改革不断深化的又一个重要推动力是始于 20 世纪最后二十年的新的科学技术革命。借助计算机技术、通信技术、数字广播等新的科学技术，通过互联网、无线通信网、数字广播电视网和通信卫星等渠道，以电脑、电视、手机、IPTV、MP3、MP4 实现的，能够突出个性化、细分化、互动化等传播特点的新媒体，不仅突飞猛进地更新着信息传输手段，而且这些技术手段也令新闻传播的内容变得日新月异。不过本文的重点放在从制度层面上分析新闻改革，因而基本上没有涉及新媒体对新闻改革的巨大推动，尽管后者的存在是不可忽略的。

二、用观念更新引领新闻改革

党的十一届三中全会前后，部分新闻传媒和新闻工作者出自对"文革"期间新闻传媒形象的检讨与反思，出自朴素的职业良心和对受众需求的尊重，已经自觉地进行了一些新闻改革的尝试。1978 年 7 月 22 日，《人民日报》发表邓小平 3 月 18 日在全国科学大会开幕式上的讲话，其中引用毛泽东语录第一次不排黑体字，在中央没有指责的情况下，其他各报也陆续仿效，遂成惯例。在此之前的 5 月 1 日，《光明日报》已告读者，"本报将实行改版"。随后，一些报纸和电视台、电台开始倡导短新闻、快讯、今日讯和昨日讯等新中国建立后很少见的形式。

在对"文化大革命"的深刻教训进行制度上的反思时，一些新闻界人士热烈议论一个问题：中国新闻界怎样才能跳出"党委犯错误，新闻界也必然跟着犯错误"的怪圈？《人民日报》的领导人提出一个"方子"：用人民性来制约党性。这个问题最初起于《人民日报》对"两个凡是"方针的抵制。由于《人民日报》违背华国锋等人的意图，编发一大批同"两个凡是"方针针锋相对的稿件，受到华国锋和宣传口负责人的批评，指责《人民日报》"没有党性"。而《人民日报》负责人回答说：我们没有你所说的党性，但我们有人民性。这样，就将党性同人民性尖锐地对立起来，一场争论也在全国掀起，直至今日也时有议论。这场争论也引起了邓小平的关注。他在党的十二届二中全会上，批评了"党性来自人民性"的观点。笔者认为,按唯物史观解释,无产阶级政党的党性,只能来源于无产阶级的阶级性,来源于科学社会主义。因此,说"党性来自人民性",在理论上是不科学的,在实践上是有害的。这一点,多数参与争论的人士差不多已成共识。许多人认为,党性和人民性是一致的。这是因为,党除了人民群众的根本利益之外,没有,也不应该有自己的私利。坚持新闻工作的党性,同坚持新闻工作的人民性,不仅在理论上是统一的,在实际操作上经过努力也是能够做到的。那种用党性代替人民性,或用人民性代替党性的观点,是不可取的。

新闻界改革开放之初的这场党性与人民性的争议,除了关系到社会主义新闻事业的领导体制与管理体制之外,还直接牵动着业界与学界对于一系列新闻观点的解读,引发着对以往许多观念的争议与评点。

也许刚刚从"文革"旧阵营走出来,又不清楚未来的新天地是何种景色的缘故,在这一时期,新闻界对于解读辨析新闻观念的热情十分高涨。其中很有影响力的一次学术聚会,是 1980 年 5 月在兰州召开的西北五报新闻学术讨论会。这次会议名为西北五报会,实际上全国大多数省报、主要新闻院校、部分新闻研究单位,以及中宣部新闻局都派员参加,成为"文革"后第一次全国性新闻学术活动。与会者提交的论文几乎涉及会后二十多年人们研究和关注的绝大部分重大新闻论题,会上人们争论的许多新闻观念对于"文革"后整体新闻观念更新的实现有着重要的意义。

1982 年 5 月,传播学创始人和集大成者之一的施拉姆博士在他的学生、香港中文大学余也鲁教授陪同下来华访问讲学,提出向中国系统介绍传播学的设想。在他们的推动下,这一年 11 月,全国第一次传播学座谈会在北京举行,会议确定了"系统了解,分析研究,批判吸收,自主创造"的我国研究、发展传播学的基本态度。传播学西学东渐,为中国新闻观念的更新增添了新的养分和新的参照系。

以笔者之见,到 1985 年,经过近八年新闻改革的实践,中国新闻传媒的指导思想已经有了初步的、有效的调整和改变,逐渐从以阶级斗争为纲转到以经济建设和经济改革为中心。新闻观念的更新则更为明显和普遍,一些符合时代要求的新闻新观念得以确立,一些过时的、妨碍改革开放和现代化建设的新闻旧观念逐渐被淘汰舍弃。主要有这样几个方面:

破除单一的党性观念,在坚持党性观念不动摇的前提下,认为应该同时具备人民性、群众性、民族性等多种观念,把对党负责和对人民负责、对上负责和对下负责、对领导负责和对群众负责有机地、辩证地结合起来。明确社会主义新闻事业既是党和政府的耳目喉舌,又是人民群众的耳目喉舌。

破除单一的党报观念,在重视和加强党报建设的同时,确立国家新闻事业和人民新闻事业的观念,积极推动构建和发展以党报为核心,通讯社、报刊、广播、电视(20 世纪 90 年代以后还有互联网等新媒体)互相配合,多类型、多样式、多层次的有中国特色的社会主义新闻传媒网。

破除单一的指导观念,确立指导就是服务的观念,在坚持新闻宣传的指导性、新闻传媒引导社会舆论功能不动摇的同时,把新闻指导性和新闻服务性、新闻思想性和新闻的知识性、趣味性协调结合起来。明确新闻传媒的社会责任不仅是上情下达,而是同时肩负着上情下达、下情上达的使命。

以调整、健全和更新上述新闻观念为先导,新闻业界和学界对于新闻传媒和新闻作品的多种功能、多元作用也进行了积极有效的探索和实践。从以后一段时期的社会效果看,这些探索和实践有着巨大的理论价值和现实意义。这种探索主要表现在,人们对于传媒与新闻作品功能的理解,已由以往单一的宣传功能,扩展为新闻、信息、宣传、舆论等多种功能。人们已经较为深刻地认识到,新闻传媒和新闻作品对于当代中国人来说,其社会角色已不再是过去那种单一的由上级向下级传达,代表党和政府告知和引导民众,而且它还具有满足下级、满足民众知情、表达、参与的功能,而后面这些功能,对于一个实行民主政治的国家和现代执政党来说是不可或缺的。长期以来,党领导的新闻事业注重宣传功能,强化新闻以至传媒的宣传价值,而对新闻的新闻价值、教育价值、审美价值等多元价值注意不够,更没有采取切实有效的措施去开发利用这些价值。在新闻改革中,人们不断强化传媒传递信息与新闻、引导社会舆论、沟通社情民意、传播知识、提供娱乐、刊登广告等功能,使新闻事业紧随中国社会主义现代化建设的步伐,在物质文明和精神文明建设中发挥日益重要的作用。同时,又在全面发挥这些功能的过程中,使传媒自身不断得到改革和完善。

在新闻观念不断更新和传媒功能日益拓展的过程中,新闻业界和学界还十分努力地调整与完善新闻传播的方式和方法,积极提升新闻传播社会效果。这些努力主要表现在:

改变过去单向传递模式,代之以双向交流、上下沟通的新模式。

改变过去说教式的新闻宣传方式,代之以对话、交流等平等沟通的方式。

改变过去封闭僵化的传播秩序,代之以开放、灵活的新秩序。

在新闻工作者的努力下,过去新闻体制禁令过多、禁区重重,以致造成千报一面、千台一腔的新闻传播格局有所改变。新闻宣传主管部门随着经济体制改革的进展和政治体制改革的启动,在新闻改革中逐渐放权"松绑",增加政治生活和社会生活的透明度,增强新闻报道的公正性,"重大情况让人民知道,重大问题经人民讨论",扩大新闻报道范围,加大新闻宣传自主性,减少对新闻批评的限制,强化了新闻工作者的主体性。整个中国的新闻事业开始呈现开放搞活的态势。进入 90 年代之后,随着社会主义市场经济体系的逐渐建立,我国争取加入 WTO 步伐的加快,新闻观念同市场经济新观念体系相适应,又有了不小的进步。

以新闻观念的不断更新来引领中国新闻改革的日益深化,成为 30 年中国新闻改革一条清晰的发展轨迹,一个不同于其他领域改革的鲜明特点。

三、新闻实务的切实改进:中国新闻改革的夺目亮点

由新闻观念更新引领,中国新闻改革首要的着力点是新闻实务的改进。这主要是因为,林彪、"四人帮"反党集团覆灭后,回到党和人民手中的新闻事

业已是凋敝败落、气息奄奄、面目可憎、声誉俱毁。在人们心目中,新闻传媒等同于造谣机关,新闻与谣言几无二致。新闻事业首先要改变的,是重塑形象,重建诚信,建设真实可信、喜闻乐见的新闻传媒。根据党中央的统一部署,新闻界以极大的政治热情揭批林彪、"四人帮",清除其在新闻界的流毒,发表一系列为冤假错案平反的报道,把过去颠倒的历史再颠倒过来。新闻界又以揭露"渤海2号"钻井船翻船真相为起始,在全国掀起轰轰烈烈的、以拨乱反正为主旨的新闻批评热潮。中国的新闻事业,开始呈现一种新的精神面貌。

新闻实务的重大改进,尤其是在全国形成一股改革浪潮,是从1981年年底开始的。1981年11月是新华通讯社建社50周年,在纪念茶话会上,习仲勋代表中央书记处讲话,他对新闻报道提出五点希望——后来被新华社称为"新闻业务改革的五字方针"——一是真,新闻必须真实;二是短,新闻、通讯、文章都要短;三是快,新闻报道要快发,不快就成了旧闻;四是活,要生动活泼,不要老一套、老框框、老面孔;五是强,要做到思想性强、政策性强、针对性强。在这一方针指引下,在新华社带动下,全国新闻传媒纷纷行动起来,开设新栏目,创办新传媒,出现了一大批新创刊或复刊的报纸、刊物以及新创办的广播电台和电视台,发表了一大批既有指导性和思想性,又充满着可读性的好新闻、好通讯、好评论和好节目。

稍后,新华社一位老领导提出,借鉴散文写作的一些方法用以改进新闻写作,后来人们把这一建议归纳为"新闻写作散文化"。《光明日报》两位资深记者从理论和实践的结合上倡导改进新闻写作,新华社国内部几位记者用自己清新优美的作品提倡提升新闻写作的水准;《人民日报》一位资深记者还从理论创新的视角积极探索新闻采访方法和新闻写作方法的科学规律。在他们的带动下,一股研究和改进新闻写作、新闻文风的好风气有力地推动了全国的新闻实务改革。紧接着,由全国记协和各地记协牵头,全国展开好新闻评选。现在看来,尽管有人对这种好新闻评选活动存有微词,但从总体上看,尤其从这个活动的初衷看,它对调动各类传媒重视新闻实务的改进,切实提升新闻报道的水准,加强新闻记者编辑的业务培训的积极意义,是不应该否定的。

90年代初,报纸周末版的问世,以中央电视台"东方时空"为代表的一批新的专题节目的推出,以及后来党报主办的以都市报为特色的各类子报闯荡报海,把新闻实务改革切切实实再次推向新的发展阶段。这种种成功的改革,逐渐实现着(尽管至今尚未完成)从"传者本位"向"受众本位"的转移,从政治型传媒向生活型传媒的转移。在报业市场上,则逐渐进行着从党报中心论向都市报大覆盖的转型。传媒自身的角色扮演也拓展着"社会守望人"的角色功能与休闲娱乐提供人的角色功能。从"东方时空"、"焦点访谈"节目开始,新闻实务改革逐渐突出"内容为王"的指导思想,并成为新闻实务改革的重点。

新闻改革初期的十几年,改革者把大部分精力放在传播方式、报道方法的改进上。新闻写作散文化,今日快讯,以至后来的周末版,形式和方法的改进成为改革的重点和新闻人的主要追求。周末版和后来的都市报的大量问世,有一些内容改革的尝试,但形式变化仍占有很大的分量。新闻实务改革的主要思路开始集中于内容的拓宽和拓深,从总体上考察,是从2003年"非典事件"报道开始的。新闻界对"非典事件"中国新闻传媒集体失语的反省,政府痛定思痛后对部分不合理管理规制的放松,开始实行对报道内容调控适度开放的政策。于是,"内容为王"的口号能够有条件地付诸实践,一些较为透明的版面、专栏、节目得以问世,以人为本、受众至上的思想开始成为大部分新闻人的共识和追求。

党的十六大以来,作为民主政治建设的第一步,民生新闻、公民新闻、舆论监督、群众时评等内容开始登上黎民百姓喜欢的报章和电视频道。党中央顺应民心,提出新闻报道必须"贴近实际,贴近生活,贴近群众"三贴近方针。三贴近方针的确定和提出,实际上是强调从报道内容上切实推进新闻改革的新的、更高的要求。

党的十七大把扩大人民民主、保证人民当家作主作为坚定不移发展社会主义民主政治的首要任务。胡锦涛指出："人民当家作主是社会主义民主政治的本质和核心。要建立民主制度，丰富民主形式，拓宽民主渠道，依法实行民主选举、民主决策、民主管理、民主监督，保障人民的知情权、参与权、表达权、监督权。"这一论述，进一步拓宽了新闻内容改革的范围。2008 年 5 月 1 日开始生效的政府信息公开条例，向人们展示了民主政治建设与新闻改革互动互进的前景。而近来四川汶川大地震的新闻报道，更是一次最生动的实践。

从党的十六大以来，新闻实务改革的新内容和新要求是具体和清晰的，新闻实务改革的难度也是现实和明显的。新闻改革必须勇往直前，不能停止不前。我们只能鼓足干劲，排除万难，坚定不移地根据党中央的要求，把新闻改革一步一步推向深入。

四、新闻体制改革：任重而道远

中国新闻改革三十年的经验告诉我们，新闻观念更新和新闻实务改革发展到一定深度，往往会遇到领导体制和管理体制弊端所设置的种种障碍。如何正确认识和评价现有新闻体制的形成原因和因果是非，如何设计适合社会主义初级阶段政治经济发展状况的新的新闻体制，这些问题早在 1985 年就提出来了，而到了 1992 年邓小平视察南方讲话之后，新闻体制改革才真正摆上全国新闻界议事日程。

新中国建国后实行的新闻体制，是沿袭延安时期党报体制和苏联斯大林时期新闻模式的产物。这两种体制和模式的共同点是：单一党报体系，高度集权调控，强化宣传功能，经费和发行由国家包干。这种体制在战争年代尚能适合当时的媒介生态环境，而到了建设时期，尤其是面临世纪之交的科技革命新时代，则弊端四起。因此，新闻体制改革不可避免地成为当前新闻改革最迫切的课题。

1985 年以后，新闻界提出了下列新闻体制改革的设想：

第一，建立多种新闻传播渠道，便于广开新闻信息资源，扩大报道面，加大信息量,也利于新闻传媒之间展开社会主义自由竞争。

第二,实行所有权和经营权分离,建立多种所有制形式和多种经营权形式的新闻传媒,以利于反映不同社会利益集团和人民群众的不同利益诉求。

第三,放开经营自主权,让编辑部自己对报道内容负责。这种体制改革的设想被概括为"一向多声论",即在坚持社会主义政治方向的条件下,"报纸发什么不发什么由编辑部和总编辑说了算"。

在这三种思路设计下,一些传媒进行了小规模的改革试验。在一个阶段里,多样化的报业结构调整初有进展;报台之间,报台与新华社之间的竞争已经展开;在一张报纸上可以听到反映不同意见和观点的声音,初现"多种声音,一个方向"的新局面。

但是,这种思路下的体制改革未能坚持下去。有的改革被叫停,有的被通知收回。这种结局足以说明,体制改革是新闻改革中难度最大的一场攻坚战。体制问题事关全局,牵一发而动全身,需要稳妥审慎地进行。从新闻传媒的社会功能上看,新闻改革应该为经济体制改革和政治体制改革鸣锣开道,但实际情况恰恰相反。一旦进入体制改革攻坚阶段,新闻改革实际上必须以成功的经济体制改革和政治体制改革为必要前提。离开后者,新闻界单打独斗,不仅不测风云时会出现,而且新闻改革也会失去基础和支持。经验告诉我们,从事新闻体制改革,一是必须以经济体制改革和政治体制改革为前提,至少是同步而行,二是必须认真规划,周全安排。一方面,要继续反对僵化封闭、因循守旧、不思进取的精神状态,时刻警惕和反对"左"的一套做法卷土重来,坚信未来在于改革,倒退是没有出路的。另一方面,又要防止和反对封建意识形态影响下的沉渣泛起,防止和反对资产阶级自由化思潮和无政府主义影响,防止和反对某些人钻改革的空子谋取个人私利,破坏改革大业。

在这种复杂形势下艰难爬坡的中国新闻体制改革,不巧又遇到 1989 年春夏之交的那场风波,于是,新闻体制改革不得不放慢了步子。

1992 年春天传来邓小平视察南方讲话,拨开阻挡新闻改革的浓雾阴云,指明改革开放的正确航向,引导和激励新闻界重振斗志,再次踏上新闻体制改革的征程。

当年身在改革阵营中的我们,是含着热泪阅读邓小平讲话的:

"改革开放胆子要大一些,敢于试验,不能像小脚女人一样。看准了就大胆地试,大胆地闯。深圳的重要经验就是敢闯。没有一点闯的精神,没有一点'冒'的精神,没有一股气呀、劲呀,就走不出一条好路,走不出一条新路,就干不出新的事业。"

"社会主义要赢得与资本主义相比较的优势,就必须大胆吸收和借鉴人类社会创造的一切文明成果,吸收和借鉴当今世界,包括资本主义发达国家的一切反映现代社会化生产规律的先进经营方式、管理方法。"

在邓小平讲话精神鼓舞下,一度处于迷惘和停顿状态的新闻体制改革又走上了深入和健康发展的路程。

首先是"外部断奶,内部搞活"口号的提出。"外部断奶"即不吃"皇粮",不再享受国家财政拨款,不再依靠政府补贴。这样做,不仅对国家作出了贡献,而且便于经济自立,取得更多的自主权。改革者指出,经济上自立,业务上自主,方针上独立,是市场经济条件下新闻体制改革目标得以实现的三部曲。"内部搞活",旨在调动传媒内部上下左右、方方面面的积极性、主动性、创造性,实现传媒的目标与决策。"内部搞活",除了机构设置合理、资源配置科学之外,最重要的是简政放权,使每个部门和每个员工得到相应的责、权、利。

在"外部断奶,内部搞活"的口号下,"事业性质,企业经营""一业为主,多种经营"等一些早几年开始在传媒内部流行的口号,注入了新的内涵和意义。20世纪90年代在"企业经营"、"多种经营"口号下的所作所为,同80年代相比明显有了新的拓展。

1996年广州日报报业集团的成立,在报业体制改革上走出了新的一步。到中国加入WTO三周年时的2004年,全国经国家主管部门批准组建的报业、期刊、广电、出版、发行、电影各类传媒集团共有67个。传媒集团集中人力、资金、信息、物资等多种资源,具有较强的综合实力,而集团管理层对这些资源拥有统一调控和经营的权力,可以进行较大规模的投资和经营,这是新闻体制改革在当时条件下所能达到的最好状态。

从 2004 年起,中国传媒业作为文化产业的重要构成部分进行的体制改革普遍启动。按照中央有关文件的规定,新闻传媒业不仅是党领导下的重要的思想舆论工作部门,它还是社会生产中占有很大份额的支柱产业。文化产业可分为公益性文化事业和经营性文化产业,发展公益性文化事业是国家向社会提供公共文化服务的重要手段,要坚持以政府为主导,鼓励社会参与,在改革中贯彻"增加投入、转换机制、增强活力、改善服务"的方针,最大限度地发挥公益性文化事业的社会效益。发展经营性文化产业是在社会主义市场经济条件下发展社会主义文化,满足人民群众精神文化需求的重要途径,要充分发挥市场配置资源的基础性作用,坚持以市场为导向,贯彻"创新体制、转换机制、面向市场、壮大实力"的方针,调动社会力量参与,在市场竞争中发展壮大。新闻传媒业也是这样,一部分维持公益性传媒事业性质,一部分转型为经营性传媒产业,按中央的不同要求积极实现机制转换,服务群众,占领市场,最大限度发挥传媒引导社会教育群众、推动经济发展的功能。各地、各类新闻传媒这几年纷纷根据自己的特点,提出上游(事业)部门和下游(产业)部门分开,上游产品(新闻信息)和下游产品(广告、发行)分开,采编和经营分开,做法不一,口号相异,但总的思路同中央文件的精神是一致的。

现在,这场体制改革的硬仗正在进行。前已提及,新闻体制既是改革的瓶颈,对它的改革也肯定是一场攻坚战。新闻出版总署领导人最近表示,如果我们还搞计划经济那一套,连跨地区、跨媒体经营都解决不了,实在无法交待。我们一定要有新思路新亮点,取得新进展,创造新成果。笔者坚信,航向已经指明,坚冰正在打破,我们一定能克服体制改革的瓶颈,将整个新闻改革全面引向深入。

五、新闻改革三十年:成绩和问题

发扬成绩、改进不足、以利再战,是一条重要的经验。我们当前要做的一件大事,就是实事求是地总结三十年新闻改革路径、成绩、经验和不足,明确今后的目标和任务,争取新闻改革之路同其他领域一样,走得更顺、更快、更好。

简要地说,新闻传媒业经过改革开放三十年发展,在以下五个方面有了长足的进步:

第一,新闻传媒业实力大大增强,有力地保证了整个中国文化生产力的壮大。

第二,为中国经济社会发展提供了有力的新闻舆论支持。

第三,努力实现体制和机制创新,有中国特色的社会主义文化市场体系正在营造之中。

第四,以马克思主义新闻观为核心的新闻传播学理论研究趋向繁荣,产出了一批有水平的学术成果。

第五,新闻从业人员和新闻学术研究团队的梯队建设初有成效。

新闻改革中存在的问题也不少,为把这场改革不断推向深入,我们面临着严峻而繁重的新课题:

第一,中国的新闻改革受到三个文明建设之间(经济体制改革和物质文明建设,文化体制改革和精神文明建设,政治体制改革和政治文明建设)发展不平衡和改革力度不相同的深刻影响。从严格意义上说,新闻改革是在整个中国经济体制改革大潮中被动进入的,新闻传媒业强烈的意识形态属性,又极大地加大了改革的难度。政治体制改革相对严重滞后,导致新闻改革缺乏必要的前提条件和更为有力的政策支持。

第二,在新闻体制改革攻坚战中缺乏明确清晰和可供操作的改革理论指导,缺少科学有效的方法论引领。没有从理论与实践的结合上对新闻传媒进行分类定性、分类指导,对各类传媒的性质、功能、社会角色和历史使命缺乏更为细致、全面的区分,加大了克服体制改革瓶颈的难度。

第三,目前的新闻体制改革是政府有要求,群众有期待,而传媒业本身则改革动力明显不足。改革开放之初,中国新闻传媒普遍有压力感,有迫切改变现状的要求。传媒集团化使得相当部分的主流传媒取得了垄断地位,维护既得利益的愿望强烈。这些集团和集团管理层总想维持原状,垄断市场,不思改变,不愿丧失既得利益。这样,也就失去了坚持改革、深化改革的根本动力。

第四,改革实践和理论创新时有脱节,缺少互补互动、融合共进的推动力。新闻业界重经验轻理论,新闻学界重书本轻实践。在同海外同行的交流合作中,常为国际化与本土化的冲突而困惑。改革开放之初那种业界学界、传媒学校、国内国外相互了解、切磋研讨、取长补短的热情少了许多。

第五,新闻传媒从业人员的新闻职业精神和职业道德的缺失,新闻学术研究科学规范的缺失,严重阻碍着传媒公信力和新闻科学性的重塑、维护和张扬。

改革开放是发展社会主义的必由之路,也是新闻传媒业继续发展的根本动力。只有在解放思想中转变观念、开拓思路、落实科学发展观,才能消除体制和机制性障碍,才能解放和发展新闻生产力,充分发挥新闻传播业的生机和活力。我们要借纪念新闻改革三十年的东风,要在已经取得成绩的基础上,进一步解放思想,破解面对的各种新的课题,争取新闻改革的新胜利。

选自《新闻记者》2008 年第 6 期

报业体制和运行机制亟待改革

——老报人马达访谈录

张志安　白红义

编者按： 我国著名报人、《文汇报》原党委书记兼总编辑马达先生从抗战时期开始办报，著有《报苑耕耘——马达自选文集》和《马达自述——办报生涯六十年》等。新中国成立 60 周年前夕，复旦大学新闻学院教师张志安博士、博士生白红义同学访问了马老，从 2009 年 9 月到 12 月，多次到华东医院进行访谈。谈话的中心内容是我国报纸工作的发展、建设和改革问题，以及怎样使新闻传媒实现社会主义现代化。马老不顾 85 岁高龄，且身患癌症，仍以很大的热情和毅力，比较系统地阐述了他思考了多年的想法。我们将访谈内容如实整理成文，供新闻学者和业者共同探讨。

60 年成就之一：掌握全国舆论阵地

问（▲）：新中国成立 60 年，报纸工作走过了一段不平凡的道路，但报纸工作的成就在报章上说得并不多，仍有许多需要我们深入思考的问题。马老，您对于我国报纸工作 60 年的发展有何评价？

答（●）：首先，我们要充分肯定 60 年来报纸工作的发展和成就。我认为，最大的一个成就就是掌握了全国的舆论阵地。为什么这么说呢？60 年来，在革命和建设过程中，党和人民的新闻事业从无到有、从少到多，逐步建立了全国性的舆论阵地。这是有数字可以证明的。

解放之初，全国报纸的数量还屈指可数。到了 1950 年，各类铅印报纸就有 382 种，其中有少数私营报纸，但大多数是公营报纸。1954 年以后通过社会主义经济体制的改造，就全是公营报纸了。报纸的种类也更加丰富，有综合性报纸、工人报纸、农民报纸、青年报纸,还有少数民族文字的报纸。

现在,全国 34 个省、市、自治区都有报纸,很多重要的党政部门也有自己的报纸。全国有 1 亿多人口在看报。世界报业协会调查显示,中国已经成为全世界最大的报业市场,报纸日发行量突破 1 亿份大关。这些报纸,成为我国舆论阵地的重要部分,这种局面是历史上从未有过的,是空前的。有了这些舆论阵地,报纸各方面工作才能顺利展开。所以说,我们的报纸工作在过去 60 年取得了很了不起的成就。

能够取得这么大的成绩,主要有两个原因。一是我们党"全心全意为人民服务"的宗旨;二是"全党办报"的路线方针。前者指明了政治方向,后者确定了报业体制和活动路线。这两点保证了报纸工作在发展壮大过程中,能够吸引群众、动员群众、教育群众。这个也是我们在长期革命斗争中取得的成果。

报纸的重要性不言而喻。它是我们国家经济和社会发展的重要信息平台,是人民大众参政议政的重要渠道之一,也是我们国家走向现代化、信息化的重要条件之一。1900 年 12 月 24 日,列宁创办《火星报》。他认为,报纸不仅是集体的宣传员和鼓动员,而且是集体的组织者。他曾经说过,"每发行一份报纸,党就多了一个支持者、同情者,壮大了革命的力量"。今天,我们的报纸与那时候有所不同,但其基本功能是一样的,报纸多一个读者,就多一个人靠拢在党的周围,被我们党所吸引、教育和引导。报纸在动员、鼓舞、宣传方面的作用是非常大的。

回顾新中国 60 年的报纸工作,我们首先要看到这些伟大成就。但同时,我们也不能忽视存在的问题和不足。比如,一些错误的新闻观念多年来一直制约着报业的进一步发展,关于问题,我们放在后面来谈。总而言之,肯定成绩、正视问题,这是我们看待报纸工作应有的正确态度。

两个历史阶段的经验需认真总结

▲:刚才您肯定了新中国报纸工作的主要成就。那么,在您从事报纸工

作的过程中,您认为,哪些历史阶段是比较重要的,需要我们更多关注和研究?

●:就我们党新闻事业发展的历史过程看,我认为,有两个时期特别值得关注,其经验也需要认真总结。一个是抗日战争时期,另一个就是改革开放时期。

抗战时期,我们党一共建立了19个抗日民主根据地,这些根据地都是后来新民主政权的雏形。抗战期间,这些根据地是当时我们党对日寇战斗的主战场,敌人频频发动扫荡、清剿、清乡,战争环境极其紧张。就在这种非常困难的条件下,每个根据地都办有报纸,有油印报、石印报、铅印报,报纸通过秘密的渠道发行到连队、乡村。

从1942年5、6月起,我先后在苏中解放区的《滨海报》《苏中报》担任特派记者,绝大部分时间都在部队和农村采访。主要任务就是为坚持抗战而进行宣传,组织群众、鼓舞群众参加抗日斗争。我记得,农村群众对报纸非常热爱和喜欢,各乡各村都组织了读报组,报纸来了就组织读报,了解时事,交流生产经验、群众工作经验。在读报组的带动下,根据地还发展出黑板报,带动了墙头诗的流行。当时,办报的场所是不固定的,碰到敌人围追堵截的情况,芦苇荡、海边都可能成为我们办报的场所。我们把油印机、白报纸、电台天线、少量的图书资料,都放在一部木制的独轮车上。行军路上,一部独轮车就是一个报社。当时,报社的记者很少,但我们有大量的工农通讯员,大多数稿件都由通讯员提供。农村干部干完农活,再为报纸写稿。

通过报纸,我们在根据地促进了教育的普及,很多农民一开始不识字,通过读报学识字,还培养了一些基层干部,提高大家的政治素质,丰富大家的斗争经验。报纸把党的政策及时传达给群众,进行抗战动员。那时候,县政权是民选的,不识字的农民也可以参与选举乡长、县长。所以,报纸是对敌斗争的武器,也是农民自我教育的工具。这个时期的报纸,出现了一种崭新的面貌,是过去从来没有的。1942年,邹韬奋先生曾经到我所在的苏中解放区去,他看了我们办的《滨海报》后,跟我讲:"你们印的油印报,不但是宣传品,还是艺术品。"这对我们来说是一个很大的鼓励。

实际上,在抗战之前,我们党在苏区已经创办了报纸。抗战初期,在延安创办的《解放日报》、在重庆创办的《新华日报》,在动员全国军民抗战方面,产生了巨大影响。

我认为,党对报纸工作的领导在这个时期做得比较好,也铸造了党报的传统和经验。现在,关于抗战时期报纸工作的回忆录有很多,似乎不被新闻学界所重视。《解放日报》、《新华日报》的名气虽然很大,但它能够影响的范围毕竟有限。在战争年代,由于敌人严密封锁,各个解放区实际上是看不到这两份报纸的。当时,我都没有看到过《解放日报》,直到解放以后才看到这张报纸。那时只有收听延安新华广播电台播放的《解放日报》社论,然后我们的报纸进行转载。实际上,各个解放区更多地依靠自己办的报纸开展工作。所以,我觉得解放区的报纸办得这么好,影响这样大,解放后的报纸离不开这段历史传统,应该要好好总结。

第二个时期是改革开放时期。上世纪 80 年代,我们国家开始解放思想,搞改革开放。报纸工作也在改革开放过程中取得重要发展,报道空间开放了,报道面扩大了,报纸经营市场化了,报纸对象多层次、多样化了……改革开放以后,报纸工作在很多方面有了巨大变化,打破了长期以来党报独此一家的格局,打破了关起门来办报的做法。这些既是经济和社会发展的必然,也是新闻从业人员思想解放、冲破禁区、勇于创造所取得的成果。群众渴望获得更多的信息,这就需要报纸的报道更透明、更开放。它的意义和影响是十分深远的,既冲击了报纸原有的一套过时的理论、做法和体制,同时也为我们报纸在新的历史时期开拓了比较广阔的发展前景。

▲:您觉得,包括这两个时期在内,中国报纸的发展有什么特殊之处?我们在总结经验的时候,如何准确把握"中国特色"?

●:我个人认为,这两个时期对中国报纸的发展至关重要。其中,也体现了我们中国人自己对报纸的理解。中国报纸的诞生有一些独特的情况,不同于西方国家。世界近代报纸的产生,基本上要满足两个条件:一个是市场经济。随着商品经济的发展,社会上对商品、贸易和运输信息的需求也就随之而来。报纸最早刊登的信息就是商品信息,这是报纸的起源。另一个是民主自由。群众要参政,要争取自己的利益,要进行争取权利的斗争,就需要一个表达意见、进行斗争的平台。

反观中国,这两个条件恰恰不具备。所以,中国早期的报纸是西方人来办的,说得不好听,是西方人培养了中国的报人。由于这个先天的局限,许多中国的报人一头栽进了西方,以他们的理念为理念,以他们的主张为主张,缺乏自己独创性的东西。1918 年,徐宝璜、戈公振等发起成立了北大新闻学研究会。和西方相比,这个起点并不低,但是,那时候新闻学者的主要观点都是照搬西方的。

现在,研究中国新闻史的人热衷于研究清末、民初那段历史,却对抗战、改革开放两个报纸发展的辉煌时期不够重视。这两个伟大的时期,怎么能不关注呢?

新闻改革,须观念先行

▲:作为一个亲历者,您可否谈谈改革开放后报纸工作取得如此巨大成就的原因?

●:改革开放是我们国家走向现代化的新的历史时期,而改革开放是以观念更新为先导的。改革开放的全过程,报纸都发挥了重要作用:从批判"四人帮"罪行,到真理标准大讨论,再到一系列新观点的提出,都离不开报纸,可以说报纸作出了很大的贡献。

我认为,改革开放以来报纸工作的最大亮点或成果,是新闻工作者的观念更新,这个很不容易。这三十多年来,观念更新一直是改革开放的驱动力。新闻改革,同样是观念先行。在我看来,主要突破了三个东西:

第一个就是废止了报纸是无产阶级的专政工具的说法。1956 年三大改造完成之后,毛泽东提出了一个错误观点:意识形态领域的阶级斗争十分尖锐。这就给我们办报的人头上戴了一个紧箍咒,一切都要用阶级斗争来分析。当时,政治运动不断,报纸上的大批判也不断。1983 年左右,新闻界对此进行了讨论。那时候,胡绩伟是全国新闻学会会长,我是副会长。这次大讨论以后,新闻界就抛弃了一切以阶级斗争为纲、报纸是无产阶级的专政工具的说法。这个问题解决得非常重要。

第二个问题就是"党性与人民性"的问题。党性是人民性的集中体现,所谓的要党性不要人民性、党性高于人民性的观点是错误的。

"文革"一来,全国所有省报总编辑都被打倒了,包括本人在内。我当时是《解放日报》党委书记、总编辑。我们就想一个问题:共产党领导下的报纸是无产阶级的工具,报纸的领导人怎么都是修正主义,怎么把这些人都打倒了呢? 把党性从人民性中脱离开来,人民利益放到哪里去了? 这个问题很重要。

现在,我要明确地讲:人民性高于党性,党性是人民性精华的表现,党把人民性中好的东西吸收和提炼出来,党性从人民性中来,不能体现人民的利益、意志、要求,党性从何而来? 毛泽东讲,我们党没有自己的利益,只有人民的利益。当党的路线不符合人民要求的时候,是坚持所谓的"党性"还是坚持人民的利益、人民的愿望和人民的要求,不就很清楚了么? 当然要坚持人民的要求,才能真正坚持党性。我们办报人明确了,以人民的根本利益为出发点,以民为本,以人民性为本,才能真正体现党性。这点对办报人的观念有很大的改变。过去都是只听上面领导的指示,很少听来自人民群众的呼声。

第三个问题是,新闻是要客观、真实、公正,还是一切为政治服务。过去毛泽东讲"政治家办报",一切从政治出发,一切为政治服务,而不管这个"政治"是什么、对或者不对,报纸都要为它服务,这是不对的。当然,党领导的报纸也是为了建设社会主义,与社会主义政治不能分离,符合人民利益的,报纸都要宣传。

从马克思主义的观点来讲,政治就是在全局范围内处理各种关系,就是尊重和服务于绝大多数人的利益,而不是一个政治口号,它应该是客观事实。不能把政治抽象化,不能不顾事实,不能为一时需要、为某位领导人的指示服务。尊重事实就是要尊重人民群众,尊重他们的劳动。以政治服务为借口,而不顾群众的实际利益,这样的宣传必然要脱离群众。最典型的例子就是1976年天安门事件,群众悼念周总理,是非常正确的政治,你说它反党反革命,就是以政治为借口,歪曲事实。客观事实是什么?群众热爱总理,进行凭吊。真相是什么?就是反对"四人帮",悼念周总理。所以要从实际出发,是政治问题就是政治问题,不是政治问题就不能按政治问题来处理。强调新闻为政治服务,也要以新闻的真实性、客观性为基础。报纸是信息和思想交流的平台,或者说,用信息和思想来服务读者。既然讲信息,就要讲真实,不然信息是假的,还怎么交流啊,不是骗人么?但是,过去我们有个歪道理,大家都听,就是片面强调新闻为政治服务。改变这个观念非常重要。

经过解放思想、真理标准问题的讨论,对这三个问题,各个报纸的解决情况虽然不同,但在报纸工作实践中已经有了很大的改观。思想解放是随着实践不断发展的,由于主客观的原因,我们新闻界还有一系列问题没有得到解决。比如说,提倡新闻自由就被说成是提倡新闻自由的绝对化,说客观、公正和真实就被说成是资产阶级的口号,等等。现在我们办报,虽然可以说是历史上的最好时期,成绩很大,但问题也不少。我们讲到这一时期的时候,往往只强调伟大成绩,而忽略了还面临的问题。

当前应解决三个老问题

▲:那么您能不能具体谈谈新闻界还存在哪些问题呢?

●:现在报纸工作碰到了很多新情况。比如,在市场经济条件下,新闻界如何应对全球化的竞争,怎么来适应这个新局面?我们的队伍也发生了很大的变化,大批年轻人加入进来,革命战争时期的办报经验不完全适用了;报纸的读者发生了很多变化;等等。这些都是报纸面临的新问题,有待我们去解决。与此同时,还有一些旧的问题没有理清,仍在影响着我们的报纸工作。所以在解决这些新问题的同时,还要继续厘清那些老问题。

那么,现在要解决什么问题呢?还是三句话:1. 思想理论是非不清,阻挡了我们的前进之路。2.《真理报》的模式还束缚着我们。很多人没听过，也没看过《真理报》，但它那套东西在我们脑子里不断发酵。3. 由于历史原因，长期以来形成的一些办报体制和制度不适应现代化要求。

▲：您这里提到的思想理论是非不清是指什么？它的根源在哪里？

●：这个问题的关键是如何认识舆论和正确对待舆论的问题。理论是非很多，但都跟这个问题有关。这个问题要从历史源头上讲。毛泽东曾经说过一句话："凡是要推翻一个政权，总要先造舆论，总要先做意识形态方面的工作。革命的阶级是这样，反革命的阶级也是这样。"他讲的这句话，"文革"期间被收进了《毛主席语录》。这句话有两个问题：

首先，推翻一个政权当然需要舆论发挥作用，但是舆论能不能造出来？如果说舆论是推翻一个政权的条件，他讲的就是宣传、教育、鼓动工作，这是不成问题的问题。那什么叫"造舆论"？舆论怎么造出来呢？古今中外，舆论都不是造出来的。这句话为以后留下了很大的隐患。比如林彪讲，革命要抓两杆子，一手抓枪杆子，一手抓笔杆子。这个笔杆子不是舆论啊。毛泽东把造舆论变成了一种手段。50 年代，批俞平伯、批《红楼梦》、反胡风等，就是他造舆论，解决这些问题以为都要靠造舆论来解决。要反对什么就造出舆论来。造到后来，他碰到障碍了，就提出个口号"舆论一律"。舆论怎么可能是一律的呢？1957 年反右派的时候，很多好的意见就在"舆论一律"的情况下被压制了。"舆论一律"是违反客观规律的，本来政治意图和社会舆论就不是一个东西，一定的政治意图可以引起一定的社会舆论，但你的政治意图不是社会舆论。他这个"舆论一律"，实际上就是把所有不同意见都给打压下去了。为了发展他的理论，他又援引《论语》中"一言兴邦"、"一言丧邦"的话。赫鲁晓夫提出"和平过渡、和平共处、和平竞赛"，这个"三和"今天来看是有一定道理的。但毛泽东认为，赫鲁晓夫讲这句话就把苏联给毁了。实际上，一言不可能丧邦。

舆论是客观存在的，是人民利益的诉求。人民有要求就会说嘛，没有什么复杂的。这个是内在的，不能"造"出来。把舆论等同于党的全部宣传教育工作,等同于马列革命理论,这就是毛泽东看法中有错误的地方。我们办报几十年来吃苦头,就吃在这个方面。最典型的例子,报纸在"文革"时期天天要发致敬电:"我们心中最红的红太阳,最最红的,最最最红的……"还要刊登各界的反应。《解放日报》有个老编辑,他根本不知道去哪里采集新闻,就对领导说,给我几个名字,几个地区,我可以照样编出来。反正就是这几句,某某说振奋,某某说很激动,各报都是一样的。那时候,报纸每天都要登群众的反应,可是,哪来什么反应?没有办法,编辑只能胡编乱造。

对舆论的错误理解导致我们的新闻工作者不了解、不尊重社会舆论,这是报纸工作脱离群众的重要原因。这不仅是个理论问题,也是个实践问题。把这点讲透,非常重要。报纸为什么不好看?因为没有多少群众的东西,都是领导的东西,群众怎么会高兴看呀?

其次是舆论和稳定的关系。改革开放必须以稳定作为前提,全国的政局、治安和社会秩序稳定,经济才好发展,这是不言而喻的。但是,"稳定"这个概念有静态稳定、动态稳定之分,如果静态稳定,那就是停止、不动,这不是我们要的稳定。我们的社会发展是动态的稳定。在全局保持基本秩序之下,在发展过程中,某个地方、某个方面有矛盾,引起了不稳定,通过工作解决了这个问题,又促进了稳定,这应该是社会发展的常态,经济发展的规律也是如此。当然,一定要注意这个不稳定不是全局的,如果全局都不稳定,那国家就不稳定了,也谈不上发展了。现在有一种现象,谁要批评领导,揭露社会阴暗面,就被认为是影响稳定。稳定变成了保护落后、保护腐败、保护消极现象的借口。这种所谓的"稳定"脱离了改革开放的大局,反而成为一种阻碍因素。

报纸在促进改革开放、维护社会稳定上是能够发挥重要作用的,要善于识别、尊重人民群众中的利益、呼声,不能把人民内部矛盾笼统地认为妨碍稳定。对极少数破坏稳定的情况,当然要依法处理。有一种口号叫"稳定压倒一切",不强调什么性质、什么情况,把稳定扩大化了。什么都是稳定了,怎么可能?稳定也要有个范围、有个时间。

现在我们报纸的批评报道很少,有批评的话也只是批评菜场的营业员、公交公司的售票员等等,对官员的批评很难,揭发的贪官大多数是已被判刑的。媒体丧失了社会预警的功能。没有预警是因为不尊重群众,不了解群众,忽视了群众自下而上的监督作用。社会舆论当然有正确的、不正确的,积极的、消极的,有的是促进稳定的,也有个别舆论是不利于稳定的,报纸要善于区别对待。但不能用稳定作为借口来限制、控制、封锁舆论。

舆论是可以引导的,因为社会舆论有主流的、非主流的。通过报纸,把群众中积极向上、正确的意见反映出来,用正确的理论教育群众,然后让群众自己教育自己。这种引导是了解舆论、反映舆论的不可缺少的过程。但是,把舆论引导当成没有时空限制的,那是不存在的。

所谓的"舆论导向正确"这一套,就给少数人变相操纵舆论提供了借口。据说有一次开会,讲了 63 个不准,不准宣传、不准报道等。有些地方也在天天搞"不准",就是政治需要,为政治服务。比如,发生事故不准媒体报道。为什么?说是怕影响群众,实际上是他们怕否定自己的政绩,何必要向群众隐瞒呢?再比如现在房价这么高,说明工作中有失误,反倒让媒体报道房价已经恢复到正常,实际上是在掩盖事实。

所谓舆论导向,实际上是片面地强调为政治服务,统一口径,忽视了群众的正当要求。这个口号导致我们的新闻工作倒退了十年。本来,上世纪 80 年代报纸是很活跃的,到 90 年代就沉寂下去。曾经有一种论调说,要反和平演变、反"西化"阴谋,说苏联之所以垮台,是因为思想搞乱了,舆论搞糟糕了。苏联垮台主要是路线错了,苏联共产党严重脱离了群众,群众生活得不到改善。

关于舆论的问题,归结起来就是怎么认识舆论、怎么对待舆论。这个问题不是个小事,关系到我们在思想理论上进一步拨乱反正。

现在有的同志往往把新闻工作叫成新闻宣传工作,还有的说是宣传舆论工作。这些说法是不确切的。新闻工作和宣传工作是两个不同的范畴。报纸上的新闻报道还是从客观实际和客体群众出发,收集新闻信息加以传播,它是从客观到主观;而宣传工作则是宣传工作者把已有的宣传意图、宣传内容向他的受众进行灌输、教育,它是由主观到客观。这是两个不同的工作路线。新闻报道本身会产生宣传效果,起到鼓舞教育等作用,但这不是新闻工作者预先设置、编造的。虽然宣传工作者也要了解信息,了解群众的要求,进行有针对性的宣传,但这种宣传不是从收集客观存在的事实用以传播的。尽管它也在传播一些信息,但它不是新闻传播。同样,说宣传舆论工作,宣传工作和舆论工作也不是一个范畴,和上面说的新闻与宣传的情况大体相似。这不是一个咬文嚼字的问题,不是一个概念问题,而是对新闻工作、舆论工作怎么正确认识的大问题。

《真理报》模式仍在影响我们的工作

▲:的确,有些地方和部门片面理解"舆论导向"、"稳定压倒一切"的说法,实际上是在为不当的新闻管制找借口,千方百计地控制负面报道,导致报纸的舆论监督越来越难,也使报纸失去了在读者心中的公信和权威。刚才您说的第二个问题是《真理报》模式。那么,在您看来,这套模式有哪些特点?对我们的新闻工作有哪些不利的影响?

●:首先稍微交代下《真理报》的情况。列宁起先办《火星报》,对十月革命起了很大作用,这是值得肯定的。他后来指示创办了《真理报》,1918 年以后,《真理报》变成了苏共中央机关报,地位越来越高,在苏联的工业化建设时期、卫国战争时期都起到了很好的宣传和动员作用。但到了后来,《真理报》已经不仅仅是个舆论工具,还是党的权力工具。那时的《真理报》有至上权威,对《真理报》是不能批评的。相反,《真理报》可以批评任何单位,而且还规定,有关单位在受到《真理报》批评以后,必须检讨。在斯大林掌权时代,他直接掌握报纸,曾对《真理报》发表过多次讲话,比如"报纸是党的喉舌"。但是,他把报纸的喉舌功能无限制地夸大了,一级一级都有机关报,各个部门也有机关报,构成了报纸的权力体系。斯大林通过报纸打击反对派,他自己还通过报纸制造个人迷信。

上世纪 50 年代,国内新闻界向苏联学习,《真理报》这一套模式随即被国内复制。50 年代初,我是上海《劳动报》总编辑,报纸就模仿苏联的《劳动报》。苏联《劳动报》把"全世界无产者联合起来"放在报头,我们也学这种模式,还要打上"全国总工会华东办事处暨上海总工会机关报"。我就搞改革,说我们一个地方的工人报纸,天天登"全世界无产者联合起来"这样一个口号,没什么必要,而且这是从苏联《劳动报》抄过来的,没有我们报纸自己的创见。所以我就拿掉了,为此还专门向上级打报告。领导同意的时候没讲什么话,结果反右派的时候这成了我的一大罪名,叫"篡改报纸无产阶级的方向",后来撤掉领导职务,受处分。

具体讲,这个模式带来几方面的问题:

1. 使报纸工作行政化、官僚化。我国过去有 3000 份机关报,从中央到县里都有机关报,一级一级向下。到现在也是如此,有部级机关报、局级机关报、处级机关报,报纸变成一个行政化、官僚化的东西。

2. 报纸脱离了社会舆论。本来是群众要办报,报纸要反映舆论。结果机关化后,变成领导指挥舆论,报纸异化了。

3. 用行政干预的手段来代替政治思想领导。由于报纸报道常常不符合上级规定的统一口径,导致总编辑被迫不断写检讨。

4. 使新闻从业人员脱离社会、脱离群众,变成了官吏或者准官吏。我们的记者走出去还有人来迎接,记者不是来听取舆论,而是来问问官员在讲什么。

5. 使报纸脱离市场,不是向消费者负责,而是向领导负责。就好比我做个东西卖给你,你是消费者,我要对你负责,报纸不好可以退货。但是《真理报》的模式是对领导负责,不在乎群众是否满意。

建国之后,我们的新闻业模式,包括报社内部的整个建制,都或多或少按照《真理报》模式设置。直到现在,刚才提到的这些问题还一定程度上存在着,这些都说明《真理报》模式仍在直接、间接地影响着我们的报纸工作。但是这么多年来大家没有进行辨别:哪些是对的,哪些是不对的。大家把这些包袱背在身上,不认为是重要的问题,实际上是阻碍了我们报纸工作的发展。

50 年代,开展新"三反"运动,就是反官僚、反贪污、反浪费。当时任《解放日报》总编辑的张春桥刚从苏联学习《真理报》经验回来,就在报纸上搞了一个大典型。军管会交通部长兼华东交通运输专科学校校长黄逸峰对学生的一封批评信进行打击报复,受到华东局给予的纪律处分。张春桥在《解放日报》发表"压制批评是党的死敌"的社论。他不问犯有压制批评错误的干部情况如何,犯错的事实怎样,就举起一顶"党的死敌"的吓人的帽子,要把他们一棍子打死。不久,他就在《解放日报》"党的生活"版发表言论,说"我们要点名了",摆出一个整人的架势。广大干部看了,不知道他要点谁的名,人心惶惶,造成很大的思想混乱。这些做法受到中央的批评,张春桥不久就离职而去。这是他所谓学习《真理报》经验的"得意之作"。所谓"压制批评是党的死敌"是斯大林的话,发表在《真理报》上。张春桥就抓住这一点把党的正常的批评和自我批评引到歧路上了。

报业体制和运行机制落后于时代

▲:您觉得,这些问题和报纸本身的体制和机制之间有什么关系?

●:报业体制和运行机制落后于时代需要和读者需要,导致报纸比较闭塞,接触的信息又少、又慢、又差,这样的报纸自然无法满足广大读者的需求。改革开放以后,体制有一定的进步,但主要问题是大一统,缺乏多样化。

第一,强调有统一的指导思想。我认为,这个统一的指导思想应该是宪法以及党和政府各方面的政策取向,但不是说每个报道都要有统一的指导思想,即便是一些重要的报道也不一定得有。

第二,强调有统一的宣传口径。实际上,客观事物是复杂变化的,每个新闻从业人员对问题的认识和态度也是不同的。除了有关部门提供有关事实或事件必要的背景材料和新闻报道应注意的事项外,不一定要有统一的宣传口径。统一的宣传口径,只会束缚报道者的报道眼光。宣传部门、行政部门设置了很多报道的禁区,提出了这个不准、那个不准,不但不合理,也不合法。

第三,干部的统一调配。新闻干部要经过国家的一套人事制度来任命,比如征求意见、公示、审查等等，毫不例外。现在是上级任命的干部多，作为组织部门来讲，要特别强调尊重报社群众的意见，把自上而下的考察和自下而上的推荐结合起来，使报社能够选拔一些适合新闻工作，有才能的、称职的干部。

第四，体制上有问责，无监督。一个新闻报道错了，应该追究责任人和领导人的责任，但是有些错误，不完全是报社的新闻从业人员造成的，有些是领导机关制定的计划或做出的指示不妥当。应该允许有关人员提出申诉，对不合理的指示提出批评监督，有利于共同防范错误的发生。不能单由报社承担责任，否则会出现口服心不服的违心检讨。报道错了，就要层层检查，不断写检讨，这是不正常的。应该提倡在报社内部发扬民主，提倡自下而上的监督。有些问题如果因为不合理的规定而变成所谓的错误，就会造成更大的隐患。

我自己也碰到过这样的例子。作家白桦写了一部小说《苦恋》，本意是通过描写一个作家在"文革"中受迫害的事例来控诉"四人帮"的倒行逆施，也道出了个人崇拜的危害。后来一位领导人批评这篇小说违反了四项基本原则，中宣部通令全国省级报纸转载一篇批判文章。当时，我们报社党委讨论后，认为这样做不太妥当：第一，全国发一篇大批判文章，这种做法已经随着"文革"的结束废止了，不应该重复。第二，批评这篇小说违反了四项基本原则，通篇是政治批判，没有艺术批判。我们决定不予转载，从而成为唯一没有转载这篇文章的省级报纸。地方党委要追查总编辑的责任，弄得很紧张。从这件事情可以看出，要允许下级对上级提出不同意见，要实事求是，分清是非，不能采取过去那种一棍子打下去的办法。但这种情况，在新闻界是比较多的，没有多少人能够抵抗这种问责。这件事，如果不是胡耀邦一句话，我就丢了乌纱帽。

统一思想是指大家通过学习、对话、交流、协商，初步取得思想上的统一，而不是说每个人的脑袋从一个模子出来，那样的统一思想是没有的。有句口号讲："政治上思想上做到完全统一。"我对此有所保留。如果说政治上要坚持社会主义、坚持办报宗旨的统一，这是没问题的，但思想上要做到完全一致是不可能的,每个人的思想认识水平是不一样的,怎么可能完全一致? 这不符合辩证法。

第五,方法作风的问题。机关化、行政手段方式多,用咨询、民主讨论的方式少,自上而下的多,自下而上的少。上世纪 50 年代初期,报纸上错别字很多,毛泽东批评了这种现象,胡乔木连忙写了篇很大的文章《为出版一份没有错误的报纸而奋斗》,我看现在也没有奋斗出来。这背后很大的问题是:编辑部人员自下而上的主动性、积极性、创造性发挥不够,光靠一个号召是解决不了的。解决这个问题,要把主要精力放在检校制度上,提高从业人员的责任心和业务水平。

可想而知,这样的报业体制决定下的运行机制也有很多问题,主要弊病在于缺乏负责制和专责制。样样东西都是一把手负责,实际上什么都可以不负责。有些事情,也没有专责制的规定,他也很难负责。其次,我们报社比较偏重采访编辑写作业务,但对信息的收集、分析,没有一个健全的系统,读者的调查、咨询也没有一个健全的系统,对评论队伍和评论的运作也没有一个健全的系统。这三方面的缺陷可以说明,我们报社的运行机制有很大的问题。报社的言论不如解放前的《大公报》和《文汇报》。基于信息的分析也不行,导致报道缺乏新闻背景,很多新闻只说"是什么",没有"为什么",就是没有背景分析。上世纪 80 年代,台湾有个飞行员驾驶飞机飞到深圳,这个事情很大,国外的记者和通讯社都报道了,但是中国推迟了 24 小时才由新华社报道。官方认为这个事情很重大,需要请示,时间上就晚了一天。其实按照我前头讲的,事情发生了就可以报道,不需要有统一的指导思想。你可以写,某月某日有架飞机到深圳,具体原因在调查中。不就完了么? 我们没有一个信息采集和处理机制,国外也没有分析,只好等上面的指示。

综上所述,这些体制和机制上的弊病不是一时形成的,而是过去各种条件下积存下来。过去一直这样干,现在要改也比较困难,只有通过进一步的新闻改革来解决。

不能再用过去的老眼光来看问题

▲：新闻界存在这么多的老问题，又面临着很多新情况。当前，我们迈进了 21 世纪，一方面，新技术的发展使媒体生态发生了很大的改变；另一方面，全球化进程的加速导致中国媒体处在世界性的竞争环境下。面对这些挑战，我们的报纸应该怎么做呢？

●：你们有没有看胡锦涛最近在世界媒体峰会开幕式上的讲话？他的讲话谈到了新闻媒体的全球化、发挥媒体建设现代文明的作用以及加强中国与世界媒体的交流等方面，这是过去从来没有过的。这个姿态很重要，以前我们从来不敢在全球媒体上讲我们中国要怎么样。

胡锦涛同志在讲话中强调，传媒要服务现代化、服务人民，通过传媒充分保障人民的知情权、参与权、表达权、监督权，不但反映了传媒和人民的密切关系，而且说明了新闻传媒的本质要求：新闻传媒就是要服务人民，服务现代化，保障这四个权利。不然要媒体干什么？

现在世界正处于"大变革、大发展、大调整"的阶段，在这个新的历史时期，新闻传媒要承担重要的责任。现在办报要站在国际视角上来看问题，不能再用过去的老眼光来看问题了。在这种新的形势下，总的目标是我们应该办一张有中国特色的社会主义报纸。在过去经验积累的基础上，又要与时俱进，从思想到办报方式上都要有个创新。

在我们讨论报纸工作改革和发展问题时，首先要强调提出一个观念更新的问题。人们的意识要随着客观形势的发展而发展，人们的思想和知识随着时代的进步而变化，所以观念更新是新闻从业人员的思想素质问题，也是报纸内在质量最重要的东西。

现在一些单位正从上而下地布置学习马克思主义新闻观，这无疑是需要的。马克思、恩格斯、列宁、毛泽东，他们对报纸工作都发表过谈话和专门的文章，提出了一些重要的观点，但就整体而言，实事求是地说，这些伟大人物并没有一个完整、系统的新闻观。有些新闻观点是在频繁的战争年代提出的,有些是在急风暴雨式的政治运动中提出的,有些是针对某一人物、事件提出的。对于这些新闻观点,的确有一个去伪存真、依照实践的标准进行检验的问题。简单地学几个观点,把它说成是不可质疑的,对于报纸工作实践并没有多大好处,这个在历史上已经证明了。

我想,为了推动观念革新、思想解放,要从两方面着手:一方面,可以对前辈伟大人物关于报纸工作的论述加以系统的整理,扬弃其中一些过时的错误的东西,保留一些符合历史发展规律和新闻发展规律的东西。在新中国成立60年后,做这样的工作是并不困难的。另一方面,要发动全国新闻从业人员,大家来总结历史,检验经典作家的哪些论点是推动实际、推动报纸工作的,哪些观点是违背实际、破坏报纸工作的。这样的例子很多。比如,一切用阶级分析的方法,一切从政治需要出发等等,很多理论观点都造成了历史上和报纸工作的巨大灾难。这是一层意思。把过去捧到天上的东西放回到地面来,加以分析鉴别比较,实事求是地运用;把过去提出的,但不知道是非的观点,经过认真分析对照,加以去芜存菁。

当前,如果还要强调观念更新,就要做这两方面的工作。我甚至还建议对新闻从业人员的一些基本观念进行再教育。比如说什么是新闻,什么是信息,什么是新闻报道,什么是舆论的反映和舆论的引导,什么是互联网,它发展的历史原因和社会原因,它对报纸发展的影响,等等。要从概念上和具体内涵上都能够有一个崭新的认识,剔除过去沉积下来的老的观念、陈旧的观念。比如抗日战争时期、解放区办报时期强调新闻要有指导性?到底新闻要什么指导性?指导性从头脑中来的还是从客观事实的信息中概括提炼来的?很多人不清楚。中央人民广播电台有个节目叫"有思想的新闻"。有思想的新闻从哪里来?我们说新闻中要有些新的观点,它是从实践和群众中来的,也是从信息中提炼加工来的。新闻不过是这些信息的载体。

类似许多问题我们并不在意,但是在我们头脑里稀里糊涂。从历史上看,有些观念经过了一个正本清源、拨乱反正的过程。比方说新闻的报道必须客观、真实、公正,曾经有人批评客观是讲客观主义,公正是资产阶级虚伪的东西。到底怎么看？再比方说，新闻自由是不是一个基本的民主权利和新闻工作的原则？有人把新闻自由说成了滥用自由，这其中的原则区别在哪里？还有党的十七大和胡锦涛同志的讲话中提到，人民群众要有知情权、参与权、表达权、监督权，这些民主权利和报纸是什么关系？报纸如何帮助人民实现这些基本的民主权利？诸如此类，有不少问题，我们头脑中还没有真正搞清楚。

为了观念更新的目的，我建议把60年来好的认识、好的经验、好的做法，把改革开放中破除的旧观念和树立的新观念，加以系统的整理和归纳，再回到实际中运用发展。甚至，我还建议为新参加工作的新闻工作者编一本薄薄的小册子，就是讲新闻观和观念更新的，不要高谈阔论，而是把历史的经验加以概括整理。我想，如果我们报纸工作者思想一致了，能够用科学发展观武装起来，能够面向现代化、面向世界、面向未来，这种观念更新会带来巨大的力量，使报纸更贴近人民的需求，贴近生动活泼的实践，报纸会在人民群众中有更大的认知度，产生更大的公信力，这会带来报纸工作和新闻工作者思想面貌的巨大变化。新闻工作者要推动和促进人民大众知情权、参与权、表达权、监督权，到底具体的内容是什么？怎么运用保障这种权利？报纸推动人民行使这种权利与报纸推动民主政治建设是什么关系？观念更新要发挥这个影响。

我认为，现在我们报纸已经从舆论监督的阶段进入了全面推动民主政治建设的阶段，只有到了更加强调民主政治建设的阶段，这四项权利才能真正得到保证。

观念更新需要确立四个基本理念

▲：那么，观念的更新具体体现在哪些方面呢？

●：第一个问题是办报理念。我们过去的办报理念比较简单，主要是党报观念、党性原则。在新形势下，我觉得要有四个基本理念：

1. 办报以民为本、以读者为本。报纸不是只给领导看的，也不是自我欣赏的,办报的出发点和落脚点都是人民,是读者。我们建设有中国特色的社会主义,目的也是为了最广大的人民群众,其中包括最广大的读者。毛泽东讲过两句话。一句是毛选四卷一篇文章中谈到政府的时候,这样讲:我们是人民代表,要代表得好。还有一句是在《中国工人》发刊词中说的:办报是给读者看的,要读者爱看。但是后来他就不提了。

2. 办报需保障和发挥人民民主权利。办报是为了维护和发展人民民主权利,如果不能保障民主权利,人民就不要你这个报纸。保障民主权利,就是要使人民有充分的信息知情权,能够自由地表达意见、参与政务。同时,对公务员进行监督,报纸通过批评来监督。知情权、参与权、表达权、监督权,这四个权利要依靠报纸来实现和保障,这是报纸的重要职责。随着我国政治民主建设的推进,文明程度的提高,报纸维护人民权利的责任越来越重要。

我说一下对言论自由的意见。言论自由是公民作为国家社会的主人也是媒体的主人的基本权利,公民有了言论自由及新闻自由,才能使媒体为人民代言,为人民服务。所以,新闻自由也是载入宪法的,是不能漠视、不能否定的,这是一个根本原则问题。有的人一提到言论自由,就把它说成提倡言论自由绝对化,这是不客观的,也是错误的。不能把新闻自由看成可有可无的东西,也不能把新闻自由等同于所谓言论自由绝对化。至于有人提到的言论自由绝对化,是指在实施言论自由的过程中或者如何具体实行言论自由民主权利的时候应该注意的问题。前者是原则问题,后者是个实施方法,应该注意和防止的问题。由于国家内外部条件的变化,由于新闻报道的内容所涉及的范围不同,影响不同,有一些问题在报道时对新闻的自由要有某种限制。比如说按照国家保密法的要求,有些问题就不允许报道。但这不是说言论自由是有条件的,而是在实施言论自由民主权利的时候要注意客观条件和环境的变化。把新闻自由说成为所欲为,实际上是不可能的,人民群众也没有这种要求。不能把要不要言论自由和言论自由怎么做混为一谈。强调新闻自由就是保障人民民主权利的重要内容。

3. 办报在宪法和法律的范围内办事。办报需要独立和自由思想,它唯一要遵循的就是宪法和法律,在宪法和法律的范围内行动。这点非常重要,要讲清楚。办报要接受党的领导,要坚持走社会主义道路,这是宪法确定的,我们自觉地这样干,而不是说你叫我这么做我才这么做。一切文明国家、现代国家,都要遵循这个原则。现在的问题在于,我们新闻从业人员脑子里宪法和法律的观念很淡薄,对行政干预的东西很敏感,而且跟得特别快,对宪法和法律规定的东西不了解、不熟悉,也没有照着办。

在这里,我要对"坚持党的领导"多讲几句。坚持党的领导是办社会主义报纸的基本理念之一,这个理念不是所有的新闻从业人员都很清楚的。坚持党的领导是载入我国宪法的。有人写文章,说办报是人民所有、为民做主。这个话当然是对的,报纸是人民所有,这是题中应有之义,问题是怎样做到为人民服务? 人民中间有阶层之分,区域之分,有不同的利益集团,谁来集中代表人民的意志? 谁来联系广大的人民群众? 谁来组织人民群众实现共同的目标? 这其中就有个党的领导核心作用,这是不能否认的。如果光打个为民所有、为人民服务的旗号,这是空想。当然,坚持党的领导,内涵是坚持党从人民群众的意志和利益中形成的正确的纲领路线、方针政策,党在实现这个正确路线方针的过程中,对报纸进行思想政治上的领导,而不是党与领导人包办一切、代理一切,更不是脱离人民群众的需要来孤立地讲党的需要。因此,建设有中国特色的社会主义报纸,坚持党的领导是每个新闻从业人员必须具有的理念,不能含糊,不能动摇。

4. 面向世界、面向未来。报纸要让读者了解世界的政治、经济、社会发展的状况,了解最新的科技发展趋势,结合中国实际来推动改革开放,为中国的伟大复兴服务。这是报纸与时俱进、观念更新的需要,也是信息化时代办报的需要。假如我们的新闻从业人员在这个问题上统一认识,报纸工作会大进一步。

办报体制和机制应加快转变

第二个问题,关于办报体制和机制,主要讲几点:

1. 只要遵守宪法和法律，原则上应该履行办报自由及言论和出版自由的规定。凡是有合格的资金来源、人才和出版条件，履行了合法的登记手续，谁都可以办报。同时，在市场竞争中，按优胜劣汰原则，有的被淘汰，有的生存和发展。

1957 年，提倡办同人报的人绝大多数是因为不满意我们机关报单一、缺乏多样性、内容单调的弊病，他们提出要由有志于新闻事业的人来办报。宪法不是规定有出版自由么？这个意见是合理合法的，它实际上是要求对报纸做点改革，并不是反对党的领导，反对社会主义。反右派斗争中，对提出这些意见的人进行了错误的打击，蔑称他们是向无产阶级进攻，是资产阶级的办报方向。其实，他们绝大多数都是忠心耿耿地为建设社会主义而奋斗的人，他们办报的内容也是主张拥护共产党、拥护社会主义的。把同人办报说成是反动的人或反动的措施，这是很可笑的。

2. 从我国的国情出发，报业体系应该是一个多维的、多层次的、相互协调的报业体系。可以设想，中央这个层面，可以出一张中共中央机关报。各民主党派可以联合出版一张机关报。群众团体也可以办报，但是不要讲什么机关报。现在说什么工会机关报、青年团体机关报，这些都是群众团体，算什么机关啊？

第二块是一些行业和大企业的报纸，以信息的交流、企业建设为主要内容，包括思想建设、业务建设等等，一般可内部办，不需要按照机关报的模式。

第三块是全国范围的专业报，体育报、教育报、文化报等，都可以按照需要来办，但不应该成为部门所有的机关报，而应该面向群众，面向社会。文化报不是文化部的机关报；教育报不是教育部的报纸，可以由教育部领导、组织这方面的专家和知名人士来办。

这里要特别说明一下机关报的问题。马克思在办《新莱茵报》的时候讲过机关报，但从来没有强调。列宁办《火星报》也讲过，但是也没有对机关报做很多界定。所以我建议只由中共中央办一张机关报，机关报只有一个，让它真正成为中共中央的发言人。如果中共中央认为哪个地区、哪个大城市有需要办机关报的,可以个别实施。比如上海市委办张机关报,天津市委办张机关报,不一定所有的省市党委都办机关报。其他报纸按照地方社会经济发展的状况来设计。这样做的目的,一方面增强中共中央机关报的权威性,另一方面使各地各部门各方面的报纸都能面向社会、面向群众,真正各有所长,丰富多样。

这里还要说明一个问题:党的机关报与党报的异同。机关报是指中共党组织领导机关所办的报纸,这是一个概念。我们讲的党报是讲我们的报纸都在共产党的领导下,都是按照党的正确方针路线政策来办的。讲一个笑话。有一年,《南方日报》在做报纸发行工作,大讲它是省委机关报,是有权威的,号召大家来订《南方日报》。同在广州的《羊城晚报》就急了。它的总编辑叫许实(笔名"微音"),写了一篇小言论,我记得题目是"本报也姓党",意思是说,我也是党领导的,也是机关报,以此在发行工作中争取读者。他们在平时办报时,强调报纸要多样性,不宜讲机关报;在发行工作时,拼命强调要戴机关报的帽子。这种现象说明,机关报、党报的概念没有界定清楚,也反映了我们报业体制有不尽合理之处。

3. 报社建立法人代表制。报社的体制要按实际情况确定,一般说,可设立社务委员会,由社长统筹经营工作;设编辑委员会,由总编辑运筹报纸的内容。实行社长负责制或总编辑负责制,由社长担任法人代表。也可以不设社长、社委会,实行总编辑负责制,由总编辑负责整个报社编辑以至经营工作。实行股份制的报社,可设董事会,不设社委会。董事会只对报社的经营负责,不干预报纸的编辑工作。

报社的共产党员可以按党章建立党组,党组不作为一级党组织,也不统一领导报纸的工作。不再实行党委领导下的总编辑制,而是实行总编辑负责制。总编辑作为共产党员,贯彻执行党的路线方针政策。如果违纪,应由上级党委进行纪律检查和追究。党组的任务是动员报社的党员贯彻党的路线方针政策,保证总编辑负责制正确施行。如果报纸或总编辑触犯宪法和法律,应受到法律的监督和追究。各个报纸按照国家新闻出版领域的法律,享有同等的权利,按照法律规定的活动范围开展工作,以办好报纸赢得读者的信任来求得发展,而不再人为地划分等级、级别,官办、民办等等。这样的体制有利于新闻从业人员在良好的舆论环境、平等的权利中相互竞争,最大限度发挥他们的主动性、创造性和独立负责精神。

党委的宣传部门受党委委托,对报纸进行思想政治领导,如组织领导人员学习中央文件、精神,通报中央和本地区工作情况和重大事件的背景,传达中央和本地区重大方针政策以及在报纸新闻报道中应注意的事项等。但宣传部门不能代替报社编辑部的工作,也不要具体干涉报社具体的编辑业务工作。

政府新闻行政管理部门依法对报社进行行政管理和服务工作,政府的新闻行政管理部门主要负责对报社的出版人、行政负责人进行教育和管理工作。除了重大事项、涉外和国家机密以外,一般情况下,各政府部门不发统发稿,只提供新闻背景资料,稿件由报社自行编写。

4. 健全记协和报业协会的作用。记协主要担负新闻从业人员的业务学习和交流、优秀新闻作品的评介,组织新闻单位对内对外的采访,保障新闻从业人员的合法权益、新闻从业人员的文娱活动和健康以及职业道德教育、读者调查、制定共同的奖惩制度等工作。过去由党委宣传部、行政部门做的很多事情,可以逐渐转移到新闻记者协会来做,发挥新闻从业人员的积极性。相应的,还应该建立新闻纠纷的仲裁制度等等。

报业协会除了在经营方面进行交流、按照市场法则商定共同的规则外,要制定或监督、执行行业自律公约,以及报业高新技术和设备的试验、引进、采用等等。还可以考虑设立一种基金,来救助有困难的新闻从业人员和新闻单位。

5. 报社自负盈亏,优胜劣汰,国家对需要扶持的给予重点扶持。奖励制度由各报自己制定,行政管理部门批准。目的是让报社的领导有独立负责的精神,有主动创新的能力,有搞好新闻报道和经营的积极性。这样使得报纸可以紧紧依靠读者,不断加强与群众的联系,彻底改变行政化、机关化的作风。

继续深化新闻改革的几点建议

第三个问题是继续深化新闻改革。新闻改革是上世纪80年代初提出来的,在真理标准问题讨论的大潮中,通过拨乱反正,搞清了一些理论是非、思想是非,大大解放了新闻从业人员的思想,提起了锐意创新的劲头。由于主客观的原因,新闻改革未能继续在各个新闻领域内深入展开。上世纪90年代,实际上停滞不前。我离休后,脱离了一段实践,只能提出一些粗略的设想或建议。我建议:

1. 要使传播可靠、快捷、丰富的新闻信息成为报纸的第一要务。报纸要报道每日每时发生的新鲜信息。没有信息,报纸有什么看头?读者要问今天发生了什么。要有新闻,这是读者的第一要求。为了达到这个目的,报社就要建立各种新闻网络,丰富信息采集手段,包括时事的、科技的、文化的、市场的、法律的。我觉得,各报社都应该建有信息库或信息中心,随时可以提供新闻背景材料。读者知道了发生什么,自然还要问为什么会发生,这就需要对信息进行加工,即报纸要发表评论和新闻背景材料。中央电视台、中央人民广播电台等新闻单位通过派出记者采访、聘请专家介绍,播发了一些新闻背景材料,读者是欢迎的。要是没有这些新闻背景,信息的质量就大打折扣了。对新闻信息的收集、整理、反馈要有个系统,同时还要建立资料库。这点,国外做得非常好。我到美国的国会图书馆访问,当时十二大才开,上海有个中央候补委员叫邢志康。图书馆的工作人员问我要什么资料,巴金要不要。我说,邢志康刚当了中央候补委员,有没有这个人的资料。他马上把照片和介绍找出来,我大为吃惊。

报社要加强新闻背景材料的采写、积累和编辑,这个搞好非常重要。我曾经给《文汇报》建议,要大胆改革,把新闻写短,把背景加上去。读者首先要了解什么事情发生了,接着就要了解为什么会发生。经过二次阅读,哦,原来是这样。现在一个长新闻放在那里,不是我们阅读的兴趣和习惯。建立信息员或通讯员制度,要长期坚持,有步骤地发展,形成网络,加强管理,特别是在社会新闻方面。

2. 要加强报纸在信息基础上的评论和分析水平。我一直讲,办报有两大任务,用四个字就可以概括:"反映",发生了什么;"评价",你对这个反映怎么看,有什么得失利弊。读者对报纸的要求千变万化,最新消息和重要新闻要简单评价一下,做到这一点是好的,但是质量比较低。要找那些适合本报特点的、专业的、有权威性和公信力的作者来发表评论。老是找一些官员或所谓的名人,怎么行? 还要举办各种满足读者需要的师资讲座、活动讲座、文化讲座和经济讲座,有计划、有组织地展开问题讨论,如污染、道路拥挤、房价持续上涨等问题。让报纸充满群众的议论,成为社会舆论的中心,引导舆论的杠杆,也为政府献计献策。

3. 改进报纸的新闻写作。文风也是报风,我们的新闻要提倡求实求新,要包含新鲜信息,去掉概念化、公式化的东西。可以有人物,有事件,也有生动语言。我看过路透社一个稿子,写一个村子改革开放之后农民的变化,只用了 1000 字,观察的深度很了不得——就是胡锦涛讲的亲和力、感染力,用毛泽东的话说就是"真实、鲜明、生动",真实指事实,鲜明指观念,生动指文风。附带说一句,我反对穆青提出的新闻散文化。新闻写作是不能散文化的,应该越鲜明越好,越简约越好,越生动越好,新闻的信息载量是有限的,不允许使用过多的文学技巧,过多的形容。

4. 报纸的版面设置和编排。各报的版面有不同的设置和风格,不一定要雷同。我反对现在很多报纸版面的黑大粗(标题是黑体字,大字号,多用粗体),这是从外国报纸学来的。外国报纸第一版为了吸引读者的眼球,往往是一个大标题,一张大照片。他们出于两个需要:一是抓住最新的消息;二是造成轰动效应,抢眼球。我在芬兰看了个版面,议会讨论问题,头版有半个版的大漫画,教育部长把两个口袋翻出来,没有钱。这就是抢眼球。这个在西方国家盛行,我们未必要这样套。西方国家的生活节奏很快,报纸又多,版面也多,抢住一个眼球就好了。我们呢,除了某些青年读者以外,一般人不太喜欢。中国的报纸版面比较文雅、精巧、丰富。我建议编排的形式不要都是黑大粗,有的要精致一点。

5. 加强副刊的建设。2006 年,我接受《南方周末》采访时谈过《文汇报》的"笔会"。比较而言,"笔会"是全国报纸副刊中办得比较好的。尤其是 1956 年到 1957 年,"双百"方针的提出,使知识分子把各种想讲的话都讲出来了,比较好看。粉碎"四人帮"之后,知识分子压抑了十年的各种痛苦和思想再次迸发出来。因此这两个时期,"笔会"办得都比较出色。究其根本原因,恐怕与其性格的特殊性有关:它的知识分子味儿最浓,最能反映知识分子的心声。我一直认为副刊是中国报纸的特色,也是文化传统之一。国外的报纸没有副刊,只有专刊,比如家政、烹调等等,综合性的以文艺为主题的副刊是没有的。中国的报纸副刊是在特定的历史条件下形成的,当时的统治阶级掌握了舆论,因此副刊就成为知识分子发言的重要窗口,从 1911 年《申报·自由谈》开始就有这个传统——凡报纸必有副刊。主要的一种类型就是文艺性副刊,刊载一些杂文、散文和小品文等,它议论时弊,也有消遣文字。这类副刊是我国报刊的一个优良传统,今后仍然应该坚持下去。

6. 培养新的读者群。20 世纪末以来,全世界报纸都面临着新旧读者的交替,就是吐故纳新的问题。老的读者由于自然和历史的原因逐渐退出,大批青年读者成长起来。这个问题在西方有各种应对办法,比如有的搞免费报纸,来培养和争取青年读者;有的明确提出,以青年读者为主要对象。我们国家也有论调,读者要以青年人为主要对象。这个问题要研究,但不能简单化。

我认为,任何时候,报纸都是老读者和新读者共存共生的,没有哪个时代,报纸只面对老年或者青年。比如《青年报》,青年看了,肯定也看别的报纸。老年人只看老年报纸么? 不可能。我们需要研究青年读者。与过去相比,中国新一代青年读者的教育程度比较高,有文化,他们在阅读上出现一些新趋势:第一,对新事物的敏感。由于改革开放,新事物层出不穷,广大读者有一个认识和熟悉新事物的过程,而青年由于对知识的渴求,对新事物也特别敏感。第二,由于信息的交流,我们对外关系的发展,造成了青年人中间一种对时尚的强烈追求风气。我这个"时尚"的概念不但指衣服等,概念是比较广的。这是一个进步的趋向，如果追求守旧，这个民族就没有朝气了。第三，比较善于思辨。不像过去我们的老读者那么容易灌输，现在不大容易灌输。他要问个为什么，也喜欢表达和抒发自己的见解。

这三个特征很重要，并不完全都是青年人阶段所发生的现象，而是时代发展、历史发展的趋势。这样来看青年读者，我们的思路就广了，我们的报纸要更多面向青年，必然会引起报纸格局的变化。有些报纸，读者为什么不欢迎？就是因为疏远了青年，没有与时俱进。现在，报纸实际上也存在如何争夺青年读者的问题，即使不讲争夺，也是争取更多青年读者的问题。如果不注意这个问题，报纸会脱离群众。所以，报纸必须要注意和吸引青年读者，要研究什么样的内容能够吸引青年读者，还要讲究适应青年人的包装方式。报纸上的文章很啰嗦，动不动就长篇大论，有些报纸上一个版一个版的文章，这么长，有人看吗？

现在有一种错误的判断，认为面对青年就要面对市场，越是商业化、市场化，就越容易接近青年。对这个问题，我认为不能绝对看。当然，它追求时尚，跟青年离不开。但青年不仅仅这样。上海有报纸专门针对白领的，介绍怎么吃、穿、玩，但不是广大青年都这样，都只要吃、穿、玩。我们面向青年，不完全是搞市场化、商业化那一套，要注意这个问题。青年的生活节奏比较快，喜欢看那种简单的、快速的、轰动的东西。这种说法有一定的道理，但也不完全这样。比如，他从手机里看到国际消息，但是手机报不完全能满足他的需要，他还要找大报来看。有的青年，一件事情知道后，要看《环球时报》甚至《人民日报》。他要求很快得到信息，但不是很简单地这个耳朵进那个耳朵出。这有点像炒股票，他要看各种财经报纸来分析。我的意思是说，不要低估了青年，以为他们只要市场化、商业化的东西，只要简单和快速的东西。从这个意义上来讲，给老年人看的报纸也有青年人可取的地方。

7. 改善报纸的经营管理。我国报纸开始是吃大锅饭，实行统收统支、供给制，没有什么经营，发行是公派的，也没有广告，这一时期持续了很长时间。真正的经营工作是上世纪 80 年代开始的。改革开放以后，建立了发行市场、

广告市场,吸收国内外的广告,有了一批发行和广告的专业人员,迈出了重要的一步。我这里讲两个问题:

第一个,报纸要面向市场和报纸市场化是两个不同的范畴。报纸本身也是一个精神消费品,是由读者购买的,所以要推销,要宣传报纸,要了解订户对报纸的反映,要和订户建立长期的联系。这些都是市场运作。报纸的广告同样如此,也要有宣传报纸、扩大广告客户、为广告客户服务,这也需要市场化的运作。就是说,既然有发行市场、广告市场的存在,就要用市场化的方式参与了解市场,按照市场规律做好广告发行工作。

另一方面,报纸本身是不是市场化? 我认为不是。报纸是一种特殊的商品。王中讲报纸有两重性——阶级性、商品性。现在看不完全这样。报纸毕竟是信息的载体、知识的载体、思想观点的载体,它是能够启发、教育、鼓动人的,和一般的易耗商品、耐用商品不一样,是精神商品。因此,这种商品的生产有别于一般商品的规律,必须按照精神商品的生产规律对待。就是说,报纸不能发表有害人们思想健康、玷污祖国形象、人民形象的文字图片等。必须有一个规范,这是不听从市场规律指挥的,而是由办报人按照党和国家的政策、法律法令确定的。报纸的内容、编辑工作、采访工作都不能市场化。拿红包、卖版面、制造假新闻、报纸内容搞低级趣味等这些所谓的市场化做法都在排斥之列。

第二个,既然报纸要面向市场,就要按照市场规律运作,因此报社应该重视经营工作,要研究开拓市场,提倡相互竞争。在报社要实行严格的经济核算制,讲究成本核算,摈弃过去供给制、大锅饭、打工分一套,要研究发展适合报业的投资行业,应该办一些有利于国计民生又按市场运作的产业。比如新闻纸采购销售,比如电脑技术工厂,比如社会性的发行机构等。既然是市场化,就要按市场规律来办。我曾经在东京访问过《朝日新闻》。他们的社长告诉我他们有五十几个产业和工业团体,比如说讲习所、球队等。所以我们也要通过报纸的经营工作扩大与社会的联系,扩大与市场的联系,扩大与人民的联系。

现在最缺评论人才、专业人才、特色人才

▲：您提到了新闻干部的培养和选拔问题。我们感兴趣的是，报社需要什么样的新闻人才？应该怎么培养这些人才？

●：对新闻干部的培养是个很大的问题。现在的干部来源主要是三个方面：一是学校，主要是新闻系。二是脱产干部，从干部层里吸收来的。三是从新闻爱好者中选拔来的，主要是通讯员和作者，但数量不多。主要是第一和第二类。这种人才构成给我们报纸带来很多好处，也有不少缺点。

现在新闻界的记者编辑文化水平都比较高，都是大学毕业。像我们这种初中生，现在报社是不会要我的。他们多数人读过新闻系，比较了解新闻，或者热爱新闻，愿意干这行。其他渠道来的干部素质就参差不一，有的文化水平高，有的文化水平低，有的了解新闻，有的不了解。个别吸收来的，可能了解新闻，但基础知识差。新闻系来的人有的好，有的不好。弊端在哪里呢？第一个，不会调查研究。报纸的基本活动是调查研究，要了解基本情况就要深入交谈。这一点毛泽东很厉害，他写的农村调查报告不管有没有错误观点，方法上那是很周到的。我们很多新闻干部不懂、不会做调查研究，只会开会，会场上写个会议新闻。这个问题，我跟新闻系说了很多次，出个题目让学生去调查，写出东西来。新闻系的教师也没有这个本领。你让那些人去调查，他本来就是大学来大学去的，这是一个缺陷。第二个是写作框框多。上课听来的东西变成了模式，写不出很精彩的东西来。他以为他是很懂的，实际上，书本上讲的跟实际办报差距很大，很不一样的。大学新闻系办得不好，我自己深有体会，所以我在《文汇报》自己办了个新闻班，由报社的记者、编辑去讲课，讲的都是活生生的东西。我怎么采访这个、那个东西的，这个玩意儿比概念重要。新闻学有些概念可以搞得很复杂，一筛选，没有啥东西，没有什么了不得的东西。这个新闻班办了四年，出来的人基本上都是骨干，我认为我是比较成功的，反证了新闻系不太成功。

这是就新闻干部培养的个别分析。总体来讲，新闻单位缺少什么样的

人才？第一个是缺少评论人才，各报都缺评论人才。新闻系是很难培养出评论人才的。写评论不简单啊，总编辑的任务除了掌管整个报纸之外，主要是评论。《大公报》王芸生的评论写得好。你们去看王芸生写的评论，有的观点很有见地，这个大局观很厉害。《新民晚报》的赵超构主要是写杂文，就事论事的较多。我做了几十年总编辑，第一个就抓评论。现在缺乏评论人才。

第二个是缺少专业人才。现在社会分工很细致，各行各业的建设和发展都很迅速，需要懂法律、金融、贸易这些业务的人才。我们记者中没有这种专业人才，所以写了很多外行话。过去我在复旦大学兼课时，就建议新闻学院搞双学位，新闻系的人修中文、法律或者理工科的一门专业，这个很有必要。比如科学报道，没有科学知识，航天的事情写不出来，临时抱佛脚怎么抱得出来？解决这个问题要靠双学位，根据计划来分工培养一个学生，需要什么专业就让他去学什么。我举个例子。《文汇报》文艺方面有人才，在全国也能排得上号。"笔会"的历任主编都是有一定知名度的作家，对各类作家都很熟悉，作品看得很多。他有这些知识，才能约到好的稿子。他下面的编辑也不错，都有一批作家朋友。所以《文汇报》"笔会"办得比较好。如果我是作家，你的编辑不好，我不太会投稿给你，因为你不识货啊。

第三个是缺少特色人才。报纸需要走什么特色，人才也要向这个特色发展。一个部门有那么两三个，办什么样的报纸，就培养什么特点的人才。

我们新闻单位就有这三缺：缺评论人才，缺专业人才，缺特色人才。解决这三缺，新闻系没用，它是跟报纸脱节的。

新闻干部也像别的干部一样，派来派去，我根本不同意。美国怎么选拔新闻人才？一种途径是从地方报纸里找，进入《纽约时报》这样的全国大报。第二种途径就是对人才进行考察，觉得合格的话就吸收进报社，之后还要进行考察。过段时间就考核一下，考查十分严格，这种办法可以选择好的人才。第三种途径是跟大学加工订货，不是一般性地要人，而是指名要人。

我不主张一般的考查,而是强调由总编辑选人。怎么选呢？采用民主集中制的办法,先由总编辑挑选人才,然后集体讨论审查通过。记者的好坏,一定要经常看他写的稿子,看他怎么样。范敬宜在《辽宁日报》的时候,我看他稿子写得好,就想把他调来《文汇报》。

我还提出来,记者到一个单位和报社采用"跟师傅"的办法。比如你是记者,你就跟着我,看老记者怎么采访、怎么写稿。这样培养,记者很快就成长起来了。我历来提倡这种培养模式,用一般的上课方式培养记者没什么用处。就如同护士打针,要经常上手操练,培养出那种感觉,这种感觉是老师传授给他的。所以跟师傅很重要。我始终坚持这种看起来有些落后的办法,用这种方式培养了好几个人。

另外,国家要制定统一的新闻人才评定条例,不要乱来。要允许有成就的记者工作时间长一点。我70岁退休,照道理,60岁退休,多工作了10年。比如评论员,培养一个好的评论员要10年,没有10年培养不出来。应该允许啊,这对新闻事业有利。

总编辑是一个对修养要求很高的职位

▲：您刚才提到了几位著名的总编辑,自己又做了这么多年的总编辑,您现在对这个职位有什么样的理解呢？

●：我自己的体会是,总编辑是一个对修养要求很高的职位。总编辑是一张报纸的领军人物,总编辑的思想业务水平对报纸的质量影响很大。长期以来,我们过分地强调报纸总编辑的政治要求,甚至提出他们要当政治家,政治家办报。我认为是不恰当的。当然,报纸应该坚持正确的政治方向,总编辑应该了解熟悉党和国家的路线方针政策,有对国内外形势的观察分析能力。但是不应该只强调政治,而忽视了总编辑的思想修养、知识修养,以及文字修养。毕竟总编辑是编辑,是抓总的编辑,而不是官,也不是什么家。从我个人做了近40年总编辑的体会来讲,我认为主要有三条：

第一,善于学习。这种学习可以是贯穿于报纸编辑的一切活动中。从看书、看新闻、看资料等等,想尽一切办法了解每天每时发生的变化,每天每时涌现的新知识新事物,不断充实自己。靠学历、资历是不行的。

第二,善于提高观察和分析能力。毛泽东说过"分析好,大有益",古人说"心之官则思",这话有道理。总编辑每天遇到迎面而来的很多新情况新问题新事物,需要他和各种人群一同研究分析做出正确判断,决定新闻报道的内容和方向,并且把这种观察和分析的成果体现在报纸的言论上,体现在新闻中的观点上,指明一个事物是什么、为什么、怎么看。

第三,要善于动手。我说过,报纸无官。总编辑也要采访、编辑,也要写本报讯,也要写评论,也要会设计版面,就是做一个内行。只有他能够进入报纸这个角色,他才能办出一张非常受读者欢迎的、好看的报纸。平常对报纸没多大兴趣的人,让他做总编辑,是很难办好报纸的。

选自《新闻记者》2010 年第 10、11 期

从历史到现实：党报头条的内容演变

陈力丹

纪念中国共产党成立 90 周年之际，我想做一个长久以来想要探究的课题，即不同时期党的主要报纸头版头条刊登些什么内容，党的领导人的活动消息，在党报上处于怎样的位置。于是翻阅了 1931～1935 年出版的中华苏维埃中央政府机关报《红色中华》、1941～1947 年出版的党中央机关报延安《解放日报》和 1949 年以后出版的党中央机关报《人民日报》。

历史上的党报头条，领导人活动消息所占比例很小

中共中央第一家中央机关报是 1930 年在上海秘密出版的《红旗日报》，因而对于我的研究课题意义不大。1931 年创刊于瑞金的中华苏维埃中央政府机关报《红色中华》，在党中央退入苏区后，实际上成为党的中央机关报。该报的头条通常是国内外重大政治消息、红军获得重大胜利的消息、党或政府的重要决议，例如 1933 年 5 月 8 日报纸头条为消息《日满军入侵沽源》。只有在苏区的重大政治活动或有指导性文章发表时，党或政府的主要领导人才会出现在头版头条。例如 1934 年 1 月 24 日《红色中华》头条是毛泽东的《庄严的开幕词》(速记)，二条是党中央主要负责人博古的致词。

延安《解放日报》的头条，自从 1942 年改版后，在加强宣传党的方针政策的同时，重视通过报道人民群众的生产和生活来体现党的精神，毛泽东的一般活动消息通常不放在头条，甚至不放在头版。例如 1942 年 7 月 1 日二版《毛主席朱总司令欢宴晋西北士绅》的消息，不起眼到可能被人忽略的地步。但遇到重大的政治活动或需要发表重大文章表态及指导工作的时候，领导人的活动或文章会上头条，但这种情形发生的几率不高。例如《解放日报》1944

年 9 月 21 日头条是《警备团追悼战士张思德同志(肩题),毛主席亲致哀悼(主题)》。毛泽东出席张思德的追悼会,发表讲话,对于整顿党的思想具有重大意义。

《解放日报》除了各方面的模范人物上头条外,体现党的精神的各根据地党政机关的活动和地方党政领导人的讲话,也经常出现在头版头条,甚至有一次边区一个部门召开的记者座谈会,一位部门负责人的讲话也成为头条消息,即 1945 年 2 月 6 日的头条《边府建厅招待记者座谈会上惠中权同志指出(肩题),利用报纸推动生产(主题)》。这种情形,对现在的《人民日报》来说,简直是不可能的事情,因为严格的党内官阶等级意识,普通省级领导人的活动或讲话消息,是不可能上中央机关报头条的。

如果涉及重大的新闻事件,该报基本按照新闻价值安排消息的位置。例如美国五星上将、驻华特使马歇尔将军访问延安,这显然是重要的新闻,《解放日报》1945 年 3 月 5 日头条便是《延市各界热烈欢迎马张周三将军》,来者和主要陪同者的讲话摘要,都放在《毛主席、马帅互致别词》的上面。毛泽东送行时与马歇尔相互致辞,因为发生的时间靠后,故安排在报纸头版的中间位置,消息加了花边,以体现当事人的重要性。

1949 年党的七届二中全会,根据毛泽东的提议通过了相应的决议,禁止给党的领导者祝寿,禁止用党的领导者的名字作地名、街名和企业的名字。1956 年中央政治局扩大会议讨论形成的文件《关于无产阶级专政的历史经验》指出:"'千百万人的习惯势力是最可怕的势力'(列宁)。个人崇拜也就是千百万人的一种习惯势力。这种习惯势力既然在社会中还存在着,也就有可能给予许多国家工作人员以影响。"

"文革"前党的政治生活总的说来,中央集体领导的情况是好的,因而体现在党中央机关报头条新闻的安排上,着意突出领导人的情形虽然有,但不是主流。

例如 1956 年 7 月 2 日《人民日报》头版,党的主要领导人接见外宾的消息《毛主席周总理接见萨巴大主教》(消息仅 111 字)和照片,仅安排在头版的右下角(即头版最不重要的位置),标题字号与旁边山东收割小麦的消息标题字号一般大,相当小。1956 年 7 月 19 日报纸的头条是社论《把商品送到农民手里》,二条消息为《全国综合大学和部分高等专科学校招收一千多副博士研究生》,左下角才是关于毛泽东的消息《毛主席致电问候格罗查同志》,标题很不显眼。1958 年 5 月 11 日头版头条,是刘少奇的外事活动消息《刘委员长欢宴阿议会代表团》,还有一张较大的宴请外宾的照片安排在左下角。而毛泽东接见外宾的消息,只安排在报纸的中部,标题字号小于刘少奇的消息,没有照片。

当然,随着各种政务活动和国家间外交活动的频繁,《人民日报》中央领导人上头条的情形远远多于解放前党中央机关报的头条,但并非所有主要领导人活动的消息都上头条和头版。看了较多的报纸版面,能够摸索出大体的选择标准。较为重大的外事活动,特别是苏联党政主要领导人(例如赫鲁晓夫、伏罗希洛夫)到访,还有外国元首到访(那时这种情形相对不多),以及每年五一、十一的庆祝活动等,毛泽东、刘少奇、周恩来、朱德等主要领导人的活动消息通常必须上头条,而一般的外事接见,即使是主要领导人出面的,大都不会上头条。有时也不上头版。例如 1965 年 3 月 14 日,《毛主席接见古巴、维瑞内拉、巴拉圭外宾》的消息和照片被安排在二版头条;1966 年 3 月 14 日,刘少奇、周恩来与外国客人合影的照片被安排在三版左下方。

当时党的主要领导人至少在个人名利方面,相当朴素,没有强烈的领导人官阶大小的等级观念,报纸编辑依据自己对新闻事实的价值判断自行编排版面,从未听到过哪位领导人就自己在报纸版面上的位置编排提出指责性意见。

主要领导人活动的消息必须上头条始于"文革"

1966 年 5 月 11 日,《人民日报》的头版头条是《毛泽东同志会见并宴请谢胡等同志》,配以过去少有的特大照片;二条消息的主标题是《毛泽东同志属于整个进步人类》。从此,毛泽东活动的消息永远是头版头条,直至毛泽东逝世,持续十年之久,而且字号和图片越来越大。

这一变化,与林彪的大力鼓吹、形成对毛泽东个人崇拜的舆论氛围不无关系。1966年5月18日,林彪在中央政治局扩大会议上说:"毛主席活到哪一天,九十岁,一百多岁,都是我们党的最高领袖,他的话都是我们行动的准则。谁反对他,全党共诛之,全国共讨之。"根据这一思想,《人民日报》1967年11月3日发表了《大树特树伟大统帅毛主席的绝对权威,大树特树伟大的毛泽东思想的绝对权威》的著名文章。

1976年10月粉碎"四人帮"之时,我在《光明日报》总编室夜班工作,从临时成立的中央宣传口(负责人汪东兴)接到通知,华国锋的报道规格要与毛泽东完全一样。于是,在"文革"结束后大约两年内,关于华国锋活动的消息,不论什么事情,大都位于党报的头版头条。《人民日报》在公开"四人帮"被捕消息的第二天(1976年10月27日)头版,通栏标语是"毛主席无限信任华主席,全国人民热烈拥护华主席"。随后在较短的一段时间内,各报充斥个人崇拜的胡言乱语。例如某报1976年10月29日文章写道:"爱不爱我们的党,爱不爱我们的国家,爱不爱我们的军队,爱不爱我们的人民,集中地表现为爱不爱我们的领袖。"

当时我对这些东西是厌恶的,不过从政治上考虑,转折时期需要一定的权威稳定局面,可以理解,但不能长久。对于将主要领导人活动的消息置于头条的要求,《人民日报》在后来的执行中慢慢将其弱化,先是字号逐渐变小,后来时不时安排在二条。

改革开放后党报头条的内容发生变化

1980年7月30日,中共中央发出《关于坚持"少宣传个人"的几个问题的指示》,该文件重申:"三中全会决定要'多歌颂工农兵群众,多歌颂党和老一辈革命家,少宣传个人'。随后在五中全会通过的《关于党内政治生活的若干准则》第二条就此作了一些正式规定。实践证明,这个方针是正确的。"1982年,党的十二大通过党章的规定:"党禁止任何形式的个人崇拜。要保证党的领导人的活动处于党和人民的监督之下。"至今,几经修改的党章都保留了这一条,现在的党章将其列为第二章第十条第六项。

在这种良好的氛围下,《人民日报》关于党的领导人活动的消息,只在重大活动和某些活动或言论具有指导意义之时,才会置于头条,通常这类消息置于头版其他位置,甚至安排在其他版。例如 1982 年 7 月 19 日头条是人大副委员长彭真关于台湾政策的谈话,邓小平的外事活动消息,安排在头版的右下方,标题字号也较小。

由于副总理、副委员长、政协副主席等都算"国家领导人",人数太多,凡是他们的活动都报道,使得《人民日报》版面一度充斥这类消息(尽管文字已经变得很短)。为此,那时中宣部曾有过一个内部规定,除非涉及的事情重大,一般只报道中央正职主要领导人的活动,没有要求是否头条报道。于是,报纸的版面得到适度解放。

上世纪 80 年代的党报头版版面的悄然改革在 90 年代中止,主要领导人活动的消息越来越多地上《人民日报》头版头条,字号也呈现变大的趋向。由于政治局常委从 5 人增加到 9 人,关于他们活动的消息占据了更多的党报头版版面。

领导人一般情况下不在头版占据主要位置,这是老一辈革命家上个世纪 50 年代就意识到的问题。党报严格按照官位排座次,在头版的位置安排领导人活动消息,开始于"文革"时期搞的对毛泽东的"无限崇拜",完全背离了上世纪 50 年代党报的光荣传统。改革开放以后,这种不好的做法得到了一定程度的纠正,但没有从思想上和制度上得到认真的纠正。

2003 年中央《关于进一步改进会议和领导同志活动新闻报道的意见》没有得到认真贯彻

2003 年 3 月 28 日,中共中央政治局在胡锦涛主持下召开会议,讨论《关于进一步改进会议和领导同志活动新闻报道的意见》。《意见》指出,中央领导同志出席部门召开的会议,一般不做报道。中央领导同志题词、作序、写贺信、发贺电、参观展览、观看演出、给部门或地方的指示或批示、出席地方和部门举办的颁奖、剪彩、奠基、首发、首映等仪式和接见、照相、联欢、探望、纪念会、联谊会、研讨会等活动,一般不作公开报道。除了具有全局性的重大会议外,会议报道不应把中央领导同志是否出席作为报道与否和报道规格的唯一标准,不应完全依照职务安排报纸版面和电视时段。

胡锦涛担任党和国家主要领导职务后,一再要求改进关于领导人的报道。这个文件通过了,收入《十六大以来重要文献选编》。然而,文件却基本没有得到执行。除了胡锦涛的有些活动消息不再上《人民日报》的头条外,各中央常委的活动仍然以固定的报道格式(每个人的报道字数均相当)和严格的党内座次排序,安排在《人民日报》头版,若常委们都出来活动,整个头版都装不下,不得不转到二版。

上行下效,各省级党报依照同样的模式,将本省主要领导人的活动消息置于头条,其他党委常委的消息必须得上头版。于是,各级党报头版形成一种新的不好的"传统"。这种突出主要领导人的报道安排,本来是为了制止更多的官员上版面,但无形中又不适当地强化了主要领导人在党委中不应有的地位。

2006年底,重庆市发布了一个长达40条的涉及传媒改革的文件。文件明确规定:通常情况下,《重庆日报》一版,重庆广播电台、电视台主要新闻栏目对基层的报道不低于各自总篇幅的三分之二。市委书记(市人大常委会主任)、市长、市政协主席除涉及全局性重要活动以外的常规性调研活动,只发《重庆日报》二版,广播、电视报道不上头条,还有具体字数的限制规定。文件于2007年1月1日开始实施,《重庆日报》作出了积极、有效的反应。一位记者对2007年1月和2006年1月重庆"两会"报道进行了统计:2006年1月,该报一版共刊发232条稿件,2007年1月,共刊发234条稿件,数量基本持平,但其中关于市三位主要领导人的报道数量下降48%,篇幅下降53%。

这是唯一贯彻中央《关于进一步改进会议和领导同志活动新闻报道的意

见》的可操作的省级文件，随着市委书记汪洋调离重庆，重庆的传媒实际上停止执行这个文件。

2003 年中央的《意见》所要求的"不应把中央领导同志是否出席作为报道与否和报道规格的唯一标准，不应完全依照职务安排报纸版面和电视时段"，为什么没有得到贯彻执行？从重庆的经验和教训看，除了"一朝天子一朝臣"的制度性问题外，缺乏配套的可操作文件是使传媒编辑人员难以执行的现实问题。传媒都是在具体的党政机构领导之下的，传媒的总编辑若把主要领导人的活动消息安排在不大显著的位置，他的顶头上司是有权力"报复"他的，谁敢冒这个风险？倒是不论大事小事，只要是主要领导人的活动消息就放在头条，还可能会受到赏识。这种体制鼓励总编辑只向上级负责而不对人民负责，因此，需要中央出台类似重庆市 2006 年那样具体的可操作文件，来落实《意见》的贯彻执行。否则，就会出现 2009 年《辽宁日报》改革难以进行下去的尴尬局面：

《辽宁日报》2009 年 7 月 1 日实行改版，努力回归新闻本位，进报亭，进家庭，试图走出一条在市场经济条件下发展党报的改革之路。然而有一个问题他们基本没有改变，即头版领导人的活动消息。我统计了 2009 年 11 月的该报：30 天中，省委书记出席讲话和视察报道头条 10 个，省长的同类头条 5 个，占全月报纸头条的一半。还有 3 个头条是省级的党政文件。党报报道领导人的活动，只集中到省委书记和省长两个人，亦是一种进步。但这 15 个领导人活动消息的头条，真是这一天省内最重要的新闻吗？其余的 12 天中，除了一天是王岐山副总理视察的头条外，其他 11 个头条均是省内"非事件新闻"，即没有时效、没有具体事实的经验、数字。

还有一个更为奇怪的现象，某些天的《人民日报》、《光明日报》、《经济日报》、《解放军报》以及《北京日报》的头版版面，除了报头不一样外，其他完全一样。甚至报道新闻界"学习实践"活动取得成果的电视新闻画面，展示的竟然是版面完全一样的不同报纸的头版。显然，这种情形常见，才可能会被电视记者随手拍到，难道这就是"学习实践"的结果？形式主义已经侵蚀到我们党报工作的骨髓了!

"对版面",是"文革"时期报纸编辑部为了防止红卫兵冲击而采取的一种无奈的自我保护措施,如今的再现,反映了党报工作中缺乏必要的职业工作安全感。

继承历史上党报不突出个人的光荣传统

面对瞬息万变的社会环境,党报需要改革已成为共识。但在改革取得了一定成就后,党报头版的改革长期停滞,根本的原因在于领导人活动的消息都挤上头版,使得其他更重要的新闻上不了头版。回顾党报的历史传统,即使以指导工作为主的革命战争时期的党报,亦没有党的领导人严格按照级别和座次编排版面的,上世纪50年代毛泽东等老一辈革命家反对突出个人、不讲究党报报道排位的光荣传统,现在被丢掉了。党中央《关于进一步改进会议和领导同志活动新闻报道的意见》意在恢复这一光荣传统,但却没有得到执行。

在中国共产党90年的历史中,党中央机关报的历史有80年。我们继承了哪些光荣传统?哪些好传统被丢掉了?为什么会被丢掉?应该好好总结一下。党报也是报纸,即新闻纸。既然是新闻纸,就要有新闻,就要如胡锦涛所说,"按照新闻传播规律办事","遵守新闻从业基本准则"。

1992年,邓小平最后一次公开发表讲话。他批评说:"有一个问题,就是形式主义多。电视一打开,尽是会议。会议多,文章太长,讲话也太长,而且内容重复,新的语言并不很多。重复的话要讲,但要精简。形式主义也是官僚主义。要腾出时间来多办实事,多做少说。"现在无形中指导党报头版内容设置的思想,仍然是形式主义的"文件纸"意识,党报头版成为官员的"起居注",忽视了消息的新闻价值。

党报在党内属于精神生活领域,面对社会,属于职业新闻服务领域。党报具有指导工作的功能,但毕竟也是报纸(newspaper),而报纸刊登新闻,是有"新闻价值"这个选择事实加以报道的行业标准的,官阶和党内座次是新闻选择考虑的因素，但不应该是主要因素。

党的出版物，按照列宁的说法，"无可争论，在这个事业中，绝对必须保证有个人创造性和个人爱好的广阔天地，有思想和幻想、形式和内容的广阔天地。"显然，党内精神生活应该是丰富和多样的；党报面对社会的新闻服务，则还要考虑信息的多元。然而，现在党报头版和头条，严格按照官阶和座次排位编排党内官员的活动消息，连字数多少都是固定的，不尊重新闻传播的规律，党内精神生活制度化了。马克思说人的精神，就如"每一滴露水在太阳的照耀下都闪现着无穷无尽的色彩"。一旦党的精神生活制度化，一切精神活动按照程式操作，报纸便不是报纸，通过党报向社会呈现的则是党的僵化，这不利于树立党的良好形象。

改革开放的中国不仅在社会环境上发生了翻天覆地的变化，而且及时跟上了世界信息化的步伐，各种传播新技术不断地涌现和迅速普及，变化之快，前所未有。随着互联网技术、web2.0 技术和微博客的普及，报纸面临多种传媒渠道的夹击。人们可供选择的信息渠道很多，同步传播越来越普遍，观念也趋向多元。如此大的中国和世界，各个领域每天都发生着许多变动，如果党报不能及时刊登最新的重要新闻，还用俯视的眼光按照官衔大小选择头条和安排头版版面，在报业竞争的当代就可能被边缘化。

传播的效果在于传受双方之间的互动，生活中每天都发生着许多生动的、有新闻价值的事情，这样的事情为什么就不能上头版，甚至头条？这需要从我们关于什么可以作为"头版"、"头条"的意识检讨起。党报头版、头条不一定只能是面上的宏观的事情，也不一定只能是领导人活动的报道，具体的生动的事实完全可能，也应该上头版，甚至成为头条。

选自《新闻记者》2011 年第 7 期

透视人类社会第四次传播革命

李良荣

一、互联网正在重塑世界

2011 年,世界动荡不停,阿拉伯之春、伦敦之夏、华尔街之秋、莫斯科之冬,性质不同,目标不同,结果不同。但有一点共同:都利用互联网来发动、串联、动员,并在极短时间内形成浩大声势,令当局措手不及。

这只是互联网在政治领域的小试锋芒。

互联网正在重塑我们的世界。从全球游戏规则到各国治理、统治方式,从科技创新到知识经济,从市场行为到每个人的生活方式,都因互联网而改变。

有学者统计,一个新的传播媒体普及到 5000 万人,收音机用了 38 年,电视用了 13 年,互联网用了 4 年,而微博只用了 14 个月。这一次的传播革命,已不仅仅是公众个人的媒介使用问题,抑或是推进文明扩散的问题,这是一场个人与国家、"自媒体"与"大众媒体"关系的重新定义。它催生了一个全新的传播环境,将人类文明推向更高级的阶段的同时,带来了整个社会的权力结构的转变,也为我们的国家治理提出紧迫的新课题。

现代社会,各国宪法大都明文规定:公民拥有言论出版自由。这是公民的权利。但从全球情况看,在实际生活中,传播的权利不是被权力就是被资本所垄断。

而互联网赋予了公民传播权力,实现传播的权利(right)到传播权力(power)的转移,这是新传播革命的主要内涵。

历史上传播的"赋权"形式经历了两次重要转变。第一次是从理论赋权变为宪法赋权。"天赋人权"是思想家从理论层面对传播权利的阐释,实质上是一种理论赋权;随着新闻自由被写入宪法,理论赋权实现了向宪法赋权的转变。第二次是从宪法赋权变为技术赋权。在互联网出现之前,即使宪法赋予了每个人言论出版的自由,但能通过大众媒介公开表达意见的仍只是极少数人。随着互联网的出现,新媒体赋予公众传播权力,自此之后,权力和资本对传播权的垄断被打破,每个人都拥有了传播的权力。

所以,宪法赋予传播权利,技术赋予传播权力。新媒体号称"自媒体"——自我赋权的媒体,这是误解,是法律赋权(利),技术赋权(力)。

当公民拥有传播权力的时候,就彻底颠覆了原先的传播格局,而传播格局的改变又改变了政治权力的运行,重塑社会结构,重塑商业模式,等等。

这就是以互联网为标识的新的传播革命。

二、人类社会四次传播革命

纵观人类社会史,曾出现四次传播革命——

第一次:文字发明,标志着人类真正进入文明时代

文字的发明,是人类历史上第一次传播革命,它使人类的传播冲破了时间的阻隔。有人认为,第一次传播革命是语言(口语)的发明,其实不然。语言并非人类所独有,在大自然中,用声音作为通信工具的动物种类众多,这些声音往往成为动物之间交流信息的独特语言。此外,人类口耳相传的语言,在传播过程中失真度较高,不能保证信息在传播中不被扭曲、变形、重组和丢失。然而,自从文字发明之后,传播的广度和范围大大提高,文明得以流传延续。因此,文字的发明是人类传播史上的一大创举,是毋庸置疑的第一次传播革命。

第二次:印刷术发明、推广(1460年德国古登堡),孕育资本主义时代

印刷术的发明,是第二次传播革命,自此以后,人类的传播冲破了空间的阻隔。印刷技术对欧洲的冲击是巨大的,对宗教革命、启蒙运动都产生了重要而深远的影响。此前,《圣经》以手抄本、羊皮书的形式出现,被少数人垄断

了复制和传播的渠道。然而,印刷术发明之后,宗教教义以小册子的形式得以大量复制、自由传播,并由此引发了宗教革命,而新教伦理为资本主义萌芽的产生奠定了基础。

第三次:电报发明(1899年),人类进入电子时代

电报的发明,是第三次传播革命,既打破了时间的限制,又克服了空间的障碍。电报实现了远距离信息的即时传递,使得大规模贸易、大兵团作战成为可能,并由此而引发了政治、经济、军事等各个领域的巨大变革。此后,无线电的出现、电子时代的到来,对人类文明发展进程产生了难以估量的影响。

第四次:互联网发明,全方位的传播革命

网络传播实现了多媒体技术的整合,囊括了大众传播、组织传播、人际传播等一切现有的传播形式,并具有信息海量、交互性强等诸多特点。

三、第四次传播革命的本质意义

对每个人来说,互联网意味着任何人在任何时候、任何地点可以发布任何信息。于是,法律所赋予公众的传播权利(right)变成了实实在在的传播权力(power)。从传播权利向传播权力的转移就是第四次传播革命的本质意义。

此前,我国主要有三种传播模式。就大众传媒而言,有很多报道是政府下达指令给媒体,媒体将政府的指令传达给受众;在组织传播层面上,是领导做报告,小组讨论领导的报告;人际传播方面,则是上级找下级谈话,提出批评或给出意见建议。以上三种传播模式中,政府控制了传播的信源、渠道、对象等各个环节和领域,掌控了传播的主导权。

而互联网出现之后,政府主导一切的局面被打破,政府、资本、公众三方博弈的格局正在形成。在这一格局中,政府掌握公权力,资本家拥有资本,而公众的优势在于人多势众。三方争夺的焦点是对传播主导权的控制权。而传媒本身也构成一股强大的力量,它既需要依靠政府的力量,又需要市场(资本和受众)的支持。政府和市场在不同媒体中的力量对比存在差异,这从不同媒体的不同态度、不同立场上可见一斑。

我们可以看到：

1. 在传播格局上，从过去权力与资本对公众的单向度传播转变为权力、资本与公众三者博弈，争夺传播主导权的局面。

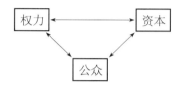

2. 在舆论格局上，过去是政府通过大众传媒大造舆论，而现在则形成了政府、大众传媒、公众（借助新媒体）三者博弈，争夺舆论话语权的态势。

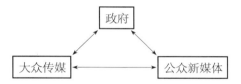

3. 在社会结构上，新的意见领袖层崛起，这是一个去中心化再中心化的过程。

无论是社会契约论，还是马克思恩格斯的无产阶级国家学说，都为权力的中心化提供了理论基础。媒介作为"守门人"，在很大程度上控制着新闻是否能够进入下一个传播渠道，是否能够最终达到受众，这还不能完全满足公众的需要。另一方面，新媒体中以微博、博客为代表的自媒体以个人为中心。传播的去中心化表征十分明显。

但是，去中心化并不意味着碎片化。海量的信息可能会使真正有用的信息淹没其中，使个人无力应付、不知所措，因而再中心化是网络时代的新要求。于是，新的权力中心——"意见领袖"应时而生。再中心化的过程藉由意见领袖而实现，并体现在意见领袖的三种特征之中。其一，是新的信息中心。有些意见领袖以自身的行为而引起广泛关注，另外一些则通过帮公众处理信息而显示出强大的号召力和影响力。在传播结构上，体现为"大的意见领袖→小的意见领袖→更小的意见领袖→散户"这般逐层扩散的金字塔式结构。其二,是新的舆论中心。意见领袖在筛选热点事件、设置公共议题、引导舆论走向方面发挥着巨大作用,微博、博客成为监督政府公共权力和维护自身权益的重要阵地。其三,是新的行动中心。所谓行动,体现为网上、网下的互动。当前,这种行动集中于社会公益活动的领域,但互动行为向政治、法律领域延伸的趋势已日趋显现。

4. 在商业市场上,日益以消费者为中心。

20 世纪 80 年代,商业市场上主要以生产商为中心;90 年代,以经销商为中心;而现在,在互联网大数据时代,中心正转移到消费者手里。

举例来说:2003 年,广州孙志刚案,在强大舆论面前,实施多年的《城镇流浪人员收容办法》被废除,代之以《城镇流浪人员救助方法》。2010 年 9 月,江西宜黄拆迁自焚事件后,在一场暴风骤雨的舆论中,久拖不决的《城市房屋拆迁管理条例》被废除,《国有土地上房屋征收与拆迁补偿条例》正式颁布。

这不但让我们看到舆论的力量,更让我们看到权力运作方式的改变,看到政治权力、社会权力的重新配置。

四、互联网的两大支撑点

科技是第一生产力,但技术不能决定一切。活字印刷发明在宋朝,但对宋元明清四代的影响微乎其微,而古登堡的发明却催生一个新时代。毕昇生不逢时,古登堡生逢其时。

互联网在当代的巨大推动力,也是现代社会的两大支撑点:全球化、个人化。

网络一头连着世界,一头连着每个个体。互联网把每个个体编织在全球化的网络里,每个个体都是全球化生存;互联网把整个世界纳入每个个体里,个体依赖着互联网与世界联系,以全球的视野来建立新的社会关系,选择自己的生存方式、生活方式。

一方面,互联网能使一时一地的新闻,迅速得到广泛关注,进而产生全球性的影响。譬如,"乌坎事件"本是一起发生在中华人民共和国广东省汕尾市所属陆丰市一个村庄的群体性事件,但在登上《纽约时报》《洛杉矶时报》等媒体的头版头条之后,成为举世瞩目的新闻热点。

另一方面,每个个体都有机会改变社会全貌。阿基米德说:给我一个支点,我可以撬动地球。这个支点就是互联网。1999 年,时任美国总统克林顿与莱温斯基丑闻案是由一个大学生在一台破旧电脑里发出,引发了美国政坛风暴。当前叙利亚乱局的导火索是"叙利亚人权观察",把叙利亚政权的"反人权暴力"公之于世,引发西方名人媒体狂炒。而"叙利亚人权观察"的主任、发言人、主要成员就只是一个人:伦敦一家小餐厅的老板。在中国,掀起厦门 PX 项目舆论风暴和散步运动的是一名大学教师;让郭美美事件持续发酵的幕后操手是一名四肢瘫痪者;在宜黄自焚事件中力挽狂澜的是一名记者;引发春节后海南三亚旅游业大整顿的是一名在网上"晒账单"的顾客;引发"表哥"风暴的是一名名表爱好者……

有了全球化态势下的个体化生存,于是,我们的世界、我们的国家就有了多元的政治诉求、多元的利益诉求、多元的意识形态、多元的社会文化、多元的消费模式,于是,我们的世界如此丰富多彩,如此纷繁复杂,如此众声喧哗……如此多的混乱,也向我们展示了如此多的机会。

选自《新闻记者》2012 年第 11 期

2

中国传媒业发展的关键词 和问题单

在新旧世纪的交接点上
——对我国报业未来改革与发展的探讨

丁法章

　　党的十一届三中全会以后,特别是进入 20 世纪 90 年代以来,随着我国改革开放的不断深入和经济建设的蓬勃发展,随着社会主义市场经济体制逐步建立和完善,我国的报业呈现出空前繁荣的局面。其数量之多,种类之全,传播手段和传播方式之进步,社会效益和经济效益之双赢,都取得了历史性的突破。尤其令人高兴的是,在党和政府的高度重视下,新时期的我国报业在宣传科学理论、传播先进文化、塑造美好心灵、弘扬社会正气方面,在凝聚人心、鼓舞士气、引导广大群众为实现党的任务而努力奋斗方面,发挥了其他媒体所不可取代的积极作用。

　　然而,站在新世纪的门槛上,我们广大报纸工作者不能不考虑: 在世界信息革命风暴激荡的今天,随着信息全球化和文化多元化时代的逐步到来,随着广大受众对信息的需求量和选择性的不断增强,特别是在互联网迅速崛起和加入 WTO 后海外媒体将对我进一步渗透的新形势下,在严峻的挑战和竞争面前,我国的报业将怎样应对? 其前途和命运如何? 这不仅是报人而且也是广大国民都十分关注的问题。本文试就此作一粗浅的探讨,以求教于各位方家,并引起广泛研究的兴趣。

我国报业进入了亟待盘整的时期

　　近几年来,在我国报业繁荣发展的背后,也发生了不少新情况,提出了许多新课题,而且涉及办报思想、媒体布局、功能定位、传播方式、市场运作以及发展思路等诸多方面。若对这些问题不及时整合,不加以研究解决,势必会影响我国报业的持续健康发展。概括起来,这些新情况、新课题大体表现在以下几个方面。

第一,当前我国的报业正在发生着新的演变

大家知道,在全国众多报纸中,为了适应市场经济的发展和广大读者的需求,近年来都发生了不同程度的变化,呈现出不尽相同的态势。这突出表现在各级党委机关报、新生的以都市报为代表的社会文化生活类报纸以及势头不减的晚报等三大主要媒体上。

作为新闻宣传主阵地、主功能的各级党委机关报,凭借独特的政治优势和人才优势,改革开放以来在坚持党性原则,把握舆论导向,正确宣传党的路线、方针、政策方面,在报道的思想性、指导性、权威性方面都发挥了排头兵的作用,而且不少党委机关报在推进报业改革和发展报业经济方面有不少新创造,积累了不少新经验,为整个新闻界所瞩目,这是应当充分肯定的。但这只是问题的一面,而不可忽视的另一面却是:90 年代以来,绝大部分党委机关报,从中央一级到省、市、自治区一级,其发行量几乎都呈逐年下滑的态势,有的跌幅甚至在三分之二以上。据数字显示:作为四川省委机关报的《四川日报》,在省会成都市的发行量只有 5 万份左右。就一般情况而言,报纸的社会效益和经济效益,总是同它的发行量密切相关的。虽然这里存在报纸种类激增、读者分流的客观原因,但作为主流媒体的各级党委机关报,多数发行量逐年萎缩的势头至今未得到有效遏制,这应该引起我们的认真反思和严肃对待。当然,其中也有少数做得比较好的,如广东省委机关报《南方日报》,由于锐意改革,不断进取,在报业竞争十分激烈的南国夺得了发行 85 万的份额,连续 15 年位居全国省、市、自治区党委机关报的榜首。

从 90 年代中期开始,以四川日报主办的《华西都市报》为代表的一大批社会文化生活类报纸异军突起,发展迅猛。作为新闻改革的产物,它继承和借鉴了日报、晚报的宣传特色,走出了一条既不同于日报,又不同于晚报,也不同于专业性较强的社会文化类报纸的创新之路。这类报纸,由于多半由省、市党委机关报主办,有丰富的新闻资源和人才、资金优势,加上体制机制较活,因而有较好的外部环境和活动空间,一般都呈现出强劲的发展势头。除《华西都市报》外,其他如南方日报办的《南方都市报》、湖南日报办的《三湘都市报》、湖北日报办的《楚天都市报》、陕西日报办的《三秦都市报》、河南日报办的《大河报》等等,在当地报刊市场上都独领风骚,大有后来居上之势。这一类报纸,应该说也是我国报业在新时期发展的一个标志,它在新闻宣传上的合力作用、报业结构上的优化作用乃至在经济上的有力支撑作用,都是不容置疑的。但是,正如中央一位主管新闻宣传的领导同志所指出的,由于一些主办者指导思想不够端正,存在"大报抓导向,小报找市场""党报要满足党的需要,都市报要满足市民的需要"的认识误区,加上受经济利益的驱动,因而自觉不自觉地放松了对子报的管理,致使一些报纸严重政治性错误时有发生、违规违纪现象不断出现,有的报纸为片面追求轰动效应和市场卖点,品位不高,格调低下,甚而不惜刊发虚假失实报道,在社会上造成了恶劣影响。经过整顿教育,这种情况虽有所改观,但并未从根本上解决。

自80年代后期,特别是自90年代以来,在社会主义市场经济体制逐步确立的条件下,在广大读者精神生活需求日益增长的情况下,以贴近时代、贴近生活、贴近家庭为主旨和以"短、广、软"版面风格见长的我国晚报业,如雨后春笋,蓬勃发展。据1999年的统计,在全国146家晚报中,有133家是改革开放以来创办的,而其中近100家又是90年代以来问世的。全国各类报纸平均期发量约4000多万份,晚报占了近一半;广告总额约112亿元,晚报有50亿元,而且在全国广告收入前10位排名中,晚报占了5家。令人可喜的是,晚报的这种发展势头并未减弱,2000年又有6家晚报宣告诞生。但是,另一个不容忽视的严酷现实是:在迅速崛起的以都市报为代表的社会文化生活类报纸的冲击面前,一些城市晚报的发展受到有力挑战,个别的甚至出现了岌岌可危的局面。更加不可思议的是,不少晚报经不住出早报的诱惑,乱了方寸,纷纷改弦更张,变为早晨出版。在中国晚报协会拥有的130家会员单位中,这样做的晚报多达69家。对这种"晚报早出"的做法,不少晚报老总尽管也认为在理论上站不住脚,在做法上不宜提倡,但又认为各地情况不同,这样做也未尝不可,而且效果不差。此外,在当今海外晚报发展趋缓的情况下,尤其在香港最后一家晚报《新晚报》宣布停刊以后,晚报界一些人对晚报还能风光多久产生了疑虑,个别人甚至发出了"晚报是夕阳工程"的哀叹。总之,晚报向何处去?晚报的前景如何?这不仅是晚报的同仁也是新闻界普遍关注的问题。

第二,当前我国的报业正在经受着新的考验

这种考验主要来自两个方面:一是为适应建立社会主义市场经济体制和政府职能转变的要求,1999年9月,中央办公厅和国务院办公厅联合下发了《关于调整报刊结构的通知》(下称《通知》),明确提出了压缩报刊总量、优化报业结构的要求,尤为重要的是提出了"政报分离"的原则,指出各级报刊都要面向市场,自负盈亏,不再由党政部门发文征订,真正解决公款订报刊和行政摊派等问题,以切实减轻群众负担,提高报刊质量。这个《通知》意义非同寻常,它事关各报的生死存亡,事关今后的办报思路,事关报刊市场的彻底整顿,是当前新闻竞争中必须引起高度重视并认真加以解决的迫切课题。另一个考验,则是来自一些地方报刊市场无序、混乱乃至恶性的竞争,突出表现在违章操作、竞相削价、异地办报上。南京有一份四开16版的小报,为了扩大销售,价格一度从每份4角钱降至1角钱,即使不算编辑费、印刷费、发行费,卖价已大大低于纸价,这完全是一种负债经营,带有极大的风险性。在武汉,两家报贩为了各自的利益,从口角发展到公开械斗,竟然酿成了一死两伤的惨剧。这些情况虽说是个别的,但对大部分报刊来说,不能不造成一定的困扰。

第三,当前我国的报业正在面临着新的选择

这种选择,主要指的是对报业发展模式的权衡。比如,要不要组建报业集团?组建什么样的报业集团?什么时候组建?采用什么形式?尽管各报情况不同,条件有异,但都是各报老总们不容回避的问题。又如,即使已经组建报业集团的单位,也有一个如何进一步做大做强,如何积极筹建多媒体、跨地区、跨行业的新闻集团,以尽快建成新闻传播的"航空母舰"的问题。

我国报业所面临的两大严峻挑战

应当指出,在报业发展中所出现的上述问题,并没有什么可奇怪的,这是在激烈的新闻竞争中产生的必然现象。因为任何事物,都是相对立而存在、相斗争而发展的。改革开放以来,我国报业逐步走向繁荣的过程,就是在相互竞争中自我调适、不断发展的过程。这种竞争,有报纸、广播、电视内部的竞争,也有相互之间的竞争。而且,这种竞争至今仍在进行着。但是,目前我国报业所面临的两大严峻挑战,同这种竞争相比要更为直接、更为激烈,对报人的考验要更为严峻、更为深刻,这就是互联网的迅速崛起与中国加入 WTO 后海外媒体的渗透,对此切不可等闲视之。

对于大多数中国人来说,互联网还是个新生事物,尤其是在农村及较不发达地区,普遍对互联网比较陌生,互联网的影响力也比较有限。但是,它急速的发展势头,令我们不得不高度重视,做好应对准备。我们说,信息传播是互联网的基本功能。在今天,互联网已经发展成为一个联通全球 200 多个国家和地区,拥有 1 亿多用户的动态网络,而且还在以每月 15% 的速度迅猛扩展。任何信息一旦进入互联网,几乎就可以同时被世界各地的网民看到和听到。从这个意义上说,互联网是唯一全球性的媒体。在我国,互联网用户1998 年底为 210 万人,比年初增加了近 5 倍;1999 年,网民人口已达 890 万;目前最新的统计数字已超过 2000 万人。这样的增长速度,远远高于报纸、广播及电视的普及速度。有人断言,在往后 10 年到 15 年的时间里,互联网对社会的影响力将超过报纸、广播和电视而成为第一媒体。还有人把互联网称为是20 世纪人类献给 21 世纪的最珍贵的礼物,并说 21 世纪是互联网的世纪。

在新闻传播方面,互联网有其得天独厚的优势。互联网在信息传递上的重大变革,它的及时性、丰富性、广泛性、开放性、交互性和通畅性,使其他传统媒体只能望其项背。比如晚报的一个基本特点是信息量大、覆盖面广,但信息量最大的晚报,每天新闻信息充其量也不过二三百条,而上海成立不久的东方网,每天不断更新的信息多达 1200 余条,人民日报网站每天信息的更新量高达 3000 条左右,许多报纸、电视上看不到的新闻,在互联网上都可以看到。在时效性上,网络媒体大大强于报纸、电视。有人统计,互联网上的新闻传播速度比报纸至少要快 10 个小时,而这 10 个小时就是传统报纸印刷和发行的时间。现在,网络媒体仍然在不断强化自己的新闻传播功能。北京的千龙网已经开始招聘网络记者;上海东方网对本市各媒体的信息资源实行共享;台湾的网络报《明日报》作为第一份没有纸张为载体的原创网络媒体,每天有 200 多位记者采写 1000 多条新闻。

事实表明:网络作为迅速崛起的第四媒体,已经并正在加剧同报纸等传统媒体之间的竞争,从而对传统媒体的生存与发展构成威胁。美国有调查显示:信息技术的发展已造成受众从传统媒体向网络媒体转移,在成为互联网用户之后,64% 的人看电视的时间减少了,48% 的人阅读报纸的时间减少了。美国商业部 1999 年产业展望报告也指出,该年度美国报业产值将减少 4 亿美元,而导致这一结果的"罪魁祸首"就是互联网。对于我国来说,尽管这样的问题目前还不太明显,但也出现了互联网用户读报时间减少的情况。随着时间的推移,这种影响必然会越来越大。并且,我国的网民大多是年轻人,他们是否能够成为未来报刊的核心读者,将决定新世纪我国报业的命运。

大家十分关注的我国加入 WTO 后所面临的新情况、新课题,特别是海外媒体的逐步进入,必将对我国报业产生重大影响,这是继互联网之后当前所面临的又一个冲击波。目前,除墨西哥外,我国加入世界贸易组织的双边谈判已经完成,多边谈判正在紧张进行,一句话,"入世"已经是指日可待。加入 WTO 对我国经济生活的巨大影响是可想而知的,但我国的报业将会产生什么样的变化,眼下形势还不太明朗。根据现有材料分析,冲击很可能主要表现在两个方面:首先,西方敌对势力必将加快对我"分化"、"西化"的政治图谋,他们的意识形态,包括价值观、文化观和生活方式等对国人的影响将越来越大,并对我们以传播先进文化、民族文化、本土文化为宗旨的传统媒体形成挑战,对我们的宣传方式,包括具体的传播方式乃至新闻作品的体裁、文字表达方法等产生冲击。正如一位中央负责同志最近所指出的:"随着加入

WTO 日益迫近,对外开放必将进一步扩大,国外大型传媒集团跃跃欲试,先头部队已经登陆,他们凭借自身所具有的优势,强行市场准入,不能自己办传媒,就借我们的渠道;文化项目进不来,就与经济、科技合作项目捆绑进入;中央媒体进不去,就先进地方媒体;直接投资不允许,就通过合资、再合资,曲线进入。看来让进要进,不让进也要进。这是我们现在面对的实际情况。"

其次,根据 WTO 的准入原则、国民待遇原则等,国际资本、海外媒体完全有可能进入我国传媒市场参与竞争。早在 1999 年 9 月上海"财富"论坛召开期间,美国《财富》杂志、《读者文摘》等就提出了创办中文版的要求。事实上,现在海外的一些经济性、时尚类杂志已经打入我国报刊市场。目前,相当一批国际媒体集团看好中国市场,试图通过合法与不合法的途径,采用设立报刊营销市场、制作音像节目上网以及合资办报、合作办刊等方式,加强对我的渗透。应该看到,与国内媒体相比,这些国际媒体集团无论是资本、规模还是运作机制、经营理念方面,都占有优势,一旦进入我国,必将与国内媒体在新闻资源、读者资源、广告资源和人才资源上展开激烈的竞争。

应对挑战掌握竞争主动权的几点思考

如前所说,无论是在报业发展中出现的新情况、新课题,还是当前面临的互联网和海外媒体的两大严峻挑战,都是一个客观存在。这是我国报业在新世纪改革与发展中不可回避的矛盾,也是再创新世纪报业辉煌必须攻克的难题。而要达此目的,我们首先应该在两个基本问题上统一认识:第一,对于抵御西方媒体的渗透应该有充分的自信心,有必胜的信念。因为作为社会主义的新闻工作者,我们是以马克思主义的世界观和方法论为立身之本的,真理掌握在自己手里。更何况,前不久江泽民同志关于"三个代表"的重要思想,进一步为新闻宣传指明了方向,为我们提供了制胜的法宝。第二,对于解决当前报业发展中的新问题,尤其是应对互联网对报业的冲击,不能妄自菲薄,同样应充满信心。因为我们遇到的问题都是前进中的问题,通过努力是完全可以解决的。至于互联网,诚然有很多长处,有其独特的优势,有广阔的发展前景。但报纸也有存在的价值,它便于阅读、便于携带、便于保存,它的真实性、指导性和权威性,以及适合刊发背景新闻、述评新闻和深度报道等,都是网络媒体所难以企及的。综观世界新闻史,从来没有哪一种新媒体能够完全取代其他媒体。19世纪初广播诞生之时,就有人"预言"广播从此将取代报纸。20世纪中期,在电视出现之时,又有人"预言"电视从此将取代广播、报纸。然而一百年来,报纸并未表现出衰弱的迹象,近几年来世界报业还呈现复苏和回升的趋势。在这两个基本问题上取得了共识,就有了共同语言。特别需要说明的是,在战略上藐视对手的同时,在战术上可丝毫含糊不得,这就要求我们必须坚持以马克思主义新闻观为指导,真正按新闻规律办事,在实践中努力探索一条有中国特色、时代特征和地方特点的报业创新之路来。针对我国报业的现状,当前首先应该在以下几方面作出不懈的努力。

第一,力戒众报一面,在凸显各种报纸的不同特色上下工夫

毋庸讳言,在我国现有的2000余种报纸中,由于不少报纸读者定位、功能定位、特色定位雷同,版面设置和栏目名称大同小异,加上新闻来源较为单一,制作又缺少创造性,往往呈现"千篇一律,千报一面"的状况。在这方面,有些报纸的要闻版表现尤为明显,读者对此啧有烦言。报纸的竞争,首先是特色的竞争。如果这种情况不改变,总是给人似曾相识的感觉,报纸怎么能在激烈的新闻竞争中掌握主动,又怎么去应对网络媒体的挑战与海外媒体的渗透呢?

特色者,报纸所表现的独特的个性、风格之谓也。这是由报纸的不同分工所决定的,也是受它的读者定位、功能定位和地域定位所制约的。正因如此,我们的报纸才有主流媒体和从属媒体、日报和晚报之分,党委机关报、综合报、专业报、企业报和行业报之别,然而它们又都是围绕党和政府的工作中心,按照各自的特点尽显其能,收异曲同工之效。这就好比一支交响乐队,既要有挑大梁的首席小提琴手,又要有吹、拉、弹、唱等各种角色的配合,这样才能演奏出美妙动听的乐章。有鉴于此,我们的各家报纸,从总编辑到每一位采编人员,都应该在报纸的读者定位、功能定位和特色定位上反复琢磨,制定出自己的"游戏规则"。须知,这是此报区别于彼报的必经步骤,是在竞争中不被淘汰的基本条件,千万不可掉以轻心。

第二,改进引导艺术,努力提升新闻传播的有效性和可接受性

这些年来,我们绝大多数报纸在弘扬主旋律、把握正确舆论导向方面,还是抓得比较紧的,也积累了一定的经验。但相比较而言,在改进引导艺术、注意宣传方法、讲究传播效果方面,则有不少缺憾,致使一些报纸出现了曲高和寡的情况。我们一些党委机关报发行量之所以会逐年下降,这不能不说是其中的一个原因。这里,说到底是有没有牢固树立读者为本的思想。一个有强烈责任感和使命感的报人,绝不会仅仅满足于所发报道舆论导向是正确的,而且要努力用这样的舆论去引导人,千方百计提高新闻报道的吸引力、说服力和感召力,以圆满完成党和人民所赋予的任务。要提升新闻传播的有效性与可接受性,就深化新闻改革的内涵而言,目前迫切需要从增强新闻性、贴近性和服务性这三方面入手。

——增强新闻性,提高新闻宣传的含金量。在这方面,首先要进一步强化时效性,这是新闻报道的生命所在。时效性就是主动权,在一切重大事件、重要问题的报道上要力求先声夺人,占领舆论的制高点。要通过深入采访,使更多的"第一时间"、"第一现场"成为报道的主要形式。一句话,要通过快速反应、应急采访,并积极掌握和运用最新最快的传播技术和手段,努力缩短新闻事件与读者接受新闻的时间差和空间差。其次,要千方百计增加信息量,扩大覆盖面,为此要多发涉及各个领域的有价值的信息,多发好而短的信息,要努力提高新闻报道的思想含量和文化含量。

——增强贴近性,扩大新闻宣传的公信度。所谓贴近性,就是指新闻报道一定要贴近群众,贴近生活,贴近实际。目前经常见之于报端的政策宣传的简单化、工作报道的格式化、会议报道的概念化、热点引导的主观化、批评报道的一般化、新闻语言的文书化,就是不贴近的集中表现。解决报纸"三贴近"的问题,首先要下决心从改进典型宣传、热点引导和加强舆论监督做起,因为这"三大件"同群众的关系最密切,同提高报刊质量的关系最直接,最能够体现一张报纸的面貌。改进典型宣传,很重要的一条,就是要贴近群众感情,做到"三个结合":宣传崇高思想与体现时代特色相结合;发挥榜样带头作用与具有群众基础相结合;展示典型的精神风貌与普通人的生活、情感相结合。这样的典型宣传,才能使广大读者感到可信、可敬、可亲、可学。关于热点引导,就看敢不敢于触及现实生活中读者普遍关心的焦点、难点问题,运作上善不善于运用群众参与、平等讨论、现身说法等方式,从而使群众自己教育自己。加强舆论监督,当前主要是加大力度和提高质量的问题。要找准选题,敢于碰硬,善于抓住一些对大局有影响的突出事件、代表人物,痛加针砭,激浊扬清,举一反三,扩大效应。当然,也要注意把握好度,要与人为善,正面引导,给人们以信心与力量。

——*增强服务性,拓展新闻宣传的亲和力*。读者读报,除了获取新闻信息以外,还希望尽可能多地获得自己所需要的各方面的服务。这就需要我们进一步树立读者观念,想读者所想,急读者所急,帮读者所需,把为读者服务的领域拓得宽宽的,项目做得多多的。改革开放以来,我们的报纸在这方面有不少新的创造,诸如设立政府热线、开展政策咨询、增辟法律信箱、进行咨询服务等等,在新形势下应该好好继承和发扬。

第三,敢于破旧立新,善于汲取一切对我有用的东西

毫无疑问,在任何时候、任何情况下,作为社会主义的新闻事业,其无产阶级的属性不能变,正确舆论导向的要求不能变,对社会尽责、为人民服务的宗旨不能变,这是不可动摇的根本原则。但是,在此前提下,为了有效地抵御西方媒体的影响,更好地应对网络媒体的挑战,我们新闻工作者应该更新观念,博采众长,破除一切不适应当前形势的陈规陋习。

比如,WTO的透明度原则和准入原则,对我们当前的报业运作体制必将提出新的要求。这就是说,我们新闻传媒担负的坚持正确舆论导向以及确保自身资产保值增值等任务,必须按照市场运作的规律来完成。而且,报业发展将进一步接受市场的考验,而不是依赖政府保护,靠行政补贴,搞发文征订。由此,报业的市场意识、产业功能将得到强化,垄断行为将被终止,行政

色彩将日趋淡化。这对我们报业的上级部门和主管领导,就提出了一个换脑子、转路子的问题。

又比如,在西方媒体逐步进入以前,如果我们的新闻宣传不从报道内容到报道技巧进行改革,客观性、公正性、及时性得不到充分的体现,那么今后如何与西方媒体竞争? 特别是在先进人物、建设成就、重大事件等方面的报道上,一定要有所改变。否则的话,不仅达不到宣传效果,而且可能会适得其反。当然,这样做,并不是放弃我们的喉舌功能,不要坚持正确的舆论导向,问题是在指导思想、功能定位、传播内容和方式方法上确有改进的必要。这方面,我们既有成功的经验,也有值得记取的教训。

至于网络媒体对报纸的冲击,我们也可以取其利,避其弊,扬其长,补己短,谋求一种更有活力的生存方式,把它的负面影响减到最低程度。在目前,我们不仅可以借助网络优势,扩大报纸空间影响力,提高品牌知名度,还可以通过运用网络技术,提高工作效率,降低运营成本,并有助于变革采编人员的工作方式,等等。当然最重要的,还是从网络媒体的特性中,进一步更新我们的办报观念,推进新闻改革,改进传播艺术,提高引导水平。

第四,抓两翼促双赢,把报业经济纳入良性循环的快车道

一手抓新闻宣传,一手抓报业经济,通过抓前者带动后者,通过抓后者促进前者,以形成良性互动局面,这是在市场经济条件下我国报业工作者总结出来的经营理念,已经被越来越多的人所认识、所接受。但是,由于长期受计划经济影响,我国报业行政色彩比较浓,经营观念相对保守,发展眼光较为滞后,因而总体说来,这方面的办法不多,经验甚少。近几年来,随着一批报业集团的相继成立,就从体制这个根本上注入了生机和活力——报业作为现代产业的一种,按新闻规律与市场经济规律运作,借鉴国际报业集团的成功做法,把蛋糕做大做强,积极参与市场竞争,努力追求社会效益与经济效益的最佳结合。事实上,不少报业集团已经在企业化管理、市场化运作、社会化服务方面,在由重组效应向叠加效应过渡方面都作了可贵探索,如南方日报报业集团的资本运营、广州日报报业集团的"买壳上市"、羊城晚报报业集团的股份制改造以及文汇新民联合报业集团的资产增值和广告交易等,都取得了显著的经济效益,达到了双赢的目的。但是,从为报业发展提供强大后劲的要求来看,从增强参与国际报业竞争实力的目标来看,这方面的工作才刚刚起步,还必须大大加强。

我国的报业要迎接来自各种媒体的挑战,掌握竞争的主动权,再创新世纪的辉煌。尽管上述各种应对措施都是不可或缺的,但是新闻业的竞争,说到底是新闻人才的竞争,最终还得取决于全体报人的整体素质。因此,我们的各项工作一定要坚持以人为本,以造就大批政治强、业务精、纪律严、作风正的高素质新闻人才为目标。限于篇幅,这里就不展开了。

选自《新闻记者》2001年第1期

"纸老虎"袖珍辞典

——《申江服务导报》揭秘

徐锦江

本文提供的只是一种探索性、趣味性阅读。

【定位】

"找对人,说对话。"这是广告界的名言,也适用于办报办刊。报纸的市场定位有两种: 一是性质定位,二是读者定位。所谓性质定位,如《解放日报》是党报,侧重政治经济报道;《文汇报》是知识分子报纸,侧重科教文报道;《新民晚报》是"飞入寻常百姓家"的报纸,侧重社会新闻报道,都可以定得清楚。而读者定位,则往往需要一个长期的摸索过程,虽然也可以描述出基准读者之类,说出大致的倾向,比如晚报的读者涵盖从 8 岁到 80 岁的市民,《申江服务导报》(以下简称"申报")的读者最初设想是从 18 岁(成人)到 45 岁(再就业上限)的新市民,基准读者是 30 岁加减的年轻人,但在两年多的办报过程中,读者定位也发生了许多变化:其一是读者更趋低龄化,下限已从 18 岁下降到 16 岁,其二是读者更趋于女性化,读者比例中,女性已上升到 60%。究其原因,当然同报纸的报道内容和风格有关系,但再深究一步,居然发现同报纸从业人员的男女比例也不无关系。其实,究竟是怎样的读者群并不重要,重要的是要有一个明确的读者群,重要的是读者对报纸的忠诚度。一个报纸品牌,读者的认知程度越高,忠诚度越高,就越有价值。现在报业市场的竞争日趋激烈,许多报纸在竞争压力下开始重新考虑自己的定位,却往往反而由此迷失了自我,不仅没有争取到新读者,反而失去了老读者。其实,不管哪一种风格定位,只要能发挥得淋漓尽致,只要能最大限度地服务好它的特定读者群,为它特定的受众群体所满意,就是成功的。我们设计将"申报"办成一份新闻性和服务性兼容的周报,是因为我们认识到:没有新闻就没有冲击力,就不能抓住读者;而没有生活服务内容就没有报纸特色,就不能留住读者。具体而言,我们的报纸有两个较为明确和成功的性质定位:一是定位成周报(决定了新闻的做法),二是定位成生活服务类(决定了我们大量专版的内容)。正是这两个在当时市场环境下填补空白的准确定位,决定了"申报"的市场切入口和市场份额。

【品牌】

发行量无疑是衡量报纸的一个重要指标,但在今天发行环境还没有十分法制化规范化的情况下,发行量的虚假水分很难挤干,其权威性也就无从谈起。通过低价策略,通过礼品促销,通过免费送报,都可以炮制发行数,而其于报纸和读者的实际意义究竟何在,颇可质疑。其实,除了有效发行量之外,衡量一张报纸品牌价值(包括广告价值)的还有一系列指标,如:阅读率、传阅率、保存率、零售率、社会影响力、受众消费能力、目标群体的有效到达率、投放集中程度、满意率等等,而其中阅读率和满意率是两个最重要的指标。发行量大的报纸其阅读率不一定高(一些公费订阅的报纸相对发行数阅读率甚至是负的),一些报纸尽管发出去了,却形同虚设,放在报架上无人光顾;阅读率也并不简单等同于满意率,一些报纸读者是边读边骂,读了却不满意。从不满意到不看到不订,一旦陷入这种恶性循环,报纸也就完了。对于市场化报纸的编辑工作来说,受众的满意率应该视为追求的最高目标,一旦满意率下降,阅读率、发行量也会随之呈多米诺骨牌效应。

【报型】

广东的一位报人认为:中国的报纸可分三大类型。一是主流新闻,以机关报为代表,往往是按文件办报,最具权威性,如《解放日报》、《南方日报》等。

广东的《羊城晚报》和《广州日报》、上海的《新民晚报》和《新闻报》属主流报但不是机关报，寻求在不违背宣传纪律的前提下，从市民需要出发，围绕人的价值观展开报道。二是精英报，类似《南方周末》，是给关心社会、热爱知识、中等以上文化程度读者中的优秀分子看的。三是大众市民报，典型的是都市报浪潮。近年来，市民文化发展很快，这类报纸市场化程度最高，抓住趣味和需要，扩大发行，拉动广告，最能赚钱（接下来，综合性报纸市场渐趋饱和，读者需求层面细分后，很可能出现大量专业型报纸）。同样一则报道，比如"市区某处水管爆裂"的新闻，主流报往往着眼"市长到现场，市民很满意"；精英报会着眼于分析机制上的漏洞，甚至揭示出一些腐败问题；市民报却着眼水管爆裂给市民生活带来的不便，诸如饭店只好歇业啦，市民吃不上饭啦，上班一族急得团团转啦。所以，报纸的性质不同，报道的着眼点也会有所不同。

【市场】

北京的一位报人认为，报纸有四个市场：一是党政市场，要得到党和政府的认同和支持，其读者对象应是党政机关工作人员和关心政策的企事业管理人员。这些报纸虽然发行量有局限，但凭借其权威地位，具有强大的社会主宰力。二是文化主流市场，要得到包括新闻界在内的主流文化圈的接纳，其读者对象是精英文化阶层。办报人追求的是荣誉感和成就感，这些报纸有一定社会影响力，但往往叫好不叫座。三是大众读者市场，以终极的个体市民为读者对象，晚报和成功的现代都市报可以说都是此类型。这类报纸在经济上成功的同时还具有很大的社会影响力，目前有细分读者市场的趋向。四是广告客户市场，有一部分报纸有意无意地办成这样的报纸，经济上足以自立或可获得较大成功，却可能叫座不叫好，被认为"过度物化"，难以产生强大社会影响力。

【策划】

策划被视为现代办报的灵魂，也是"申报"成功的一大秘诀。"申报"筹备组的第一项工作是市场调研。我们去了北京、广州、南京、成都等中国报业竞争较为激烈的地区,调研了《北京青年报》、《精品购物指南》、《南方周末》、《广州日报》、《南方都市报》、《新周刊》、《扬子晚报》等报纸杂志。回到报社,我们又通过各种渠道,收集了许多国外和港台地区的报纸作为参考。此举旨在占据制高点,站在高处看风景,从21世纪的前瞻视野,了解整个华文读物的走势和趋向。这些市场调研活动和调研报告包括参考读物的收集,为我们的办报设计提供了很好的思路和帮助。所以,办报的第一步,"走出去"是非常重要的。

从1997年3月到11月,我们在市场调研阶段结束之后,就开始闭门策划,所谓"十月怀胎"。漫长的策划期可以说是"申报"成功的一个必要前提。我们形成了从大到小,从内容编辑到广告、发行、财务预算、人员设计、市场推广、后勤供应等的一系列详细计划。

举例来说,我们的每一个版面都有详细的策划书。其内容有读者定位、基本编辑思想、栏目设计、技术关键、广告商启动等。装订起来,就是一本完整的内容编辑设计书。完整详细策划的好处是我们有备而来,知道每一步走得如何,如果成功了,我们知道成功在何处,如果失败了,也知道失败在哪里。从书面策划到内部样报再到试刊、正式创刊、我们就是在策划和调整完善中一步步走向成功的。

【大树】

到《南方周末》取经,该报老主编左方同志意味深长地向我们谈起他的"大树理论"。他说:《南方周末》的成功得益于当时竞争环境的不充分,可以慢慢地由"苗"长成"树",但现在报刊市场竞争已很充分,树木已经成林,新办报纸必须一出来就是"树",如果还是"苗"的话,就根本抢不到阳光雨露——广告、发行数和稿源,就会被闷死。所以,新报纸要么不搞,要搞就不能怕风险,越怕风险,到时风险就会越大。必须用广告炸开覆盖层,让新报纸一出来就是"树"。一份报纸如果一炮打不响,就会变成黑洞,报社没有更多的钱投入,士气也没了。这一"大树理论"让我们下定决心,加大市场推广,在"申报"

出报之前便已进行了当时上海报刊很少有的自我宣传和广告攻势,意在"炸开覆盖层",而且在报纸的版面格局上也决定以 4 叠 32 版、当时上海之最的版数推出,而非小打小闹。所谓"小报大办",先声夺人,气度不凡。

【灵魂】

一张报纸要有自己的灵魂,但有时候,报纸的灵魂并不是马上就能找到的。上海《青年报》办了那么多年,才提出"让年轻的人成熟,让成熟的人年轻"这样一句响亮的广告语。"申报"最初的设想是办一份全新概念的报纸,办了三年,虽然已找到了都市白领报纸的感觉,也在年轻群体中确立了认同感很强的品牌效应,却尚无一句明确的广告语。在 20 世纪的最后三年,"申报"为年轻白领讲述了大量社会文化故事,尤其是白领自己的故事,提供了大量符合白领思维和言行方式的生活资讯,因之而获得成功。那么,面向 21 世纪,中国加入 WTO 以后,指引现代生活方向,应是我们下一步办报的一个价值取向。如果说,20 世纪,我们仅仅局限于小白领感觉的话,走进 21 世纪,我们更应该将之放大到现代人范畴,崇尚一种面向世界、面向未来的"现代都市精神"。当然,我们的主体读者仍然是年轻人。

【偏不】

《卧虎藏龙》的导演李安说的一句话让我很受启发:不要想观众爱看什么,要想他们没看过什么。《卧虎藏龙》之所以在美国走红,就是因为它让美国人看到了没看过的东西。李安的"生意经"也可以用在办报上,研究读者爱看什么固然重要,研究读者没看过什么而发现之尤其重要,后者更能使报纸胜出一筹。《南方周末》主编老左曾介绍说:办报有两条思路,"人家怎么办我怎么办"和"人家怎么办我偏不这么办","周末"开始时选择了第一条路,因为发行跌不起,所以把别人的成功经验全部移植过来,站在别人的肩上胜出一筹。当然,拿过来也要有自己的特性。"申报"的情形大抵如此。在形式上,我们最初向北京的《精品购物指南》学了很多东西,包括全彩概念、叠概念、豪华版、版头设计等，但在内容上，我们则增加了"精品"没有而在上海却不可或缺的股市板块，独创了征婚版，整个新闻板块更是强过"精品"，一些领域相似的版面开掘点和处理方式也完全属于我们自己。正因为在内容上胜出，所以我们较之有更好的发行空间，在报纸形态上也更为完整。时至今日，我们的"白金组合"、"虚拟新闻"等板块和品种已是唯"申报"才拥有"专利"的独家兵器。从亦步亦趋的"日本式"到引领潮流的"美国式"，可以说是一张报纸必然要走的路程，也是衡量一张报纸成熟还是不成熟、是否成为独立品牌的标志。

【二封】

市场调研期间，到广州取经，造访《新周刊》编辑部。这是一本策划和图片兼长，办刊方式也比较灵活的杂志。令我们翻阅之下感到惊奇的是，杂志有两个封面。接待我们的封先生说：这样做是为了适应市场需要，新闻照片，美女照片，青菜萝卜，各有所需。报摊在出售时可以根据不同读者的需要选择用哪个封面出售，姑言之"二封面"。我们很受启发，回来后即萌生了分叠多封面的概念，后来豪华版的诞生，更是多了一个亮丽的封面。顺着这条思路，如果把报纸头版看成"一封面"，那么尾版就是倒过来的头版，也可以叫做"二封面"，一叠摊开，中间连张的那两个版也可视为"三封面"，根据我们将版口位置"行情化"的铺面理论，好的"市口铺面"应让给最精彩的版面。我们针对市场需求设置版面，并随行就市。如果把已进入运程的"申报"视为一列行进中的列车的话，我们随时有可能调换被市场检验为"失灵"的"车厢"，但也可能随时挂上新的"车厢"。"铺面理论"要求我们根据行情，把市口最好的版面让给最善于经营、效益最好者，但撤换版面并不影响整列列车的行驶，这就是我们开放式的市场化版面理论。

【双赢】

双赢乃至多赢，可以说是现代商业社会的一大行事诀窍，诸事如能有此效果，则皆大喜欢，无往而不胜。"双赢原则"也是"申报"创办之初即十分重视的一大概念。记得我们发行量突破 10 万份时，即有和记黄埔和梅陇镇集团共同投资的梅陇镇广场公司经由朋友牵线搭桥，找我们协商能否一起搞些活动。当时正值他们在酝酿一个 15 万年薪聘请"青春大使"的活动，虽已登过报名广告，效果却不尽理想。商场总经理来自北京，对《精品购物指南》较为熟悉，见上海也有一份颇多类似之处的报纸，便慧眼识英雄，惺惺相惜。而我们的考虑是：梅陇镇广场的顾客群和"申报"的读者群都具有追赶时尚的特点，故此便以优惠的广告价格，加购买 3000 份刊登有"青春大使"入围对象照片资料豪华版的条件，促成了此次合作。其结果是：梅陇镇广场"青春大使"的活动因为"申报"目标群体的有效到达率而大大升温，产生了成功的社会效应，商场人气迅速汇升，据称销售额也成比例提高，而决赛时"申报"人手一份，报纸也藉此题材扩大了社会影响，双方达到了双赢的结果，皆大欢喜。如今，"青春大使"的招聘已有两届，"申报"的发行量也高达 40 万，但回想创办之初的这个案例，仍引以为豪。以后，我们与申花俱乐部合办《申花画刊》，举办"申江—环艺之夜"，与马爹利合作成立"白领时尚俱乐部"，遵循的可以说都是这样一个"双赢原则"。

【广告】

随着广告业的崛起和与国际接轨的媒介广告代理制的流行，报业广告某种程度上已掌握在广告公司手中，类似多年前那种直接客户上门的情况已越来越少。今天，除了一些零星散户和零星广告，大的广告投放计划都已掌握在广告代理公司手中，上海的大广告公关公司，诸如智威汤逊—中乔、奥美、上广、里奥贝纳、灵狮、麦肯光明、盛世长城、博雅等在业内都赫赫有名。这些大部分有海外背景的所谓 Four A 公司运作方式更为理性和科学，他们有自己的调查方式、测算标准，他们对媒体广告定价是以千人成本来衡量的。比如，一份城市总体阅读人数为804230、平均每期阅读率为 68.22 的报纸千人成本为 37.3，那么它的广告定价则为30000元，同样千人成本为 37.3，城市总体阅读人数为 586361、平均每期阅读率为 49.74 的报纸广告价格则为 21870

元,如想在价格上有些优势,则可参照数据进行调整。因此,靠虚报发行量乱定广告价格,已越来越为人所不齿,可谓骗得了一时,骗不了长久,骗得了外行,骗不了内行。前面已说过:一份报纸的广告价值,除了有效发行量外,还有平均每期阅读数、传阅率、地域集中度等等指标作衡量,广告公司在做计划时不可能将一个老年产品广告投放到白领媒体上,也不可能将一个高档商品广告投放到一份低俗报刊上。同时,他们对广告投放的反馈也有精确的测算。因此,"申报"除尽可能地同国际惯例接轨,采用广告代理制外,还通过准确定位市场、讲究目标群体投放有效性、与知名广告公司建立良好联系、与广告供应商经常沟通磨合、公证发行量等手段,使自己成为广告公司的上佳选择和理想合作伙伴。

【印刷】

数年前,世界广告投放量最大的公司之一宝洁公司的一位主管曾对我说:他们公司每年都有大量的广告费因为不能转入下一财政年度而烂掉,之所以不把它们投放掉,是因为除了电视广告外,找不到合适的纸质印刷媒体,尤其是报纸。这番话对我的刺激很大。确实,当时找不到一张印刷精美的报纸。后来"申报"有了豪华版,无疑靠此吸纳到了许多国际知名公司和品牌的广告。同时,彩色普通纸的印刷也因为质量有了改进而受到青睐。所以,报纸的印刷质量并不是无足轻重,而是举足轻重。是用进口韩松、加拿大纸还是南平纸,是考虑吸墨性好还是白度高,亮度高的纸受欢迎还是视保护的亚光纸受欢迎,是用依科美机器还是高斯机印刷效果好,是低薪聘用一个普通调色师还是高薪聘用一个专业调色师,包括机长的敬业精神和工作态度,印刷机是否擦干净,其实都关系到一张报纸的印刷质量。印刷质量又关系到报纸的外观包装,而外观包装又是打动读者的第一视觉形象和形式美。

作为专业的虔诚的办报人,我们会注意每一期报纸的彩色效果,有没有失真,红板多了还是蓝板多了,照片的分辨率够不够,照片框压线是否无误差……

【技术】

报纸创办之初,要突破的一大瓶颈就是技术。当然,对于一般不讲究技术质量的报纸来说,这是无所谓的,但对于一张投身市场、追求卓越的报纸来说,技术也是一个制胜诀窍。

记得 1997 年底试刊时,我们试图采用北大方正最新的飞腾拼版软件,但由于技术上尚未成熟稳定,致使我们在试刊时陷入僵局。拼版设计人员辛辛苦苦设计了一个版面,却发不出样子,手忙脚乱一阵,仍不能解决问题,找来维修人员,也半天琢磨不出个好办法来。出版日期已定,而难关无法攻克,急得我们满头大汗,最后迫不得已,只好返回到较成熟的维斯拼版软件,以便同解放日报的电脑车间接轨,确保万一发生技术故障,也可以得到大报的技术后援。最后,我们选定的操作平台是 Windows 3.11 英文版,拼版软件是维斯3.1 版和 Photoshop 图像处理软件(一些美术拼版编辑还外挂 Coredowe 等图像软件)。

这一遭遇给了我们一个教训:在技术上,切勿成为新软件的试验田;对于报纸这种需要定期正常出版的特殊产品来说,支撑的技术软件最好还是以性能成熟稳定的为好;技术的关键应该放在拼版设计人员提高开发运用软件的能力上,诸如掌握色彩效果,掌握图表制作,掌握扫描水平等等。

【管理】

美国学者彼得·圣吉所著《第五项修炼》一书提出了"学习型组织"的概念,其基本观点是:未来真正出色的企业,将是能够设法使各阶层人员全心投入,并有能力不断学习的组织。"唯一持久的竞争优势,或许是具备比你的竞争对手学习得更快的能力。"所谓"五项修炼"是指系统工程、自我超越、团队学习、改善心智模式和建立共同愿景。一个成功的团队,其中每一个成员的智商可能只有 80,团队的智商却可以达到 120。"申报"的管理模式,是在继承新闻单位传统的三级垂直管理模式的同时,向新型的扁平化学习型组织转化,舆论导向上纪律严明,业务上却强调横向之间的合作、协调、交流、渗透、激发。借鉴科研领域的课题组模式,我们形成了以选题为中心,策划、文案、写手三结合的工作组模式,充分发挥各个记者编辑的擅长,调动报社内外的人才资源。实践证明,其运作是非常有效率的。我不知道这种不光将工作作为"工具性",也追求其内在价值的运作方式是不是具备了"学习型组织"的雏形。

【包装】

办报必须研究读者的口味和心理。当然,适应读者决不是说不要导向,引导不是迎合,通俗也决不是恶俗。对于市场化程度较高的报纸来说,"扮靓自己"是必要的,因为今天的你,已非"皇帝女儿不愁嫁"。读者视觉的第一落点是报纸的"外包装",第二落点才是对内容的关注和思考,因此,报纸的形式先于内容进入读者的视线,也因此,报纸的现代感首先体现在形式感上,报纸的包装形式变得非常重要。"申报"最初的成功,很大程度上也得益于形式的包装:封面大照片、大标题、大提要,具有视觉冲击力,所谓"三大一冲";内页中英文版头、版式设计新潮,具有全彩效果;按性质相关分成四叠,后又推出铜版纸豪华版,在当时的市场上均具有首发效应,受到广大读者的青睐。

【工艺】

"申报"初获成功时,一位报社老总几次指出"申报"版面与其他报纸的区别在于"正气"。我觉得这两个字用得非常好、非常内行,一言以蔽之概括出了"申报"的特点。之所以会显得"正气",我认为除了版式设计较为成熟稳定外,还得益于先期策划的精心、基本谋略的不同。我们的版面是有灵魂的,是一个有机的整体,是有章可循的,从版面的配置、序列、调整到编辑思想的确立、栏目的设计、选题的制作都遵从一定的原则,具有一定的有机联系。这种通过一段时间的磨合所形成的内在编辑组织运作程序和工艺,是一种内在素质,是极其重要的,也是竞争对手最难在短期内如法炮制"克隆"的,堪称"申报"制胜的一大法宝。"内在素质"的外化,就是"正气"。有些报纸主要是办给市场经营者和生意人看的,也有些报纸主要是办给广告商看的,而"申报"的服务对象则是终极消费者,是一个个具体的读者和消费者。所以,办报的出发点是完全不同的,最终的版面体现也就完全不同。

【必读】

读者为什么一定要读我们这份报纸,哪些内容是读者一定要从我们报纸上获得,或者喜欢从我们报纸上获得才感到够意思的,这就是我们报纸的"必读性"。一些报纸,尽管也有一定的发行量,但因为没有形成这种"必读性",也就无法最终确立自己独树一帜的品牌地位,而没有"必读性"也就没有读者的"忠诚度",只能沦为被其他报纸罩住的二流补充类报纸。

一则有关时尚流行的报道,今年过节男孩女孩该送什么礼物的讯息,应该首先从《申江服务导报》而不是从《解放日报》这样的报纸发出,而对于我们的读者来说,从"申报"这样一份具有时尚潮流性的休闲型报纸上获取这样的讯息才是够味的,有感觉的,值得信赖的;相反,有关"两会"召开的重大新闻,刚刚发生的印度大地震的讯息,则应该从《解放日报》而非"申报"上获得才是权威的,值得信赖的。这就是报纸与报纸的差别。一些报纸之所以在竞争过程中无法取代另一些报纸,就在于无法消灭竞争对手的"必读性"。当然,对于细分市场的特色报纸来说,能够保持住自己的一种"必读性",就足以占据一席市场。随着生活服务类周报市场竞争环境的进一步趋烈,指望"一枝独秀"已无可能,"申报"需要改变的编辑思想和经营策略,就是要从过去"办一张无差别的报纸",转为"办一张有差别的报纸"(这里的差别不仅指报纸的差别,也指包括营销服务在内的所有的差别),在这种差别中找到自己的"必读性"。

【创新】

创新是报纸的生命。"申报"创办之初,有四大卖点:封面的明星大照片,以报道社会新闻而非赛事为主的体育通版报道,以报道加照片面貌出现的征婚版,和注重策划包装、边界拓展到股市人生的五个股票版。这些版面之所以受到读者欢迎,是因为它们或形式,或内容,都有创意,尤其是报纸上开设征婚版,可以说是开辟了从未有过的一个新领域,从 001 开始的征婚对象以及随后每期的跟踪报道,引起了读者极大的兴趣。

记得当时有一次乘坐出租车,开车司机对从 001 到 011 的十多位征婚对象竟然如数家珍,了如指掌。一直到百岁老人章克标征伴求侣成婚的独家报道轰动海内外,征婚版达到了空前的高潮。但是,"花无百日红",由于以后一直维持原状,征婚版的吸引力慢慢趋弱,而读者的期望值却越来越高,因此必须不断推出有吸引力的新版面。从专副刊的范畴来说,以后又推出了"白金组合"板块,选题独特,讲求对仗(巧对而非工对),故事另类,文笔精妙,如"苏州河"和"秦淮河"、"贴面时代"和"本色英雄"、"外滩的背面"和"虹桥的里面"。再后来,又在网络热中推出了"网络板块"(包括报道软硬件的"流行 PC"、类似个人主页的"我的申报"、网报互动的"申报在线"),以及新闻性与趣味性、服务性结合的"虚拟新闻"、"揭秘新闻"等。从时间性上说,我们几乎每个月都推出主题性的策划。以 2000 年下半年为例,从为读者提供假日休闲的"5·1 提案",到针对儿童节的"大话 6·1"、7 月份的"仲夏之旅"、8 月份的"情景喜剧",一直到针对十一长假的"10·1 地图"、11 月份的"揭秘新闻"、12 月份的"虚拟新闻"。而逢一周年、二周年、三周年,我们更是以追求卓越的创新精神,推出精心准备的大策划、大制作。一周年出了 100 版,二周年出了 112 版,三周年推出了新世纪特刊,可谓"月月有策划,年底大策划",旨在不断创新,保持不败。

【新闻】

美国人老大自居,最看重的是本地新闻,对国际新闻并不重视。上海人也重视本地新闻,但或许是因为上海正走向国际大都市的缘故,上海人对国际新闻的关注程度有时甚至超过外埠新闻(《环球时报》在上海热销即是一证)。但一般来说,新闻价值总是同亲近性、相关性呈正比的,对于"申报"这样的周报来说,如果用硬指标来衡量,那么,新闻题材应指一周内发生在上海、60%以上的读者感兴趣的题材。"申报"新闻强调"三门"功夫,即热门、冷门、独门,而尤其出色的是独门,不仅指独家题材、独家报道,更是指独特思维、独特感受、独特角度、独特处理,或者更极端一些说,是独家题材另类报道。遇到合适的新闻题材,"申报"的原则是按照周报的做法对题材作深度开掘,即:加宽、加厚、加深。或开"第一枪",或开"最后一枪"。还有人开玩笑给"申报"八字提示:一网打尽,一记耳光。意指应该概括一周内所有报道,或予以全面总结,或予以全面驳斥。

【攻守】

"新闻主攻,副刊主守"——靠新闻抓进读者,靠副刊留住读者。新闻和副刊此消彼长的转换过程,可以说贯彻了整个中国的报业。新闻总是最具有冲击力,最能抓住大众读者的,60%～90%以上的人感兴趣的才叫新闻;而副刊则是分众的,可能只有 20%～30%的人感兴趣,但只要能抓住、抓定一批读者,就可以累积读者。新闻弱,报纸就软,新闻强,报纸就硬,重新闻的报纸往往偏男性读者,重专副刊的报纸则多女性读者。当然,在新的办报理念下,新闻和专副刊也有融合的趋势,尤其是周报的新闻,因为较强调深度和背景,往往采取了许多专刊的做法,而一些专刊的制作,则又强调新闻由头和新闻背景。以介于新闻和副刊之间的大特写为例,有头有尾、起承转合的写作方式曾经风靡一时,并诞生了一批颇具知名度的大特写作家,一些报刊也以此为"招牌菜"走红。但随着社会生活节奏的加快,人们的阅读方式也发生了很大变化,铺陈叙事、不厌其详的大特写渐为人所不适,现代人,尤其是年轻人,更容易接受简洁明快、直截了当的新闻处理方式,所谓小包装净菜上市,即榨干水分,浓缩信息,减少倒脚,直接射门。

【动静】

与追求动态时效性见长的日报相比,周报相对处于静态。这并不是说,周报不讲究时效,如果能抓到最新的独家新闻,周报当然不会放过。出版日前发生的新闻,也是周报的一个研究课题,比如体育,比如股市。但相对来说,周报更注重的是在新闻由头、新闻背景下作题材线索的进一步开掘和深入,把动态做成静态,把静态做成动态,这就需要周报人员除了办日报所具有的新闻敏感性和鉴别力外,还需要更进一步的学养和功力。同时,还需要有知识结构的调整和完善。因此,我时常建议办周报者先办一个读书版,因为这样可以先形成一个与读书圈的界面联系,营造从业人员的读书求知氛围,说实际一点,还可以获取做版面所需要的大量出版信息和书籍。打个比方说,周报有许多以策划性见长的选题,不光需要有对新闻的敏感,还需要有对大局、趋势、规律的把握和提炼,才能去芜存精,技高一筹,从动态速食中做出静态精食的大餐,站在高处看风景,厚积薄发,大气勃发。关于苏州河的报道,我们酝酿了几个月。黄浦江随着浦东开发闻名世界,而苏州河作为城市内河,流经区域广阔,更具民俗性市井性,对上海市民更有亲和力,而相对未成为报道热点。从现实的层面来说,苏州河支流截污工程取得阶段性成果,河水渐渐变清,臭气渐渐不闻,逐渐成为媒体热点。在此铺垫基础上,我们提炼出报道主题词:苏州河,母亲河——20世纪的城市遗产,21世纪的生活方向。从人文意义上重新审视苏州河,在研究大量现有出版资料,聆听多方专家意见,雇船沿河沿岸采访后,提炼出了我们的13个观点,把苏州河虚拟规划成外滩旅游景观区、流行文化区、生活住宅区和校园人文区四大区域,不光将苏州河看作河,也看作河街,尤其是遐想成为"流行文化重镇,市民共享空间",可以说在所有报道中独树一帜,具有相当的前瞻性,刊出后,引起各方关注和广泛反响,将苏州河报道引向深入,起到了周报"一网打尽"的效果。

所以,以学养根基做新闻,以静制动,以动制静,是我们的办报辩证法。

【实用】

一位报社老总提出:"刊登比新闻更多的东西"已是今日世界性办报潮流,注重报纸的实用性,是现代报纸于新闻价值之外的另一种价值。现代中国报纸,除了成为"宣传纸"、"新闻纸"之外,还应该成为"实用纸"。这是一种不仅被提出,而且已渐为人接受并逐渐开始成为市场事实的观点和实践。从国外的情况看,报纸具有实用消费功能已成为不争的事实,商业消费类报纸比比皆是。据称,这类实用服务性报道在美国被称为"菜篮子新闻",受众可以根据它提供的信息,作为具体的行为指南,即有"直接报偿"的作用。而较书面的解释是:读者可以根据它所提供的具体可用的信息、方法,决定是否做某种事情,或者如何做某种事情,这种具有直接可用价值的报道就是服务性报道。正如秦绍德同志在"申报"创刊号上所说的那样:"历史行进到今天,人们对报纸的要求,不仅要好看,而且要有用。好看,就是有可读、耐读的新闻;有用,就是为读者提供各种服务。"

【消遣】

在地铁车厢或者快餐店里,我们时常可以看到一些年轻人翻阅着一沓花花绿绿的报纸,地铁到站或者吃完快餐,他们会匆匆收起报纸甚至随手扔进纸箱,而并不像过去的老读者那样,把报纸当文件来读,顶真到发现一个错别字就要写信投诉。对于他们来说,读报只是一种打发时间的手段,一份用餐的佐料,当然,从这种轻松的享受中他们也了解了有兴趣的国际资讯和所需要的时尚生活资讯。但这种阅读是主观随意的,并非照单全收。一位专家把报纸分成文件报、精英报和市民报三类,对于市民报尤其是众多服务于现代市民的生活资讯类报纸来说,消遣功能明显增加。现代报纸,尤其是娱乐休闲类报纸,除去作为以真实性为宗旨的新闻信息载体外,无疑还增加了游戏释放的功能,读报是一种消遣和放松。对于现代人来说,通过读报求得心理上的释放和平衡也是报纸的一大社会功能。"申报"作为一份都市娱乐休闲型报纸所创造的趣味阅读模式,恰恰在于对这种媒体释放功能的开发,"申报"对于娱乐休闲、消遣游戏功能的开发和加强,相比较周末版浪潮和都市报潮流,更为自觉和淋漓尽致。

【人本】

指诉求对象的"血肉化"。"申报"专副刊的配置结构是以市场化理论主导形成的,而在具体的版面操作时依据的却是"以人为本"的服务思想。服务版操作的要领是一个"贴"字,忌的是一个"隔"字。"贴"要贴两头:一是紧贴市场,反映市场气息,体现行业竞争;二是紧贴读者,为读者提供"度身定制"的贴身服务。这就需要把每个版面的诉求对象设想成一个有血有肉、活生生的个体,体现"以人为本"的思想。举例来说:"食不停"版曾经设置了"点吃频道"栏目。做法是设定具体服务对象,对象可能是一个三口之家为儿子做生日,也可能是一个大家庭为老人祝寿,可能是情侣小酌,可能是同学聚会,也可能是公司的商务应酬。他们各自的要求是不同的。我们可以根据不同要求,帮助他们选择合适的饭店,帮助他们点菜配酒水,介绍用餐知识和注意事项,并由饭店让他们享受折扣优惠(凭本报和本人身份证)。这样做,既可为有类似要求的读者提供服务参考,又可为消费者提供最直接的服务。

【货架】

指版面内容的"货架化"。"货架"的创意取自超市。我们知道,超市里的货架都是固定的,货架内放什么商品也基本上是稳定的(定期更换),顾客要找什么东西很方便。我们的报纸好比"货架",版口相对稳定,具体每一个版面安排什么内容也基本稳定,这样做既可方便读者查找阅读,也同形式上的格式化理论相配合,便于操作。如"家电版"的构思,以某一期为例,头条做的是"带三张碟片去试机",谈的是怎样选购 VCD。左上角与之相配套,列出了市面上热销 VCD 品牌的价格性能比表格,横右配能买到的最优惠价 VCD 介绍,再接下来,是相关的 DVD 介绍,最下方是有关 VCD 的使用知识介绍和售后服务信息,这样就完成了整个版面的有机勾连和"货架陈列",使版面成为一个有机整体。接下来的选题制作,也基本上是按照这样的思路。这就是所谓的"货架理论",它使我们的版面有章可循,有条不紊。当然,固定不变的货架久而久之也会让读者生厌,因此,必须定期重新设计、更换。

【通道】

我们的许多版面都设计了通道,目的就是为了让读者通过这些通道走进我们的版面,让读者不仅看报,而且用报,不仅成为报纸的读者,而且成为报纸的朋友,成为最终的消费者。这是我们服务版不同于以往的一种新办报思路。比如我们的"休闲节拍"版,设置了一个"新干线"栏目,前十名来函读者可参加本报与娱乐场所组织的联谊活动,每次都可收到100多件回馈。几个月下来,编辑就造了一本读者花名册,一大批俊男靓女因此成了我们的朋友,每周买"申报"成了他们的"功课",而编辑的选题也得之于他们提供的信息。许多年轻朋友甚至还成了编辑的助手。同理,消费类版面如果能为读者提供有效购物信息,便可在消费者中赢得口碑;股市版、就业版如果能为读者选准股,找到工作,也能让读者难以忘怀;求医版如果能为读者提供准确的求医信息,更能让人终生难忘。最终的结果,是一批"迷"的诞生。我们认为,报纸的影响,就是靠越来越多的"迷"来扩散的。而随着报纸岁数的增加,"迷"的队伍也会越来越长。这一切,都需要每个版面从我做起,"赚"一个是一个,日积月累,层层叠加影响,最终形成一个以"迷"为中心的稳定读者群。而"迷"的产生则是一张报纸成熟的标志。

【另类】

指题材领域的另类延伸、制作方法的另类拓展、新闻功能的另类开掘。

"申报"创办之初,我们开拓了征婚、保险、超市、个人理财等崭新的报道领域,但题材领域的延伸总是有限的,因此必须寻找更新的新闻制作方式。"申报"有别于传统新闻制作方式的关键词是"另类"——它与新闻的本质是相通的,即:求新、求奇、求巧、求绝。依靠另类处理和地方性的语言特色所塑造的"不可替代性",为"申报"赢得了特定的区域读者和白领读者群体。与传统新闻、主流新闻相比,"申报"在坚持正确舆论导向前提下,走的是一条更适合现代年轻读者口味的"另类新闻"道路,它无意也无法取代整个主流的新闻世界,却具有自己的独特性、不可替代性,并能为主流新闻提供许多活性因子。事实上,我们已经在主流新闻中见到了这种在具体新闻操作方式上的影响和渗透。今天的另类,可能就是明天的正统。

【网络】

一位社会学家指出,网络时代的法则是:甲企业成功,不等于乙企业成功,今天成功,不等于明天成功。报纸的时代前提在变,读者的阅读习惯和方式、对媒体的态度在变,报纸的媒体位置和意义也会发生变化。从办一张"电视时代的报纸",强调大照片、大标题、大提要的视觉冲击,到办一张"互联网时代的报纸",强调个体性、参与性、游戏性、互动性、虚拟性,让读者自主参与,与读者双向交流,和读者共同营造一个妙趣横生的虚拟阅读空间,作为大众媒体的报纸,必须随时适应时代的嬗变。针对网络的发展,报纸的内涵还应在一些方面加以深化,如根据网络的搜索功能和网上新闻的概括性特点,应强调更直接突出信息的方式("申报"发展了"小包装净菜上市"、"套用词典关键词"的新闻处理方法);根据网络的互动性、参与性特点,应更强调读者的参与和互动("申报"发展了"休闲节拍"、"我的申报"、"申报在线"等版面);根据网络的虚拟社区性质,应更强调阅读趣味和游戏感觉("申报"推出了"白金组合"、"虚拟新闻"等版面);根据网站的走向和商务趋势,应更强调垂直门户和地域色彩("申报"版面较讲究上海方言和地域意象,如建筑、马路、弄堂、酒吧等)。

【时尚】

有位广告人说:广告不能创造财富,却能加速流行。当然,广告公司是赚钱的,报纸也一样,但就其作用而言,却颇为一致。广告引领着时尚,类似"申报"这样的白领媒体也在创造时尚,"申报"无疑已成为白领群体的一个时尚品牌。比前卫慢一点点,比流行快一点点,比另类多一点点,比经典少一点点,这是我们对时尚的理解和所掌握的切入时机。当然,对时尚也可以有不同层次的把握,不同年龄者对时尚概念也有不同的理解,新新人类喜欢追逐先锋前卫的生活方式,正是他们的积极加入,最终把时尚变成了大不流行,对于他们来说,捕捉流行色也是一种反映。现今流行什么菜系,今夏流行什么色系,或者逮住某个街头时髦女郎简单采访一下,图照并用,这种浮光掠影的信息发布于报纸固然也能赢得一部分读者,尤其是不太成熟的少男少女追星族,对于他们来说,深刻反而是一种累赘。但是,成功或成熟人士(一般年龄稍长),对时尚的理解却更强调个人品位,更强调趣味选择,由此趋于经典,那就需要我们不光满足于充当油漆匠,仅仅在题材上涂一遍流行色,还要把握先机,由表及里,从经典的角度审视色彩下的内在材质:时尚是怎么形成的,它与历史的联系,与感受主体的关系,由此将时尚提炼、升华为经典。这就需要报纸更有想法,记者更有眼光,编辑更有判断力。作为一份成熟的有社会责任感的报纸,它还能做的一件事就是通过对时尚的筛选,更高层次地进行分析,进而引导时尚。当然,对于报纸这样的平面媒体来说,也不能过度"纵深化",不然,就会丧失最基本的读者群,引导不是迎合,但毕竟,要先引后导。

【海派】

在创刊最初的一段时间里,我们一直在《申江服务导报》的"服务"两字上下工夫,但我们很快醒悟到,"申"才是我们的旗帜。即便服务新闻和信息,也应该具有浓郁的地域特色,地方性越强的信息其服务性也越强。追溯之,"申报"为适应当时学界和文化界掀起的"上海文化研究热",同时也不负"申"名,推出了"珍藏上海"版面,意借"怀旧"的"桥梁"沟通与上海市民的联系。当时征集了不少老照片,并设计了请上海市民辨认一幅老照片的活动,推出后反响强烈。我们为此又做了一个通版的内容。初步尝试,即让我们尝到了具有文化内涵的创意版面的甜头,之后,我们又将此创意深化至"都市小品",举行了"上海情侣路"的评选活动,由于唤起了上海人的甜蜜回忆与怀旧情绪,反响异常强烈,经过几个回合的版面,终于揭晓,"情侣路"概念也随"申报"深入人心。我们意识到:"海派"应该是我们这张冠以"申江"之名的报纸的鲜明文化特色,不仅是"精短快活"的形式,更是精明、精致、精制,讲究生活品位和生活情调的历史文化底蕴。旧上海是殖民文化,新上海则是一座迈向国际大都市的现代化开放城市,一以贯之的是"八面来风,海纳百川"的开阔胸襟和典雅风范。随着上海的崛起,"海派风格"、"上海生活"也将成为一种经典时尚。我们将"海派文化"泛化至整张报纸,大大提高了各个版面的文化含量和品位,使"申报"呈现出"大雅大俗"的风格。

【趣用】

"趣用结合"是"申报"专副刊的一大编辑思想,而善于化腐朽为神奇也可以说是"申报"人的一大智慧。古人有词云:残山剩水无态度,被疏梅料理成风月。也就是北京人常说的"狗屎做酱"的本领。许多平淡无奇的物事,当用独特的审点、独到的视角、独到的处理方式去"料理"时,就会变成一道妙趣横生、脍炙人口的美味佳肴。比如,我们做过"青春痘"和"头皮屑"一对"白金组合",将此两样东西从现实生活中提炼出来做,版面就显得不同于众,而由于围绕着"痘"和"屑"出现了大量的电视、报纸广告,更使之成为令我们的年轻读者很感兴趣的"时尚物"(有时候,广告背景也是我们寻找题材的契机)。光看"青春战痘"、"痘痘自述"之类的小标题,就显得机智幽默,再往下读一个个鲜灵活跳的故事,更令人忍俊不禁,捧腹不已。又如,我们还做过"缝纫机故事会"、"打火机俱乐部"一对白金组合。缝纫机和打火机是我们生活中司空见惯的东西,缝纫机甚至趋于淘汰,但回忆手工年代、匮乏时期的过去,谁的肚子里没有一桩有关缝纫机的故事?而男人不管抽烟不抽烟,恐怕都有过与打火机打交道的经历和故事,打火机的时尚变迁所反映出的生活变化和观念变化,正可印见"小物件,大时代"的立意,也即我们所主张的"物质生活"、"细微主义"。

选自《新闻记者》2001年第6、7期

传媒改版思路与决策依据

陆小华

面临创刊、改版决策之时,媒介操作者都需要不断自问,选择什么样的调整方案? 应当如何选择调整的基本思路? 调整决策主要依据是什么? 过去,人们往往凭直感进行判断和选择,这并不错。在市场打开之初,许多成功者有这样的感觉,想象力有多大,市场就可能有多大。但当市场被打开,或者说市场比较成熟、跟进者做得比先驱者更好的时候,再只凭感觉和想象力调整,风险系数就比较大,这时,就应该很周密切实地考虑调整思路和决策依据。

一、是市场缺失,还是功能缺失

当一份报纸的发行量没有达到创办者预期水平时,人们的本能反应,往往归因于市场缺失,认为自己所做的东西读者还接受不了,感觉这一块市场还没有成熟,市场空间不够大。实际上,酝酿及策划改版时,确定传媒的整合、调整思路时,报刊操作者首先应该提出的问题,是要自问本报功能是否有所缺失? 所提供的东西与市场需求之间吻合度是否远远不够? 以往所做的还存在什么缺陷,应做什么调整?

以财经报刊为例,20 世纪 80 年代,《市场报》、《财贸战线》(《经济日报》的前身)和《经济参考》等经济类报纸的成功开拓,使经济类媒体成为人们的关注焦点和重要信息源。但后来,这些创办较早的经济类媒体的见识、判断以及信息收集没能与时代同步,没能与人们的需求同步,没能面对已经拓展了的市场提供新的东西,更重要的是,他们讨论的话题已经偏离了人们的关注焦点,因而丧失了当初的领先者地位,丧失了当初的舆论中心和信息中心地位。20 世纪 90 年代,随着资本市场和证券市场的复生,证券类报刊对公众和资本市场开始产生深刻影响。但证券类媒体的报道范围、报道构成还比较窄，而国内外金融领域的诸多变动与普通人的利益相关度越来越大，这使得人们再也不能漠视经济走势、经济决策与经济行为对自身的影响。与此相适应，资本市场参与群体迅速扩大，人们关注、获知经济新闻及信息的动机更为经济化，对更为有见识、有效率的财经类媒体和报道的需求强烈呼唤新型财经媒体的诞生。于是，《财经》杂志等等财经报刊和节目应运而生。

媒体之所以要改版，之所以感觉自己与市场需求的对接存在偏差，就是因为缺少一些功能，不能填补市场缝隙，不能满足市场需求。对于开创了一个领域的先导者和领跑者来说，也许可以说，最怕的不是缺市场空间，而是怕功能缺陷。缺了市场，有时还可以通过制造需求创造出来；缺了功能，已经创造出来的市场，也会被人拿走。

二、是调整定位，还是调整定性

报刊面临调整改版之时，人们都会提出定位问题。其实，一些报刊、栏目、节目没取得预期效果，没能打开市场或从优势地位衰落下来，问题并不是出在定位上，而是出在定性上。

1. 单纯调整定位能否摆脱困境

单纯以调整定位为摆脱困境或切入市场的思维方式并不完全对。因为并不存在这么一群什么报纸都不看、什么信息渠道都没有、就等着读你已经在办或想办的那种报纸的潜在读者。这种可能性很小，这种时代已经过去。

在网络时代，传媒决策的基本前提是"信息渠道多元化、信息需求多元化"。就是说，每一个普通人都会有多个信息渠道，读者的基本需求一定是多方面的。

实际上，选择读者和选择市场、选择对手有时是一个意思，也就是指在下一步切分市场的时候，选择哪一部分人作为自己的同盟者，选择哪一家报纸作为竞争对手。应当假定所有的读者都是独立存在的，都是成熟的。如果一个传媒以改变读者为成功的前提，那是进入了误区。我们不能假定自己清晰地了解读者的需求,应当假定一个读者独立存在因而其需求是大致成熟稳定存在的,但又要假定读者的需求是在不断变化的,他的爱好和接受水准也都在不断变化。这样,报纸就必须根据他的变化了的需求提供不同的满足。

2. 调整定位与策略定位

报刊调整定位时所讲的定位,一定包括内容定位、功能定位、手法定位、方针定位。考虑到是在面临报业市场激烈竞争的情况下讨论定位调整问题,一定还要包括调整策略定位。就是说,要分析竞争对手哪个地方做得比较强,哪个地方做得相对不强,然后相应确定自己的竞争策略。

2000年,某省会城市一张在零售市场发行量排行第二的报纸策划改版,最初的版面分配调整方案中,准备把国际版、体育版分别由一个扩为两个。这样,其国际版、体育版数量就与发行量居第一位的那家报纸刚好相等。为什么要刚好相等?这样决策根据何在?理由是这个省会城市有深厚的体育传统,中青年读者群非常关注体育、国际类新闻。仅仅从策略上考虑,发行量居次的报纸为什么要简单地与发行量居前者取齐呢?为什么不能弱化某些相对次要的领域,而在最有市场吸引力的体育、国际报道方面加倍投入版面资源和编辑力量呢?比如,可以考虑把国际版和体育版各扩到四个版,使自己在两个方面特色非常突出,吸引更多读者,弱化排行居前者的控制地位。

策略定位的成功很大程度上依赖于办报人必须想清楚自己的基本资源。例如《财经时报》作为中国证券市场联合设计中心所办的报纸,所依托的基本资源和股市有关。那么,竞争策略上就有两个选择。一是按照常规思路从事证券市场报道,这样就可能正面遭遇一些较强的市场竞争对手,而且很难与之有明显区别。第二种选择是灵活运用这个基本资源并向财经媒体先行者做得比较弱的领域拓展,避开同已经很强的对手正面竞争。这是比较理性的选择。

三、是凸显个性,还是凸显理性

1. 报纸需要整体面目清晰化

从制定竞争策略、赢得竞争的角度说,报纸的个性化不应是没有规律可循的个性凸显,而是判断标准、提供方式、整体面目的清晰化;需要体现一种集体价值判断,而不是体现某些个人的价值判断。所谓判断标准、提供方式、整体面目的清晰化,某种程度上与树立一种评价标准和评价方式紧密相关。

观察一下报摊,正常的情况下,人们买一张报纸的决定时间平均约为五秒钟,很少有人在那儿把所有报纸的头条新闻都看清楚才掏钱。这五秒钟因为什么而决定? 就是根据一种阅读期待,根据他心中已经很清楚的这个报纸会提供什么东西的期待,阅读以后会有什么收获的期待。阅读期待感越强,读者越忠实。因此,办报者就应该使读者对自己的判断标准、判断方式有很简单的概括和很明晰的了解,让读者知道,如果他要知道某一类东西,就可以读这张报纸。在这样的时候,读者特别不希望一张报纸体现的是没有规律的个性化。

2. 无规律个性会分割整体

很多报纸体现出的恰恰是没有规律的个性化。头版新闻对某种东西的判断,和另外一版的判断是两样的。在传统媒体,每一个专刊都可能是一块非常好的自留地,专刊的走向往往依赖于这个专刊的主编而不是报纸的总编辑。这样,实际上是对报纸整体形象的分割,使之变成了多面体。

对许多媒体来说,特别需要体现一种集体价值观,而不是个人价值观。在今天,媒体所作的报道与判断会涉及许多财经事件、财经实体或者人物,涉及金额也会很大,媒体报道可能会产生或泯灭很多投资机会。这样的时候,如果是依据集体价值观判断,就可能更理性一些,更中立一些;如果是依据个人价值观进行判断,就可能偏激一些。如果更多地体现个人利益,代价往往是损失报纸整体利益。

四、是收益管理,还是内容管理

人们所讲的传媒内部管理,实际上在两个方面实施。一个方面是对人、财、物等资源和收益实施管理,另一个方面是对内容实施管理。

对人、财、物等资源和收益实施管理,是人们最容易看到和讲到的。例如,一些新切入市场的报纸特别相信所谓"按市场价买人"的效果,感觉这个人值多少钱就要给多少工资,一下子把某些类传媒人才的市场价格炒得很高。这样做产生了两个结果。一个结果是一部分人感觉自己的价值得到一定体现,而选择进入这些人才价码比较高的地方;第二个结果是这样的地方并不像人们想象的那样人人锐意改革。因为,当传媒平均工资或者个人工资远远高于社会平均水平的时候,如果人们没有真正的归属感,是很少有人愿意轻易和老板意思相违背,很少有人愿意为所谓创新和改革冒很大风险。所以,就会出现一些收入水平较高的传媒,却没有体现出相应的创新动力,似乎是管理层的几个人在锐意创新,而员工在观望。这应当说是人们设计所谓市场化运作机制时始料不及的,是内部管理实施的一个弊端。

其实,媒介管理最重要的部分不是对人、财、物的管理,是对内容本身的管理。

如何实施内容管理? 传统媒介习惯使用的管理模式是题材管理,主要管理着力点在管线索、管点子、管题目、管构思。这样做当然有其合理性,但仅仅这样做,在今天的形势下,就显得远远不够了。如果仅仅管题材,认真分析就会发现,这种模式管理有效与否依靠的是记者对新闻信息的掌握状况。这样做,报纸提供的内容容易有较好的新鲜度,但随机性较大,指向容易显得零乱。当前,内容管理应当从单纯的题材管理模式过渡到意图管理模式。

所谓意图管理,就是不管天下发生了什么大事,不管发生什么样的突发事件,一张报纸一定要关注一些问题、一些主题,这张报纸的总编辑、主编们脑中一定要有一个问题单子,隔一段时间选择一个问题推出一组重头报道,或围绕这个重头问题去组织报道。决不能让自己的记者力量、编辑力量完全跟着题材走,完全跟着事件走,完全跟着新闻走,完全跟着别人走,那样,肯定是无法在市场中占有有利地位的。

五、是追求占有,还是追求整合

所谓追求占有,是指追求通过自己的采访努力直接获得材料以作出报道。任何事件发生以后,一个职业记者的本能,就是去采访。虽然他本人知道,自己去很可能还不如从别的信息源拿来材料分析更适合使用;虽然被采访对象已经接受了几百人的采访,能说的话都差不多说完了。但是,我去了,我采访了,我得到内容了,我写了,我发了。这五个环节构成的过程,对记者既是工作过程又是享受,让记者能感受到职业的自尊与成功的快感。

追求占有确实也应是一个有实力和竞争力的新闻媒介本能的东西。虽然,去采访会劳民伤财花很多钱,虽然,自己的记者去了不一定真的能搞回需要或想要的东西,但一个有实力和竞争力的新闻媒介的总编辑还是希望,只要一桩值得关注的新闻事件发生了,就要派自己的记者去。有自己的记者到现场,就是关注,就是竞争力的象征。

但对一个有实力和竞争力的新闻媒介,仅仅本能地追求占有还不够,更要追求整合。特别是对于周报来说,更是这样。

所谓追求整合,有三层意思。

第一层意思就是要充分利用后发优势。一桩新闻事件已经发生四天了。这四天里,报纸、广播、电视、网络等各类媒体都作了报道。到了星期五,一张周报要拼版了,这个时候,怎么利用别的传媒已经发表过的东西?习惯采用的处理方式有许多,有的就采取避而不谈的办法,就当没看见过,不管别的传媒是否说过,自己再说一遍。但这样做,在读者心目中可能产生相反效果。应当怎么办?周刊应当充分利用后发优势,把发稿时间间隔演化为一种操作空间,在截稿前把所能看到的各家传媒的报道和评论都收集来,罗列,引证,分析。

第二层意思是充分利用内部整合效应。为了避免每一个部分各行其是,怎么把内部资源有效整合,利用内部整合效应加速发展,这实际上是一个永恒的课题。

第三层意思是实施大跨度历史资源整合。所有学科的历史积累,都可能成为宝贵的报道资源或辅助手段。

六、是强化分工,还是强化流程

报刊改版时往往会这样:发现某一部分有所欠缺时,本能反应就是强化分工,更明确员工和某个部分的职责,完成已确定或新安排的任务。实际上,更应该强化的是流程。

流程控制并不是只指生产环节的平稳衔接,有时更是指状态的控制。以《21世纪经济报道》为例作几点分析。

一是模式控制。一张报纸的分析模式必须是具有自己特色又具有多样性的。从分析模式的角度说,《21世纪经济报道》的优点和缺点是共生的。它是借用《南方周末》处理新闻的方式、套路处理财经新闻、财经报道。其好处是有延续性,能控制住原有读者群;其缺点是分析工具过于单一,读者阅读一段时间就能看出其套路了,就会感觉它不能成为主要信息源、思想源。

二是指向控制。《21世纪经济报道》与其他媒体存在一样的问题。一个是记者队伍过分彰显个性,使得版面并不能完全体现出整体判断指向,甚至会出现大记者难以被有效控制、主编屈从记者的判断而判断的情况。另一个是,他们敏锐地看到市场空间以后,习惯于通过版面资源的再分割去占领一块市场,从而形成事实上的另一种媒体。例如他们很敏锐地把社科、人文等作为重要报道源和处理重点,这样迎合是战略需要,但这也给所有的后来者一个机会。

三是分量控制。对一些熟悉、重点切入或热点领域的报道如何把握?如何控制其分量?这是许多报纸目前面临的问题。《21世纪经济报道》的文章基本上都是占半个版,甚至更多。这种处理是假设读者时间比较充裕,会用一周时间读完所有报道。事实上,有如此多充裕时间的读者是非常少的。越是容量大的报刊,越是周刊,越要善于控制文章的分量。如果分量很大,就要充分利用各种编辑手法,把提示、切分、勾连、链接等做好。

四是节奏控制。一家财经报纸的"金钱生活"版,总是报道所谓富起来的人的别样生活。有人说,其功能就是给别人造梦,帮别人做梦,造梦给别人看。财经媒体对成功者的报道可能起到造梦作用。但是,作这样的报道,不能过度,那样的东西不是社会主流,会排斥相当部分普通读者。报纸应该给人一种精神力量,给人一块精神宣泄的地方。这不是说一定要取消这种报道,总要给人一种做梦材料,剥夺梦想也太残酷。但是,如果天天都是那种语言,天天都是那样的故事,读者也就不激动了。因为,天天都是强刺激,强刺激久了就等于无刺激。传播,一定要讲究传播节奏。

五是状态控制。对于一个财经媒体来说,最忌讳的、最容易导致它丧失公信力的,是它的摇摆,是它的偏激。

财经报道必须把握好保守与激进、稳健与创新的关系,在一个比较长的时间里,对某种问题的判断大体是一种持平的态度,一般不走偏锋,一般不偏激。这应当说是一种稳定。所以,当它一旦作出某种判断时,读者和同行都容易相信,引以为决策参考或研究材料。财经媒体要慎作判断。最聪明的办法就是分析只做到九步,最后一步不做,留给读者自己去得出结论。不要把读者都当作不会思考的傻子。

选自《新闻记者》2002 年第 10 期

我们怎样卖报纸

——《经济观察报》的发行理念和策略

李清飞

报纸同质化时代来临

报纸是一种特殊的产品,它的特殊首先在于它是一个文化产品,每一份报纸都是不一样的,这期报纸和那期报纸也不会重复。因为有这样的特点,普通读者在看报的时候,可能会更看重它的质量。因此,报纸的竞争长期以来表现为内容的竞争——内容质量的竞争,几乎谈不上什么营销。但是,是不是因为报纸的质量有不确定性,就导致它跟一般产品有质的区别,会大相径庭呢? 我看未必。尽管报纸有特殊性,但是报纸同质化的时代已经来临了。

报纸同质化时代到来的特征非常明显。比如,常听到有人说《经济观察报》办得不错,但同时呢,大家认为《21世纪经济报道》办得也不错,《南方周末》也不错。办得不错,并不是说某家报纸的某一篇文章是最好的,或者说某一个记者是最好的,而是认为这张报纸整体质量非常好,超过同类其他媒体,或者跟其他媒体质量接近。这意味着,报纸的质量是可以量化评定的。

我原来做过家电销售,当时我比较熟悉一些家电产品的生产和销售流程。朋友买电视机,往往问我要买哪一种。我说:"你喜欢哪一种啊?"他说:"我看××品牌不错。"我说你就买这个品牌吧。为什么呢? 因为我亲眼看到,在广东一个著名的生产基地,星期一生产海尔,星期二生产TCL,星期三生产乐华,星期四生产康佳,它们的生产质量是可以同质化的。电脑也是如此,几乎所有的品牌都在使用微软、INTEL的东西,它们的差异化从何而来呢？我想，消费者对品牌的偏爱和品牌对消费者的影响力，决定了他们最终的购买行为。同样，读者购买《21世纪经济报道》或是《经济观察报》，都是对报纸品牌的一种偏爱，并不认为谁比谁的质量更好。

准确的定位

在这个产品同质化的时代，报纸营销成为媒体的核心竞争力。

《经济观察报》一年以来在市场上进步比较快，在非常短的时间内，跟《中国经营报》、《21世纪经济报道》成为中国财经类媒体的三面旗帜。最关键的一点是，我们对报纸的定位一开始就比较准确。

《经济观察报》的负责人非常赞同采用工业化、产业化的方法来运作这个媒体。我们不认为自己是崇高的，是在制造拯救别人的精神产品。我们从事的就是服务行业，跟饭店、宾馆等一样，只不过我们提供的是信息服务。

《经济观察报》最初在信息采集渠道上不是非常畅通，有时候，很多企业发生人事更迭或者黑幕，我都是看了别的报纸才知道的。我们的记者搞不到这些信息，很着急，但是没有什么太好的办法，因为信息渠道的建立需要比较长的时间。针对这个短处，我们重新考虑报纸的定位：要给读者提供原创信息，还是一种经过过滤的信息？大家现在看《经济观察报》，可能会发现，其中真正属于我们第一手的信息并没有多少。但是我们通过专业的做法、专业的人员对各种各样的信息进行选择和过滤，把我们认为最重要的、最应该让读者知道的东西给找出来。同时，也会把我们自己的一些观点和看法融入到信息中去。我们更像读者的信息秘书、信息助理。

在领导结构上，我们是典型的"三驾马车"制，有社长、总编辑、总经理，还有副总编、副总经理。我一直建议向国外的媒体学习、借鉴以发行人为主导的媒体组织形式。我理解的国外媒体的一把手——发行人是干什么的呢？他是研究市场、研究消费者、提供消费者所需信息的人物，他知道读者想读什么。

我们实行采编和经营分离，更适合企业化运作。在队伍建设上，尤其是在报纸经营领域,我曾经有过在企业工作的经历,华东区发行经理原来是国内著名的家电企业 TCL 集团的小家电部华东大区经理。我们还引进了各种各样的销售人员,有卖过家电的,有卖过房子的,还有卖过涂料的。我们把报纸当作普通商品来销售,取得了很好的效果。

经过我们的努力,在非常短的时间内,《经济观察报》有了比较高的销量。

几个营销案例

我给大家说几个《经济观察报》的具体做法和焦点案例。

第一,销售网络上"左右手互搏"

《经济观察报》上市之前,《21 世纪经济报道》采用了《南方周末》的销售网络。大家知道,《南方周末》的发行量比较大,在全国各地有着一批实力雄厚的分销商、发行站,这意味着他们在当地几乎有最强大的销售队伍,有更多的投递员、更多的汽车、更良好的政府支持。而分销商一旦选择做《21 世纪经济报道》,《经济观察报》再去找第二家销售商,那么这场仗将变得非常不公平,还没开始,我们就已经落败了。

这个时候,我决定直接去找《21 世纪经济报道》的代理商,用更优惠的条件,让他们同时卖《经济观察报》。《21 世纪经济报道》的零售价和我们一样,都是 2 元钱,但它的总代理价(就是从广州到上海的价格)是 1.2 元,代理商加 0.3 元的利润交给报摊。也就是说,每销售一份《21 世纪经济报道》,总代理赚 3 毛钱,零售商赚 5 毛钱。我们考虑了一下,如果第一年期发量在 15 万份是巅峰状态的话,全年 50 期报纸,一共是 750 万份报纸。如果每份报纸少赚 4 毛钱,我们在发行上就要多投入 300 万。300 万换得的是什么呢?换得的是整个网络对《经济观察报》的支持。所以我们决定把《经济观察报》的总代理价定到 0.8 元,分销价是 1.2 元。也就是说,每卖一份《经济观察报》,总代理可比卖《21 世纪经济报道》多赚 1 毛钱,利润提高 33%;零售商多赚 3 毛钱,利润提高 60%。商人总是无利不起早,利润多了,报摊卖《经济观察报》就特别起劲,有时甚至出现了不正常的现象。开始,我们的分印问题解决得还不好,在有的地方,《21 世纪经济报道》上摊比《经济观察报》早,零售商就把《21 世纪经济报道》先藏起来,等我们的报纸到了以后,先卖最赚钱的,再卖次赚钱的。当然,除了价格上的营销手段之外,我们非常快地挤入了几乎是国内最强大的销售网络,是《经济观察报》能够迅速打开市场的一个重要因素。

第二,实行"精确销售"

全球最大零售商沃尔玛曾经说过:我这辈子为几百亿人做过商品服务,但是我不知道他们到底是谁。这种情况各行各业都会遇到,在报纸这个行业就更为突出。许多报纸只能大约概括出读者的情况,但具体的每个读者是谁,报社是不知道的。如果我们还像以前一样,只是把报纸送上报摊,等待着目标读者路过,恰好那天读者的心情还比较好,正好他还在报摊前停留了一下,恰好还看到了《经济观察报》,并且在没有深入了解的情况下,掏出 2 元钱把它买下了,这样的概率,实在是太低了!我们报纸的发展速度也会非常慢。因此,我们从开始就成立了一个"定制发行部",他们负责收集深沪两市 1000 家上市公司的主要负责人,北京市政府主要管理部门的司局级以上干部,全国主要院校的经济系、管理系和新闻系的教授,还有像吴敬琏这样的社会知名人士的名单,另外还有大约 3000 家广告公司(因为我们需要广告公司帮助我们进行第二次销售)的名单,然后开始向这些读者直接赠送报纸。这个数据库一度高达 10 万人左右。

全年平均下来,我们大约赠送了 300 万份报纸,每张报纸的印刷成本是 2.5 元。也就是说,在这些高端读者身上,我们至少投入了 750 万元的成本,将近占了发行费用的一半。做了这件事情以后,很多人就问"花这么多钱值得吗",今天看起来,我觉得非常值得。因为我们通过这种方法在极短时间内引起了高端读者的注意,获得了他们的推荐,使得《经济观察报》在市场上的推进速度非常快,这是社会效益。

如果算经济账的话,也挺合适,所以我们决定把这件事情继续做下去。因为现在印一份报纸需要 2.5 元,如果印 10 万份报纸,就需要付出 25 万元的印刷费。把这 10 万份报纸推向零售市场,能够达到约 70% 的销售率——10 万份报纸可能会卖出 7 万份。我们的批发价格是 0.8 元一份,也就是说,花了 25 万元印好的 10 万份报纸,拿到市场上,能够收回的是 5.6 万元,净亏损 19.4 万元。再加上未完成的其他零售任务,以及销售网络成本,每期亏损大约在 22 万元左右。22 万元,我买到了什么呢? 我买到了一个 7 万人规模的读者群。我在每个读者身上花了大约 3 元钱,但是这个人是谁,我完全不知道。

另一种方式是花 25 万元印这 10 万份报纸,把它们免费送出去,每份再加 5 毛的配送费,总共是 30 万元的成本,能够买到 10 万个读者,而且都是有名有姓的读者,我们知道他是谁,他在干什么,他每个月赚多少钱,能够建立一个读者数据库。当然,单纯地送报纸,会使读者对你的报纸产生质量、品位低下的印象。为避免这个问题,我们和多家机构实施联合销售。

第三,实施联合销售

国内著名的中信出版社,去年出版了《杰克·韦尔奇自传》、《谁动了我的奶酪》等图书。我们认为中信出版社的读者群和《经济观察报》的读者群比较接近,因此,我们签订了战略伙伴合作协议,成立了一个读书会。具体地说,就是《经济观察报》向读者推荐比较好的、主要由中信出版社出版的图书,读者通过加入《经济观察报》读书会购买图书,每买 100 元,就送你三个月的《经济观察报》;买 200 元,就送半年的报纸;买 300 元,送全年报纸。读者买书实际就是 6 折,得到了优惠,我们也能获利。

第四,投入巨资做销售数据分析

比如在上海,通过我们的资料库可以很清楚地知道《经济观察报》卖了多少、什么地方卖得最好、在零售现场销售者和购买者都发生了哪些问题等等。在上海,我每周都会抽查 10 个报摊的销售情况,其中包括繁华地段的 2 个,公司密集地区的 2 个,地铁附近的 2 个,等等。然后根据抽查结果衡量上海市场部的销售报告是否准确。被抽查的 10 个报摊,每周都会更换 4 个,以实现不断监控。我们注重分销商的利益,但如果某期报纸很好卖、需求量特别大,代理商提高给分销商的价格的话,我们将会对代理商进行严厉的处罚。

第五,向零售商促销,不向读者促销

《21世纪经济报道》最初免费派送了4期报纸,但是我们从第1期就开始收钱。因为一开始就向读者免费派送,很难保证经销商不会把报纸卖给读者。另外,我们的读者是一个收入比较高、层次比较高的人群,就像各位,如果有人莫名其妙地递给你一份东西,你会不会要呢? 恐怕是不会要的。

我们创刊之初,把向读者促销的成本,转化为给零售商好处,选择了向零售商促销的办法。读者到报摊上,指定说要一份《新民晚报》,这叫知情购买,是在对产品品牌的高度忠诚和信任的基础上才可能产生的。更多时候,读者买报是靠口碑、别人的推荐。我们就跟零售商说,对于那些来买《21世纪经济报道》《中国经营报》的读者,必须说一句话:"这是一张新报纸,也不错,很多老板都爱看,你要不要看看?"我跟零售商们说,你说了这句话,成交的机会一定增大,你卖掉一份,我就送你一瓶矿泉水。结果证明,这个办法效果非常明显。

第六,"神秘消费者计划"

我们市场部的人员每天会去逛报摊,然后像普通读者一样问报摊主:"哪一种财经报纸好卖啊?"很多卖报的人通常想当然就说。这时,我们市场部人员就会送给他一份神秘礼物——曾经送过箭牌口香糖,然后告诉他,如果下回再有人来问这种问题,就回答说"《经济观察报》比较好卖"。一个月内,其他同事还会再去几次,如果回答对了,还有"神秘礼物"送。摊主觉得这个生意很划算,就每天等着有人来问他这个问题,然后跟每个人都说《经济观察报》比较好卖。通过这样的推荐,我们赢得了非常好的终端支持,在市场基础非常薄弱的情况下,卖出了这张好报纸。

第七,"超级售点计划"

上海的东方书报亭大约有1800个,还有大约3000家其他报摊,总共是4000多个销售点。经过统计,有230多个销售点每期可卖出100份以上的《经济观察报》,我们把它们叫做"超级售点"。"超级售点"在终端数量上约占

5%，但它们的销售成绩占大约 30%。我们统计了《21 世纪经济报道》《中国经营报》和《经济观察报》卖得最好的前 300 个报摊，发现其中约 100 个报摊三张报纸卖得都非常好，还有约 100 个报摊上其他两种报纸卖得比我们好，构成其他两家报纸的"超级售点"。

《经济观察报》在全国 20 多个城市开展了一个针对"超级售点"的促销计划。我们请一些大学生，在那些做得不太好的售点前等待竞争对手的读者到来。读者掏钱或询问的过程中，我们的人员决不会干扰他的，等他成交了，离开这个报摊 10 米左右，就追上他，问他是否每个礼拜都会买那份报纸，问他还有一份新的报纸《经济观察报》是否看过，如果没看过，我们就送他一份，希望他下次能购买。就这样，我们把竞争对手的一些核心读者据为己有。

讨论几个观点

有几个观点，提出来和大家印证一下。

我们在内部也曾提出过，报纸发行就是一个发现和培育读者的过程，这个工作很多家报纸也在做。最初在做销售计划书的时候，我们有过一个"三年计划"：第一年发行 3 万份，第二年发行 5 万份，第三年发行 8 万份。但是仔细考虑和估算之后，我跟投资商说，现在的媒体市场，已经不会再给那些"滚雪球"的人留下机会，从第一天开始，要么就做大，要么就不做。《经济观察报》创刊号发行 10 万份，去年最高到过 18 万份，年底保持 15 万份的销量。也就是说，从一开始，《经济观察报》就给人感觉它是一张大报，而不是从小做大的。这当然需要比较大的成本投入，但是通过成倍增加的亏损，我们赢得了时间，一年之内就成了国内三个著名的主流财经媒体之一。这将会为我们下一步的融资发展带来可观的效益。现在有一些资本力量跟我们谈合作，开的价是非常可观的，比我们现在投入的总和还要多。

我非常感谢我们的读者，但是从商业角度，他们的价值并不高。因为读者每买一份报纸，我们就要亏 3 元钱，还不知道读者是谁，没有办法更好地把读者"卖"给广告商。我们下一步就是要培养固定读者。具体做法是,在下半年,最晚是明年,报纸的零售价格会大幅度提高,可能是 5 元钱,当然会提供更多的内容,但订阅价格还是 2 元钱,甚至还有更多的奖励,比如送一些书,或其他的相关产品,让读者几乎是免费获得这份报纸,但是读者必须留下详细信息。

作为一个媒体销售人员,我对编辑部提的要求是,不要做得太好,当然也不能太坏,就是希望能做到工业化,生产的产品有一个基本的质量,不要忽高忽低。"9·11"报道做得好当然报纸就好卖,但如果没有"9·11"事件,报纸可能就很难卖了。索罗斯说过一句话,他最害怕的就是未来的不确定性,我最害怕的就是报纸的质量飘忽不定,销售一个质量飘忽不定的产品是很难达到工业化的程度的。

选自《新闻记者》2002 年第 6 期

中国传媒业发展的"关键词"与"问题单"

喻国明

我国传媒业经过二十余年的高速成长,目前正处在一个盘整、转型的关键时期。种种迹象表明,无论是我国社会发展的未来特点,还是经济的全球化进程,以及传媒业自身的产业化发展,都在相当大的程度上制约和决定着我国传媒业的运作模式、竞争能力和运营效率,并要求我们在所有重大的发展战略方面做出相应的选择和调整。因此,对于今天传媒业的发展而言,弄清楚我们所处的历史方位,把握业界的现实发展的"关键词"与"问题单",就显得特别重要了。

一、问题的提出:巨大的增量空间与传媒业发展的"失速"

一般认为,作为支撑传媒业经济运作的最重要支点,广告业的发展状况是传媒业发展可能性空间的最具指示意义的指标。从这一角度观察,我们所发现的一个严重事实是:一方面,我国传媒业的发展拥有世界上最大的发展潜力和可能;但另一方面,现实的状况则表明,我国传媒业的发展正经历着十多年来最大的衰退,其发展正处在"失速"的严重状态之中。这一结论绝非危言耸听,而是我们基于大量第一手的实证材料和我们对于业界发展逻辑的把握所提出来的。

1. 我国广告市场的"饱和"时代尚未到来,增量空间还极为巨大。

1981～2001 年,我国广告业由 1.18 亿元的经营额起步,经过 21 年年均增速 40.2％的发展,总量增加了 673 倍,达到 794.9 亿元的水平。于是,人们非常关心的一个问题便是,我国广告市场的发展是否已经迎来了一个"饱和"时代呢?

　　有鉴于此,我们对过去二十多年来各类广告经营主体的经营额数据进行了相关分析。相关分析的结果显示,各类广告经营主体的广告经营额在过去二十多年时间里呈现高度的正相关关系(绝大多数的相关系数为 r=0.99,最低的也达到了 r=0.79),这便富有说服力地证明,我国广告市场尚未进入此消彼长"切分蛋糕"式的饱和发展时期,目前仍处在如何共同做大的发展阶段上。

　　从理论上说,判断一个国家的广告市场是否有足够的增量空间主要依据有三:一是 GDP 增长率及广告收入在 GDP 中所占的比例;二是经济的活跃度及泡沫化程度;三是第三、第四产业在经济结构中所占的比重及其增幅。广告总量的增幅大小主要是被这三大因素以正相关的方式决定的。其中,GDP 总量是决定广告大盘的最为重要的决定因素,而经济的活跃度及泡沫化程度,第三、第四产业在经济结构中所占的比重及其增幅,则是决定着广告的增幅是高于还是低于 GDP 增幅的一个判别性因素。一般地说,一个国家的经济异常活跃,甚至出现相当的泡沫化的时候,这个国家的广告增幅就会大大高于 GDP 的增幅;反之,当经济生活归于沉寂,保守化的倾向占上风的时候,广告的增幅则会等于甚至低于 GDP 的增幅。第三、第四产业在经济结构中所占的比重及其增幅对于广告增幅的决定性作用也大致如此。

　　显然,在我国未来几年的发展中,GDP 的增幅保持在 7% 左右的态势是有保证的,并且目前我国的广告投放量仅占 GDP 的 0.8%,距离 1.5% 的国际中等水平还有相当大的余地;而随着入世后外资对于中国这块最有开发价值的市场的大量投入,经济的活跃度及泡沫化程度,第三、第四产业在经济结构中所占的比重及其增幅都是可以预期的。由此可知,我国广告经营额的巨大增幅也是可预期的。因此,就现实而言,我国广告市场的发展空间相当巨大——据权威部门基于我国广告发展模型的预测,自 2001 年至 2010 年,我国广告经营额的总量将有三倍的增量空间。这也意味着,我国传媒业发展的空间是相当巨大的。

2. 我国传媒业的发展正经历着十多年以来最大的衰退，其发展正处在"失速"的严重状态之中。

1992 年中共第十四次全国代表大会所确立的走市场经济道路的方针，极大地焕发了我国经济的内在能量与活力，使我国经济呈现空前的高速发展。以广告业的发展为例，在最初的头两年，其增长率破天荒地以 90％以上的速率高速增长。但是，到了 1997 年以后，广告业发展的失速问题便日益明显起来：1997 年广告业的增长率跌至 26％，其后，逐年跌至 16.4％、15.7％、14.6％，到了 2001 年，广告业的发展更是跌至自 1983 年以来的最低点：11.5％。(参见表 1)

表 1　1991～2001 年我国广告经营的总量与年增长率

年　份	广告额(万元)	增长率
1991 年	350892.6	
1992 年	678675.4	93.4％
1993 年	1340874	97.6％
1994 年	2002623	49.4％
1995 年	2732690	36.5％
1996 年	3666372	34.2％
1997 年	4619638	26.0％
1998 年	5378327	16.4％
1999 年	6220506	15.7％
2000 年	7126632	14.6％
2001 年	7948876	11.5％

对于 1983 年以来四大传媒广告经营额的分析显示，从 1983 年到 2001 年间，电视广告的增速最为迅猛，年平均增长率达到 51.7％，居各类广告经营额之首，同样地，报纸、杂志和广播广告经营额的年增长率也分别达到 37.8％、33.7％和 30.5％。但是，1997 年以后，四大传媒的广告经营额均发生了巨大的发展失速问题，其中，电视广告的失速最为明显，其次则是报纸、

杂志和广播。对于 1997～2001 年四大媒体广告经营额的数据分析表明，1997～2001 年期间,电视广告经营额年平均增长率已经降至 14.8％,而报纸、杂志和广播的广告经营额年平均增长率则分别为 15.6％、17.2％和16.6％。显然,按照这一趋势,传媒业如果没有发生重大的、具有革命意义的变化,这一失速态势仍将继续保持。(参见表 2)

表 2　四大媒体在不同时期广告经营额年平均增长率的比较

	1983～2001 年 18 年间 年平均增长率	1997～2001 年 5 年间 年平均增长率
报纸广告	37.8％	15.6％
杂志广告	33.7％	17.2％
电视广告	51.7％	14.8％
广播广告	30.5％	16.6％

针对以上现象,人们有理由提出这样的问题：为什么在发展空间极为巨大的情况下,中国传媒业的发展却呈现"失速"的严重态势？ 其实,我国传媒业的问题远非仅止于此。中国传媒业与世界同行相比,在资本实力、经营理念、管理体制及人才素质上,都存在相当的差距。路透社 1998 年的收入,就相当于 325 亿元人民币,是中国所有报纸广告收入和发行收入总额 270 亿元的 1.2 倍。中国 8800 多种期刊中,每期发行量在 1 万册以下的有 5000 多种,10 万册以上的仅有 500 多种,与国外《财富》周刊、《读者文摘》等媒体动辄上百万乃至上千万的发行量相比,显然达不到规模经济的要求。而近年来媒体集团化的努力又严格限制在行政主导的框架内,致使传媒资源不仅未能按照市场化产业化的要求进行有效的配置,实现做大做强的初衷,反而泯灭了传媒市场原有的竞争与活力,形成了新的垄断和发展惰性。而我国的传媒业

正在为此付出巨大的代价。

此外,据新闻出版总署统计,2001 年,中国图书、报纸、期刊出口额为 1764万美元,比上年增长 5.5%,而进口额为 6904 万美元,比上年增长 19%,进口是出口的 4 倍。而音像制品、电子出版物的进口额为出口额的 14 倍。中国媒体产业的贸易逆差如此之大,这对中国了解世界固然有利,却不利于世界了解中国。它从一个特定的方面突出地反映了我国传媒国际竞争力低下的问题。

二、改革现行传媒体制是解放传播生产力、促进传媒业发展的关键

何谓传媒体制? 通俗地讲,传媒体制就是国家管理传媒业的规范体系。体制大体上决定着两件东西,一是内部成分(资格)的界定和关于业态结构关系的宏观规定;二是与外部社会交换"物质流"、"能量流"及"信息流"的规则。换言之,传媒体制就是解决:① 媒介的创办权(即产业准入资格的界定);② 不同类别传媒的组合结构方式与竞争规则;③ 传媒在社会运作结构中的基本角色规定;④ 传媒在社会环境中的政治、经济和文化运作的基本规则与底线。

改革开放二十多年以来,我国传媒业获得了令世人瞩目的长足发展。但是,我们也必须清醒地看到,制约传媒业发展的体制性障碍依然严重存在。其中,最根本的问题是,迄今为止依然沿用计划经济体制时代的那一套旨在使传媒一律成为"宣传者、组织者、鼓动者"的管理模式,片面强调所谓"喉舌"作用,将传媒业置于权力高度集中的统一控制之下。

20 世纪人类的社会实践已经证明,计划经济体制是造成经济贫困和政治专制的制度根源。我们也同样有理由说,传媒业现行的计划体制是造成传媒领域资源配置效率低下、传播服务脱离人民群众要求的制度根源。一方面,在传播资源配置上用长官意志和个别人的主观判断代替传媒产业社会运作、经济运作的客观规律;另一方面,所谓集中统一的领导,实际上是一连串卡拉 OK、自说自话式的错误领导。在这种不断的错误领导中,传媒业的巨

大资源在毫无效率的空转中被虚掷和浪费,良好的发展机遇被搁置,传媒实践中的首创精神被压抑和挫伤,传媒人的专业精神及其智慧才干被窒息,传媒产业的内在动力被扼杀。

但是,一段时期以来,在我国传媒界讳言传媒体制改革问题,似乎一提就与资产阶级自由化难脱干系,便要被扣上反对党对新闻事业领导的政治帽子。这真是咄咄怪事。问题的关键是,判断一个体制好坏的根本标准是什么?党的十六大所确立的作为全党全国人民实践纲领的"三个代表"为此提供了十分明确的答案。"三个代表"的核心就是一切以民为本,坚持执政为民。中华人民共和国宪法规定,中华人民共和国的一切权力属于人民。因此,以人民为本位,理所当然应当成为判断我国传媒体制是否需要改革的出发点和落脚点。而十分明显的是,我国现行的传媒体制有着过于浓重的"官本位"色彩。

事实上,在今天的形势下,我们应当理直气壮地为改革呐喊。有心人不难注意到,中共十六大的政治报告把改革与发展放在一起阐述,这是最近十几年来的第一次。它标志着在现实社会发展的推动下,指导我国社会发展思路的重大转变,即以改革,特别是体制性的改革来解放和推动社会的进一步发展。这一转变意味着我国社会的未来发展势必建立在体制性改革的一系列突破的基础上。现实地说,如果没有这样一种体制性的改革与突破,未来社会的进一步发展和社会的长治久安是难以实现的。包括传媒体制改革在内的全方位的改革已经不是一种选择问题,而是我们这个时代发展阶段上一种必须接受和顺应的潮流与要求。

就我国传媒业改革的现实而言,最值得关注的是以下两个方面的情况:

1. 传媒领域的宏观改革滞后于微观改革,适应新形势下传媒业发展的宏观调控体系远未成形。

进入 21 世纪,我国传媒业的主管部门虽然也在致力于建立适应新形势下传媒业发展的宏观调控的框架,但相对于传媒业微观领域实际发生的重大变革和市场运行机制的变化,宏观领域的改革依然是滞后的、极不对称的。

宏观面改革滞后的严重后果突出表现在两个方面：一是严重限制了传媒业应有的发展。譬如，传媒业在按照产业规则运作，实现"做大做强"的过程中，"跨媒体、跨地区"发展原本是传媒市场扩张逻辑中的"题中应有之义"。但是，由于体制性的障碍，致使这一发展受到了重重限制，迄今尚无有效的进展。二是使国家对于传媒业的宏观调控实际处于相当程度的失控状态。现实地讲，尽管在一些重大时政问题上，中央关于传媒工作的具体指示尚能做到"令行禁止"（这里暂且不讨论这种具体调控方式是否适当的问题），但是，在很大程度上，国家主管部门对于传媒业的实际发展在宏观上是茫然的、缺乏必要的研究和准备的，因此也很难使自己掌握的调控手段跟上传媒业实际发展的现实步伐。这一状况便造成了目前相当多的传媒单位实际上是按照两套规则在行事：一套是嘴上说的，文件上写的，而在实际操作中完全不是那么回事的"显规则"；另外一套则是实际做的，你知我知大家心照不宣的"潜规则"。这实际上就是一种失控。

2. "守土有责"式的传媒业管理观念的"价值底牌"，实际上不是推动和促进传媒业发展，而是限制和阻碍传媒业发展。

任何一种法规及社会管理，除去它的具体内容之外，事实上都是有着自己的价值底牌的，即它是限制型的还是保护型的，是促进的还是促退的，更根本地说，是进步的还是落后的。邓小平曾经讲过一句很精辟的话："所谓管理就是服务。……管，不是为了管死，而是为了管活。"但是，在相当一段时期内，我国传媒业的管理"宗旨"是为了"不出事"，用一句很形象的话来说就是所谓"守土有责"。这种眼睛只盯着脚尖底下的"领地"，试图泯灭一切可能的"失误"的管理，一方面使我们的传媒管理微观化，削弱甚至攘夺了传媒单位必要的自主权，"文革"期间那种"对版面"的做法和"千报一面"的现象时有发生；另一方面，极大地阻碍了传媒业的创新发展。谁都知道这样一个道理：创新就意味着可能失误，如果不允许有任何失误，事实上也就泯灭了所有创新的可能。而创新却是包括传媒业在内的各项社会事业及经济产业得以"与时俱进"发展的基本形态。其中，这一管理体制最大的受害者便是以机关报为代表的"存量"传媒(指区别于改革开放后新办媒体的传统媒体)。正是在这一管理体制之下,我国传媒领域中"存量"传媒的改革远远落后于"增量"传媒的改革,这便导致传统上作为主流媒体的机关报等传媒在传媒市场的竞争中日益衰败,渐次成为"边缘化"的媒体。

选自《新闻记者》2003 年第 3 期

蜕皮时代：媒体集团的价值取向

徐世平

在人们的印象之中，新闻的品牌往往是依赖传播方式而存在的。比如，说到 BBC，那就是广播；谈到《朝日新闻》，那就是报纸；提到 CNN，那就是有线电视；还有《时代》，那是杂志；至于新浪，连小孩都知道，那是网站……

然而，信息时代的到来，尤其是互联网的出现，正引发一场传播方式的革命。在中国，互联网用户已达到 6800 万，宽带用户 980 万，互联网的信息总量已远远超出传统媒体的总和；同时，中国已成为全球最大的手机市场，以短信和彩信为代表的手机信息总量已达到每年 1600 亿条，正迅速瓜分传统媒体的市场份额。这种新型传播手段正成为"传统秩序"的终结者。于是，人们看到，新闻品牌与传播方式互依互存的关系正在被迅速打破，传统媒体正不断地向新媒体延伸，而新媒体也正在向传统媒体渗透。这种相互的融合，已导致新旧媒体界限的模糊。不管是 BBC、CNN 还是《朝日新闻》、《时代》，他们的品牌正通过"非传统"的传播方式而得到极大的延伸，受众将来可能只关心信息是由什么品牌处理的，决不会在意其传播方式。新闻的品牌价值正在向多领域延伸。

有专家指出，不管你愿不愿意，一个只有品牌而没有固定传播方式的新媒体时代正在到来。因此，规划新闻媒体集团的发展，不能不考虑新媒体时代的"价值取向"。

一、以品牌为中心的战略选择

1996 年以来，中国的传媒业出现了一股集团化的热潮。以报业集团为先导，从中央到地方又相继出现了为数众多的以广播电视传播为主业的媒体集团。值得注意的是,这些媒体集团都是依赖单一传播方式而组建的,"同类合并"是其共同的特点。报纸依旧在做报纸,广播电视依旧在做广播电视,业务单一却不敢越雷池一步。相比之下,国外和港台的媒体却正在走另一条道路。日本的朝日新闻,报纸仍是主业,但其副业也在快速增长,目前已涉足电视、广播、网站甚至手机的新闻业务;台湾的东森集团和象山集团,也早已向多媒体集团转型,其触角遍及报纸、电视、广播、杂志和互联网站。现在,国外已提出"复合性服务"的概念,传统媒体纷纷在强化主业的同时,将资金、资源和人才投入新的事业。日本媒体将此举称为"不可逃避"的时代行为。"复合性服务"是一种以新技术和新规则为背景的面向受众的服务。也就是说,由于受众接受信息的行为正随着信息时代的到来而改变,传统媒体如何顺应潮流,改变自己,正成为一个课题。日本的传统媒体已提出了一个生动的口号:"蛇不蜕皮不活。"

现在来看,1996年以来中国的媒体集团化热潮可能走进了一个误区,即以传播方式划线的集团模式。与此同时,一个所谓的"蜕皮时代"正在走来,以传播方式划线的自我束缚的模式,无疑会阻碍媒体集团的发展,并使我们失去历史性的机遇。

此外,在中国现有的媒体集团建设中,还存在一种重规模而忽视品牌建设的倾向。我们注意到,有相当一批媒体集团不断地将资金、资源和人才投入到同类的媒体产业之中,做报纸的再办一批报纸,做电视广播的再办一批同类的频道和频率,一而再再而三地争夺核心品牌的市场份额。于是,规模越做越大,同类品种越做越多,其市场效益却没有实现最大化。显然,媒体集团也有防止重复简单建设的问题。某些集团,大大小小的媒体几十个,社会效益和经济效益上佳的屈指可数。核心品牌非但没有强化,相反,还大大地削弱了。这方面,日本《朝日新闻》的做法值得注意。"朝日"是做报纸出名的,其涉及的其他媒体,也大都以"朝日"冠名,如电视、广播、杂志、网站甚至手机短信等等。在"朝日"的领导层看来,品牌是纲,做强《朝日新闻》是立身之本,而品种仅是网而已。毫无疑问,纲目错乱,最终将使得品种林立、大而无当的媒体集团失去竞争力。

因此，有专家认为，现代媒体集团必须以品牌为中心，以多媒体建设为重点，此乃成败之要务。否则，我们将依然是"一条没有蜕皮的蛇"，跟不上时代的脚步，当然也活不长。

二、新型媒体集团的基本特征

以品牌为中心的现代新型媒体集团，大致有五大特征。

◆以信息网络为基础

现代媒体集团大都依托城域光网或者局域网络互联互通。从网络形态上说，集团的任何部门仅仅是网络上的一个点。任何一个点，都是互为链接的。其表现形式，一是信息资源共建共享、信息的集中管理与分布式实施相结合；二是数字控制的强化，集团指挥功能已呈高度信息化，其指令下达、进程控制、统计反馈都通过数字化来实现。这样，集团的运作效率得到了极大的提高。相比之下，我们的集团设置，基本上依然是宏观相对集中，微观则保持原样，媒体之间，仍处于相对独立的状态。比如，同属一个报业集团的《新民晚报》的编辑部基本不知道《文汇报》编辑部拥有一些什么样的信息，并进行怎样的信息处置。子报子刊与母报之间，也无法进行信息的直接沟通。信息处置的分散，将直接导致集团信息资源的重复浪费，并使得信息成本大大增加。

◆以科技创新为先导

现代媒体集团必须不断地进行科技创新。我们知道，所谓的新经济、新媒体都是以科技创新为先导的。现在，随着科技的创新，信息接收终端已呈日益多样化的趋势。去年10月，日本出现了新一代手机，移动终端的高度数字化，将使信息的传播途径更加宽泛。这种手机，可以接收文字、图片信息，甚至也可以处理动画与声音。现在，《朝日新闻》的朝日电视台，每天便通过其移动电话系统，向用户播发几分钟的视频新闻。此外，以电视与电影的数字技术和宽带接入技术为核心的传播途径正在得到广泛的应用，媒体在处理其获取的信息时将面临更多的选择，其用户面正在大大拓宽。换句话说，日本媒体以内容为中心的产业效益得到了更有效的释放,生产力也得到了提高。相比之下,我们的媒体集团基本上是单一形态的组合,信息的处置方向,依然是单一的思维模式,很少会考虑将信息往新的传播终端的转移,从而导致信息的"方向性浪费"。

◆以多媒体为重点

现代媒体集团大都是跨媒体、跨地区经营的。他们互为依托,共同发展。在国外,一些媒体开始都是单向发展的。随着时代的进步,各媒体之间出现了重组,也出现了跨媒体的延伸。报纸、广播、电视、电影、网站、传输网络公司,甚至是研究教育机构、发行广告和印刷等企业因为某种"产业链"的关系而组合。比如,《朝日新闻》、《读卖新闻》、《日本经济新闻》原先都是平面媒体,却先后不失时机地向电视、广播、手机、互联网的方向综合发展,确立了如今"复合性服务"的基础。其定位也是明确的,即以"内容产业链"为轴心,有机地带动以内容为主体的产业经营。因为,集团决不是简单意义上的捆绑,而是有机的组合。事实上,将小舢板简单链接在一起,是根本不能抵御市场风险的。

◆以规模经营为方向

现代媒体集团大都强调资源的优化配置,并以此为主线,大胆地依据市场的需求考虑自己的机构及部门设置。其集约化的规模经营是显著特点。如扁平化的经营结构、充分协作与专业分工的机制等等。此外,这些媒体根据自身的需要,大胆介入资本市场运作,以资本和产业链为纽带进行多种形式的联合、重组与兼并。

◆以成本控制为基础

现代媒体集团必须以成本控制为基础。其产品设计、项目开发、部门运作、品牌推广,甚至人才培训,都实行严格的预算制度。同时,这种预算实施又有相当严格的过程控制体系,从而可以有效地将一个项目的风险降至最低。相比之下,我们有一些媒体集团,视成本控制为可有可无的东西。预算是随便做做的,过程又缺乏必要的控制,经常导致一些项目遭到完全的失败才终结,而责任却因过程控制环节失真而无法追究。

三、现代媒体集团的信息处置机制

现代媒体集团最前端的核心问题是信息处置机制的建立,它将保证核心品牌的有效延伸和效益的最大化。这种机制建设的前提是集团内部的信息网络化。如前所述,构建于城域或者局域网基础上的媒体集团,其属下的任何一个部门都是其中的一个点,信息的沟通应该快捷有效而毫无障碍。这种信息处置机制的核心是"高度调控、灵活运转"。目前,综合一些媒体的经验,大致可有三种基本的方式。

一是"发布中心式"

以前,传统媒体的编辑记者的操作流程基本是以各自服务的媒体截稿时间进行的,如晨报、晚报、周刊、月刊等等。但是,现在的情况不同了。信息在随时随地发生,媒体集团必须随时随地应对。如何平衡集团内各媒体的信息分配,并符合各自媒体的特性? 一些媒体集团开始设立名称各异的"信息发布中心",其机构权限的级别,大致在各媒体的总编辑之上。信息发布中心的总监或者主管,每天将其散布在外的记者采访系统发回的信息进行分类处理,以决定什么样的信息发往什么样的媒体终端,其供稿的总量大致在单一媒体发稿总量的 30％。日本一些媒体称这种方式为"24 小时快报体系"。日本一些媒体集团属下的记者,几乎都有向信息中心供稿的强烈意识。除此之外,日本媒体同一管理集团的不同类型的媒体,也有不同形式的互动。比如,本公司的电视台,甚至有提供平面媒体原材料的义务,如《朝日新闻》的电子报等,并进行收费的服务。互联网媒体所播发的视频与音频,都是由其相关的电视广播媒体提供并编辑的。据了解,台湾的东森媒体集团和象山媒体集团都有类似的做法。

相比之下,国内一些媒体集团,下属媒体的编辑部设置大同小异,其发稿体系依然是以各自媒体为中心的,你发你的,我发我的,井水不犯河水。信息资源的浪费可想而知。

二是"存储中心式"

"存储中心式"与"发稿中心式"的最大区别是其没有一个信息调控中心。媒体集团的所有信息来源,包括外来的和记者自采的稿件都必须进入同一个用稿库。集团下属的任何媒体都可以无限制地使用,并对已使用稿件加注"已用"标识。集团对记者的考核,完全取决于"已用"稿件的数量,而不限制其使用在什么样的媒体。这种方式有三大好处:一是保证新闻信息在"第一时间"在相应截稿时间段的媒体刊发;二是鼓励记者采写新闻的积极性;三是有效地提升了媒体编辑部的地位,因为编辑的取舍是衡量一个记者业务能力优劣的基本标准。据悉,中国最大的通讯社新华社已实施类似的做法,成效明显。

三是"分类存储式"

分类存储的概念是将新闻信息按级别和类型进行存储。一些媒体将重要的时政类新闻进行集中存储,以供各媒体使用。操作方式同"发布中心式"和"存储中心式"的要点大致相同,其好处是便于集团对重大新闻事件进行集中的资源调配。在此前提下,集团则将其他的新闻信息进行分类存储,并进行权限管理,以保证专业性媒体的用稿优先权,突出其媒体的特性,进行分众化的传播。

不管是何种方式,建立现代媒体集团的信息处置机制,将是提高新闻信息处理水平的必要手段。同时,我们也可以看到,在合理的、可操作的信息处置机制之下,一些媒体集团内部隐藏的问题也会显现出来。比如,一些媒体项目的立项可能就是错误的;一些媒体的办报或者办刊的方向可能是有问题的;一些媒体设置的岗位可能是重复的;最后我们又会发现,集团的很多人是多余的……

媒体的"蜕皮时代"来了。有人漠然处之,有人不以为然。但是,"信息革命"却以一种不依不饶的方式,最终让每一个人都无处可逃。现代媒体集团何去何从?以品牌为中心,具备诸多特征且有完备的信息处置机制的价值取向,就像华山天险一条路,走也得走,不走也得走。

选自《新闻记者》2003年第9期

论都市报的分化

孙 玮

如果从 1995 年《华西都市报》的起步算起,都市报已经历了产生、发展和繁荣的十年历程。那些领报业改革风气之先的都市报人们,开始寻求都市报在到达顶峰之后的突破。都市报面临分化的重大转折。分化既是报人们的自觉追求,也是社会借助市场之手对于都市报乃至整个报业发出的吁求。目前,以都市报为总称的报纸已经呈现迥然不同的面貌,有的属于自身的变革,比如《华西都市报》、《南方都市报》,有的属于新近加入者,如《新京报》、《北京娱乐信报》。都市报的分化已经出现,并正在形成较为显明的趋势,也因此改变了整个报业的格局。

一、分化的动因

在本文中,都市报是指市场化的市民报纸,相对于中国特有的党报和机关报而言。都市报在产生之初就有两个非常明显的分支。一是综合性的新闻类日报,二是专门性的生活消费类周报。前者的早期代表是《华西都市报》、《广州日报》,后者是北京的《精品购物指南》。比较而言,前者数量众多,而后者则稍显边缘。但在上海这样的消费城市,消费类都市报也形成了庞大的市场。初期形成的两个分支互不相扰地发展,消费类都市报只是在都市报市场中分割出一个更细化的"生活消费"市场。这和当前的都市报分化有不同的意义。

都市报的分化动力首先来自市场。少数都市报在初期的市场成功,招致大量报纸改头换面,以都市报的定位参与市场竞争。此时的都市报呈现一种聚拢的趋势,这种聚拢表现为资金、人才,直至办报理念和运作方式,以至于

"同质化"成为都市报为圈内人士诟病的顽症。对于市场成功的都市报复制现象,波及全国大、中城市,冠以各种报名的都市报成为报业市场中市场价值最大的品种。这样的简单复制虽然在短期内取得了良好的效应,省却了各个城市报业自行摸索的过程,但也随即显现出致命的缺陷。高度的同质化导致恶性竞争,报纸品质下降,公信力丧失,而且耗费了大量成本,给整个报业的发展带来负面影响。市场反应也充分显示了都市报面临的窘境,在一个越来越局促的市场,千人一面的都市报进行着惨烈的厮杀,不断有同质化的都市报在竞争中走向死亡。在这样的局面中,市场开始逼迫那些为求得更好生存、发展空间的都市报细分读者,实施错位竞争战略。

如果说都市报的分化,在报人们来说是应对过度同质化的一种策略,那么与都市报共同成长的中国社会,则提供了这种分化的可能和必然。十年间,转型中国的社会分层大大加剧,原来庞大的都市报读者群根据不同标准,开始分为不同需求的阅读群体,为都市报分化奠定了基础。都市报的差异化竞争战略以两个因素为基础,一是有差异化的读者群,二是同一读者的需求也越来越多样化。

都市报的分化,还得益于都市报人们的一种自觉追求,这种追求的基础是新闻传播者的社会责任感和新闻专业精神。一些都市报创业者抱有以报纸促进社会进步的职业理想,而都市报平庸甚至低俗的状态不能提供施展这种抱负的舞台。席文举在总结都市报十年发展历程时说,都市报提升水准的切入点是,强调报纸对于社会发展的作用。《新京报》的发刊词也将报纸的责任感和影响力作为"承载中国报人光荣与梦想"的实质内容。中国报人以报纸参与社会发展的职业追求,在"文革"期间被完全消解和异化,在报业重新繁荣之际,必然会延续和拓展。都市报初期的市场成功为报人们施展这样的抱负积聚了巨大资本,这种资本并非仅仅是具体的经济资本(当然也是非常重要的),更包含了由民众应和、舆论关注所激起的信心和雄心。在最初时,都市报的责任感可能只是来源于为读者解决具体问题而获得的朴素感激,在这样的感激不断累积,直至转化为一种极端的信任感和依赖感时,都市报的责任感开始指向更为宏观的层面。干预社会生活的影响力,成为一定会出现的追求。

当然,都市报的职业精神不仅仅体现为理想主义的实现,还表现在对于市民报纸市场的理性判断中。因此都市报也分割出更加软性,甚至更加低端的市场。如果以法律、道德、习俗作为一个不可逾越的底线,这样的追求因为在一个不同的层面满足了市民需求,也体现了都市报人们另一个面向的职业精神,对于普通市民正常报纸需求的认同和理解。都市报的提升层次是一种职业追求,对于合理的中低端市场的开掘也是职业精神的体现。

二、分化的局面和趋势

被称为都市报创始者的《华西都市报》原总编辑席文举认为,都市报的第一个十年只是打开市场的初创阶段,此后将步入成熟期。席文举的主要理由是:都市报档次不高,没有进入主流。都市报在社会新闻、文化新闻和体育新闻方面表现出色,但缺乏对于时政新闻、经济新闻、评论等方面的开掘,以至于只能在报业的较低层次徘徊。在这样的背景下,《华西都市报》早在前几年就提出"迈向主流"的转型思路。这样的发展思路在当今都市报的分化局面中显得意味深长,代表了都市报最重要的一种走向。

都市报的分化呈现为这样几个层次。最初的分野依然存在,实用新闻类与生活消费类。但在两个方向上都出现了更细致的分化。如果以内容的硬、软区分,两个方向都出现了不同程度的细分,也有在两个方面的结合。可以说,由都市报分化形成的市民报纸市场,构成了一个比较全面的结构,日报和周报、综合和专门、新闻与资讯,高、中、低三个层次都已成雏形。

实用新闻类都市报的分化最为引人注目。一个最重要的方向可以用"迈向主流"来概括。对于主流报纸的解释众说纷纭,但可以达成共识的因素有二:受众较大的接触率,社会较高层次的影响力。都市报在第一个十年成功地实现了第一个目标,因此第二个因素成为都市报进入主流的主要诉求。选择这一方向的都市报主要从以下方面提升了报纸的品质和层次。

注重新闻报道。增加新闻特别是硬新闻的数量。《北京晨报》将报纸目标定位于提供新闻信息，《京华时报》强调要办"真正的新闻纸"，《华西都市报》在提出"迈向主流"的转型思路后，硬、软新闻的比例从1：4提升为1：2。新闻的软性化甚至非新闻化曾经是都市报的一个主要特征，而当前一些有远见的都市报充分意识到，加强新闻报道不仅是都市报迈向主流的必然选择，更是报纸作为新闻传媒在较高层次参与社会生活的最有效手段。特别值得一提的是纯做新闻的都市报，如上海的《青年报》。所谓纯做新闻，是指报纸以新闻为主要内容，基本舍弃了副刊和专版，《青年报》只保留了言论、杂文等少数专版，使得新闻在报纸内容量上占绝对优势。《青年报》的做法在短期内获得了读者和市场的认可，这说明都市报这样的市民报纸并非只能以吃喝玩乐的软性内容取胜，完全可能以新闻报道满足市民对于报纸的期待。

拓展新闻报道的领域。特别是加强时政新闻的报道。《华西都市报》现任总编辑刘为民认为，都市报塑造影响力必然要依靠时政报道，只有对重大事件发出自己的声音，才能成为主流。《京华时报》常务副总编辑朱德付曾说："我非常希望《京华时报》在时政方面有很大突破……时政新闻就是主流化报纸非常重要的组成部分。时政新闻应该是头条的第一首选……我希望随着政治改革、经济改革，在时政报道方面，本报明年会作出有益的尝试。"如果说《京华时报》具备了这样的意识，《南方都市报》则通过"孙志刚事件"报道、"非典"报道实现了都市报对于时政新闻的突破。

提升新闻报道的层次。社会新闻是一个典型例子。社会新闻是都市报最为重要的一个报道领域，都市报的成败都与社会新闻有密切关联。社会新闻为都市报赢得了大量的读者，开掘了一个崭新的市场。另一方面，过于煽情甚至有庸俗取向的社会新闻又成为都市报公信力下降的重要原因。都市报在选择主流方向时，并未完全抛弃社会新闻，而是注意转变报道的方式，尽量避免小市民庸俗趣味的流露，努力开掘其中蕴含的社会意义，给予主流价值观认同的解释。《华商报》对于"黄碟"事件的报道是一个具代表性的例子，报道者独特的处理，使得一则看似琐碎的社会新闻获得了极为丰富的意义，完成了从"闺房私话"到"立法原则"的飞跃。

加强评论。在都市报创办初期,评论特别是时评基本被忽略。但在最近两年间,这样的局面开始改观。一些有影响力的都市报加强言论和时评的力度,以增强进入主流的能力。以《南方都市报》为例,在 2003 年 3 月 4 日改版时,在迈向"有厚度,更有深度的主流媒体"的定位导向下,在全国都市报中,率先开办时评专版,并在 2003 年增加为两个专版,另专辟"来论版",刊发公众言论,极大地改变了报纸原先以市井新闻为主的小报形象,有力地提升了报纸的地位和层次。尤其值得注意的是,一些都市报的言论版特别注意不同意见的交流,致力于提供多元思想表达的平台,强调思想的交锋,研究者因此称这些都市报时评版是"思想的圆桌会议"。

除了选择"迈向主流",实用新闻类都市报的另外一个分化方向是,选择某个类别的新闻作为主要内容。其最为典型的当属《北京娱乐信报》。《北京娱乐信报》的定位是"以娱乐为特色的综合日报",为了避免与《京华时报》的同质化竞争,它选择娱乐新闻为突出方面,娱乐新闻占报纸总量的 40%。这样的选择虽然在都市报的分化中比较边缘,但意义非同小可。《北京娱乐信报》在北京报业市场获得的初步认可,昭示了都市报这种专业特色发展的可能性和必然性,说明成功的都市报在进入主流之外还可能有其他的选择。另外的非主流选择也存在,如选择低端市场,做市井小报。一个城市成熟的报业市场应该有小报的一席之地,下层市民的报纸需求也应该得到体现。

都市报的另外一支——生活消费类报纸也开始分化。有学者以中国大陆第一张消费类报纸《精品购物指南》开始出现的市场颓势预言,在第一类都市报成熟之后消费类都市报将丧失生存的空间,理由是生活消费类报纸只是剥离了一般都市报的一个功能。撇开《精品购物指南》不论,就消费类都市报而言,仍然有巨大的生长空间,特别是在大、中型消费城市。如上海,在《申江服务导报》借鉴《精品购物指南》成功之后,这一类报纸依然层出不穷,并且分割了一定的读者市场直至广告市场。这类报纸分化的社会基础是,经济发达社会人们生活方式的多样化。大众对于生活方式更加细致化的追求,使得这些报纸能找到各自不同的目标读者群。

综上,都市报的分化开始出现较为清晰的走向。一是分割出高、中、低多个层次的市场,其中迈向主流的高中端定位最为引人注目;二是综合和专门并行不悖,各自拓展了新的发展空间,新闻类和消费类都有实质性成长,并在各自的领域内再细分;三是突出都市报原先的某一项功能,比如娱乐,以形成竞争特色,避免同质化。

三、分化的结果

都市报的分化是报业走向成熟的一个标志,它从一个方面再次预示了中国报纸细分化时代的来临。报业结构也因此受到冲击而产生变化,虽然这样的变化尚未形成稳定的格局,但改变已清晰可辨。当前报业圈内人士经常提及的报业重新"洗牌"或报业"大变局",其中最重要的变化因素即是都市报的分化。当前中国大陆的报业结构呈现不均衡状态,传统大报的边缘化,使得都市报担当了非常重要的角色。有学者称,"都市报正以非主流的形式,占据了主流的话语空间,但这毕竟是暂时的。……都市报……现在试着要发出主流声音"。一个健全的社会需要健全的报业,这样非正常状态的局面必定要变化,必然要有真正意义上的主流报纸占据主流市场,一些都市报正在作出自身的努力。有人将《新京报》称为不同于传统大报和都市报的第三种报纸,也有人认为新型报纸来自机关报和都市报的结合。实质是,中国社会需要真正意义上的主流报纸。都市报分化中最重要的"迈向主流"的走向,正是报业对于这种社会需求的有力回应,如果这部分都市报的努力获得成功,对中国报业新格局的建构将产生重大影响。

都市报分化体现的成熟不仅仅在于这样的主流追求。在一个良好、成熟的报业结构中,除却主流报纸外,仍然需要应对细分化市场的各种不同需求,应该有一个种类繁多、数量庞大、形态各异的报纸群。以现有的经济、体育等专业报纸的发展看,都市报的分化可以为日益细化的庞大报业市场提供数量众多、层次不一的产品,打破中国报业品种稀少甚至单一的局面。都市报在十年间积聚的资本和影响力,使得它完成自身的突破较为现实可行。都市报人对于中国报业市场的相对熟悉,也更便于它寻找并拓展更丰富的市场空间。都市报在原来通俗化方面的定位,仍然是报业结构最为稳定的一部分,朝向更低端市场的发展也能在另一个方面增强报业结构的合理性。这些都是未来新型报业结构中重要的构成因素。

都市报的分化正在成为一股强大(但并非唯一)的力量,建构着中国报业的新格局。

选自《新闻记者》2004 年第 12 期

新技术时代传统报业的困境

——由普利策工作坊引起的反思

陆　晔

1878年12月,31岁的普利策以2500美元的价格收购了濒临倒闭的《圣露易斯快邮报》。5年之后,他又成了《世界报》的老板——在他接手之后,这份报纸曾创造了每天100万读者的辉煌业绩。他被誉为新闻界的爱因斯坦、莎士比亚、丘吉尔,甚至连他的竞争对手赫斯特也称他为"我们国家生活中一股强大的民主力量",是"国内外新闻界的一座灯塔"。普利策留下的重要遗产,除了两份家业庞大、影响深远的报纸,那些他倡导并身体力行的有关新闻社会功能的传统信条外,还有哥伦比亚大学新闻学院,以及一年一度颁发的普利策新闻奖。

普利策新闻奖包括突发性新闻报道、调查性报道、解释性报道、国内报道、国际报道、为公众利益服务等14个奖项,颁发给当年度在这些领域表现最为优异的美国报纸和合作报道的通讯社的新闻作品,以期通过获奖作品"深入"、"全面"、"启发性和洞察力"等特质,来呈现传统报业的高贵品质。它代表的是主流新闻媒介的价值取向和专业标准,也和美国报业传统的运作机制相关,即以经济自主确保政治独立,报纸作为有赢利倾向的自足组织,在确保编辑权和经营权分离、新闻和言论分离的前提下,以"客观性法则"为核心的新闻专业主义理念作为行业的主导准则,在《第一修正案》的强大保护和"民主化市场社会"的有力支撑下,以主流报纸为代表的新闻业多年来一直具有广阔的运作空间和有利的运行环境,是美国社会一支举足轻重的政治力量。

然而,全球化、市场化、商业化和新技术的共同作用下,传统报业的生存环境已经几乎完全改变了。2009 年 11 月,在香港浸会大学新闻系举办的为期一周的第三届普利策新闻奖得主工作坊上,7 位获奖记者面对的,却是新技术时代商业化、市场化导向下传统报业日渐式微的困境。在这个以"追求卓越的新闻"为目标的工作坊上,普利策新闻奖获奖记者们在与传媒学子和同行分享其新闻实践种种心得的同时,他们对新技术时代新闻业职业理念和运作模式的忧虑与反思,更加值得关注。

本届工作坊主论坛题为"社会变迁:新闻业何去何从",讨论的具体议题是"再谈记者天职:告知、娱乐还是赋权",这一话题从浸会大学新闻系学生英文报纸《The Young Reporter》的封面故事"变化中的新闻业面孔"开始。其中一个关键词是"公信力"——在日益商业化、处处充斥着感官化媒介内容的今天,传统新闻业的公信力如何保持?

《克里夫兰报》和创作人联合会的专栏作家 Connie Schultz 获得了 2005 年普利策新闻奖的评论奖。她认为新闻业的公信力是靠自身的专业素养赢得的,"如果我们失去公信力,一定是我们有哪些地方做得不够好"。然而报业的问题在于缺少一个像电视那样的新闻报道模式——尽管这种被称作"电视联播网模式"的做法常常遭遇过度娱乐化的诟病,但是新闻业的确需要一种能长此以往保持公信力的专业规范。

可是,在今天这个数字化时代,究竟还有多少人在看报纸呢? 在现实生活中我们能感受到的是,越来越多的人开始在互联网上寻求自己想要的东西,信息或者娱乐。《皮卡尤恩时报》主编 Jim Amoss 是今年 7 位参与者中唯一两次获奖(1997 年和 2006 年的普利策公共服务新闻奖)的记者,对于传统新闻业在互联网上的影响力很有信心。他认为人们上网看的东西,"90% 的新闻内容也是由我们提供的"。关键问题在于互联网提供了世界范围内免费的信息消费,却没有一个经济模式在为记者着想。因有关美国南部民权运动的《种族斗争:传媒、民权运动与民主觉醒》一书获得 2007 年普利策历史类奖的 Hank Klibanoff 也表达了类似的观点,认为"如果今天的互联网依靠新闻信息内容有所获利的话,那完全是因为绝大多数跟新闻采集加工发布有关的人力成本都是由传统新闻业而非网络来负担的"。

在 Hank Klibanoff 看来,网络言论形形色色、鱼龙混杂,远比互联网对传统报业的冲击更令人担忧。他在自己的从业经历中清楚地看到老百姓的从众心理,特别容易被舆论误导,不仅美国南部一波一波的偏见不断兴起和误导公众,"一个电台谈话节目主持人便可以轻易地让受众相信简化单一的事情,并因此而将受众引入歧途"。针对这类问题,曾任南加州大学安纳博格传播学院下属新闻学院院长的 Michael Parks,以新闻从业者和新闻教育者的双重身份强调,新闻必须要有自身的专业标准,公众也需要更高的媒介素养,以达成现代社会民主所必需的公民素养之养成。

与 Hank Klibanoff 类似,Jim Amoss 虽然没有将互联网看成传统报业强劲的竞争对手,但却有另外更值得他忧心忡忡的事情,那便是鉴于商业驱动下的新闻娱乐化趋势,造成了媒体报道的新闻和公众应该获得的新闻之间的差距。他认为,报纸绝对不应该只为告诉读者去哪里吃喝玩乐而存在,报纸的存在有其更加高远的目标,那就是社会责任。

《纽约时报》驻巴基斯坦记者 Jane Perlez 是今年普利策国际新闻报道奖的获奖者。她也表达了对于新闻娱乐化的质疑:"我们从事的是非常严肃的职业,我们历尽艰辛竭尽全力从世界不同的地方把新闻带给读者。"她说,《纽约时报》有 44 名驻外特派记者,他们的工作目标就是给读者提供尽可能多的信息,这一使命从未改变。无论上世纪 60 年代《纽约时报》公开了政府关于越战评估的秘密文件,让公众意识到这场战争并非政府宣称的那样会很快结束,还是今年 10 月《华盛顿邮报》刊登了美军驻阿富汗南部指挥官的信件,对美国在阿富汗继续驻军提出质疑,这一切都充分体现出报纸最重要的社会职能,即社会批判性——对美国政治民主的促进,以及对国际事务的理解。她的同事,同样是今年获奖的《纽约时报》摄影记者 Damon Winter,也认为《纽约时报》的确是从事严肃新闻报道的一个良好平台。

然而,就是这张被视为传统新闻业典范的报纸,在 2009 年美国报纸发行量审计局截至 9 月底的统计中,显示其发行量在 6 个月当中下滑了 7 个百分点。更糟糕的是《洛杉矶时报》，它的发行量下降了11%。当论坛主持人抛出这串数字时，曾担任过多年《洛杉矶时报》总编辑的 Michael Parks 回应道：以《纽约时报》来看，虽然报纸的发行量下降了，但是世界范围内的读者数量却增加了，达到前所未有的程度。从这个意义上看，报业的问题似乎并非新闻业的问题。对于报业来说，需要的是"寻求新的商业模式"。在这位报业前辈看来，数码时代不仅改变了传统报业的商业模式，而且改变了人们获得新闻的渠道、时间和方式。但新技术带来的商业模式的改变并非只针对报业，也针对广播电视和有线电视新闻业，寻找新的商业模式也可能意味着新的机会，别忘了当年"CNN 就是找到了一种全新的做新闻的方式，而且居然也赢利了"。

Hank Klibanoff 认为，报业市场几乎是这个世界上最封闭的市场，也许有两点教训可以从商业中汲取，"尽管今天才意识到这一点或许为时已晚"：其一是报纸应该对自身价值和目标不断进行自我推广，就像奶制品公司不断向世人宣称自己产品的价值那样。"既然报纸对社会民主如此重要，又同时是一个赢利的企业，那么就应该提醒人们我们的价值是什么，我们为何如此重要。"其二，既然我们相信媒介之于社会的重要性，就不要怕被人们称为主流媒体，我们也更应该主动去了解读者的需要。当然，公众的需要和欲求是不同的，市场驱动的报纸营销势必会以满足市场欲求来逐利。但是 Hank Klibanoff 坚信严肃新闻应该有一席之地，"并非每个人都想要八卦和流言蜚语，这些内容网上有的是，那么就由它们去好了，但是必须要有地方能让人们知道严肃的新闻"。今年普利策解释性新闻奖得主、《洛杉矶时报》记者 Julie Cart 也觉得，在美国，现在主流媒体这个称呼似乎并不是什么好词儿，似乎这意味着过于严肃死板和不懂市场。"在我念大学的时候，我们被教导我们是把关人，我们决定什么是值得报道的新闻以及如何报道。等你毕业了，你开始得到一份新闻行业的工作，你的责任是严肃而重大的。而今天由于经济危机，开始有另外一些人在报纸行业里按照发行量、按照市场的需要来做决定，我认为这是十分危险的。有关新闻是什么的判断，应该交给那些受过这样训练的专业人士来做,我不认为市场应该影响到新闻编辑部的决定。"和 Hank Klibanoff 一样,Julie Cart 也相信"我们从业的严肃的新闻业应该在市场上占据一席之地,有人喜欢八卦就让他们去吧,我们不应该为我们被称为主流媒介而羞愧"。

然而,事情真的可以这么简单么? 显然,缘自 18 世纪自由主义理念的美国报业"看门狗"职能,在今天已然非常不合时宜。传统的新闻业和市场的关系在于,经济独立使得报业得以摆脱政党干系,成为有可能具备独立意志的无冕之王和第四种权力。这便是为什么 Michael Schudson 将民主化市场社会的兴起视为现代报业发端的沃土,这也是为什么作为美国传统新闻业内在核心价值理念的新闻专业主义,产生于市场经济、民主政体和社会分工专业化这样的特定语境和历史场景。如果新闻业无法通过以满足公众知情权和促进社会民主为目标而进行的信息销售来润泽自身并持续成长,那么新闻业必然不是依附于政治就是依附于商业,其自身的独立性将无从谈起。更何况,传统新闻业秉持的专业理念的社会根基,本身就带有那个特定时代的天然缺陷。按照媒介学者詹姆斯·库兰的说法,18 世纪"主要的'媒介'都是公共事务取向的报纸,相比较而言,21 世纪初的媒介体系绝大部分让位给娱乐了。许多即使被称为'新闻媒介'的,也只是分派一小部分的内容给公共事务";而且那时"政府一般被认为是权力和主要的压迫来源的'所在地',经济权力却不在考量当中,媒介除了针对公共权力之外,不被认为需要对私人权力也进行抑制;更为令人担忧的是,今天的媒介自身已经成为巨大的利润机器","它已经不能再被看作是独立于所有形式的权力了","现在已经不再仅仅是媒介与大生意是否相互妥协的问题了,而是媒介就是大生意";这种情况直接影响到今天的新闻生产,那就是"一般而言,媒介针对公司的警觉要比针对公共机关权力滥用的警觉要少得多,因为他们自身就是公司的商业部门了"。

由此,传统新闻业珍视的"新闻业与商业的分离","已经逐步让位于'报纸一体化'的概念:即发行、销售和编辑的所有努力都必须加以整合,所有这些环节都必须以新闻—信息的营销规划为指向"。而两种分别被称为"读者群理论"和"股东理论"的新闻生产运作的新思路,更进一步加剧了商业化市场化的影响——前者认为,为了在发行量普遍滑坡的报业市场上巩固住自己的读者群,报纸必须努力寻找现代读者最需要的东西,并且将这些内容提供给他们;而后者,在报纸越来越成为被华尔街牵引的利润机器的时候,市场导向只能是唯一的和必然的选择。

那么,在这个报纸不赚钱不行、只知道赚钱也不行的怪圈中,以互联网为代表的新技术,又能做些什么呢? 英国政治学者约翰·基恩指出,既然一定的市场确实能有效地打破政治专制,维系传播自由,而不受限制的市场又会限制传播自由,那么,要打破市场自由和传播自由这一对结构性的矛盾,就要在宪法保障公民自由平等传播权力的基础上,发展多元的传播形态。在这个意义上,新技术可以被作为一种潜在的民主技术。尽管一方面,近期研究显示,互联网对传统报业报道新闻和时事以及作为公共论坛的功能产生了强大的冲击,并有可能进一步加剧政治日益从公民日常生活中分化出来的趋势;另一方面,在日常体验中,网络言论的非理性和极端化也令人担忧。但或者正因为如此,约翰·基恩才格外强调传播自由的制度保障,以及以新技术为基础的媒介的公共服务模式的重要性——冲突、矛盾、差异及其公开表达,是构成现代公民社会的基础。而新闻,永远是其中最要紧的一环。

回到本次普利策新闻奖得主工作坊最初的话题:如果人们非常轻易地就可以从网络上获取所有的新闻内容,比如可以在网上随处看到带给 Damon Winter 普利策新闻特写摄影奖的那些奥巴马竞选活动的精彩照片,谁还会去买纸质出版的报纸呢? 数字化是不是会带来传统报业的彻底消亡呢? 对于这样的疑问,Hank Klibanoff 的回答是十分具有代表性和耐人寻味的:这种情况说不定有一天会发生,不过暂时来讲,目前还是传统新闻业在体现出高品质新闻报道的专业标准,网络自身的内容,在调查性报道、长篇特稿、深度报道和阐释性报道等方面,暂时还难以企及报业一直在实践的专业标准。不过,新闻业的目标是推动社会进步,报纸也好,网络也罢,"只要通过新闻报道能让这个社会变得更好,我完全不介意它使用的是什么形式"。

可以说,不管技术如何发展,媒介形态如何改变,"通过新闻报道让这个社会变得更好",这其中彰显的价值理念和专业目标,正是普利策留给新闻业伟大的精神遗产。

选自《新闻记者》2010 年第 1 期

我们为什么而新闻

——关于《环球时报》风波的三个问题

杜骏飞

我不读《环球时报》已经很久了，直到遇见胡锡进风波——

今年 2 月 25 日，《环球时报》总编辑胡锡进在新浪开通微博。他在微博上这样自我介绍：我是《环球时报》总编辑胡锡进，当过 11 年兵，作为记者，在前线报道过波黑战争和伊拉克战争。热爱祖国，懂得这个国家的艰难。作为总编辑，我希望《环球时报》说真话，不回避敏感问题，用我们所有报道的总和，展现复杂的世界和一个真实、复杂的中国。

开博半天时间，他就收获了五千多位关注者，但留言中多数都是批评他和《环球时报》的。有网友称他为"义和团总教练"，还有网友断言，"（开微博）将是你今生最后悔的事情"。

网友"@灵犀青眼看世界"在他的微博后面发表了自己的评论："终于听到《环球时报》老大的声音了，展现了一个无比强大的中国是真，但说展现了一个真实的中国，说来你自己也难相信。"

也有网友力挺他："我觉得你挺难的，坐在这个位置上，既要说真话，又要顶住来自各方的压力，真的不易。"

开微博不到四个月，胡锡进的粉丝已突破百万。他发的微博可以轻易就得到数百条评论，其中批评、讽刺乃至谩骂的回帖占了一半以上。他的一位下属坦言钦佩他的承受力："要是我早就关了。"

微博上时常兴起对一个人、一件事、一些现象的抗议，并且其批评本身也时常成为过眼烟云，这本是新媒体时代的惯例。但对胡锡进先生及"广受欢迎的"《环球时报》的抗议，却并不寻常。我以为，没有什么网络事件是虚拟的,也没有什么网络言语会毫无意义,特别是当它们针对媒体时。如果撇去其热闹的话语狂欢,我们终归可以得到一些有价值的认识。关于本题的认识线索在于:我们为什么而新闻?

一、新闻是为了维系国家吗?

我要开门见山地说,《环球时报》有意识地把自己作为媒体的命运和中国崛起的命运联系在一起,这没什么不可以。

胡锡进先生说:"当兵的人会有保卫这个国家的责任感,今天舆论比较混乱,中国各种力量跟西方相比,舆论力量是最弱的一环。有时候会自觉不自觉产生一点舆论上保卫国家的念头。"显然,他的观点并不离经叛道,不是天外飞仙,更不应该被贴上"义和团总教练"的标签。这类理念在新闻史上向有传承,那就是"发展新闻学"(Developmental Journalism)。兴起于上世纪 60 年代的发展新闻学,意在刷新《报刊的四种理论》的旧有范式,在历史上是第三世界国家为了抗拒发达国家新闻霸权、"建立世界信息新秩序"而兴起的一股新闻浪潮。发展新闻学认为新闻报道应该着眼于有利于国家建设和发展的重要事件,强调正面的、深入的和解释性的报道。胡锡进那种为国家打气、国家利益至上、一切以国家发展为主调的理念,在一些后发展国家新闻史上占据过主流。1981 年哈森的《世界新闻多棱镜——变化中的国际传媒》论述了"五种新闻理念",1983 年麦奎尔的《大众传播理论》(第四版改名《麦奎尔大众传播理论》)归纳全球的"六种理论",1984 年阿特休尔的《权力的媒介》划分"媒介交响乐三乐章",均把"发展理念"、"发展媒介理论"或"进步中世界(第三世界)理论",与"西方理念"、"自由主义论"、"社会责任论"或"市场经济世界理论"并列,作为不同于它们的一种新闻传播理论。

需要提及一个插曲:1982 年,在以发展中国家为主导的《建立世界信息新秩序》报告出台之后,美国退出了教科文组织。这其中的纠葛,既牵涉国家利益的竞争,也牵涉新闻学理念意义上的差异。而从历史上看,"发展新闻学"显然又是一个众说纷纭的新闻学之筐(事实上,它从未在分化的意识形态阵营中达成共识化的学理），一如"社会主义"是一个众说纷纭的社会学之筐。

把《环球时报》放入筐里，检验它的发展新闻学元素。我感到，《环球时报》的模式在满足国家需要的发展建设、树立国民的自信心、反映政治成就、重置国际话语秩序、反抗西方刻板印象、建设性的批评等方面经常有所为，而在报道政治经济的核心问题、精密详实的新闻调查、亲近民众和关心低收入社群、维护民主及其他人道主义原则方面则经常有所不为。回到理论。在发展新闻学的框架下抽绎其多元维度，我个人赞同其建立世界信息新秩序、维护国民长远利益、保卫社会、反抗国际信息霸权那一端，而不赞同其新闻政府化、东方主义、列宁主义、整体主义、民族主义那一端。

新闻是维系国家的吗？ 答案是：它可以是。作为国家竞争的声音，它至少、必须一部分是。作为社会发展的力量，它的焦点在于如何是。

因此，我们可以回到刚才的开宗明义：从在国际竞争中维系国家利益的视角看，《环球时报》有意识地把自己作为媒体的命运和中国崛起的命运联系在一起，这种新闻立场常常是有理由而又有意义的。但如前所述，基于这种立场，《环球时报》的发展新闻学又是不完备的，并且我们很快又会发现，《环球时报》的发展新闻学在理念上是分裂的。

二、新闻是为了广受欢迎吗？

作为一份销量过百万的报纸，《环球时报》自然是成功的，至少在量化的商业上如此。从质化研究考评，《环球时报》完好无损地融入国家意识形态，聚集了特殊的政治社群，在政治、社会之间左右逢源，拥有很大的影响力，这当然更是一个成功的标志。

但问题出在关于"成功"的认同上。专业主义新闻学大概不认同其成功，正如发展新闻学对其会做有保留的同情。

新闻专业主义有两大核心主张：客观性和社会责任。客观性是指依据事物的是非曲直如实报道现实。李普曼在《自由与新闻》中提出"客观新闻学"，他认为客观性是新闻业最主要的一项专业准则。客观性包括独立、平衡和客观三个要素，独立是指新闻不受政治权力的左右，平衡是指新闻报道不偏不倚，客观则是指新闻应该陈述客观事实，而不能渗透主观判断。而社会责任理论强调，大众传媒应当对社会和公众承担一定的责任和义务，只有在媒体担负起相应的道德义务时，才能拥有道德权利。

《环球时报》身上被贴满了"愤青大本营"、"爱国贼老窝"、"商业民族主义"之类的标签——这些充斥着激愤之词的批评未必科学，但《环球时报》刊登着大量同样充斥着激愤之词的新闻报道，其专业主义气质之先天不足，是毋庸置疑的。一方面，新闻专业主义不会像胡锡进先生那样强调自己是保卫国家的军人，而会自认为是捍卫公众福祉的良心。另一方面，几乎所有批评者都发现这张报纸的商业气质太浓，更强调市场而非更强调理想。爱国当然没有错，但它的很多内容在迎合比较狭隘的民族主义情绪，这就值得质疑了。近现代以来，热衷于民族主义的国家多半是所谓亚细亚生产方式的国家，从政治上来说，只有帝国思维才会惯于将民族主义与国家主义相结合，在社会群体中培养狂热的"爱国主义"情绪，反而会导致国家形态的极化与不稳定。从新闻伦理上来说，专业主义的媒体不会以为民族主义情绪是一桩奇货可居的买卖，不顾新闻常识和社会责任而迎合其非理性。

无疑，商业天分会使得《环球时报》迅速成功，迅速受瞩目。但是，它并不容易赢得专业意义上的尊敬。自然，中国的许多媒体，如今是早已不在意能否赢得专业尊敬了。在这个一切荣耀归于瞩目率的浅薄时代，似乎裸奔才是媒体的王道。电视如此，报纸如此，互联网也不例外，重商主义的《环球时报》更未能免俗。报摊上，《环球时报》的议题包装总是那么触目惊心，我有时也被这些语不惊人死不休的夸张标题所吸引，然后带着复杂的心理读下去。我想，很多人会跟我一样，看这张报纸的时候有些分裂。在网上攻击《环球时报》的人中间，应该有不少人其实是经常看《环球时报》的，否则他们不会批评得那么熟练。

新闻只是为了广受欢迎吗？未必。我以为，《环球时报》式的新闻传播，是一枚只有一面的硬币。原因是：无论承认与否，我们对于成功新闻媒体的定义,在终极意义上,不可能脱离我们对理想新闻的信念。

首先,广受欢迎的新闻的成功背后,常常隐藏着分裂的社会心理与社会认同。你如何理解无数读者对《环球时报》既远又近、既爱又恨的态度呢?我以为,公众或许应该能理解《环球时报》在对外抗争上采用发展新闻学的姿态,强调民族利益、国家立场,这是有合法性和政治意义的。但是在国内报道时,对许多社会危机和阶层冲突,以及宏观、微观政治的弊端,《环球时报》却所言甚少,甚至有时还在故意遮掩,这时,读者就会不买账。因此,人们在读《环球时报》时,会假设其作为外交宣传的选择性发声有正当性,而同时也会毫不犹豫地认为:其作为内政新闻的选择性遮蔽有不正当性。

因此,一百万个读者并不能等同于一百万个支持者,一百万个骂客也不会等同于一百万个反对派。从社会心理学的角度来讲,群体心理是非常复杂的,瞩目不代表认同,围观不代表尊重,当然,反对也不代表拒绝。胡锡进先生可能过于低估了社会心理的复杂性,甚至是有意忽略了这种复杂性。他还需要学习,广受瞩目的《环球时报》也还需要时间完成价值观嬗变。

其次,广受欢迎的新闻的成功,不能以主流化来自我标榜。来自微博上的批评没有动摇胡锡进先生的自信,"《环球时报》这么大的发行量,这意味着大家在读我们的报纸,认同我们的立场,大多数人是支持我的。微博只是把持有同一看法的人聚合在一起,他们比较活跃,但并不是主流。"我想,胡锡进可能误解了"主流"的统计学意义:一百万的社群在中国的总人口中虽然不是小数,但还没有《环球时报》想象的那么大,更不能推论为主流;胡锡进可能还误解了"主流化"的政治学意义,在宪政体制下,主流化不是民主政治的同路人。当然,胡锡进更误解了"主流化"的新闻学意义,尽管格伯纳的主流化传播理论描述了媒介在全社会范围内广泛"培养"人们关于社会的共同印象的能力,但就理想的新闻范式而言:第一,主流的,未必就是正确的;第二,对主流化的追逐,过去、现在、未来都永远不可能是新闻价值的本质。

新闻是为了广受欢迎吗?答案是:新闻广受欢迎没有错,但以广受欢迎为主要目标那就错了。新闻有多成功,不仅取决于其受欢迎的程度,更取决于其新闻是什么、拥趸是谁、为什么，以及新闻传播后的怎么样。

三、新闻是为了反映社会吗？

马克思曾从诸多不同的角度论证了国家与社会的矛盾与对立，他认为，行政改革的关键不在于行政机构本身，而在于消除国家与社会的对立，消除构成这种对立的国家的历史性缺陷。正如恩格斯所概括的，马克思认为国家是"从社会中产生但又自居于社会之上并且日益同社会脱离的力量"。

而哈贝马斯在《公共领域的结构转型》中认为，19世纪末以来，资本主义经济在垄断资本主义的发展中导致财富分配不平衡，进而导致进入和控制公共领域的不平等。公共领域和私人领域的趋向融合，从公私分明转到国家社会一体化。由于国家的干预，国家和社会的分离消失了。并且，他特别指出：在西方，国家和经济的相互融合剥夺了资产阶级私法和自由主义宪法关系的基础，而国家和私人开始对传媒进行控制，导致了公共领域的"再封建化"。

事实上，国家与社会之间，既本能地相互排斥，又人为地相互融合，这种巨大的张力背后是现代国家政治的重新秩序化的博弈，而其前台，则是新闻传媒在"国家—社会"信仰上的无所皈依。其极端表征则是：国家、传媒、社会之间，对于国家利益的诉求也逐渐形成了反差和扭转。

回到本题，胡锡进先生在互联网上的遭遇，其实是身为公共媒体的《环球时报》的遭遇。一部分网民和胡锡进所代表的《环球时报》发生观念、观点、语言上的冲突，究其根本，不是一方爱国、另一方不爱国，而恰恰是因为彼此的爱国语境迥然有异。《环球时报》所喻示的"爱国"的"国"，初看上去是指country或者是nation的整体概念，但在社会转型期的中国，身处激烈的阶层冲突中，今天的社会公众更为强调的是社群（community）或阶层（class）的利益。中国国力增长，国家整体是繁荣的，但是很多阶层处于激烈的动荡，甚至处于相对贫困当中。有时候，国家的整体利益与他们的阶层感受并不对称，这显然容易导致一部分社会舆论的抗议。

更为不幸的是，受众和《环球时报》之间对于"爱国"的"国"的概念，还可能存在更严重的另一种差别：爱政体还是爱国族？《环球时报》所强调的国家概念，在某些时候，其本质更接近于 state——国家机器、国家权力的一种延伸，而在公众心目中，爱国主义，通常趋向于爱 country 而非 state。大多数情况下，country 与 state 是调性相合的，但在当下，国家与社会的关系有时会比较紧张。当有人以 country 之名抒发对 state 的拥护时，政治学上所说的"政治怨恨"就会因此爆发，这时，一部分社会公众会把历史与现实沉淀下来的政治怨恨发泄到任何为 state 说话的媒体或者机构身上去。换言之，胡锡进先生在互联网上的遭遇只是一个信手拈来的衣架，而网民要挂的是一件政治怨恨的衣服。

西方政治学领域中对怨恨（ressentiment）的研究发现约有两层：怨恨的发生来自价值层面上的冲突；怨恨的动员，表现为各类社会行为宣泄情绪、表明立场以及实施变革。

舍勒（Max Scheler）的怨恨理论把怨恨上升到一种现代性生存体验的高度，并且，他认为怨恨不仅是个体的也是群体的。怨恨产生的典型条件是：曾经受到过一次他人的伤害；对他人的这种伤害不能或者不打算立即做出相应的反击，而是忍气吞声。只有在经过这些情绪之后既不出现道德克制（比如真正原谅），也不会出现诸如谩骂、挥舞拳头等外在举动（即情绪外露）的情况下，才开始转化为怨恨。

中国公众当然也有条件从深刻的历史、激烈的现实中沉淀政治怨恨，其机理符合其现代性生存体验框架，其过程也符合其在传统政治下一贯的行动逻辑：连篇累牍，不出抗议之形；积案盈箱，惟是隐忍之状。而一旦遭遇互联网时代，抒发怨恨的成本接近于零，而其收益则广被族群，何以为？何以不为？于是只见网络批评开闸放水，民意涌处，皆是怨恨，覆巢之下，无有完卵。这正是中国网络政治舆情层出不穷、而其因由却多只是星星之火的真正原因。回到《环球时报》这一案例，往一个弘扬民族主义、爱国主义的媒体的衣架上挂政治怨恨之衣服，其中固然有某些不可知的偶然性（其道理，犹如公共舆论对一个"五道杠"少年的上纲上线），也渗透了诸多必然。这种必然，就是

《环球时报》对政体、国族、社会、阶层立场的混同,很容易唤醒公共批评在深层意义上的政治生存体验。其次,巧合的是,《环球时报》所热衷的题材,譬如民族主义、外交及军事方针、大国主义等,其所积聚的受众正是立场分歧明显、情绪化十足的人群,在他们高分贝、绝对化的喧闹之中,有很大的几率形成舆论上的"沉默的螺旋"。除此之外,如前所述,在理念和技术上的非专业主义,在新闻生产伦理上的缺乏自我克制,亦容易招致知识界对其本身的怨恨。

正是以上多种社会情绪的合力,酿成了网民围攻《环球时报》的风波。

因此,胡锡进微博受攻事件不是一件小题大做的私事,而是一个广泛的政治危机的表征。风起于青苹之末,我以为,对于实现国家善政来说,这一教训需要从更为宏大的政治视野去研究和预警。

对于新闻界来说,这个明显的教训则可以用来回答本节的问题。**新闻是为了反映社会吗? 是的,新闻必须反映社会。因为:1. 社会比国家更为本源;2. 不反映社会的新闻将为国家积累更多的政治怨恨;3. 反映社会的目的,可以是善待国家;4. 不反映社会的新闻,其自身迟早也将陷入困境。**

四、结　语

今天,我们正置身于新闻衰落的"瓦釜时代"。根据美国皮尤研究中心的一份调查报告,传统新闻媒体已经失去了大量的市场份额,报纸的发行量在近二十年内也急剧缩水。但这些份额中,只有一部分被电视和互联网媒体所吸收,另外一部分流失是由于美国人对新闻失去兴趣所造成。

正如麦肯锡为卡内基协会所撰写的一份报告中所提到的:"在追求利益、客观性降低和娱乐病毒横行的大潮下,新闻的品质正在损耗。什么是真正的新闻? 我们很少能找到明确的标准。"根据 2007 年皮尤研究中心的一份调查报告,60％的美国新闻记者认为,新闻正在走向错误的方向,半数认为他们所在的媒体的经理人过度重视业绩,而忽视了公众利益。如果在这里不论政治之得失,皮尤研究中心的报告也至少构成了我们要在这里提问"为什么而新闻"的理由,它也是我们要解析《环球时报》风波的动因之一。

批评的首要原则是实事求是。基于这一点,我以为,没必要对《环球时报》颂歌盈耳,正如没必要以标签化和污名化待之。

首先,在中国,成功的报纸不多,可以在国际上发声的报纸更不多。我们应该珍惜《环球时报》有价值的一面,并期待它的报道日趋平衡、更为专业主义,既能够爱国又能够爱民,能够真实地报道出"更为复杂的中国"。

其次,政治传播的一个常识是:把国际读者与国内读者区别对待,有损于国家形象;太多引发争议的报道,则不利于社会和谐。所以,我真心希望胡锡进先生有一天能够处理好国家利益与社会利益的平衡、对内报道与对外报道的统一,我也真心希望《环球时报》有一天能够成长为广受新闻业尊重的报纸。

最后,但并非最不重要的是:我和《环球时报》一样,也是中国渐进式改革的拥护者。但是,我认为,面对中国历史的此时此刻,着眼于《环球时报》风波的此情此景,以科学的发展观来重新发现新闻业的本质,是必须的。

选自《新闻记者》2011 年第 9 期

我们需要什么样的网络意见领袖

胡　泳

意见领袖的概念

"意见领袖"(opinion leadership)源自传播学者保罗·拉扎斯菲尔德(Paul Lazarsfeld)和伊莱休·卡茨(Elihu Katz)在上世纪40年代提出的两级传播论(two-step flow of communication),指媒介讯息不是直接传向所有个人,人与人之间也不是相互隔绝,而是相互影响的。讯息和观念常常是一个从广播与报刊流向意见领袖,然后经由意见领袖流向人群中不太活跃的其他部分的过程。即:大众媒介→意见领袖→一般受众。这个理论也被用来解释创新以及商业化产品是如何在人群中扩散的。

意见领袖是这样一种能动者:他或她积极使用媒体,并把媒体讯息的内容或者意义传递给处于低端的媒体用户。在那些接受其意见的用户当中,他或她拥有很高的公信力并且广受尊敬。罗伯特·K.默顿(Robert K. Merton)区分了两种不同类型的意见领袖:单型的(monomorphic)和多型的(polymorphic)。前者指某一专门领域中的意见领袖,他或她虽然是该领域的权威,但在另一领域只能充当跟随者;后者则可以在广泛的领域中影响许多人。

做这样的两种区分是很有必要的。这是因为,随着资讯的发达与知识生产方式的改变,知识门槛降低,同时学科界限日益模糊,在媒体上出现了一批似乎无所不知无所不晓的"专家",对无论哪个专业哪个方向都要去发表自己的"专家意见"。这在大陆被称为"万金油专家",在台湾则有一个特别的称呼叫做"名嘴"。多型的意见领袖有日益增多的趋势,他们忘记了"术业有专攻"

的道理,忘记了专家只有在自己的专业方向上才是大家,离开专业就只是一个普通人的常识。

在1957年发表的文章《两级传播:关于一个假设的最新报告》中,卡茨发现,意见领袖比起媒体来,对人们的意见、行动和行为拥有更多的影响力。原因在于:意见领袖被认为是可信的、没有企图的,人们不觉得自己在被他们所认识的人以某种方式诱使,按照某种套路去想事情。与此相反,媒体很多时候被视为强加于人,因而影响力大大受损。虽然媒体可以增强受众的某些观念,但意见领袖则可能改变或者决定个人的意见甚至行动。

意见领袖的领导作用是如何实现的呢?这一作用的实施和持续,依赖于意见领袖的技术能力、社交技巧以及对现存社会体系的价值与规范的遵循。这种领导作用是非正式的,说服是最主要的方式。通常来讲,一位意见领袖与他的追随者之间存在不对等的钦佩与赞赏的关系,一种强烈的想变成其所追随的领袖那样的人的意愿,构成了追随者听从意见领袖的意见的基础。

谁是意见领袖?

卡茨认为,成为一位意见领袖有三个要件:意见领袖必须是价值的表达者;必须拥有专业能力;必须身处社交网的战略中心。简而言之,第一个要件衡量的是意见领袖是什么人(他是何种价值观的化身);第二个要件衡量的是意见领袖知道什么(他最擅长什么);第三个要件则衡量意见领袖认识谁(他处在什么社会位置上,哪个社会群体跟他关系最密切)。

第一个要件跟思想相关。意见领袖,顾名思义,必须有意见。换言之,意见领袖必须是一位思想者,要靠思想去引导别人。在公关行业里有个用语,叫做"思想领袖"(thought leader),指的是某些行业中被普遍认为有创新性想法的人,他们常常对本行业的发展"激扬文字,指点江山"。

意见领袖也离不开价值观。在公共舆论领域中,最重要的,但也是最难捕捉的就是舆论背后的价值观。某些人是否会就某些话题形成舆论,价值观本身起着重要的决定作用。换言之,人们之所以形成公共舆论,是因为他们的价值观推动着他们这样做。所以,一个强大的意见领袖必然是一个拥有强烈价值观的个人。

价值观在人生的早期就会形成,父母和学校都可能扮演重要的角色。而价值观一旦形成,人终其一生很难改变,只会随着年龄的增长而加强。构成价值观的因素包括宗教信仰和道德标准。相对而言,价值观会抵抗媒体日常说服与影响,它也不会在某一次辩论之后就遽然改变。然而,价值观的确是可以被形塑的——在某些情况下,也可能完全被改变——通过长时间暴露于彼此冲突的价值观之下,通过协调一致的思考和讨论,通过迥然一新的证据或者环境的出现,以及通过与自己认知和尊敬的贤能人士"合不上拍"的那种感觉。最后这一种方式,正是意见领袖可以对其追随者施力的所在。

第二个要件强调意见领袖的专业素质与能力。专家之所以被叫做"专家",就是因其专业性。社会学还专门发明了一个词汇来指称充满风险的现代社会中的专业性,这个词叫做"专家系统"(expert system)。专家系统是指把我们日常生活组织起来的方式方法与专业队伍,他们掌握着我们所不熟知的专业知识,而我们则无可奈何地被卷入一系列专家系统之中,并且时时刻刻依赖他们。现代社会中,专业知识无处不在,构成我们生活中的持续体验。在交通体系中出行,在传播体系中传递信息,在金融体系中进行交易,这些专家系统业已成为像空气和水一样不可或缺的东西。

对专家系统的信任并不是依赖专家本身,而是专家所使用的专门知识的可靠性。专家系统的存在同样让信任从人对人的信任转向人对制度、对系统的信任。伴随着专家系统的概念,必然出现"权威"的概念。与权威相关的还有责任:权威愈大,责任愈大。

第三个要件则表明,意见领袖存在某种"代言人"特性。很多意见领袖本身是公共知识分子,力图成为超越利益的、代表社会良知的公共事务的介入者和公共利益的守望者,因而也常常被视为"沉默的大多数"的代言人。这个"沉默的大多数",怀有自己的意见和主张,但却无力或无法表达,因而必须借助意见领袖来表达。

意见领袖在媒体上能够获得更多的曝光机会,他们寻求他人的接受,也存在强烈的提高自身社会地位的动机。而在其追随者看来,意见领袖的社会地位比自己高出很多,他们活动频繁,人脉广泛,常就社会基本问题发表意见,也对随时发生的重大事件表态。

在很多时候,意见"领袖"更像是意见"经纪人",他们会穿越群体的界限,将信息在不同群体间进行传递。在这种情形下,他们不是处在事物的中心而是事物的边缘,不是某个群体的领袖,而是不同群体之间的联系人。

微博上的意见领袖

2002 年,马尔科姆·格拉德威尔出版《引爆点:如何制造流行》(《The Tipping Point:How Little Things Can Make A Big Difference》),其实是在互联网时代用一套崭新的术语重新诠释"意见领袖"这个概念。格拉德威尔称,要想传播达成效果,就需要把有限资源集中于三类人身上:他们是联系员(connector),致力于把大家联系在一起;内行(maven),喜欢向他人传授知识;推销员(salesman),热衷于说服他人相信某个观点或事物的有效性。如果配合得当,这三类人可以造成迅猛的"病毒式传播",甚至引发新的思潮或流行趋势。

需要说明的是,所有这三类意见领袖并不一定是名人,也可能是某些社区的普通成员,通过知识的积累和人脉的扩张,成为传播潮的发动者和变革的催生者。在互联网时代,出现了一个突出的变化,即"意见领袖的民主化"。甚至可以说,在网上,凡是持续提供信息和意见的个人都在某种程度上扮演着意见领袖的角色。进一步,我们还可以说,凡是有志于成为意见领袖的人,只要付出足够的努力,就可能在网上成为意见领袖。

从当下中国的现实来看,互联网的出现,极大地拓展了言论空间,"意见领袖"不是一个个,而是批量产生,特别是在微博上各显其能。据人民网舆情监测室秘书长祝华新分析,网络名人的批量涌现,在一定程度上改变了过去由政府和官方媒体主导新闻宣传和社会舆论的格局。

微博,作为一种后起的信息传播工具,具有一些重要的特点,这些特点也影响到意见领袖的作用。

微博的第一个特点是快速化。微博代表着互联网发展的新动向。传统媒体都有一个新闻周期的问题,比如报纸,新闻主要以日计算;比如电视,新闻主要以小时计算;而微博几乎不受新闻周期限制,属于即时新闻。在瞬间,信息即可传递出来,传统媒体无法望其项背;同时,信息量的密集程度,也是传统媒体无法与之比拟的。

法国社会学家布尔迪厄在其电视研究著作《关于电视》中,曾经提出过"快思手"的概念,批评电视制造了一种"快速思维"。他认为,受收视率影响,也屈服于紧急性的压力,电视培养了一批"快思手",他们以"固有的思想"来进行论证,也正因为平庸普通,所以他们总和接受者轻易就达成了共识。

在微博上对时政发表意见,为了适应微博的速度,意见领袖被迫成为"快思手"。并且,中国处于矛盾与冲突多发的社会转型期,各种事件如走马灯般应接不暇,因而,存在一种强大的社会压力,驱使已负盛名的意见领袖不断对新的事态发展发表看法。由此,在微博的时间限制之内,意见领袖们能否真正思考,并说出一些有见地的见解,就成为一个真正的考验。

微博的第二个特点是碎片化。以前的媒体传播信息是从中心到边缘,比如说某地发生突发事件,媒体派记者前去采访,然后刊登见报,众人传阅,网络转载,首发的媒体就是这个"中心"。但现在,很多突发事件的现场恰恰可能会有微博用户,他们可以即时传递信息,也许某个此前默默无闻、无足轻重的人,突然就成为信息的中心,产生瞬间最大影响力。这个人未见得可称之为意见领袖,但他或她的确能在彼时彼地发挥意见领袖的作用。

在突发性事件中,通常来说,公众还是更信任长期履行信息过滤、引导职能的"领袖"类人物,因为这类意见领袖有踪迹可寻,有过往形成的公信力和美誉度,也有可见的专业资格。比如,如果发生了一起重大法律案件,那么,在微博上比较活跃的律师,因其责任感、正义感强,社会地位和专业程度较高,与媒体联系也比较密切,很容易成为该案件当中众望所归的意见领袖。

在事件过程中,意见领袖承担了"解码"的功能。意见领袖不仅仅传递事实,更重要的是,还要对事实加以评论和阐释,这时,微博的碎片化特性会对思维产生很大的影响。在微博上传递的信息,来源比较广泛,内容时常杂乱无章,更有甚者,信息的真假也难以分辨,这些对意见领袖的信息加工能力、独到的观察与判断能力以及去伪存真的甄别能力都提出了极高的要求。可以说,一个不会"解码"的人不可能成为微博上的意见领袖。

微博的第三个特点是直接化。直接化,顾名思义,就是消除了中介。在这里,"消除中介"的意思不是说意见领袖的信息中介作用消失了(前面讲过,"意见领袖"在很大程度上就是某种"意见经纪人"),而是说,微博上的意见领袖具有易接近的特点。换言之,他或她应该是"粉丝"能经常接触到的。这和布尔迪厄谈到的电视上的"快思手"还有所不同。观众可以在电视上看到专家侃侃而谈,但在现实中,要想和专家发生直接接触则几乎不可能。现在,由于技术的发展、媒体的演化,易接近性已不再是问题。微博解除了"不在场"状态下主体间直接互动的诸多限制,使得追随者与意见领袖的"零距离对话"成为可能。

由于微博意见领袖与网民容易形成呼应,他们针对社会热点、公共事件发表言论时,其观点往往影响大批粉丝和舆论走向,甚至改变公共事件在现实中的走向。这极大地增强了意见领袖的号召力。然而,与此同时,随着意见领袖越来越从幕后走向台前,完全暴露于舆论"包围圈"之中,他们也必须做好足够的心理准备,迎接没有遮挡的挑战。

很多意见领袖对微博的直接化特性认识不足。他们可能由于此前追随者众而保持较高的心理位势,但在传播手段一再被颠覆的情况下,如果自诩为精英者还以传统方式进行形象管理,甚至意图作秀,他们可能会遭遇被先前的追随者从"神龛"上直接掀翻在地的命运。意见领袖的地位在微博时代不是牢不可破的,有些时候,崇拜者转眼间就可能成为激烈的反对者。

另一方面,由于粉丝的影响,人们又容易将自身群体的代言人神化,以致形成对此一代言人无所不能、永远正确的盲目迷信,甚至用语言暴力去攻击另外一些持不同意见的网民。还有人根据粉丝数量的多少来判断意见领袖的高下,忘记了真理本身与人多势众无关。

对网络意见领袖的要求

意见领袖在网络时代的作用是毋庸置疑的。信息的大爆炸与人们分散的注意力共存,各种存有特殊利益的群体操纵信息的手段日益娴熟,这导致受众既难以辨别信息的真伪,也难以判断何种信息对自身有益,以至于出现了一个奇特的悖论:在信息丰裕时代,很多人却痛感有用的信息十分匮乏。在此情况下,对意见领袖的呼唤是切实的,存在着巨大的对纷繁复杂的信息进行有价值的分析和甄选的需求。

与过去书斋里坐而论道的知识分子相比,网络上的意见领袖不乏行动力,他们是积极参与公共事务的行动者,促进了表达与行动的一体化。在社会转型震荡不已、社会共识亟待重建的今天,中国迫切需要"公共意识和公共利益的看门人"、"社会正义和世道良知的守护人"、"沉默的大多数的代言人"等发挥作用。

意见领袖也在很大程度上决定着中国互联网上的论辩伦理和交往伦理,尤其是在网上可否推行有效的对话。这件事情之所以重要,是因为我们在现实当中无法对话。

对话的意义是怎么夸大也不过分的,因为它构成了人类生活的本质特征。查尔斯·泰勒说:"只是因为掌握了人类丰富的语言表达方式,我们才成为人性的主体,才能够理解我们自己,从而建构我们的认同。"他是在广义上使用语言一词的,它不仅包括通常所说的词语,而且包括人们用以界定自身的其他表达方式,如艺术、姿态和爱的"语言"。然而,上述语言并不天然自足,人们要通过与他者的交往才学会这些表达方式。没有人出于独自进行自我界定的需要而掌握语言,相反,正是通过与自身有关的人进行的互动交往,每个人才被带入到语言之中。乔治·赫伯特·米德把这样的人称为"有意义的他者"(significant others)。在这个意义上,人类思想的起源不是独白式的,不是每一个人独自完成的,而是对话式的。

泰勒进一步说:"我们总是在同某种东西的对话(有时候是同它的斗争)中建构我们的认同的,这种东西是有意义的他者希望在我们身上看到的。"这是说,个人的认同本质性地依赖于其自身和他者的对话关系。没有对话,你怎会知道自己是谁?

既然对话如此重要,我们可以向每个人提出一个简单的问题:你会对话吗?

1989 年,捷克知识分子哈维尔等人,在布拉格成立了"公民论坛",制定八条《对话守则》,在街头巷尾张贴,内容是:

1. 对话的目的是寻求真理,不是为了斗争。

2. 不做人身攻击。

3. 保持主题。

4. 辩论时要用证据。

5. 不要坚持错误不改。

6. 要分清对话与只准自己讲话的区别。

7. 对话要有记录。

8. 尽量理解对方。

这些守则简单而实用。遵守这样的对话规则,对话才有效。可惜的是,在网上,就连所谓的网络意见领袖都常常不能用它们来要求自己,更何况一般的网民?

在中国的互联网上,"意见领袖"们轻率的人格攻击、粗俗的自我陶醉和炫耀以及一言不合便喷薄而出的狂妄而空洞的威胁恐吓俯拾皆是。在极端的情况下,甚至有人从骂阵走向了"约架",斯文扫地、一地鸡毛。"一地鸡毛"的唯一好处是,这些网络上的意见领袖,现在让大家得以近观,明白人非圣贤,"To err is human, to forgive is divine(失误人皆有之,而宽恕乃超人之举)"。如同网友 mostarich 所说:"美女也臭脚,所以不要把一切都想象得太美好。"

更根本的问题在于，我们需要什么样的网络意见领袖？人民网舆情监测室曾经给名人微博提出六项建议：

1. 在鉴别消息真伪方面：对不熟悉的领域慎言；重视官方信息源；用常识和理性审视；追求传播过程的动态真实。

2. 在转发别人的观点方面：务必注明出处及时间；对信息须多方求证；无法证实的消息请加标注；有错就改。

3. 在传播客观真实的信息方面：恪守真实客观的基本原则；尊重信息传播途径的每一个环节；发挥名人与粉丝的互动优势。

4. 在发表对事实的评论方面：以责任感为原动力；以事实为依据坚持客观公正；开放性发言，不贸然驳斥他人观点；不涉及攻击性、歧视性言论；避免断章取义。

5. 在控制网络发言负面情绪方面："不欺软，不怕硬"；给自己一点情绪缓冲时间；放低姿态；从冲突中寻找真知；不谩骂、不傲慢；遇到特例也可以采取删帖、拉黑手段；收起好胜心。

6. 同时展开自律与他律。

这些建议都是比较技术性的。加州大学伯克利分校萧强教授对网络活动中的"代表性人物"或者"发言人"则提出了更多的规范性要求：

1. 他/她拥有发言的平台，比如博客。

2. 他/她的信号（言说）应当是非常基本的，可以形成"身份认同"的言说。不仅仅是就事论事，技术或者技巧层面的论理。

3. 他/她的信号（言说）应当不仅仅是修辞的，而是身体力行的。在很多情况下，是为之付出常人没有付出的"代价"，不管这代价是时间、金钱，还是自由。

4. 他/她最好有一技之长，是某种"专家"。现代社会人人都有分工，人们比较信"专家"的话。

5. 他/她的私人品行也要经得住不仅是大众的八卦眼光，还包括政敌的攻击。网络时代更是私事容易公开化，所以公信力很容易被其他事情瓦解掉。

除了以上五条，或许还要加上第六条：学会倾听。不去倾听，一味自说自话、自以为是，也会丧失公信力。

如果用这几条去衡量的话，在纷乱复杂的网络活动中，真正的影响力并不容易建立。"发言人"也不是好当的。《易》曰："君子以言有物而行有恒。"庶几近之。

选自《新闻记者》2012年第9期

领悟新媒体法则

——从《The Daily》的失败中学习什么？

彭　兰

尽管 2011 年年初默多克新闻集团推出全 iPad 版的《The Daily》时就有人不看好它的前景，但没有想到它的失败来得如此之快。

《The Daily》的失败，实际上再次反映了传统媒体在新媒体时代的一些常见误区，如果不能走出这些误区，无论传统媒体的经营者在新媒体领域投入多少资金和人力，恐怕都难逃与《The Daily》一样的命运。

一、媒体精英是否一定能保证新媒体的成功？

为了启动《The Daily》，新闻集团重金雇用了来自《纽约客》、《福布斯》、《纽约邮报》和其他报刊的一百余名员工。这些资深的媒体人似乎应是《The Daily》成功的保证，但结果事与愿违。

传统媒体的优秀人才以及丰富的人才资源，是否适应新媒体的运营？进入网络时代以来，这个问题就一直困扰着传统媒体的新媒体之路，但传统媒体似乎并没有对这个问题给予足够的重视。

从中国的现实来看，尽管《人民日报》等媒体走上网络之路的时间要早于新浪、搜狐、网易等商业网站，尽管都自认为拥有传统媒体的品牌优势、人才优势，但我们却面对着这样一个事实：即使在网络新闻传播方面，不具备新闻采访权甚至在起步阶段没有多少新闻传播专业背景的编辑的几大商业性门户网站，其影响力超过了任何一家传统媒体办的网站。虽然导致这个现象的原因非常复杂，但至少有一点我们是可以反思的：传统媒体的经验真的就会成为新媒体的财富吗？也许它更像一个包袱。

传统媒体的一个自信是：我们的人员是经过专业训练的,他们更懂得如何进行新闻价值判断、如何进行新闻写作或加工、如何进行版面的处理。而中国网络媒体的实践表明,实际上,媒体的这些价值判断、加工与处理,与网民的需求未必总是吻合的,反倒是商业网站的编辑们,以他们对普通网民的脉搏的把握,赢得了更多网民的认同。

当然,这并非说一味迎合受众就是对的,但至少我们应该意识到,对受众的研究不能停留在那些市场调查分析的数据上;对受众的心理需求的分析、对普遍的社会心态的把握,是更重要的受众分析。

新媒体时代,受众对于媒体过去所看重的某些质量标准(如版面中有没有错别字、标题是不是准确、播音员有没有读错字等)的要求在降低,而对于媒体在反映与干预社会现实方面的速度、能力等,提出了更高要求。如果媒体人仅以自己能做出规范、不出错的新闻作品为标准,就很难成为新媒体时代受众心目中的"媒体精英"。

新媒体时代,受众期待媒体所具有的对社会全方位的洞察力、分析力,也不仅仅来自懂媒体的精英,懂媒体也不意味着懂所有专业领域,一些专业领域的专业人士在某些方面的见解要超过媒体人。

从各方面来看,做新媒体,都要求传统媒体精英的思维要有所改变,即使如此,仅有精英也是不够的,用户的参与是新媒体的本质特征之一。与《The Daily》相似,美国新闻网站"赫芬顿邮报"也是原生网络媒体,没有母体,但它充分利用3000人规模的稳定博客队伍和1.2万多名"公民记者",创造了一种生产者与消费者之间的"共享事业",从而使网站充满生机与活力,在美国媒体界的影响力与日俱增。

新媒体时代的传播格局,应该是"媒体精英"＋"专业精英"＋"普通草根",单纯强调媒体自己的专业背景与能力,恐怕不能完全适应这个时代。

二、新媒体上内容究竟是否"为王"?

在新媒体平台上,传统媒体仍然信奉"内容为王"的信条。但是,在"内容为王"这句口号后面往往潜伏着三个认识上的误区：

一是认为只要有了内容，就可以"称王"了；二是自认为自己的内容是可以"称王"的；三是认为有了"为王"的内容就有了一切。

正是这些误区，在很大程度上羁绊着传统媒体。

（一）新媒体时代，什么样的内容能"为王"？

在公民新闻崛起的年代，专业媒体如何才能生产出能够"为王"的内容？不少专业媒体人认为深度新闻、原创内容、独家评论、个性化内容等是自己的突破口，但是，如果完全不改变传统媒体的思维，真的能实现突破吗？

以 100 多位资深新闻人支撑的、自称每天提供超过 100 页原创内容的《The Daily》，仍然被一些用户批评内容有些问题，不像是一个严肃的新闻媒体，而是《读者文摘》这种东西的线上版，缺乏新闻以及深度报道。可见，用户的口味变得越来越挑剔了，满足他们也变得越来越难。

公民新闻的发展，尤其提高了人们对深度报道的要求。公民新闻时代的深度报道，虽然仍然要以大量优秀记者的判断能力、调查能力和分析能力为支撑，但它也离不开用户的参与。公民新闻虽然是碎片式的，但这些碎片中，往往蕴含着对专业媒体报道进行拓展甚至关键性补充的内容。所以，今天的深度报道，更应该是与公民新闻的碎片整合在一起的深度报道，而未来的深度报道，还有可能是以"大数据"等技术为支持的。

在《The Daily》的发布会上，默多克曾说，他的目标是让《The Daily》成为不可或缺的新闻以及信息来源。这话我们听着一点也不陌生，因为不少媒体都声称要做出独一无二、不可替代的内容。但今天这个时代，有多少媒体的内容是独一无二的？如果真的独一无二，也许说明它缺乏公共价值。不可替代一定包含着盲目自信，因为在面临如此众多信息源的时候，人们对某一个媒体内容的依赖与忠诚，越来越近乎神话。如果说用户还有一些的忠诚度，那么，更多时候，是阅读惯性驱使，或是形式上的黏性使然。

对于《纽约时报》、《华尔街日报》、《经济学人》等本来比较强势的传统媒体，它们的数字化平台在一定程度上得益于这些惯性，而对于《人民日报》等在普通人心中存在"刻板印象"的媒体,它们的数字化平台却是受阻于网民(特别是年轻网民)的阅读惯性。由于没有印刷媒体版本,《The Daily》上没有用户的惯性,虽然这意味着没有阻力,但这也同时意味着没有动力。

在内容同质化的情况下,形式上的黏性对用户的作用也是明显的,因为熟悉的界面可以减少获取信息的时间成本,良好的用户体验也可以让人们产生依赖。但遗憾的是,《The Daily》还没来得及建立起足够的黏性,就已经倒下了。

独家评论也被传统媒体认为是制胜法宝,但是,过去媒体的很多专业性评论,来自各个领域的专家,而在今天自媒体兴起的时候,这些专家未必还会愿意让专业媒体来做自己观点的二道贩子了,他们更愿意通过博客、微博等渠道无中介地传达自己的观点。除非传统媒体努力培养自己的专家式的评论员,否则媒体的评论资源也会不断流失。

个性化信息服务,同样被认为是专业媒体的发展方向,《The Daily》也声称自己有个性化内容,如本地天气以及体育信息,但在社会化媒体时代,在移动终端上,这样的个性化内容已经显得太小儿科了。要提升个性化信息服务的水准,可以以一定的技术做支持,如"大数据"技术。腾讯的"大数据"计划,就是试图利用腾讯用户在各种不同平台上的数据为基础,来对用户的个性进行精确定位。而如果技术上暂时达不到这样一个水准的话,至少也可以通过社会化媒体来让用户自己编织起个性化的信息筛选网络。在移动终端上,个性化信息往往需要和 LBS(地理位置服务)联系起来,而显然,包括《The Daily》在内的多数媒体的平板电脑应用,在这方面几乎还没有想法。

因此,内容是不是能"为王",不是媒体自己说了算的,是由用户来评判的。要做出让用户能称之"为王"的内容,一是要懂用户,二是要激发用户。

(二)"关系"建设——"内容"称王的保障

尽管归根结底内容是核心,但是,如果没有足够的传播渠道,内容再好又有何用? 它面对的结果只会是"锁在深闺无人识"。

我在 2010 年的《关系再造:网络经营变革的关键》一文中曾提出,从新媒体经营来看,有三个层面的关系是重要的：用户与产品的关系、用户与网站的关系、用户与用户的关系。

从这样一种关系的角度看,至少在中国,传统媒体的网站,在用户与产品的关系、用户与网站的关系方面,与商业新闻网站相比,都有缺陷。传统媒体网站及其产品对用户的关系,多数时候仍是居高临下、让人敬而远之的。而商业网站则更容易让用户产生平等、亲近的感觉。

另一方面,用户与用户之间的关系已经成为新媒体传播的重要基础,而传统媒体的网站,在这方面的障碍就更多。

新媒体正在带来的,不仅是新的传播平台和传播手段,更重要的是传播模式的变化。过去以专业媒体为中心的"点对面"的大众传播模式,正在被以社会关系网络为渠道、以个人为中心的传播模式所冲击。在新的传播模式中,关系成为内容传播的基础设施,没有这些桥梁,内容就无法传播出去。因此,在新媒体平台上,关系建设应该与内容建设一样重要。

微博等平台是新传播模式的代表,因此,传统媒体到了这个平台,也需要像普通用户一样努力去争取粉丝,因为粉丝是社会关系,是传播渠道。而移动终端上,以"应用"方式进行的信息推送,虽然不完全取决于人们的社会关系,但如果没有与内容的交织在一起的社会关系,人与内容的关系便是脆弱的,是随时可能中断的。

关系是内容传播的重要渠道,也是内容推荐的重要机制。路透新闻研究所的研究发现,年轻人更有可能使用社交媒体而非搜索引擎去发现新闻。以每周新闻访问量计算,在英国,社交媒体已占新闻入口市场的20％,而搜索引擎为30％。虽然目前搜索引擎的作用更为明显,但社交媒体的上升势头说明,关系已经变成一种"社会化引擎",越来越深层次地影响到了内容的发现与推荐。

在新媒体平台上,关系同时还是内容生产的动力来源。前文说到,新媒体的内容不仅靠媒体精英,还要靠普通用户参与,而用户参与的核心动力正是关系,如果没有社交这样一个根本的心理需求,用户的内容生产就不会这样广泛而持续。

所以,内容如果想要"称王",一定要用关系渠道为保障。新媒体的产品,应该向着"内容＋社区"的方向发展,内容的生产与社区的发展紧密结合。但在 iPad 这个新终端上,《The Daily》采用的仍是传统的孤立的"内容产品"这样一个思路,它的失败也就可以想象。

三、《The Daily》的终结是否意味着传统媒体上"平板"是方向性错误?

尽管《The Daily》终结了,但是,仅凭这个个案,我们是否能够怀疑媒体在 iPad 等平板终端上完全行不通?

显然这样的简单推论是有问题的。

就像过去有无数的网站起来又倒下,但我们不能推论网站这条道路走不通一样,一个个案绝对说明不了平板电脑这样一个终端对于传统媒体的意义。

无论怎样,决定平板电脑是否应该成为传统媒体转型新平台的,不是传统媒体的能力与思维本身,而是用户。只要用户转移到了这个平台,那么,这个平台就应该成为传统媒体的转型目标。当然,如果传统媒体不适应这个平台,那就只能接受慢慢被淘汰出局的命运。

2011 年 10 月皮尤研究中心与《经济学人》集团合作发布的调查报告显示,11％的美国成年人拥有平板电脑,其中大部分是苹果 iPad／iPad 2。调查还表明:77％的平板拥有者每天都使用平板电脑,53％的拥有者每天使用平板电脑看新闻,30％的人比使用平板之前看新闻的时间更多,42％的人声称他们在平板上会经常阅读深度报道或分析,14％的人直接为平板上的新闻付费。2012 年皮尤发布的《2011 年美国传媒业发展状况报告》显示,20％的美国成年人拥有平板电脑。这一数据显示,平板电脑在美国的普及速度是很快的。

2012 年 12 月 11 日,皮尤研究中心发布的 2012 年度调查报告显示,有43％的男性平板电脑用户每天都用他们的设备看新闻,女性的这一比例为

32%。男性用户查看新闻的频率更高,也更有可能阅读深度报道和观看新闻视频。拥有大学学历的人中,有 82%的平板电脑新闻用户会阅读深度报道,而大学以下学历人群的这一比例仅为 66%。从最新数据来看,每天使用平板阅读新闻的比例比 2011 年有了明显下降,这也许是人们阅读平板新闻的新鲜劲过去的结果,但那些还在坚持使用平板看新闻的人阅读习惯已经形成并稳定下来。而人们对平板新闻中的深度报道的需求是明显的。

英国路透新闻研究所的调查表明,在英国平板电脑用户中,有 58%每周通过平板电脑获取新闻。他们更有可能为新闻内容付费。44%的人表示,他们认为平板电脑的新闻阅读体验比 PC 更好。

2012 年 4 月,在西班牙马德里举行的一次国际媒体大会上,《经济学人》分享的研究发现是,他们认为平板电脑带来了"往后靠"的阅读模式和"可读完"的信息消费。人们捧着平板电脑阅读时,身体姿态与用电脑时不一样,"向后靠"意味着可以像看传统报纸、杂志一样靠在椅背上去思考。而平板上媒体用类似传统杂志的模式进行信息的打包传送,意味着人们在平板上可以把一个杂志读完,而不会像网站那样,受到没完没了由链接形成的信息迷宫的困扰。这些都有可能带来一个新的深度阅读的黄金期。

这些数据与分析提示我们,平板电脑作为一个新的新闻终端已经得到了用户的认可,用户在平板终端的新闻阅读习惯正在逐步建立起来,而平板电脑的确会带来与 PC 不一样的传播模式与阅读体验。认真研究这些习惯、模式与用户体验,是传统媒体实现向平板转型的基础。

当然,媒体在平板终端上要生存,必然要解决盈利模式的问题。收费订阅是目前很多媒体在平板上尝试的一种盈利模式。整体来看,国外用户对收费的接受程度正在提高,如果媒体坚持下去,强制用户形成付费习惯的话,未来这一盈利模式还是有一定希望的。当然,这一盈利模式是否可行,会受到很多因素的制约。

数字终端上的收费的障碍，主要的并不是价格的高低，而是收费者所处的位置和用户心理。

《The Daily》的订阅费每周 0.99 美元，全年不过 39.99 美元，与印刷报刊的订阅费用相比，其实不算高。但即使如此，《The Daily》在试用期以免费策略吸引到的用户，在收费开始后，大多数逃走了。为什么？一个通常的解释是，因为人们觉得内容不够好，性价比不够高。但一个反面的例子是，在中国，手机报的内容非常单薄，更谈不上原创性，性价比更低，但仍然有不少用户曾经或者现在仍然在花钱订阅。这又是为什么？移动运营商占据了渠道的强势，因此，它即使没有优质内容也能推行收费。而单纯的内容生产者，在新媒体平台上，在收费方面总是弱势的。

如果网络新闻一开始就收费，那么网民也许就会被迫接受。不幸的是，网民们被免费的午餐惯坏了，先免费再改回收费，犹如"由奢返俭"，其难度不言而喻。所以平板电脑上很多媒体想把用户的习惯一开始就固定在收费上，这个思路本身没错，但是，毕竟用户的习惯与心理还受到了大环境的影响，所以改变起来有待时日。

传统媒体要在新媒体平台上生存，需要把赢利的思路打开。在大量企业开始社会化媒体营销的今天，传统媒体如果在新媒体平台上还死抱着传统广告的"大腿"，恐怕也难支撑下去。在严肃新闻领域之外，把内容与商品的直接销售结合起来，恐怕更符合用户需求，也能带来新盈利模式。豆瓣、Zaker橱窗等，就代表了这个方向的尝试。

《The Daily》并不是传统媒体在新媒体平台上的第一个失败案例，也注定不会是最后一个。但是，它也是有价值的，它至少让我们对传统媒体在新媒体化道路上的局限与障碍有了更全面的了解。能从它的教训中领悟到更多的新媒体时代生存法则的媒体，也许能在新媒体时代走得更远。

选自《新闻记者》2013 年第 1 期

3 能终身当记者吗

记者六题

子　冈

彭子冈，原是《大公报》名记者，三四十年代就以文情并茂的通讯、特写蜚声报坛。她曾写下不少带有历史意义的人物访问记。如今，她半身瘫痪，卧病在床。这篇文章是她应本刊之邀，在病床口述，由徐城北整理成文的，我们在这里向她表示深切的谢意。

——编者

许多老朋友常常要我为今天的年轻同行写点记者生涯之类的东西。拖了很久，不宜再拖，只能开启那遥远的回忆，凝聚在下面几个小标题上，说一点个人体会。由于对今天中青年记者的苦衷知之不多，所以我讲的这一些，未必能成为针对性很强的文字。就此预先说明，并致歉意。

土　地

人和土地有什么关系？说轻一点，不少人都有这样的感受——在平房里住久了，一旦搬入高楼，脚下就空飘飘的，俗话称之失去了地气。说重一点，就很容易想起希腊神话中的英雄安泰——当他站立在土地之上，就力大无穷，所向披靡，否则就一无所能，等着束手被擒了。对于记者来说，都愿通过自己的心和笔，从自己所分工报道的那一片生活的土壤中，升腾起一片风云气象，因为这是成熟的标志；但，越是在这种风云际会的得意时刻，就越不能忘乎根本——自己所背负的土地。

土地究竟指什么？我通过几个历史阶段中的巨大反复，才获得比较准确的看法。我在1938年加入共产党，解放前的公开身份是《大公报》的记者——抗战时期在重庆，解放战争时期在北平。记得当时的自己，一方面干得很得意——国共两党的要员可以随时接触,社会的各个阶层可以随时深入;但另一方面,自己也不时涌出一种愁怅——为自己不能去延安工作而深感惋惜。1946年,弟弟自延安来到北平,参加了"军调处"中我方代表团的工作,我作为《大公报》北平办事处的一名记者——姐弟二人或明或暗地时常联系,为了一个目标而共同奋斗。当弟弟完成了既定任务就要返回延安之际,我曾冲动地想随他一道奔赴延安。这当然未能实现,但在我当时的心目中,延安就等于土地。这一信念到了解放之后,尤其是在1957年我被划为右派之后,就一度更加强烈起来。我当时想:为什么我会出事?就是因为没能去延安,没能深入到老解放区的土地之中!然而,当我后来赴农村进行劳动改造——一直延续到"文革"中去干校锻炼,我才发现事情并不那么简单。我,以及许许多多的知识分子干部,已经每天必须接触土地及劳动人民了,但生活却复杂得难以辨识——我不禁茫然了——自己早已脱离了那叱咤于九霄的风云,早已下踏土地的表层,早已不做返身重上云天的幻梦,为什么这颗心还如此不安定?还是寻不见问题的答案?

直到粉碎"四人帮"后,尤其是在召开三中全会之后,通过对诸多早已"根深蒂固"的社会观念进行拨乱反正,我才渐渐看出土地的真正含意。不是有这样的事吗?——一些以"大老粗"自豪的领导干部,从其参加革命之日算起,一直都处于最基层的生产单位之中——换言之,他们可算是深深扎根于土地了。然而最近这一段时间,他们中许多人却被动了,甚至与三中全会的精神顶起牛来。什么缘故?表面上看,他们从未脱离土地,并且是忠诚、辛勤地厮守、建设着这片土地。但是他们没能认清时代的特点和规律,因而就不能最有效地服务于土地!直到这时,我才领悟到:土地,应该就是人民最根本的利益!

土地——人民最根本的利益!如果这一看法不错的话,记者——处在各式各样岗位上的记者,就都应该满怀信心,在自己既定的岗位上,准确地把握土地和风云之间的辩证关系——热爱并扎根于自己所分工报道的那片土地(可能它不在基层,也不与农业有关),并又时刻注意自己的眼中和笔下,是否与人民的基本利益相一致;在高空的风云气象显得复杂之时,自己就要深入到土地的表层,像彭德怀元帅 1958 年那样,去追寻、研究高空风云所产生的结果,并根据它来决定自己的态度。这是记者本人所应该做到的。但从另一方面讲,如果我们的记者长期囿于一隅,其目光就难免受到局限,所以作为组织上,就应有计划、有步骤地为不同岗位的新闻战士安排换防,哪怕是让他们短期地到自己所生疏的地区或战线走走看看也好。这样,就能有利于他们对整体形势的清醒认识,有利于他们真正地依靠土地。

棱　　角

什么是性格上的棱角? 能否这样理解——有独到的见地,有鲜明的爱憎,敢于批评和创造,当然,也包括勇于改正自身认识及行动中的差错。

多年以来,棱角似乎是个不吉祥的东西,总是给人带来厄运。在一个又一个的人为运动中,多少有志者的性格棱角被磨光蹭平,变成谨小慎微的“套中人”。然而,对于一切有成就的人来说,棱角则是必须具备的。对于从事文字工作的人,凡是性格有棱角的,其文字一般来讲,也都具有独特的感召力。记者,自然也不例外。

也许有人这样认为: 在今天,我们的报纸几乎都是各级党委的喉舌,我们的记者也大多数都是党员,那么,这个棱角与党员所应担负的职责与义务之间,有没有冲突呢?

这问题提得好,值得深思并取得统一的认识。在“文革”前,我们不少记者一般不具有独立思考的可能,只能随着上面的风转——今天刮北风,大家都是“北风派”;明天刮南风,大家齐刷刷调转头,又变成“南风派”。这齐刷刷调转头,有时甚至是连续调转头,难道不感到羞惭? 似乎没有,因为比记者地位高出许多的人,都在那里转来转去而并无愧色,记者又何必律己太严呢? 在那些时刻,党员必须绝对服从上级(甚至是某个首长)的个人意志,不允许独立思考,更不允许性格存在棱角。然而就在那种年月,有棱角者还是有不少，但命运却都很悲惨——有小棱角者通常被称为"刺儿头"，挨过敲打收拾，再给穿上"玻璃小鞋"；有大棱角者则被诬为魏延——脑后长了反骨，自然就在劫难逃了。这是时代的悲剧。

　　时至今日，情况已发生了根本性的变化。现在，党中央正视、研究着当前新时期中种种新问题，并希望我们的人民也都能思想活泼，发挥首创精神去解决这些新问题。在这种大背景下，我们的记者就应旗帜鲜明地亮出性格上的棱角。不是么，我们一批批的记者走到深圳特区，考察了那里富于创造精神的一切劳动，也相应地做出富于创造精神的精彩报道。在这样的地区做这样的报道，是从前那种"循规蹈矩"的记者所不敢去，即使去了也不敢写的。另外我们也应承认，当前某些地区或战线上的负责人，他们所执行的路线与三中全会的精神未必吻合。所以，记者就应该利用自己的棱角去触一触这些负责人，使他们猛醒。比如，北京崇文区菜市场严重违法情况的揭露，是我们的几名记者在听到群众不满的反映之后，连续在多少个天色未明的凌晨，在菜市场的外面，抓住其"私卖大户"的真凭实据之后，又继续顺藤摸瓜而取得突破性进展的。再如，通常各级内参的执笔人，也多是我们的各级记者。我们不止一次地听说过——许多基层同志把所在地区的情况写成文艺作品之后，那里的负责人还会跳出来"对号入座"；那么当记者把所在地区的严重问题写成内参向中央汇报之后，所承受的压力又该有多大呢?!然而使我们庆幸的是，尽管情形艰难，还是有那么多具有鲜明棱角的记者，出色地尽到自己的天职。

　　很长时间以来，我羡慕文学界的情况——读过××几篇作品之后，读者心目中就会产生这样一种印象：这个作者敢讲真话，有棱角！以后再于报刊上见到××的名字时，就会眼睛一亮，就会争相阅读，奔走相告。新闻界的情况不尽相同——被反映的事物当然是居于首位的，但附在标题之下的那个作者名字，是否也能让读者眼睛一亮，并使他们放下手里的其他事情而专心阅读呢？我以为是可能的，但前提是这位记者必须已经使广大读者确信——他（她）是敢说真话的，是有棱角的。

抱　负

记者在生活的整体面前,应该持有什么样的抱负?难道能像个从高处俯瞰的局外人,只不过随时根据"上命"深入你所负责的那一地区或战线,写出一定数额的文字就能心安理得了?

当然不行。

诚然,每个记者都有自己分内的职责,但对分外之事也要关心,甚至应该具有政治家的抱负,视天下为己任。

记得抗战时期在重庆,有一天早晨醒来,在床上听到广播——讲孙夫人(宋庆龄)将于今晨抵渝。自己脑子里"轰"的一下开动起来——这可是个重要的采访题目!因自抗战开始以来,她还是首次来渝。相信宋氏三姐妹中的另外两位——宋霭龄和宋美龄,以及冯(玉祥)夫人(李德全)等,都会去迎接她的。当时看了一下手表,知道再跑机场已来不及,同时想到机场记者云集,很难捞到单独采访的机会。于是灵机一动,便跑到冯公馆去等候。真巧,在冯公馆的门口,遇到我的亲密伙伴——《新民报》女记者浦熙修。听副官讲,冯夫人已去机场,将送孙夫人去××处下榻。我俩又急忙赶到下榻之处,知道冯夫人已陪孙夫人进去了,但不准记者入内。我俩在门口苦守了三四个小时,冯夫人和其他几位夫人才告辞出来。我们上前求助,冯夫人告诉我们,明天下午两点,孙夫人将抵冯公馆与其单独谈话,要我们次日在那里等。可到了次日,冯公馆门口卫兵重重,几名新换的副官我们都不认识,硬不许我们在那里停留……详情我已想不大起,总之,我们是碰了许多钉子,尝尽许多辛苦,才见到孙夫人,总算问到几句带实质性的话语,并在当时重庆大大小小的报纸的竞争中,为《大公报》写了一则带有独家性质的采访文章。

在某些大人物面前,记者往往处于"招之即来,挥之即去"的被动地位。这可能已是社会上的流行看法了,但记者自己却不应这样看。记者应该树立政治家般的抱负,主动并带有创造性地去完成自己的工作任务,同时,也去改变社会习俗对自己的看法。

抱负,似乎在另外一个方面也能同样表现出来——要以主人翁的姿态对待日常生活。记得大鸣大放时,我曾就一个家庭主妇们十分反感的问题放了一炮——批评北京的蔬菜供应。似乎主要是讲蔬菜品种太少,不来哪儿也没有,一来到处都是,堆在马路上任其腐烂让人心疼,却没人敢及时降价处理……这种路遇不平就要拔刀相助的脾气,在我们那一代记者中是很普遍的。记得前两年,我的老朋友戈扬在重新担任《新观察》主编之后,曾以个人名义给《北京日报》群众生活版去信,讲述了她在崇文门菜市场排队买鱼时见到的令人气愤的事情。信只有一百字,但代表着一颗心,充满了记者的责任感。

笔 法

前两年,海外的《传记文学》杂志上发表了陈纪滢氏撰写的回顾我的文章,其中对我的所谓"笔法特点"还做了一点评析,他说我是同辈记者中"融文学手法于新闻采写较早的一个"。

我觉得有点道理。我在中学时代开始给《中学生》杂志投稿,是以文学作品作为起步的。小说、散文、诗歌等等都写过一些,这造成我终身不泯的气质——容易冲动、喜欢形象性的东西、热衷于写情——后来半途改行搞起新闻,但文学的东西常常不自觉地溶汇其中。自己多年来一直有这么一种看法:新闻作品中也要出"情"。

在新闻作品中如何出"情"?不同的人各有不同的体会和做法。就我自己的实践而言,它主要在于选择材料时要准确,要把握住所反映事物的本质。比如1945年毛主席从延安飞赴重庆,全世界都在关注着这一行动。我有幸能到重庆九龙坡机场去欢迎他,并要在自己所工作的《大公报》上发新闻。作为一个入党已经七年的秘密党员,第一次在国统区见到自己的主席,其激动心情是可想而知的。如何处理这篇只能有几百字的消息?如何破除国民党长期以来的歪曲宣传,使毛主席在国统区人民心目中树立起一种可亲而又可信的形象来呢?我觉得,一定要把这篇文字写得朴实自然。于是,我没有舍弃采访中看到的这一细节——毛主席被张治中接到他家有着讲究的广漆地板的客厅当中，由于拘束而打碎了一只盖碗。我在叙述这一细节时加了一句评述："他好像是一位来自乡野的书生。"为了这一笔，从五七年直至"文化大革命"我没少挨批判，但我心中一直坚持认为：我写这一笔，是符合"历史真实"的，它蕴含了我当时对于主席的诚挚感情。这样写，只能在广大国统区人民中赢得好感，而不是相反。

不要写得太"纯"——"纯"得连细节和情趣都删得一干二净。一段文字固然要有个"主题"，但最好能通过一个真实可信的生活断片去体现主题。结论不一定非得"拎"出来明白地告诉给读者，而不妨腾出一些篇幅，多采撷一些富于典型意义的细节，多写一点情趣盎然的东西，让读者去欣赏，去咀嚼，去体会。

冲　刺

快，是记者的天职，也是记者的骄傲。记者的一生，绝大多数时间都像在跑百米，在冲刺，在撞线。

然而快来自慢。采访前要尽可能做些准备。越细致越好。比如你要采访某人，他是哪方面的人物？过去干了些什么？如今正在干什么？将来又想干什么？他是哪里人？有什么经历？有什么社会关系？……倘若是文人学者，你最好再读上几本他的著作。把上述的工作做细做活，采访时就能避免无用的客套，做到"单刀直入"般迅速接触主题——经过他来我往几番问答，采访的核心问题就已眉目清楚。然而目前，我们有些记者登门采访时毫无准备，一切"从零开始"。曾有人去采访我的老师叶圣陶先生，一见面就从打听"是哪里人"、"多大岁数"谈起，弄得八旬老人很烦躁，很劳累，又很悲哀。甚至，更有使人哭笑不得的是，有位记者刚刚采访过夏衍，便转道来到叶家。他见到叶老的长子叶至善同志，一面紧紧握手，一面惊异地说："我刚从夏公那儿来，您岁数比他大些，可没想到这么年轻……"

再者，访问要抓住重心进行，不要因谈锋偏离主线而浪费了宝贵的时间。除非你在谈话中发现了"新大陆"——倘使真是这样，就不妨果断地改变原定计划，迅速从"新大陆"上发掘"财宝"。同时，当采访中遇到障碍——如对方不愿正面阐述的话——就应果断改变谈话的方式及反映主题的角度，使得谈话气氛能够迅速调整，也使谈话仍具实效。

最后，从采访转到构思之时，也要力求快。我在抗战时的重庆做采访工作时，构思常常是在走回报馆或回家的路上——那里是山城，路也回环，景也多变——这种特定的环境与文章的结构法则也时有相通，所以构思常常在某个地方卡住壳了，但在路上一转弯或一下坡，眼中变动着的景物启发了心灵，连带产生了文章结构笔法上的变化。记者通常都是做小文章的，所以一般经过上几个坡、下几个坎之后，等临近报馆或临近住所之时，文章的概貌在心中就已粗略成型了。

学　　识

记者常常有一种悲剧——忙碌一生，风云一世，什么地方都能够去，什么重要场合都能参加，仿佛四面八方自己都能干预，都能看到自己的影响和作用，可是老来静下心一想，捡出旧作一看——悲哉！自己这一生，水上浮萍墙头草，面上广是广了，可就是浮泛浅显，东一榔头西一棒子，到处拾人牙慧，一点真东西、真学问都没有！自己能有几篇文章可以留传后世？——少得可怜！更何况，若赶上政治路线反复摇摆的时期，记者的日子难过，行动和文章上的失误就在所难免了。

如何消除这种悲剧呢？这牵涉到记者的"非学者化"的现状——记者也一定要尽可能地去具备学识。在这方面，我不禁想起两位同时代的记者——杨刚与萧乾。杨刚善写政论，这在我们那个时代的女记者中是绝无仅有的。在即将出版的《杨刚选集》中，就包括了她当年那些笔锋犀利的政论文章。她何以与众不同？就因她政治方面的学识高人一筹，从工作作风到生活作风都有一种泼辣的男子风度。到解放后，她果真弃新闻而从政治——调到周总理办公室去了。再讲萧乾。从他崛起文坛之时,笔底就洋溢着一种文学的气质。后来几度旅居国外,生活阅历的丰富和艺术素养的深厚,都使他坚定地沿着作家的道路走下去了。

从杨刚和萧乾的例证可以看出,记者生涯多么需要学识。这学识不仅因人而异,而且能决定他(或她)的写作个性(甚至是生活道路)。

在上一代获得成功的记者中,其经历大多复杂曲折,这种经历使他(她)们具有某方面比较丰厚的学识。同时,有志于成为"大记者"的人,也总是利用某些空闲的时机去提高、丰富自己。由此联想到今天的这一代青年记者——多是高等学校新闻专业的毕业生,就感到需要给他们的生活增加一些弹性——不能总是马不停蹄,总要给他一段相对完整的时间去自修或集体学习,使他们除了那些新闻系学习的专业常识之外,还要熟悉生活和党的政策;此外,更要在哲学和世界观方面下些基本功。听说现在有些记者(及编辑)每年可以得到半个月到一个月的学习假(或创作假),但大多被用来写小稿赚外快了。这么做,实际是"占小便宜吃大亏",未必上算。

有弹性的生活是获得学识的前提条件。从长远的战略眼光考虑,需要培养为数众多大手笔的记者,为此,新闻领导部门似应采取果断措施,赋记者的生活以较大的弹性,使其能够在学识方面打下扎实的基础。

选自《新闻记者》1984 年第 1 期

能终身当记者吗

顾执中

去年,我曾和老伴到东北各地旅行,很高兴能跟许多新闻单位的同业晤叙。在多次的接触中,我发现了一个值得重视和探讨的问题,即:"我们能不能终身当记者?"《吉林日报》总编辑李准同志极力主张新闻记者应当终身做下去,一升官,弃职而去,是对新闻事业极为不利的。他的主张,很为精辟,我完全赞同。

终身当记者的主张,自昔已有。我记得美国的新闻教育家威廉博士曾以此作为新闻记者信奉的信条之一。但当时能忠实实行这一信条的,为数却不多。于右任、叶楚伧、邵力子等不能当终身记者,这不足为奇,他们是国民党的中坚,记者的工作,不是他们主要的任务,自然就无法终其身。陈布雷原是上海《商报》的记者,1928 年给蒋介石拉去做了官;潘公展初时在上海以新闻工作见著,嗣以与 CC 系的关系,也被改入了宦途;程沧波原是上海《时事新报》的职业记者,抗战时,在重庆当上了国民党中宣部副部长;而有些人甚至还给汪精卫拉去,当了汉奸官。新闻记者经常在政治阵营内活动,要当官,有各种捷径,颇为容易;而不愿升官,自甘淡泊明志,倒有些困难。

可是,那时终身当记者的,还是有的。1926 年,邵飘萍、林白水遭军阀张作霖枪决;1937 年到 1941 年上海沦为孤岛时期,朱惺公、张似旭、程振章、金华亭等许多爱国报人,先后遭到日寇特务的枪击暗杀。他们都为祖国献出了生命,实现了自己终身当记者的信条。1941 年冬,日寇闯进上海租界,接收报社时,有不少爱国的新闻记者,纷纷离开岗位,甘愿打破饭碗,以保持作为一个记者的气节。这些都值得人们钦敬。

应该鼓励当终身记者。李准同志的主张,是解放以来,我第一次所听到。他感到一个记者刚刚对工作有成就时,就去做官,对新闻事业实在是个损失。

他邀我向《吉林日报》的同志作报告的时候,我就对终身当记者的主张,表示拥护。但我以为这种主张的实现,必须是辩证唯物的,不能是唯心的。报社应该处处时时结合国家与人民的利益,团结全社职工,把报纸办得好起来,销量大,有盈利。不过在盈利以后,必须时刻不忘工作同志的辛劳,必须以盈余的若干部分,用来提高新闻工作者的生活待遇和改善记者的工作条件。以不嫉贤、不忌才的广阔胸怀,运用一切可能来提高记者在人民中间的地位。试看当年的《大公报》,她的销量、经济实力,都不及上海的《申报》《新闻报》,可是该报总编辑张季鸾善于任贤使才,因而涌现了诸如王芸生、范长江、费彝民、徐盈、曹谷冰、徐铸成、孔昭恺、李子宽、王文彬等不少在社会上具有一定地位的名记者。他们的名誉往往比有些政治人物更为崇高。他们见官不做,见钱不贪,见势不抓,高风亮节地终身当记者。这里还可以提及过去上海的《新闻报》。这个报社对年轻努力的记者,舍得下本钱,常常资助他们出国学习两三年,待学成后回来工作,就可以发挥出更大的作用;而对年纪稍长的,则出资给他们出国考察一两年,使他们得以看到世界之大,宇宙之广,回来后,再在报社工作,其成就自然更辉煌了。这种重视人才的做法,可以借鉴。这样做,报纸一定能为人民服务得更好,一定能使报社编辑部的工作同志,乐于当终身记者。我们不能要求我们的记者当苦行僧,没有必要的物质基础,而要求人们去当终身记者,这是唯心的,不科学的。我们必须用科学的马列主义的辩证唯物的原则与办法,来实现终身当记者的愿望。

当我们离开长春,搭乘火车他往的时候,在同一车厢中遇到了一位记者。他滔滔不绝地向我陈述现今当记者的苦恼。他直率地说:有些不懂新闻、不明宣传的负责人,时常给我们许多麻烦与苦恼。他们对新闻没有时间上的敏感性,又不负责,有的还要不时算旧账。他一连讲了一个多小时,我俯首静听,深表同情。我感到记者的这些苦恼,也是应该予以解除的。不然,怎能要求他终身当记者呢?

总之,我们还需要新的制度、新的政策,来鼓励人们当终身记者。

选自《新闻记者》1985 年第 2 期

寂寞的作家在寂寞中离去

——郭玲春谈沈从文去世前后的新闻报道

郁维刚

前些日子郭玲春回上海探亲,记者去看望她,准备约她写一篇有关沈从文先生的文章。话题围绕着沈从文先生的事情展开,记者问了沈先生去世前后新闻报道的一些情况,郭玲春谈了新闻后面的一些内幕。

记者:沈从文先生去世后,新华社没有及时发消息,上海新闻界对此有些看法,不知当时的实际情况如何?

郭玲春:沈从文先生去世以后,新华社没有及时发消息这件事情,有我们观念上的问题,也有工作上的疏忽。作为当事人,我对此也有一些责任。

我知道沈从文先生去世的消息,已经是沈老逝世两天以后了。这个消息也不是从正规渠道传来的,是一位记者听别人传说后转告我的。得到消息后,新华社按分工隶属的做法,先要讨论这个新闻的归口问题。沈从文先生既是作家又是历史研究工作者,究竟属哪个组报道? 商量决定,由我们组负责发消息。我认为,现在发消息,已经是沈老逝世三天以后了,发迟到的消息,意思不大。我的意见,是到告别仪式时,发一则比较详细的报道。

下一天,《人民日报·海外版》发了一则沈先生去世的简讯,这是中新社记者发的消息。总编室的负责人来动员我,要我也发一条简讯。我认为,新华社的消息发在中新社之后,没有意思,还是坚持告别会以后再发。

我当时的想法,只是从技术性的角度来考虑,而没有多考虑沈从文先生这位著名的作家在国内外的影响。其实,我对沈先生一直是很尊敬的。我在读大学中文系时,教科书上对他介绍不多,只在"其他作家和作品"这一节中提到一下;后来看了一些沈先生的作品,他的小说文笔清丽,对作品中的人物寄托着一种"不可言说的温爱之情",知道他是一位有风格、有艺术个性的作家。

记者：后来听沈先生的家属说起，新华社没有发消息，后来请郭玲春来补救，写了《告别沈从文》这则报道。是这样吗？

郭玲春：有那么一点因素，但也并非完全如此。我既然答应写一篇告别会的新闻，就想把它写得内容充实一些。于是，我打了一个电话给沈从文先生的单位——历史研究所，是一位年轻的女同志听的电话。我问，沈从文先生的治丧工作由谁负责？她说，我们大家都管。我又问，沈从文先生生平介绍的稿件写好了吗？她说，写好了，送审还没有退回来。我们新华社比较重视生平介绍这样的材料，我写稿时不抄这种内容，但总要参考这种材料。单位里没有采访到材料，我就准备到沈从文先生家属那里去采访。但是，由于沈先生有遗言，死后不要为他举行追悼会，家属就不愿多谈他的事情。听说，《光明日报》的记者去采访，给挡了回来。我这个人自尊心很强，怕碰钉子，就先给沈先生家属打了个电话，说新华社没有发消息，很遗憾，现在想补救一下，告别会的新闻写得充实一点，希望家属能介绍些情况。电话是沈从文先生的儿子接的，他很支持我的采访，给我看许多沈先生的材料，还向我介绍了不少沈先生的情况。有些材料，我在告别会的新闻里已经用上了。

记者：沈从文先生去世后，美国报纸的新闻发在我们前面，有人说，我们国内的消息是出口转内销。

郭玲春：家属根据沈先生的遗愿，没有告诉新闻界，只告诉了亲戚、朋友。沈从文的夫人张兆和女士有位妹妹在美国，他们就打了一个长途电话给她，这位张女士就告诉了美国新闻界，所以美国新闻界的消息发在我们前面。

而我们国内做事情，不是看这个人的学术成果有多大，而是看这个人的头衔。我说的观念上的问题，就是指这种只看官衔的作风。沈先生是历史研究所的研究员，历史所就照研究员的规格处理丧事。按一般的情况，研究员去世是不发新闻的，因此，他们没有通知新闻单位，也没有通知与沈从文先生有关的其他单位。

沈从文先生是中国作协的顾问,我在沈先生去世后的第二天在作协开会,他们也没有说起这件事情。当时,作协并不知道沈先生已经去世。

所以,国内知道沈从文先生去世的消息,就落后于大洋彼岸的美国。我们得到的是落后的消息,发新闻也落后于国外的同行,实在羞于启齿。

记者: *你写的告别会的新闻,大家反映很好。读完新闻,感到还有些值得回味的东西。*

郭玲春: 沈从文先生的遗体告别会,尊重他生前的遗愿,只是一个小型规模的仪式,只有一些至亲好友参加。告别仪式非常简朴,连发给每人的一朵月季花,也是以一个企业的名义送的。灵堂前面,都是子女、亲友送的花圈,中国作协等单位送的花圈,放在后面。家属没有邀请有关单位的负责人,因此也没有负责的官员参加这次告别会。整个告别仪式显得庄重、肃穆,也与沈老的性格相似——恬淡、宁静。

我见过沈老两次面。

第一次是在作协开会,沈老带着湖南的乡音在发言。他当时讲了些什么,我已经记不起来了。但他两只厚实的手在搓弄着,给我留下了很深刻的印象;他那件旧毛衣袖口有点破了,一根毛线从袖口拖下来,更衬托出这位老作家朴实的性格。

第二面是他静静地躺在灵床上,一个慈祥的老人,一个寂寞的作家,在寂寞中离去。

在告别会上,没有名人致悼词,也没有什么重要的官员参加,这虽然是沈老生前的遗愿,但这个告别会总会给人一种寂寞的感觉,给人留下一种淡淡的哀愁。

现在,等级、头衔还是起着重要的作用,按照不成文的规定,哪一级的干部去世,由哪一级的官员参加告别仪式。一些没有官衔的著名的专家、学者,就不能得到应有的待遇。中国的知识分子是清高的,他们并没有这方面的要求,但我们出于对他们的敬意,应该为他们呼吁应有的待遇。

记者: *你对沈从文先生家属的采访,还有些什么新的内容可以说一*

说吗？

郭玲春：沈先生的家属向我谈了很多情况，使我对沈从文这个著名的作家有了较深的认识。

建国以后，沈先生没有写过什么文学作品，只是从事中国历代服饰的研究。其实，沈先生对文学是充满着感情的，始终对文学事业充满了执着的爱。

沈先生的家属告诉我，60 年代初，毛泽东主席曾委托胡乔木写信给沈从文，要他重新拿起笔，描写新生活。周恩来总理也曾对沈从文说过，要他继续进行写作。对此，沈从文先生也是非常高兴的，他曾经满怀热情地到基层去深入生活。当时，许多作品都是歌颂生活中的光明面，忽略批评阴暗的一面。而沈老对待写作是非常认真的，他要写真实的生活，不愿意虚饰生活。他曾几次想在新的天地里试步，但是写写又放下，放下又写写……总觉得按时行的方法写作，他不能适应，终于莫可奈何地放下了笔。

沈从文先生对生活是非常热爱的，他作了多次尝试，不能用自己的笔来描写新生活，这对于他这样的老作家是非常痛苦的。

每个人都是一个侧面，沈从文先生就是以独特的风格创造了自己的独特的侧面。由各个侧面叠加起来，就是一个多面的立体，就是现代文学的整体。新闻界、文学界对这些事情有各种看法，这是很正常的。历史上的陈案也不是一篇追悼会的文章可以解决的。

沈从文先生去世的新闻，引起新闻界的重视，很多人都来议论他，大家都来关心沈先生的历史陈案，这是一件好事。但是，如何解决这个历史陈案？新闻界是没有能力的。还是借用沈先生的那句话：让历史来作出评价吧。

选自《新闻记者》1989 年第 1 期

老记者断想录

萧　乾

倘若我是一个大学新闻系主任,我就让本系必读课程最多只占四分之一,其余时间把学生"撒"到各系——政治、经济、外贸,甚至体育系去。因为学生毕业后,走进报社,哪一行都不难派上用场,唯独一脑子的"新闻学"原理或概论最无用武之地。

各行各业都讲求素质,新闻工作也不例外——有时似乎更为严格。例如它要求从业人员不但能写,而且还要写得快,并且在任何情况下都能写。如果从事采访,就得不耻下问,尽量掌握细节。外勤记者得注意衣着整洁,态度安详愉快。得有本事在片刻之间就能同陌生人熟稔起来,并赢得信任。必要时,他还能拿得出超常的精力。

新闻记者应尽力眼睛朝下。例如报道灾难性新闻,首先应着重报道受灾情况而不是把重点放在哪些中央或地方领导同志(名字一个不漏)立即前往慰问,然后才笼统地加上一句"已做了妥善安置"。

总觉得咱们这社会主义报纸有时缺乏点唯物主义,以致有些国外媒体都在大事报道的东西,我们可以只字不提。从长远看,这很不利,因为必然会增加国外媒体的信誉和吸引力。

80年代以来,随着改革开放,红包这一毒虫钻入了我们的社会,报纸也是它的主要目标之一。不同于凶杀或盗窃,双方都是受益者,所以谁也不会揭发。事后都心照不宣,所以最难杜绝。受损失的是读者,但他们是无声的,只不过偶尔感觉读的不是新闻,而似乎是广告而已。

以前的报社常与当地大学合作,请专家教授编写学术副刊,以加重报纸的分量。30 年代我初进《大公报》,就曾经管过 11 种这类学术副刊,如张其昀编的《地理》和司徒乔编的《美术》。另外,还有由教授们执笔的《星期论文》,在知识界十分叫座。如今,报社与大学已截然成为两家,我总觉得十分遗憾。

中国报纸的文艺副刊,一向是作家们的摇篮。许多青年都是始而在报纸副刊上出现,继而杂志,然后出单行本,成为作家的。如今,副刊编者大多一心追星,只要名家。自然,发名家文章时,文责自负,省事多了,而发无名作者的文章时,有时难免还得加工,费事多了。可这么一来,报纸副刊就失去了文艺摇篮的作用,当然它也就失去在文学史上的地位。

选自《新闻记者》1996 年第 10 期

长江为什么离开《大公报》

冯英子

　　范长江新闻奖正在培养出无数新闻界的新人,这是中国新闻界的新气象。很坦率地说,这几年来,新闻界的职业道德似在不断下降,新闻界的不正之风到处可见,吃一点,拿一点,拎只把"马甲袋"司空见惯,已谁也不觉得奇怪了,因此我忽然想到了范长江的几个小故事,写出来供大家一点参考。

　　抗战时期,范长江在《大公报》的时候,每月工资是 130 元大洋,当然,当时一石米不过 6 元大洋,一两黄金也不过几十元钱,130 元算不得少,但是他的这 130 元,却主要用在穷朋友身上。那时他的名气在全国青年知识分子中很大,经常收到向他求援和呼吁的信。他看到人家的困难,就这里寄 10 元,那里寄 10 元,这种事情每月都有。1938 年到了汉口时,那时从沿海流亡来的人很多,他自己在《大公报》有地方住,却出钱租了一间房子,以招待流亡来汉口的识与不识的朋友。

　　蒋介石的爱将汤恩伯,是在南口战争中出了名的,而把汤捧出来的,却是长江。汤对长江是非常感激的。后来中国青年记者学会在筹集一点基金,决定可以接受军人的捐赠(如汤森就通过高元礼的介绍,向青记捐过 1000 元钱,八路军办事处也用中共几个领导人的名字, 捐过 200 元钱),汤恩伯知道之后,有一次开了一张 5000 元的支票,说是送给长江私人的。长江得知后,大为恼火,狠狠地把汤骂了一顿,把钱退了回去,使汤大为难堪。

　　那时各种军人,为了使新闻记者帮他们宣传,向跑战地的记者送钱之事,也常有所闻,因此青记作出了一个决定,凡青记会员,一律不得收受军人的馈赠,以保持独立的人格。这一条,后来为青记会员人人遵守。抗日战争中,出现许多著名记者,几乎没有一人不以洁身自好为荣。

范长江是靠《大公报》起家的。我常说,没有《大公报》的支持,也不会有范长江的成就。坦率地说,在胡政之先生之后,我还没有看到过比他更为突出的报业经营人材。《大公报》对于范长江,也是非常重视的,在汉口的时候,《大公报》要长江写言论,要长江做编辑,一句话,他们想把长江培养成一个接班人。可是也是在汉口,长江终于离开了《大公报》,为什么呢?因为长江写的第一篇社论,叫《抗战中的党派问题》,他认为"由于国内党派问题未曾踏入合理鲜明之途径,彼此不能互信,互相防制,遂使各种革新事业,无从着手"。因此他进一步认为:"只有这个问题合理解决,才能巩固抗战阵营,才能保障抗战最后的胜利。"非常显然,范长江是反对国民党的一党专政,而主张党派民主的。他的第一篇言论,就表明了他的立场与观点。

而《大公报》呢,却恰恰与此相反。张季鸾认为"今天以后的全国巩固团结,主要的靠国家政治上的良好实绩,而不是主义纲领上的问题。因为主义纲领,是早经共认,毫无问题的。因此之故,今后团结救国的前途,主要的系于国民党领导的努力"。因此,他认为"今天必须绝对一致者,是共同拥护政府,拥护领袖,拥护抗战到底的总目的总行动,及共同信仰三民主义的总原则"。

用长江的观点一对比,是完全对立的,《大公报》当然不会登长江的言论。长江为了维护他争取民主的原则,最后不能不离开《大公报》。

长江离开《大公报》后,一是许多年青的记者,都愤而离职,如孟秋江、丘溪映、彭子冈、徐盈。后面两人,因当时有人说服,要他们不轻易放弃这块阵地,才继续留在报社。二是当时国民党的中央通讯社等,纷纷来拉拢长江,包括陈诚的三青团,也来大做工作,许以高官厚禄,长江均不为所动,后来自己以"青记"会员为骨干,以合作社的形式创办了"国际新闻社",为中国的新闻事业,放一异彩。

我写这些回忆,无非想告诉我们的同行,一个新闻记者,重要的是不怕艰苦,关心别人,洁身自好,在争取民主、争取国家民族发展的道路上,要立场坚定,一步也后退不得。长江当年就是用他自身的行动,为新闻工作者们作出了榜样,这些都是值得我们永远向他学习的。

选自《新闻记者》1992年第8期

降低迷雾系数

邓伟志

打开报纸很容易看到"日前"二字。"日前"成立了个什么机构,"日前"开了个什么大会,"日前"授了个什么大奖。起先信了报纸,总以为"日前"离今日不远。后来慢慢了解到那"日前"的包容面很广,有一周前、一月前的,每逢年初出现的"日前"则更为离谱,许多是年前,离"日前"远着呐!

新闻写作早有"五个 W"之说,这就是何时、何地、何人、何事、何故。五个 W 至关重要,因此新闻还同时要求把五个 W 写进新闻的第一段,即导语中。不是说要吸收和借鉴外国先进文化吗? 早在 19 世纪 80 年代,国外就把"五个 W"视为新闻构成的基本成分。不是说要继承、弘扬祖国的优秀文化传统吗? 早在 1945 年 12 月 13 日,中共中央机关报《解放日报》就以"从五个 W 说起"为题,发表社论,庄严指出:"五个 W 是把事实弄清楚的最起码条件。"讲了半个多世纪了,怎么会居然把居于五个 W 之首的"何时"给丢掉了呢?

新闻贵在新。不新就不成其为新闻。新闻的时间性越强,社会效果越大。缩短事件发生时间同新闻发表时间的时间差,是新闻工作者的水平之所在。现在有些日报,已经发展到不只是以"日"计,而是以"小时"计,甚至以分、秒来计了。对比之下,我们有些传媒竟然把本来有具体时间的新闻,用"日前"二字代之,是何等的落后啊! 很多事情,早一天同晚一天有着天壤之别。发明权、创造权、知识产权只能给领先者。假如在时间的表述上含糊不清,必然会在这些问题的判断上增添麻烦。"差之毫厘,谬以千里。"几十年来,因为报道的滞后,把中国人的重大发明拱手让给外国人的事,决不是一两起。

时间上的模糊,是时间观念不强的表现。就时间观念来说,不管可以原谅多少时间观念薄弱的人,唯独不能原谅新闻工作者。因为,你姓"新"啊!

抽象、含糊乃新闻之大忌。为监测新闻中的含糊不清,新闻学里产生了"迷雾系数"这一概念。新闻学认为:迷雾系数越大,其可读性越小。

现在有些报纸的迷雾系数实在太大。不仅时间模糊,在其他几个 W 方面也让人雾里观花。比方说"何事"。在写成绩时,有的消息说:"取得了阶段性成果。"何谓"阶段性"?阶段有多长?不知道。没有分母的分子,能说明什么呢?

至于说在"为什么"这个 W 上的迷雾系数,那就更大了。谈远因,不谈近因;谈表层原因,不谈深层原因。回避"为什么"的新闻,使人读了如坠五里雾中。报纸是让人读的,读者也有权利读报,可是在编者与读者之间有一层"雾状体",岂不是违背了双方的初衷吗?

当然,我们也不能认为我们在五个 W 上的迷雾系数都很大。老实说,在我们的会议新闻中,包括剪彩新闻、奠基新闻、庆贺新闻,在"何人"这个 W 上的迷雾系数是很小的。名单一长串,今天漏了,明天还会补正。何以如此(恕我在这里用一个 W)?答曰:有关方面抓得紧啊!

是的,五个 W 本是五兄弟。希望有关方面能像抓"何人"这个 W 一样,来抓一抓其余四个 W,我们的迷雾系数便会降到最低点。到那时,提高发行量的问题就不必那么兴师动众了。降低了迷雾系数,增强了可读性,就增加了可购性、可剪(剪报)性以及可订性。

选自《新闻记者》1997 年第 2 期

巴金批评了我通讯中的"喀嚓"一词

赵兰英

1997年11月25日,巴金喜度94岁华诞。华东医院外宾接待室花香扑鼻,满屋是各界和友人送来的花篮。下午4时,巴金在医务人员的护送下来到这里。镁光灯不断闪烁,一批接一批的人上前,祝贺他生日快乐。这时,我也趋步上前,轻轻地握了下他的手,准备离开。老人却唤了下我的名字,然后凑着我的耳朵说:"你的文章我看了。那个'喀嚓'一词用得不好。当时我没有听到'喀嚓'的声音。"我有点突然,但非常激动。久被疾病折磨的巴金,写字、说话、看报都已相当困难,他却看了我那篇不起眼的文章,而且那样认真,看出了"毛病",又那样不留情面但又异常亲切地向我指出来了。回到人丛中,东方广播电台的记者马上问道:"巴老和你说了什么?"因为我有点激动,声调比往常也高了几度:"精彩极了。巴老批评我文章中'喀嚓'一词用得不好。"

"喀嚓",是我前不久采写《近访巴金》一文中用的词。那句话是这样写的:"他起身取一部书时,只听背部'喀嚓'一声,人一下瘫倒,脊椎粉碎性骨折。"我这是犯了经验性错误。两年前,我在下楼时摔了一跤,当时只听得"喀嚓"骨头断裂的声音。想站起来行走,却疼得不行。不一会儿,脚背上鼓起一个肿包。后来,被好心人送到医院,上了石膏,痛苦了几个月。所以,想当然,巴金脊椎粉碎性骨折,一定也有断裂的声音,便在文中用了"喀嚓"这一词。

由此想起一句话:"外行看热闹,内行看门道。""喀嚓"一词用在这里,对于大多数读者来说不会觉得有什么不好,更不知道是错了,也许还会认为很形象,很有动感。巴金是当事人,自然晓得不是这回事。医务界人士也一看明了:这个记者没有医学常识。我后来向一位医生求教,他说骨折部位不一样,情况当然不一样。再说,我年纪轻,又是重重摔一跤,巴老年纪大了,是压迫性骨折。联想起我们有些报道,看起来用了黑压压一大片,但往往得不到多数人尤其是同行的赞扬。而有些稿件虽不长,不经意地被丢在一个角落,却得到内行认可。这正是内行能看到一点门道的缘故。因为只有他们清楚,对方给你提供了什么样的材料,而你写出的又是什么样的一篇稿件。

在新闻岗位上混迹了二十会年,深感自己根底的浅薄,因此至今案桌上放着一本汉语词典,时不时翻弄寻找。巴金的这一批评,更使我感觉记者掌握知识的重要。说句实话:没有渊博的知识,总有一天会闹出笑话,坍自己的台。记得有这样一件事:北方一位很有名的作家到上海,在座的一位记者竟然这样提问:"请问你写过什么作品?"作家当场强压怒火。散会后,他的朋友更是愤然,大骂:"什么东西,狗屁记者。"这回坍台的不是他一个人,而是记者形象、单位形象。纵然你过去没有读过他的作品,但既然要去参加有关他的作品的会议,最起码也要临时抱一抱佛脚,寻几篇他的作品看起来。试想,一个对被采访人或被采访事件不甚了解,自己都稀里糊涂的人,如何能抓到要点,写出好报道来?

最近重读徐迟的《谈谈报告文学》和叶圣陶的《端正文风》,仍津津有味,不愿释手。这两篇文章是他们在新华社一次记者训练班上的讲稿。徐迟先生说他写《地质之光》时,枕头边放着列宁的《唯物主义和经验批判主义》,每晚都要看一看;写《哥德巴赫猜想》时,读了马克思的《数学手稿》。徐迟先生剖析自己原本文章缺少力量,其原因是思想性不过关。他说:"文章要站得起来,它的脊梁骨应当是思想性。"为此,他读了许多理论著作。徐迟还谈他写周培源一稿,先是按年代写,觉得这样交出去不行,但想来想去没有好的表现方式,于是就干脆放下到云南去写另一篇稿。这时,臧克家来电询问写得怎样,让他到他那儿读篇文章。臧克家向徐迟推荐的是清朝桐城派大家方苞的《左忠毅公轶事》,全文 481 个字,却将史可法与他的老师左光斗写得绘声绘色,栩栩如生。徐迟感慨万般。后来交出去的周培源一稿只有 7000 字。

叶圣陶在文中引用鲁迅先生语,希望记者要多学习各方面的知识。叶先生在文中讲到,"东山再起"一词,报上经常用,但用错的极多。为什么错?许多人对它的出处不清楚。东晋时有个谢安,隐退后到了浙江绍兴的东山。后来朝廷感到没有他出来工作不行,再请他出来做官。"东山"是指谢安这个人。所以"东山再起"要用在正面人物身上,不能随便什么人都用。

我曾无数次去过上海博物馆,每一次站在先人给我们留下的遗物前,总有一番自豪又自愧的感叹。在浩大的中华文化面前,其实任何人都是无知的、渺小的。所以,活到老,学到老,千真万确。

巴金之所以说"喀嚓"这一词用得不好,还因为它不是事实。行文做事,尤其是新闻报道,最重要的是真实。明代冯梦龙著《古今谭概》,其中《李廷彦》一文,读来让人可笑可悲:"李廷彦献百韵诗于上官,中云:'舍弟江南没,家兄塞北亡。'上官恻然,曰:'君家凶祸,一至于此?'廷彦曰:'实无此事,图对偶亲切耳。'一客谑云:'何不言,爱妾眠僧舍,娇妻宿道房?犹得保全兄弟。'"这个李廷彦,为了求得一个对仗,竟然不惜作假,且诅咒自己的亲兄弟。

不过,李廷彦还算老实,立即承认"实无此事,图对偶亲切耳"。而现实中,却常常有这样的事,现场中根本不见某记者,写出来的报道倒好像他就在那儿。这种人门槛比李廷彦精得多。当然总有露马脚时,遭人指着脊梁骨骂。时下新闻编抄风,没有十级,也有七八级。

前不久,金庸先生与评论家刘金之间有一场笔墨"论战"。起因是刘金先生在《文汇报》上作文《向金庸先生进一言》。金庸先生看到后给报社来信,表示"不胜骇异",并寄来《论岳飞与秦桧》一文。金庸先生写道:"刘金先生的文章,开头便说'据传媒透露,金庸先生认为岳飞如何如何,秦桧如何如何',是什么传媒,在什么场所,哪一月哪一日听到我怎样说,完全不提。事实是,我从来没有说过刘金先生所引述的那一段话。"金庸先生接着讲清自己在什么书、什么文章中提到过岳飞与秦桧,而原话又是怎样的。这些内容完全与刘金先生引语相反。金庸先生写道:"对我批评指教,欢迎之至。但要批评指教我的任何见解,都应以我正式发表的文字或完整演讲记录为准。"编辑在刊登金庸文章后的"编后记"中说道:"据我们了解,刘金先生是根据9月18日《文学报》上刊登的《金庸写作近况》发而为文的,而《金庸写作近况》又是摘自北京《青年参考》9月5日发表的《金庸最近在写什么》一文,只删去了一小段。而该文又是根据新加坡《联合早报》8月21日第6版同题文章摘录的。据查,《联合早报》一文是从8月11日台湾《中国新闻》的新闻《金庸现在写什么?》中摘录的。"可见编抄之风如何盛行。刘金先生这回失手了,失就失在"据传媒透露"上。从某种意义上说,他也是新闻摘抄之风的受害者。

三天后,我再次去看望巴金先生。老人一看到我,就忍不住"扑哧"一声笑起来。他又想起了那个"喀嚓"一词。周围的人也都一起笑出了声。我对老人说,这件事教训很大,一辈子也不会忘记,我还要写文章来说说这事。巴老善意地说:"没关系,不要紧。"这篇小文也算是对巴老批评的回复。

选自《新闻记者》1998年第4期

新闻工作者要学点新闻史

方汉奇

古罗马的政治家兼作家西塞罗说过一句名言："不知道你出生以前的历史的人，永远是个孩子。"可见，对于每个人来说，学习历史都是至关重要的。这是因为历史可以帮助你"鉴前世之兴衰，考当今之得失"(《资治通鉴》)；可以帮助你寻找经验，获取教益，增长智慧；可以帮助你更好地理解现实，进而改造现实。正像著名国学大师钱穆所说："欲其国民对国家有深厚的感情，必须使国民对国家以往历史有深厚的认识。欲其国民对国家当前有真实之改进，必须使国民对以往历史有真实之了解。"

对于某一个专业的文化工作者说来，除了必须学习一般的历史之外，还应该学习一点本专业。例如学文学的，必须学习文学史；学法律的，必须学习法制史；学电影的，必须学习电影史。美国高等学校电影专业的学生，除了一般的文化基础课之外，还必须选修"电影通史"、"电影近代史"、"美国电影先锋派史"、"意大利、法国现实主义电影史"等课程。美国的历史很短，从独立到现在，不过两百多年，但他们对学习历史的重视并不亚于其他国家。可见他们对学习历史的重要性，是深有认识的。

以此类推，对于一个新闻工作者说来，理所当然地应该学点新闻史。

为什么？道理很简单。首先，学习新闻史可以帮助我们了解新闻事业的发展规律。任何事物都有其发展的规律，新闻事业也有其自身的发展规律。中国近代报刊的诞生与发展，近代政论报刊的诞生与发展，苏区、抗日民主根据地、解放区革命报刊的诞生与发展，白区、国民党统治区报刊的诞生与发展，地区性报刊出版中心的形成，报刊出版事业在市场经济条件下的运作，以及现代科学技术发展对新闻传播事业的影响，等等，都有其自身的规律可循。

掌握了这一规律,就取得了自由,就可以因势利导,事半功倍地去夺取胜利。

其次,可以帮助我们继承和发扬我国新闻事业的优良传统。近百年来,在我们的新闻史上曾经涌现过一大批像《时务报》、《民立报》、《京报》、《新青年》、《解放日报》、《生活周刊》那样的有影响的报刊,和像梁启超、于右任、邵飘萍、瞿秋白、邹韬奋那样的杰出的新闻工作者。这些报刊和报人,通过他们的实践,为我们建立了很好的传统。其中如为进步的政治服务;充当好思想先驱者和革命政党的耳目喉舌,讲事实,讲真话,讲道理;密切联系群众,反映人民的呼声,艰苦奋斗,勤俭办报;以及他们的道德操守、敬业精神和全心全意为人民服务的言行等等,都永远垂范于后世,成为我们的宝贵的精神财富,值得我们很好地继承和发扬。

再次,可以帮助我们很好地借鉴前辈新闻工作者的经验。这方面的内容是十分丰富的。前人提供给我们的,既有办好党的机关报刊的经验,也有办好讲求经济效益的商业报刊的经验;既有办好政论报刊的经验,也有办好其他专业报刊的经验;既有在根据地办报的经验,也有在白区,在港澳,乃至于在海外办报的经验。此外,在消息、通讯、评论的写作,版面的安排,标题的制作,报业的经营管理等方面,也都有极其丰富的经验,值得我们去总结和借鉴。一些经过实践,证明是不成功的乃至于是错误的作法,则给我们留下了教训,值得我们引以为戒,很好地吸收和记取。

总之,对于今天的新闻工作者说来,学点新闻史是非常必要的。有了新闻史方面的知识,我们将会变得更加聪明一点,因而也站得更高一点,看得更远一点,可以少犯点错误,少走点弯路,把我们的工作做得更好。

李大钊同志说过:"研究历史的趣味的盛行,是一个时代正在生长成熟,正在寻求聪明而且感奋的对于人生的大观的征兆。"(《史学要论》)我们所处的正是这样一个时代。学点新闻史,对于我们这个时代的每一个新闻工作者说来,都是大有裨益的。

选自《新闻记者》1998年第5期

聊记旧事代感慨

何满子

俞颂华是中国新闻业老一辈的大家,30年代主当时发行量最大的《申报》笔政,创办《申报月刊》,为业内外人士所推崇。抗日战争初上海陷落敌手后,拒绝敌伪的诱胁,避居香港执业,节操亦堪矜式,这都是人们所熟知的。

我直到1943年,才有幸与颂华先生相识,那时他从为日寇侵占的香港逃回,被衡阳《大刚报》敦聘为总编辑。当时我还是一个毛头小伙,也在衡阳一家报纸当编辑,和他虽然接触不多,却在这位前辈那里受到了印象深刻的教益。尤令我难忘的是,一次他谈到了编辑的职业道德问题,讲的道理虽很简单,可谓卑之无甚高论,但俞先生那种发自内心的庄严和诚挚的语调,当时既使我动容,五六十年之后的今天也还像在耳边回荡。更因为滔滔天下,至今不能清醒地正视并坚持这一职业道德的现象还相当普遍,愈令我体察到俞先生那番话的分量。

事情是从《大刚报》副刊上一篇被摒落的稿件引起的。那天我去看俞先生,他正在和副刊编辑谈话。现在只记得这位编辑姓吕,编的这张副刊在湘桂粤一带也颇有影响。当时正有一场论争在版面上展开,一位和编辑所支持的意见有异议的作者投来了一篇稿,编辑不发,于是这作者抄附了原稿向总编辑那里质询拒刊的理由。俞先生读了原稿,觉得持之有故,言之成理,文笔也很够水平,认为编辑处理来稿不当,说白了是偏袒一方,排斥与己见不合的来稿。俞先生是一位很和蔼、很尊重下属的长者,当然不会疾言厉色;也不就事论事地作批评,只就事情的性质作了一番开导,语气温婉,却具有不可辩驳的说服力。

下面所记的当然和俞先生的原话有出入,但那主旨我相信不会错。他说:"新闻从业者,当编辑,是一项社会事业。报纸是毛健吾(《大刚报》的发行人)办的,还有后台(暗指陈立夫、陈果夫的"CC派")。但是,报纸是一种社会公器,不是任何人的私产。别人怎么对待报纸是别人的事,我们当编辑的必须坚持这样的目标:我们是在为社会办事,是代替社会来管好这个公共的舆论园地。对来稿要放弃自己的好恶,平等对待,不能偏向一方,压抑一方,即使曾经是编辑的论敌,也不能擅用编辑职权排斥之。这是当编辑的职业道德。文人间都有三朋四友,切不可党同伐异,将公器挪作私用,这从公德和私德上说都是不可取的。"

40年代,我虽断断续续干了十年新闻工作,国内、国际新闻都编过,副刊编得最多,但我没有受过新闻专业教育,连专业书也读得不多。我不知道大学新闻系是怎么讲编辑道德这个课题的。可我迄今认为,俞先生这番关于编辑职业道德的谈片,应该是报刊编辑应守的职业道德的主旨。解放后,我长期当书刊编辑,俞先生的这番议论常常萦绕脑际。如今没有私人或某一集团势力的私营报刊,当然凡传媒都彻头彻尾应是社会公器了。但是据我的接触和观察,这一职业道德未必为报刊编辑所坚持,下焉者甚至连这个职业道德的观念也没有,故记俞颂华先生的这席话,用代感慨。

选自《新闻记者》2000年第5期

如果有来世　还是做记者

—— 范敬宜谈新闻记者的修养

刘鉴强

2002 年 4 月 21 日，清华大学新闻与传播学院正式成立，《人民日报》原总编辑、全国人大教科文卫委员会副主任委员范敬宜受聘担任首任院长。此前，范敬宜曾来到清华大学，与新闻本科班的同学座谈。范敬宜通过自己的经历，深入浅出地论述了做一个记者应具备的基本素质——热爱新闻事业、坚持正确的舆论导向和良好的工作作风。当天，听课的同学在"水木清华 BBS"上称赞范敬宜"风趣的谈吐，真挚的爱心"，是一位"可爱的长者"。下面是这次谈话的主要内容。

如果有来世，还是做记者

我对新闻工作似乎有一种天生的情结。我小时候生活在上海一个叫静园的地方，10 岁就开始自写自编，出了一份手抄的《静园新闻报》，版式是学《申报》和《大公报》。所以我工作以后，不用学就会画版——不到 10 岁我就会了。我把我家左邻右舍的事情都写下来，然后偷偷把小报塞进邻居的门缝里。邻居们很奇怪："谁把我家的隐私写下来了?"我们家邻居有一个姓王的，为外国通讯社做记者，晚上回来的时候，经常在家门外偷偷吃一碗馄饨，边吃边东张西望，生怕别人发现。我就给他发了个头条——《王大胖背儿女偷吃馄饨》，结果惹了一场风波。

我 1951 年从上海圣约翰大学毕业。那时候对我影响最深的是魏巍的《谁是最可爱的人》。"亲爱的朋友们，当你坐上早晨第一列电车走向工厂的时候，当你扛上犁耙走向田野的时候，……请你们意识到这是一种幸福吧，因为只有你意识到这一点,你才能更深刻了解我们的战士在朝鲜奋不顾身的原因。朋友!你已经知道了爱我们的祖国,爱我们的领袖,请再深深地爱我们的战士吧,他们确实是我们最可爱的人!"每当我读到这儿,总是热血沸腾,我要做魏巍,我要去白山黑水。于是我舍弃了去华东师大当助教的机会,对家里撒谎说我要去北京工作,然后就坐上火车直奔东北,成了《东北日报》(后改名《辽宁日报》)的记者。

可是,记者没做几年,1957年的时候,我被打成了右派。在"文革"期间,我又被下放到全国最贫困的朝阳山区。我想也许这辈子是再也做不成记者了。那时我最大的愿望,就是能在一个工厂或农场里做黑板报的编辑。

1975年我们去大寨学习,回来时经过北京,在郊外住一个晚上。我跑了好远的路去王府井人民日报社看我的同学。等我晚上到了人民日报社,门卫告诉我今天是星期天,进不去。我在农村那么多年,哪还有什么"星期天"的概念。那天晚上,我就在人民日报社门口的报栏前徘徊了一夜,把那天的报纸从头至尾看了个遍。那天是10月5日,我记得清清楚楚。望着人民日报社楼上影影绰绰上夜班的人们,我心里想:"在这里面工作的人是多么幸福啊,可惜我永远不会有这种幸福了。"戏剧性的是,18年后,我成了《人民日报》总编辑。

我现在不在职了,可每天都要写东西。因为我离不开新闻,新闻是一种最具有魅力的职业。如果有人问我:做新闻工作最基本的政治素质是什么?我的回答是:就是对党的新闻事业的深沉的热爱。

坚持正确的舆论导向

做记者,要坚持正确的舆论导向。每写一个报道,做一个版、一个节目,都要考虑社会效果。"这样报道对社会是有好处,还是有坏处?是积极效果,还是消极效果?"这听起来似乎是老生常谈,但要做到很不容易。我在当总编辑的过程中,在这个问题上要对年轻同志费很多唇舌。我对他们讲,不能只看到一个表面现象,拿过来就写。实际上,你只了解了一面,没有了解另一面。即使事实是准确的,也不一定是应该传播的,要考虑社会效果。很多年轻同志在学校里没有解决这个问题,不了解西方新闻学与马克思主义新闻学的区别,进报社后不得不"回炉"学习。你们应该在学校里就解决好这个问题。

西方新闻学老讲新闻自由。新闻自由这个概念是中性的,问题是如何理解。我们不反对新闻自由,只是毫不隐瞒自己的观点:我们的新闻事业就是为人民服务,为社会主义服务的。

有一次,一个美国新闻团来人民日报社,走时,有个人看见江泽民总书记视察人民日报社的照片,问我:"江泽民主席来说什么?"

我说:"要求我们把《人民日报》办得更好。"

他傲慢地说:"任何国家的领袖都会这样要求报纸,可是我们总是朝相反的方向去做。"

他要说明他们办报有自由。我说:"你可能不必听克林顿的,但你敢不听你们董事长的吗?"

他耸耸肩膀笑了。

我到韩国访问时,一位报纸总编辑陪我去见韩国总理。在总理面前,这位总编辑跷着腿,表现得很傲慢。但当天晚上他的董事长来了,他立刻站在一旁,毕恭毕敬的。董事长因为对当天的报纸不满意,把报纸"刷"的一声扔给他,他也是点头哈腰的。

绝对的自由是没有的,这世上的人,都是生活在一定的框框里面。比如说房子就是一个限制,如果不要这个"框框",那只有冻死。我们的新闻有我们的要求,但这并不能限制新闻工作者的创造性。就算有框子,也要提高水平,提高了水平,照样能很好地发挥。京剧大师盖叫天的武功高超,到了晚年,仍可以在一张八仙桌底下打完一套猴拳而碰不到桌子腿,这说明技艺到了炉火纯青的地步。

我对坚持正确的舆论导向也有个认识过程。

第一阶段是在《辽宁日报》当副总编辑。那时候我对总编的理解是:"总编总编,总是在编。"就是说要身体力行,我要求编辑记者做到的,我首先要做到。比如提倡写"好而短"的新闻,我就做样子,把本来可以写成五六千字的,写成五六百字。

第二阶段是在《经济日报》当总编辑。那时候认为总编辑的主要任务是出好点子。而且,光靠一个人,甚至光靠编委会那几个"头头",是出不来多少好点子的,要把所有的人都动员起来,才能有用不完的点子。所以那时候北京新闻界有个说法,是"《人民日报》的牌子,《经济日报》的点子"。对此,我很得意。

但做到这一点还很不够。第三阶段,我到了人民日报社后,才意识到老总最重要的素质是把握导向,把握"度"。这就像一个船长,当风平浪静的时候,你可以优哉游哉,但一旦海浪翻涌,你就要掌好舵,否则也许会全军覆没。这时,你再能带头写稿子、再能发动大家想点子,也不管用了。

江总书记曾说过:"舆论导向正确,是党和人民之福;舆论导向错误,是党和人民之祸。"这句话的分量很重。没有经历前面几十年的风风雨雨,很难理解。我听了这话之后,感觉特别正确。

不了解大局的记者,只是一个文字匠

怎么样才能坚持正确的舆论导向呢?

首先是要了解大局。我们倡导"政治家办报",那么政治家的特点是什么?是审时度势,权衡利弊,从而作出正确判断。诸葛亮祠堂前有副对联,里面有这样的话:"不审时则宽严皆误"。就是说,不了解形势是作不出正确决断的。大局不是一成不变的,如20世纪80年代初期,"左"的思想束缚着人们的头脑,那时我们大力宣传思想解放一些,胆子大一些,步子快一些。后来,思想解放有些出格了,就提出了"坚持四项基本原则"。到了20世纪80年代末、90年代初,出现了思想僵化的苗头,改革开放一度停滞不前,小平同志南方讲话,重新提出了进一步解放思想。这比80年代初的"解放思想"又有了新的发展。在这些问题上,如果掌握不好,就会犯导向错误。而不了解大局的记者,只能是一个文字匠。

在改革开放之前,农村报道就是唱"四季歌":春种、夏锄、秋收、冬季农田水利基本建设。1982 年农村实行家庭联产承包责任制后,我去农村了解"夏锄"情况。去了两天以后发现,上午十点来钟的时候,田野里静悄悄的一个人也没有。而当时的报道都是"红旗招展,人欢马叫"。实际上,那时大家磨洋工,不出活,反正是吃"大锅饭","干不干,一毛半",一天就挣一毛五的工分。

为什么现在地里没有人了呢? 在承包以前,人们都是八九点才出工,而现在包产到户了,人们早上四点就出工,等天大亮时已经收工回家了。以前认为带来活力的是"红旗飘飘,人山人海",而现在却正相反。如果不了解大局,不了解以前的状况,就抓不住这个有时代特点的好新闻。我就此写了一篇四五百字的短新闻《田野静悄悄,地静苗情好》,结尾是这样写的:"当我们经过一个村子时,看见四五个妇女背着锄头急匆匆地从地里赶回来,一边走一边说:'快点,还来得及听《隋唐》呢。'"

这篇报道得了一个奖,可我也为此牺牲了一条腿。我急急忙忙地提前赶回报社交稿,中途火车颠覆,一条腿粉碎性骨折。

也是那一年,我到辽宁康平县两家子公社采访。宣传部的干事陪我到了公社办公室。一看,那儿破破烂烂的,炕上的席子黑得看不出是什么做的,被子脏得像抹布一样。公社秘书一看我们去了很高兴,说:"你们就住这个炕上,帮我接接电话,我好长时间没回家了,回家看看。"

我们在那儿一住几天没发现什么新闻线索,到了第三天睡觉醒过来,我问那个干事:"你发现什么没有?"

他说:"没有。"

我说:"我可发现大新闻了。这三天,我们接到过一个电话没有? 有一个来上访的没有? 一个也没有。这就是大新闻。"

我知道,像这样的穷困乡,在过去晚上电话很忙,不是大搞形式主义,催进度、要报表,就是上访、吵架。越穷的地方越出问题,邻里之间为了一个鸡蛋也会打起来。这个说"我家的鸡下蛋下到你们家了",那个说"没有"。好,那就打架。有一个地方为这种事出了三条人命。

我们找来了公社老秘书,问他以前的情况。他说以前根本睡不了觉,电话不断,只好把电话放到枕头边上。早上老百姓一大早就来"堵被窝",上访,要饭吃,哪能像现在这样睡得安安稳稳? 承包以后,老百姓日子好过了,事情就少了。

我于是写了一篇 400 字的报道《夜无电话声 早无堵门人 两家子公社干部睡上了安稳觉》。那位干事对我说:"你这篇新闻是睡出来的。"为什么能"睡"出来? 就因为脑子里有农村的大局。

将来同学们做记者,要学习很多的东西,但最重要的就是了解大局,知道中央在干什么。最近刚刚开完的全国教育工作会议讲的什么? 全国科技大会的主要精神是什么? 我最讨厌别人说:"我不看报。"你不看报有什么值得自豪的? 你不看报怎么了解大事,怎么了解大局?

要实事求是

马克思主义新闻观最重要的一条就是实事求是。但现在这种传统受到了冲击。我们提倡生动活泼的文风,但现在的新闻炒作、夸大,有很多的痞子味、流氓气。很多的人想采访我,但我一个也不接受。为什么? 我怕! 以前有人写我,说我"潇洒",我像土豆一样,有什么"潇洒"? 有人在文中描写我"沉思","向窗外看了一下",我不会"沉思",也没向窗外看。

有些报道夸大到荒谬的地步。以前有些报纸联合采访优秀法官谭彦。有的写:"一辆救护车呜呜叫着,从法院里开出来。路上的行人停下脚步,担心地说,恐怕是我们的谭法官又病了。"真是胡说八道。还有的说他"肺部烂得像蜘蛛网一样",一点医学常识都没有,人要那样还能活吗? 还有的说他身体虚弱,"办公室在五楼,他每天上班就像爬万里长城一样"。那可见了鬼了,每天都要爬万里长城? 如果真是那样,那他的领导也太不是人了,就不能给他调换到一楼来?

有一次,爱泼斯坦特别气愤地问我:"老范,写报告文学能虚构吗?"

我说:"不能吧。"

他告诉我,有一个记者采访他,写了一篇《爱泼斯坦的爱情生活》,3000来字,错了 25 处。"他说我结婚,宋庆龄来证婚。真是见鬼,造谣造到宋庆龄头上了。"

现在报纸上有很多不真实的东西,任意粉饰、拔高,想象还说是"合理想象"。

我自己也有教训。1956 年,辽宁省举办一次文艺汇演,省委宣传部的领导说瓦房店纺织厂的歌咏队不错,让我去采访一下。当时时间来不及了,无法去现场采访,他便让我去找歌咏队的队长。那位队长能说会道,说什么"我们车间里到处能听到歌声"。我就写了一篇稿子《车间处处闻歌声》。很快,那个纺织厂的群众就来信举报,说这篇报道的作者根本在胡编,第一,他没来厂里采访,第二,车间里根本不允许唱歌,那样是违反劳动纪律的。那时,我刚刚被评为一等先进工作者,马上就被取消了资格。我一辈子也忘不了这个教训,后来写稿件,一点也不敢马虎。

离基层越近,离真理越近

为什么说"离基层越近,离真理越近"? 因为基层是政策的出发点和归宿。

我 1969 年插队落户,去了一个非常穷困的山村。我问那儿的老队长:"这么个穷地方,怎么才能变化?"

老队长说:"没有别的办法,只有大包干。"

我当时大吃一惊,心说这个人觉悟怎么这么低。当时正猛批"三自一包",大讲"阶级斗争"。我对那个公社社长说:"这儿的人思想觉悟很低,要好好教育。"社长只是笑了笑,什么也不说。

可十年以后,事实证明真理掌握在谁的手里。是那个不识几个字的老农民! 因为农民是第一线的实践者。历史转了一圈,又回到了这儿。

为什么要讲深入群众? 因为不深入就不能了解真实的情况。现在的假话太多了。前年我还写了篇文章,叫《人到七十学听话》,你要不仔细听,就很难发现什么是真话,什么是假话。

改革开放之初,报纸一窝蜂地报道农民富了,这个万元户,那个万元户,好像全国农村都是万元户。新华社驻黑龙江的一个记者写了篇文章,说要正确认识农民的富裕程度,要认识到,有些农民确实富了,但有些农民还很穷。后来他的报道引起重视,被当作党中央的文件下发到各省。

作为记者,要抓住重大主题,牵动千万人的心,必须和实际保持最密切的联系。我经常对年轻人说,不能老盯着那0.2平方公里——我指的是王府井那一带,而要看到960万平方公里。很多年轻人家庭条件不错,进大学,进大报,他眼里看到的只是王府井。我还对他们讲,不要只看"紫房子",也要看黄土地。"紫房子"是指北京最早的婚纱影楼。很多老百姓的温饱问题都无法解决,要把眼光放到老百姓身上。

现在很多年轻人吃不得苦,缺少艰苦奋斗的精神。像"唐老鸭"(新华社摄影记者唐师曾)和吕岩松这样的优秀记者不多。现在的条件比过去优越,地方上知道你要来,提供给你最优越的条件,所以现在想深入都很难。我写了一首打油诗描写一些记者:

早辞宾馆彩云间,

百里方圆一日还,

群众声音听不着,

小车已过万重山。

如果不深入基层,就只会说些套话,什么"应该指出"、"众所周知",什么"毋庸讳言"、"必须强调",苍白无力却说得似乎理直气壮。

当年刚做记者时,我虽然整天坐在办公室里,但认为自己文字不错,自视甚高,写文章很花哨。看完芭蕾舞演出,用力写了一篇报道。同事看了说:"范敬宜形容词可真多!""擦粉太厚,未必是美。"把我气得哟。后来再回头干新闻工作时,就不一样了,因为我在基层呆了二十多年。

1978年,我落实政策回到辽宁日报社,人家谁也不要我。填工作证时,我什么身份也没有，连个助理编辑也不是。人事处长说："就给你填个'干部'吧。"我就拿这么个"干部"身份去采访。当我写出我最重要的报道时，我什么身份也没有。当我后来什么身份都有了，连我自己都数不清有多少个身份时，却再也写不出有分量的报道了。

每个人都不会是一帆风顺的，但要把困难当作磨练。

我认为有五种人不可以做记者：不热爱新闻工作的不可以，怕吃苦的不可以，畏风险的不可以，慕浮华的不可以，无悟性的不可以。只有热爱新闻工作，你才能心甘情愿地去吃苦。新闻事业充满风险，但值得去为之奋斗终生。

选自《新闻记者》2002 年第 6 期

呼唤名记者

林　帆

我是新闻学科班出身的,在学时就立志当个名记者。可是毕业统一分配定终身,连记者梦都做不成。而我心仪的一些名记者,他们在采访人生中留下的足迹,很长的时间里仍萦缠于脑际。当然,仅仅是印象而已。比如:

萧乾——他从大学新闻系毕业后,先后在津沪港的《大公报》工作,还当过驻英特派员和战地记者。他自诩为一个不带地图的旅人,厚厚一本《采访人生》记录他走遍天涯海角的历程。其中有著名的报道《平绥琐事》、《鲁西流民图》、《血肉筑成的滇缅公路》乃至波茨坦会议、纳粹战犯的审判、联合国大会……的采访。可惜在一次政治风浪中"马失前蹄",从此被剥夺写作权利22年之久。

杨刚——这位攻读英语的女记者也曾名扬天下,她作为《大公报》记者,抗战时去过福建、浙江、江西一带采访考察,撰写了大量通讯,反映广大人民在日寇铁蹄下的痛苦生活和抗日要求,使人看到国民党反动派的黑暗腐败。1944年,她奉派去美国学习,还不忘手中笔,写下了一系列美国通讯,在重庆和抗日战争胜利后的上海报刊上登载。最令人难忘的是她在开国大典那天采写的通讯,翔实又富有感染力,把"中国人民站起来了"的声音传遍神州大地。不幸在50年代中的一次外事活动遭遇车祸,造成脑震荡而病逝,时年仅五十出头。

还有数不尽的一大群:张西洛、高集、曾恩波、姚远方、朱启平、陆诒、田流……对了,千万别忘掉那位中国情缘重如山的洋记者斯诺。他几度来华,首入延安,写了许多介绍我国社会主义革命和建设的报道,功不可没。

唠唠叨叨写"开篇",无非为了"呼唤"。我常常感到困惑,解放半个多世纪以来,老中青作家代出不穷,高校中也出了不少名教授,为什么名记者却千呼万唤不出来?是没有人才吗?绝不!从新闻院系毕业的学生,称得上精英叱咤风云者也数不胜数,惟缺足够知名的记者。这是个烫手的问题。我曾请教过多位方家好友,大致有同感,也取得一点共识。概而言之可归纳为三端——

其一,"'记'而优则仕"。在我熟悉的学生中,笔健能写、脑子灵活的记者料子不乏其人,可是初芒刚露,业务上取得成就后,便被领导赏识,提拔为独当一面的负责人:什么组长喽、部主任喽、总编辑助理喽等等,以后还要拾级而上。于是,开会、审稿、订计划,一头栽进事务堆里,哪有时间亲自出马采写新闻?当然,我不是反对当"官",没有领导谁来组织工作?事实上,新闻单位出身的领导干部,上自宣传部长,下至传媒的总编、台长大多是这些精英中的师兄师弟。应该说这是新闻教育可喜的业绩。但是光从"官本位"出发,不考虑培养一批名记者驰骋于天下,毕竟"跛脚"。至于记者本人,也不必向往做领导。当官是好,有权有势,可不如当记者涉足于社会层面潇洒,说到底,新闻业务很重要的一头是采访写报道嘛!

其二,解放后运动频仍,没完没了,大伤元气。特别是1957年那次开了文字定谳的先河,成批的记者倒下去了,没倒的也闻者足戒,心存余悸;便谨小慎微,处处思前想后,不敢越半步雷池。接下来十年浩劫,靠边站,下干校者一大片,侥幸留下来的不是"帮腔"就是"传声筒",莫谈做个真正的记者,更不谈其中能脱颖而出名记者了!"假大空"的流毒深远,成了新闻界的恶性肿瘤,名记者何处觅呢?

其三,新闻纪律森严,禁忌诸多,一切以宣传口径为准,无形中束缚了记者的手脚。也许是为了安全系数吧,不知起自何时,"报喜不报忧"的惯性运作习以为常,使记者施展才华的空间更形狭窄。再加上历史上形成的条条框框,记者只好循规蹈矩地拘限自己的手中笔。海阔凭鱼跃,天高任鸟飞,这可是自然规律啊!

因此,我呼唤名记者,为的是提高新闻媒体的实效。正如一流的戏班要靠名角担纲,一流的报社要有一些名记者发扬光大。在这里,我想,观念改革至为重要。新闻的主体,应是作为采访天下事的记者、种种新近发生的事实以及广大受众。读者喜闻乐见的好新闻离不开记者的辛勤劳动;众多的记者需要领导的关心和培养。惟有创造条件为他们放开手脚去闯天下,才能闯出名堂,发挥其主动性和积极性。我突然想到如今家长对小学老师的呼吁:"孩子给功课束缚太紧,松松绑吧!"这个呼吁对我们新闻界不知是否也合适? 当然,实质并非一样,不过借来打个比方耳。如今政通人和,风调雨顺,正是人才辈出的大好时光,我亦不禁有所期盼嘛!

选自《新闻记者》2003 年第 3 期

报人的最高境界是从容不迫

——《南方周末》创办人左方访谈录

洪　兵

从 2003 年 2 月起,笔者先后三次对《南方周末》原主编、著名报人左方先生进行采访,下面为访谈的部分内容。

问:《南方周末》自 1984 年创办迄今,已经成为国内外非常有影响的一张报纸。您作为《南方周末》的创办人之一,能否简要地谈谈《南方周末》的创办背景?

答:《南方周末》,是南方日报社老社长丁西凌同志向南方日报社编委会建议和获得同意之后创办的。当时丁西凌同志的主要考虑是,我们的党报不缺乏正面、典型报道的经验,但是缺乏办生动活泼的版面的经验。他说,我出国考察,看见外国报纸都是一大沓,这是经济文化发达的表现;而我们的报纸只有 4 个版面,从 1 版到 4 版让读者每个字都读,这不是好现象。当时《南方日报》编委会曾经有将《南方日报》扩为 8 个版的想法,因为种种原因,在当时搁浅了。所以《南方周末》可以看作《南方日报》的延伸和补充,"探索经验,培养人才",也是当时《南方日报》新闻改革的一项措施。

问:您如何评价《南方周末》走过的这 20 年?

答:《南方周末》这 20 年来主要做了两件事:启蒙和冲破《真理报》模式。

"文革"结束之后,中国人反思"文革",进而反思新中国建立之后的历史,再进而反思鸦片战争以及现代史。而反思的结果是,中国的现代化进程首先要冲破和融解冷酷、专制这个板块,然后科学和民主的精神才能够扎根。1983 年广东第一批民工潮,我悄悄到火车站去看,那个时候,我还在《南方日报》资料室工作。潮水一般的民工,让我感觉到一场经济的大革命正在产生。

民工为什么来到广东？一是因为农村的贫穷和落后，二是由于城市文明对他们的吸引。我当时想，他们的命运会怎样？他们中的绝大多数人将伤痕累累地离开，极少数人将留在城市里成为小老板，还会有一两个人成为李嘉诚、霍英东。但是不管怎样，他们不会再是原来的那些人了。我听到了这个板块的断裂和撞击声。我觉得中国的现代化进程再也不需要革命和暴力，而是经济发展和对民众的启蒙。所以在我主持《南方周末》的十几年时间里，一直是将启蒙作为办报的灵魂。

《南方周末》一直伴随着改革开放，为它摇旗呐喊，推波助澜，这是启蒙的核心思想。所以我一开始的定位就是，《南方周末》应该作为知识分子和民众的桥梁，它应该是双向的，它应该将知识分子思想的精髓，包括科学和民主思想，通过报纸的日常报道普及到民众，同时将民众的生存环境和社会心态传达到知识分子中间。

第二个定位是关于《南方周末》的主体读者对象。我把有中学和中学以上文化程度、关心社会、热爱知识的人，作为《南方周末》主要的读者对象。我认为，当时中国 10 亿人口中，有中学和中学以上文化程度的人，不超过 8 亿人，其中真正关心社会、热爱知识的人，不超过 1 亿人。启蒙就是针对他们的，必须让他们接受科学民主思想。

今天还提出启蒙，是因为"五四"传统的中断。五四的领袖们高举反封建的大旗，把它作为武器。而今天需要的是将科学民主的原则还原到知识与道理的层面，通过报纸传达到大众中间。所以在办报方式上，我提出大俗大雅，雅俗共赏。领导将它改成大雅大俗，一定要雅字当头。但是我提倡的大俗不是庸俗，俗的题材要用知识分子最先进的思想去升华，雅的题材要用知识分子最先进的思想去与民众相通。在最初的头版"名人专访"栏目中，我们注意的是将这些名人放在与普通人一致的立场上，我们不去谈民众所不理解的东西，这才能达到启蒙的效果。

《南方周末》做的第二件事情是从《真理报》模式中挣脱。新中国建立之后，我们的新闻业模式，包括报社内部的整个建制，像群工部等等，都是直接按照苏联《真理报》模式设置的。这个模式有几大特征：第一，它不是从实践出发，而是根据红头文件办报，实践是面团，任人蹂躏。我当时写的一些通讯，就是带着意图下去，找材料和典型，选择其中有用的部分。第二，它不对读者负责，只对领导负责。群众的看法和评价不被重视。第三，党八股和假大空，用僵化的体裁写报道。当时即便我自己用了另外的方式写稿件，编辑也会改回来。第四，国家经费订报，取消了报纸的商品属性。对《真理报》模式的反思，使我意识到实现商品性是突破口。恢复报纸的商品属性，抓住市场杠杆，与原来的中国新闻传统接轨，原有的优良传统是忧国忧民、强烈的人民性、对弱者的同情，现在我们要重新把这些东西在市场条件下运作。

黄文俞同志是《南方日报》"文革"前的总编，我觉得他是当时广东省不多的懂得办报的人。他偷偷地作过一次接轨，那就是创办《羊城晚报》。当时陶铸同志找他谈话，要创办一份新报纸。陶铸有这么一句话："如果办成小《南方日报》就不要办了。"黄文俞很为难，因为当时全国报纸都是一个模式的。他找来解放前就办过报纸的《南方日报》"右派"邬为梓，让他帮忙出主意。邬为梓每天晚上偷偷带着解放前的报纸，到黄的家里，最后确定了"五层楼"的方针：在《羊城晚报》上每天一个"晚会"，一盆"花地"，加上一个批评的小专栏，每期四五篇文章，标题很艺术化。"晚会"主要是强调知识性和趣味性，"花地"是副刊。《羊城晚报》的风格马上就影响了全国。"文革"的时候要封《羊城晚报》，广东市民有数万人跑到《羊城晚报》护报。可见谁率先摆脱《真理报》模式，谁就有巨大影响力。

问：那么初期的《南方周末》，在新闻和市场操作上有什么特点？

答：那个时候没有什么市场经验，所以一是向人请教，二是自己摸索。我请来的第一个老师，是《白云集锦》的李玉刚，一家小报的老总。我在《南方日报》文艺部做编辑的时候他是作者。因为他在市场上实践过，我就向他请教：报纸怎么卖得好？他说关键是头版，最好看的要放在头版。一版决定性的是头条，头条的关键是标题。标题很讲究，一定要抓人，要有悬念，报纸能卖出去就成功了百分之五十。电影《刘三姐》中扮演刘三姐哥哥的演员要到广东来,他没有什么名气,但是我们把标题作成"三姐阿哥"——这就有悬念,能够抓人。因为读者是站着选报的,所以标题要大。我们当时是对标题一条一条进行研究的。

为了了解市场,我自己上街卖了六期报纸。我发现当时《南方周末》的主要读者是这些人:干部、夜大学的工人(他们买了报纸放在夹克里)、大学生和高中生。老大爷老大娘、"港台青年"则很少买,初中生以下基本不买。所以我觉得我们的对象抓对了。但是我还是希望《南方周末》能够进入家庭。所以我们设立了家庭生活栏目,像"父母心"、"后车之鉴"、"连环画"和"每周一歌"等,是为了吸引高中生和初中生。我们还请宾馆的理发师评点最新潮的发型,这是为了吸引时髦青年。到 1984 年底,《南方周末》的发行量就达到了 11 万。

关于抓住市场,我有这样的一个比喻,就是我是先做瓶,再酿酒。不要先酿酒——酒的味道太浓不好。瓶子做好了,酒自然会有的。

问:《南方周末》的报训"有可以不说的真话,但是绝不说假话"的由来是怎样的?

答:"有可以不说的真话,但是绝不说假话"是黄文俞在 20 世纪 80 年代说的。我非常欣赏这句话,在主持《南方周末》的时候也坚持这个原则。说假话是《真理报》模式最典型的特征,说真话是新闻道德的底线。这绝对不是要引导群众和政府对立,而是要化解矛盾。在这个过程中,我们坚持四个维护:1. 维护党的领导。2. 维护现行政治体制。3. 维护现行政策。4. 维护社会稳定。这四个维护是党的新闻工作者应该有的素养,不是包装,不是保护品,是讲真话的方针。突破是为了中国的进步,但是要平衡。揭露问题要有度,要有耐性。比如关于性的问题,当时开了一个专栏,叫"性与你",很长一段时间都是请中国人民大学性社会学副教授潘绥铭和另外一位马克思主义哲学讲师一起写稿件。我觉得这是有必要的,如果不是这样,这个栏目会有难度。

《南方周末》的另外一条重要原则就是:认稿不认人,认报不认钱。不仅我主持《南方周末》工作的时候如此,我当时还宣布,我退休之后,这两条原则不能改,改了我就不承认是《南方周末》的人,和《南方周末》就没有关系。我在编辑会议上宣布,我放弃发稿权,包括所有亲戚、朋友的稿件,但是为了对他们尊重,如果要退稿的话可以通过我退稿,这同时也可以减轻编辑的压力。张中行先生是我的师祖,文章写得极其漂亮,可是编辑删了他来稿一半的篇幅,我想与其如此还是退稿为好。我向老先生解释说稿子很好,就是太长,不好删,所以还是还给他,请他原谅。老人家很理解,说没有问题,别的很多地方都催要他的稿子。这样的事情搞得我都不敢参加北大的百年校庆。但是这些牺牲确实换来了《南方周末》的立场。

问: 您觉得一个报人的理想境界是怎样的?

答: 我把报人的最高境界归纳为"从容不迫"。这其实还是黄文俞说的。当时我不理解,干了十年总编,我理解了。从容是办报的最高境界。它意味着吃透党的政策和现实的社会情况,同时有敏锐的触觉和政治判断力。从容不迫意味着宠辱不惊,既不因为你的报道符合某种外在的利益和需要而欣喜,也不因为它似乎触犯了这些而觉得怎么样,其实这些才反而可能是最有价值的,可以留给历史的。黄文俞去世前,我和他说起关于"从容不迫"的话题,他说他已经忘记了,但是可以"追认"这句话。

选自《新闻记者》2003 年第 8 期

让长处充分发挥

——记者自我管理五问

张立伟

2004 年,全国统一启用新版记者证。手持新证,站在新的起跑线上的记者,可否抽点空闲,抽点时间,思索一下自我管理的问题?

观察媒体,会发现一个普遍现象:同一批进来的记者——当时也是手持新证,也是站在新的起跑线上——起点差不多,几年后大不一样。有的硕果累累,有的平平庸庸……几家欢乐几家愁,并不都是命运的捉弄,天赋的鸿沟……大致说来,走得顺利的记者往往善于自我管理。

记者的自我管理,一句话:让长处充分发挥! 其操作要点是通过反馈分析问五个问题。

一、我的长处何在?

我们天生就是这样的人,干一些事比较擅长,干另一些事非常笨拙。而一个人的成就,只能建筑在长处上,不可能建筑于弱点,哪怕是已经弥补的弱点。

发现长处不能靠闭门苦想,要通过实践检验并实施反馈分析。凤凰卫视的阮次山说,每当经历一些事情,过一段时间,他总是回头想一想,看能不能从中受到什么启发。这就是最简单的反馈分析。略微复杂的,可以将前馈与反馈相结合,在采取重要行动之前,先写出预期结果,三个月或半年之后,以实际结果与预期相比较。

记者是非常透明的职业,发现新闻没有? 作品反响如何? 很快就一清二楚。运用反馈分析,在相当短——大约也就两三年——的时间内,记者可以明白,在哪些地方——动态消息还是深度报道,新闻述评、舆论监督还是热点追踪还是娱乐新闻……自己比较擅长。尤其要注意从意外成功中发现擅长,因为除去少数纯粹的偶然,再三的意外成功,偶然之后有必然,它往往意味着自己能够比较容易地干好某些事。而在另一些地方,我们也会发现自己非常笨拙。

至此,记者面临一个选择,或者强化前者,从"入流"向"一流"冲刺;或者改进后者,从"非常笨拙"争取做到"马马虎虎"。没有一条路是轻松的!选择任何一种,都需要付出巨大甚至是毕生的努力。唯一的区别在于:成长空间如何?你的心情好不好?

媒体要记者完成任务,上级通常从任务角度衡量:"这个不行"、"那个没达到目标"……弄得记者比较清楚自己的弱点。不少人就在这儿误入歧途,努力改进弱点,累得汗流浃背。这彻底错了!应该做相反的选择。因为记者在工作对象和工作方法上,都有相当的自主性。要充分利用这个职业特征,必须首先从"自知之明"的角度衡量自己的短长,尤其是知己所"长",因为人只能从长处而不能从弱点去发挥。

人是活的,长处也是动态的。有的长处适合昨天而不适合今天;为了明天,也会培养出新的长处。因而,寻找长处不是一劳永逸的事,需要持续、定期进行反馈分析。寻找长处与发挥长处统一于实践,要让长处充分发挥,在持续、定期的反馈分析中,还需要问以下一些更具体的问题。

二、我如何做事?

问长处何在,把自己定位在能作出最大贡献的地方,那是做"正确的"事。接下来要问,我如何"正确地"做事?即,如何有效率地做事?

所谓"有效率",通常有三个来源。一是顺应个性习惯。以传统的采写为例,有人强调采访的重要,"七分采、三分写",我们耳熟能详。然而,《经济日报》的詹国枢认为,好记者需要"多读、多思、多写",说只要有创新思维,"我们甚至不出门……也可以写出好新闻"。

有一年,中央号召国家机关克服"门难进、脸难看、事难办"的官僚作风。怎么报道呢?他们搞了个"接电话,看效率"。就是坐在办公室打电话,打两个小时,文章就出来了。比如打给冶金部,如果两分钟没人接,报道就写"冶金部两分钟没人接电话"。然后打到纺织部,铃响两声,有人说:"你好!纺织部。"你就记录下来。有些地方,态度很生硬,说话很不中听,你也记录下来。然后,原文照登,就叫《接电话,看效率》。

人与人不同,重采访还是重写作,善交际还是喜沉思,苦吟成文还是一挥而就,急性子还是慢性子……甚至,在上午还是晚上最有精神(《大公报》安排范长江上夜班,让他十分苦恼,觉得生活秩序颠倒)……这些个性习惯,无所谓好,也无所谓坏,关键是,本性难移,它无法通过培训来改变!善于自我管理的记者不会勉强自己,逆个性行事自讨苦吃。他会问:我的个性习惯特别适合于新闻工作的哪些环节或方面?别人觉得困难的地方,在我轻而易举,从而找到主客观相契合的"强的一环"。

二是激活以往积累。哲学家波兰尼认为创造性思维是"集中意识"与"支援意识"的相互激荡。集中意识明显而自知,专注于当前问题;支援意识隐蔽而无法明说,但是,"支援意识中可以意会而不能言传的知识是头脑的基本力量"。"性相近,习相远",每个人的后天积累,是无法流通的独占资源,激活它就"垄断"了自己独一份的"支援意识"。刘观涛到"东方时空"之前,有六年做报刊的经历;来后坚持每天几小时精读报刊,思索如何将报刊精品转为电视节目,从而在选题策划方面更具优势。半年后,由一线记者转为策划编辑。

三是打上独家烙印。农民不会在粮食上打下烙印,媒介产品则总有"个性化"——所谓"独家"的问题。光线电视要求记者大胆张扬个性,要每个人深问自己——我的选题角度"刁"吗?我的提问"到位"吗?我的文字"酷"吗?我的标题"抓人"吗?我的导语"媚人"吗?我的片子"别样"吗?……不必在这些深问上——更不必在其他更多事情上——"事事争创一流",那不是"自虐"也是"自误"!它忽视了人的有限性也忽视了人的卓越性,任何人都只"可能"在某个狭小方面达到一流。找到适合自己的狭小方面,集中火力突破一点,"在盲人之国,有一只眼的人就是国王",再把这"一只眼"深深烙在作品上。

三、我如何学习?

反馈分析也会发现,在哪些方面,自己做得太少,使长处没有充分发挥;而要做得更多和更好,自己还缺少些什么。这就提出了学习改进的问题。

学习有两种基本目的:一是打长程基础,好比存钱;二是为短程应用,好比磨刀。学校教育,主要是存钱;而记者的学习,则是急需"把刀磨快"! 这就是一些记者好不容易回到学校,坐进教室就后悔的一个深层原因。并且,还有些人根本不适合存钱,丘吉尔、爱迪生、爱因斯坦……在校学习成绩都差;上学对他们,有如苦刑。他们短于存巨款购房买车,擅长快快磨刀快砍柴。

磨刀砍柴,把学习扎根于自己的工作。然而,同如何做事一样,如何学习也与个性气质有关。一个基本分野是,有的人是阅读者——通过读收获最大。凤凰卫视的曹景行,每天至少看 20 份报纸,5 份时事类杂志,做数不清的剪报。这种学习方式同他做"时事开讲"的评论非常吻合,却不适合在《人民日报》做评论的于宁。后者是经常或反复读哲学、小说……有的人是倾听者——通过听收获最大。曾任职中新社的徐泓说:"从采访对象身上学,是一个速成的学习。""绝对比你看一厚本书、上一学期课都灵。"她坚持经济问题去找厉以宁,后者帮她从思路上调整,"这个不对,这个不对",她的经济报道就有了新视角。文化问题找王蒙,通过王又认识了一批作家。她说:"我当时对经济学、对政治学、对社会学、对好多新课题的学习方法都是找人,不会就找人,通过一次采访教你。起码他把最新的、最精华的一些东西教你。"

据研究,阅读者和倾听者的比例几乎各占一半。尽管有极少数人善读又善听,但阅读者很难改造成优秀的倾听者,反之亦然。要先明确自己属于哪一类,再寻找个人擅长的学习方式。凤凰卫视的窦文涛就是以倾听为主兼阅读的。他说:"我好在善解人意,领悟力一流……我不断学习和移植周围人的趣味。因此在我意图搞笑的言行中,你可以感到我的老板、同事、朋友的痕迹,甚至是我刚看过的一本书、一部电影的味道,甚至是另一个主持人的风格。"

学习方式的差异之外,更重要的还有学习对象的差异。记者的学习是"磨刀",活学活用是关键,不能在实践中运用所学知识的人注定不能取得成效。要重提日本禅宗的一个古老智慧:学习的最大好处不在于学到全新的东西,而在于把我们已经会做的事做得更好!不要迷信培根的"知识就是力量",倒要重视培根的另一句话:"我们必须决定知识的相对价值。"它强调以"我"为主去衡量知识;强调我们必须对可以忽略什么、不学什么做抉择。卡恰尔明确反对一切知识皆有益的观点,说学习无用的课目即使不占据头脑中的实际位置,也占用了宝贵的时间。

我在多个场合再三呼吁:停止"统一"与"硬性"要求——比如作为评职称的"硬指标"——要求"盲肠英语"——有多少活泼泼的生命,给这个令人恼火的"阑尾"上了供啊!对百分之九十九,甚至千分之九百九十九的记者,英语没有一点用处!语言就是个工具,就要讲究学以致用,不是为学习而学习,为玩赏而学习,为炫耀而学习……英语,有用就学;无用,不如不学!这样简单的道理,却很少有人坦陈直言。不知还要"统一"作为"硬指标"要求多久?!其实到媒体走一走,看一看,不少被迫死背英语当"敲门砖"考过了高级职称的记者,几年之后,英语也就记得个"盅得猫儿灵","三块油给你妈吃"……盲肠这玩艺,平时不见好处,坏起来可就要了你的命!

四、我的价值观是什么?

反馈分析,既要问工具理性又要问价值理性。如何做事与学习,基本属于前者;属于后者的价值观看起来抽象,但有特殊的重要性,因为它涉及激情、动力、事业心、深层心理等等。首先要明确,不同价值往往是尖锐矛盾的,如平等和效率。如果你是一个视平等为首要价值的人,恐怕很难报道好效率。你会觉得追求高效率的手段——如末位淘汰制,是残酷无情的,甚至是不道德的。反之亦然。

　　道德是价值观的突出部分,而价值观还比道德宽广得多。中央电视台的敬一丹说她有一种倾向,愿意谈一些比较沉的话题,像"三角债为什么解不开",而不愿做"怎样洗羊毛衫"。这两类节目就丝毫不涉及道德,纯粹是个人的价值取向。

　　价值观往往外显为特定的兴趣与爱好,做不合价值观的事,会"不舒服"、"不爽"、"格格不入"……并且,价值观往往还同表面的擅长相冲突。凤凰卫视的陈鲁豫,主持"音乐无限"活蹦乱跳,但她觉得:"做娱乐节目实在和我的性格、兴趣相差太远。要我每天介绍刘德华、黎明的歌有多好听,对我是一种折磨。"——内在的价值观在发出呼声,提醒她"表面擅长"不是真正的长处!科学史证明,科学家在他们不尊重的领域不会有出色表现。那些"严肃正经"的科学家从没有在口红或香水这些"轻佻"玩艺上干出成就——倒是"花花公子"们不断有创新——连科学都讲究"臭味相投"!只有同价值观相吻合的长处才是真正的长处——陈鲁豫转型去"凤凰早班车","说新闻"一炮走红。长处既涉及工具理性又涉及价值理性。

　　价值观的重要还同组织关系密切,因为媒体也有自己的价值观。明确意识到此的是《上海壹周》,他们招聘记者,要问应聘者最喜欢的音乐、影碟、书、媒体……其总编辑说:这些东西"能体现一个人的文化口味。比如喜欢王菲,就会被认为符合我们的标准……看琼瑶的书,就绝对不符合"。记者与组织的价值观必须相容——不必完全一样,但必须近似到足以共存。两者尖锐冲突,会导致伦理选择上顾此失彼的"脏手困境":做事就会弄脏手,不做事又不可能!长期陷入"脏手困境"将充满失望和挫折。成都某记者就受不了所在媒体的浓郁商业味,几经挫折后,放弃高薪去了南方。价值观是选择的最终底线。

　　底线就要从界限的两边思考。一边不行,另一边行,后者会带来巨大的激情与动力。记者是"事业"还是"职业"不断被提起,两者的区分何在? 社会学家麦金太尔把人参与各种活动获得的利益分为两种:外在利益与内在利益。外在利益指获得权势、金钱或声誉;内在利益指只有这种活动才能提供、不能通过其他活动获得的特殊乐趣。在我看来，作为社会分工的记者当然是"职业"，而这职业中与价值观相吻合的部分则可能成为"事业"。"职业"能获得金钱、声誉等外在利益，当成"事业"必须有内在利益的"特殊乐趣"作支撑。特殊乐趣的基础则是价值观，不管你把它称为"责任"、"信念"、"使命"、"理想"还是什么别的。

从"入流"向"一流"冲刺是非常艰难的，充满挫折、疲惫、沮丧、孤寂、汗水、泪水……为什么不放弃？外人看来是"刻苦"和"毅力"，追求者有内在的欢乐，价值观作动力的"特殊乐趣"值得他全力以赴！谋事在人，成事在天，成为"一流"有很多主客观因素；最终是否一流并不重要，充满激情的追求比追求的结果更有价值，锲而不舍的奋斗过程本身就足以充实一颗人心——追求者是幸福的！

五、我怎么与人共事？

前面四问主要涉及个人，但记者总生活在一个团体及社会关系网之中，故反馈分析还必须问到人与我。

与人共事，第一是同事的了解。把同事当成与自己一样的人，也有自己的长处、做事方式、价值观……争取让他的长处也充分发挥。敬一丹说白岩松非常敏感、激情四溢；水均益善于驾驭国际问题；自己更适合与老百姓打交道，小人物，弱势人群。他们每个人对于话题各有取舍，有不同的侧重，形成了互补与共赢的关系。"妇女儿童受苦大众的话题都归敬大姐"，可是一到重大体育赛事，足球什么的，"我就说，白岩松你来你来"。

第二是负起沟通的责任。在思考了我的长处、做事方式与价值观之后，接下来必须问："谁必须知道这些？谁的工作必须依赖我？我的工作又必须依赖谁？"让他们知道以上问题的答案。尤其是，与上司沟通。上司不是组织图上的职衔，他也是有血有肉的人，也有其长处和短处、工作方式及价值观……一些工作上的矛盾，像选题、文稿被枪毙，往往来源于做事方式甚至是价值观方面的缺乏沟通。管理学有"管理上司"一说，那当然不是指对上司溜须拍马或指手画脚,而是指盯着上司的缺点不放与纠缠下属的缺点不放一样无聊又有害;要注意发挥上司的长处,让上司按适合他的方法更有效地工作,这会使上司富有成效,也会使下属富有成效。

第三是借助他人的力量。知道别人的长处、做事方式……还要善于利用这些资源和能力来完成共同的任务。崔永元说做"实话实说"的最大收获是知道了怎样和专家学者合作。"利用你自己所没有的更大力量,把你的四轮货车拉到星星上去!"美国哲人爱默生说。我们必须利用一切可以利用的长处——同事的长处,上司的长处,所能找到的最能干的"外脑"的长处……这些长处构成了实实在在的机会,聚沙成塔,众人拾柴——"把你的四轮货车拉到星星上去!"

五个问题逐一问完,现实中可没有这样一劳永逸。要根据不断变化的情况及自身的发展,对它们反反复复地定期追问。而这,就是持续、定期反馈分析的基本内容;落实到实践,也就是记者自我管理的基本内容。

不可否认,记者要受到很多限制。不过,上下五千年,纵横八万里,谁又不受很多限制?——普利策经常官司缠身,晚年的李普曼郁郁寡欢……有人就喜欢看限制,老抱怨谁谁谁不让他干这干那……他的时间和才干,都在无限委屈中浪费掉了!苏东坡论贾谊:"非才之难,所以自用者实难!"善于自用其才,也即善于自我管理的记者了解限制,同时也了解,他能够做和应该做的事也相当多!他在这广阔天地里让长处充分发挥,抓住机遇,勇往直前!

本文定稿时,正值第四个中国记者节。为庆贺我们自己的节日,让我们开一瓶老酒!

那是美国前总统西奥多·罗斯福1910年在巴黎大学作的演讲。

——让我们一起来高声朗读它吧:

功劳不属于评论家,也不属于指出角逐者如何出现了失误,或指出当事人如何可以改进工作的那些人。功劳属于战斗在竞技场里的英雄。尽管他已满身灰迹、满手汗水、满脸血污。因为他经历了顽强的战斗,他一次次摔倒又一次次地站起来,因为只要努力,就避免不了摔倒与过失。

功劳属于真正努力去做事业的人,属于知晓伟大热情、伟大贡献的人,属于花毕生精力从事正义事业的人,属于在佳境中深知自己最终取得胜利的甘美,在逆境中惨遭失败仍奋战不息的人。

因此,我们绝不能将他同那些冷若冰霜、胆小如鼠的无能之辈相提并论、同日而语,因为那些无能之辈既不懂得胜利,又不懂得失败!

选自《新闻记者》2004 年第 1 期

法学家视野中的司法与传媒

——陈兴良、贺卫方、蔡定剑、张志铭访谈

韩 元

随着社会政治、经济、文化转型的继续深入,传媒将在一个更为复杂的社会生态中蹒跚前行。在充满机遇与挑战的历史进程中,理想的传媒功能应该如何定位?在世俗社会的喧哗与骚动中,传媒是否坚守了正确的信息把关与传达?传媒的报道和管理应该如何与时俱进?带着这样的疑虑和思考,笔者采访了法学界四位知名学者:

陈兴良:法学博士,北京大学法学院教授、博士生导师、副院长

贺卫方:北京大学法学院教授、博士生导师,北京大学司法研究中心副主任,中国刑法学研究会副会长

蔡定剑:中国政法大学宪政研究所所长,北京大学政治发展与政府管理研究所研究员

张志铭:国家检察官学院副院长、博士生导师

这四位学者不仅在法学领域的研究中建树颇丰,而且对传媒问题颇多关注并发表过相关论文。旁观者清,希望传媒能从法学家们对传媒问题学理的探究、睿智的审视中有所启发和收获。

一、学者与传媒的互动与冲突

四位学者都表示与一种或几种传媒保持较为密切的接触。与一般受众与媒介的接触不同,学者们能够以专家的身份参与到传媒活动当中,参与形式通常为接受记者采访、为传媒撰写评论、参加电视节目、发表网络作品等。参与内容多是就一些热点法学问题或社会问题谈自己的看法。

传媒与学者的关系呈现出互动,一方面传媒为学者提供最新信息,学者也借助传媒得以向社会发表自己对某些问题的见解。在这一意义上,蔡定剑将传媒视为"关注现实的学者的窗口"。另一方面,学者因此成为公众人物,其生活或多或少会受到影响,由于某些传媒的不实报道,更会使学者受到伤害。比如陈兴良因为从一个法学家的角度在刘涌案中讲了几句公道话而受到媒体的大肆攻击,一时承受了很大的压力,社会声誉受到一定影响。

学者与传媒既能相互合作,又存在现实矛盾。贺卫方认为,这一矛盾来自媒介形式与学者自我期许之间的冲突。具体体现在:传媒工作者不尊重学者从专业角度发表的意见,在不征得学者同意的情况下就任意增删学者的文章及标题;或断章取义,起一个哗众取宠的标题;或采访中设下圈套,之后玩弄编辑技巧,歪曲学者意思;或采访之前就给学者暗示一个调子,只许学者说与该调子一致的言论,对于其他言论则不予采用。

学者观点与媒体表达之间的冲突被认为是普遍存在的现象。蔡定剑的某些文章甚至被改得面目全非;有些标题经编辑处理后达到了哗众取宠的"效果",意思却南辕北辙。比如1999年他应国内某著名法治类日报所邀撰写的一篇文章,原题为"实施宪法比修改宪法更重要",报纸出来后却发现题目被改成了"现行宪法需要修改吗?",结果引起很大的争议和麻烦。陈兴良也有类似的遭遇,《中国青年报》记者就刘涌案对他进行电话采访,稿件见报前只让他审查了内容,见报后的主标题为"刘涌案改判是为了保障人权"。他对该标题很不满意,认为有些哗众取宠,很容易成为被攻击的靶子,"应该取一个更中性的题目,因为很多读者文章内容不怎么看,主要看标题"。也正是这篇文章,使陈兴良陷入了被舆论围攻的境地。

对立与冲突的原因在张志铭看来,是因为媒体对学者在专业问题上的尊重和耐心还没有建立起来。记者在采访前已经有某种主导性的观念,暗示学者顺着这种观念去讲;或者学者讲了许多话,记者只取其中一句有利于证明自己这种先入为主的观念的,朝着某一个方向在引导舆论。

学者与传媒之间的张力还体现在两者表述的语言风格有时不太合拍,造成言与意的矛盾。学者用语讲究严谨、准确、到位,而大众传媒因为有读者对象的考虑,为了保证通俗易懂,语言上可能就欠准确,况且一些复杂的学术思想很难用媒体语言表达尽意。

学者与传媒的互动关系状况会影响学者的媒介选择。不负责任的传媒很可能导致学者的不信任并最终丧失他们的学术支持。

总体而言,学者和平面媒体接触最多,其次是电视,广播、网络再次之。至于电视,上述学者们都表示最初与之接触较多,但后来渐渐与之疏远,其原因大致有如下几点:

1. 学者意见在电视节目中不仅得不到充分阐述,还往往被限制和删改。具体体现为:

(1) 电视节目容量有限,缺乏深度。通常,学者们精心准备了很长时间,说了很多话,但经过剪辑之后,出现的只有短短几分钟的画面和片言只语。比如央视的"今日说法"节目,"总共是十二三分钟,讲故事讲了一半,剩下六分钟左右主持人和嘉宾之间的对话,主持人还老是抢话,给学者留下的时间太短了"(贺卫方)。另外,学者们还认为电视节目的专业性不强,无法满足他们的一种专业诉求;有些电视记者提的问题也太浅显,问不到点子上,抑制了学者的表达冲动。

(2) 制作方希望学者言论与节目立场一致,往往对学者加以诱导。"你经常要被歪曲,因为你的空间很小。我有时候经常会提前被暗示,能说什么不能说什么。所以你就会很反感。"(贺卫方)张志铭也经常遇到这种暗示诱导,而他认为"学者想问题不太愿迁就",所以他对电视采访基本持拒绝态度。

2. 电视节目受众与学者在认知层面上的差异使两者不易形成互动。学者们很希望在传媒的受众中找到一种来自内行的回应,而电视的受众面恰恰是最难产生这种回应的。

3. 做电视节目比较麻烦、费时。比如张志铭就认为,每次做电视节目都要精心准备穿着,浪费时间,而且在拍摄灯光下的感觉很不舒服。

平面媒体在这几个方面表现较好,学者因而愿意与之打交道。但对某些明显缺乏新闻性、信息反应滞后或者宣传色彩过于浓厚的报纸,学者们普遍表示没有阅读兴趣。

二、司法报道的现实困境

学者们基于自己与不同传媒打交道的经验,坦陈当下司法报道在媒体传播中存在的问题。主要包括:

1. **新闻报道缺少信息量,缺乏个性,宣传色彩浓厚。**这主要表现为两点:其一是"泛政治化"(陈兴良语)的语言仍频频见诸报端,特别是法治新闻报道用语经常出现一些类似"獐头鼠目"、"狼狈逃窜"、"狗急跳墙"的比喻,忽视了犯罪嫌疑人的人格尊严;而非黑即白、脸谱化的新闻表达方式依旧为许多媒体采用(贺卫方)。其二是事实与意见的界限模糊。陈兴良认为没有把客观事实和社会对这个问题的意见完全区分开,是目前新闻传播过程中存在的较大问题,将会对社会价值评判带来很大影响,有时会使公众产生误判。张志铭则认为,当前国内的新闻报道不仅在内容上重复,而且在形式上也趋同,叙述手法单一、模式化。

2. **庸俗化倾向:煽情、炒作、跟风。**学者们都认为这一点在 2003 年的刘涌案报道中比较突出。当时媒体的信息源单一,只能根据控方提供的材料进行报道,因此连篇累牍的报道中出现的一些情绪化色彩强烈、倾向性鲜明的词语将刘涌妖魔化。"大家并不一定对黑社会了解多少,但是说起这个黑社会来,那大家的情绪马上就被调动起来了,媒体也愿意去把这种情绪调动起来,以强化自己的力量。"(贺卫方)

喜欢炒作的传媒被陈兴良比喻为"瞪着眼睛在寻找目标的狼",时刻设想着主导社会的关注力。蔡定剑则认为某些新闻事件是媒体自己炒出来的,"比如 2001 年媒体疯炒所谓'三湘女巨贪'蒋艳萍。她远远不是中国最大的贪官,媒体之所以趋之若鹜,其实就是抓住她以色相勾引看守所所长这一点大做文章"。

煽情的传媒报道固然有时可以宣泄某种民间蓄积的情绪,但是无助于社会问题的解决。比如在对有关弱势群体的报道上,传媒还是有偏颇的。首先,弱势群体是一个一般性的且容量很大的群体,媒体只关注那些具有轰动效应的个案,而忽略了该群体中更具普遍性的为数众多的人群(张志铭)。其次,对弱势群体只有同情是不够的,还要关注有关制度建设(陈兴良),并且对该群体的保护要上升到法律的高度,"不仅仅是一个仗义执言的问题,还应该有一些法律的标准和水平"(蔡定剑)。

3. 媒介权力的滥用。媒介超越了它本应该扮演的角色,突出表现在"媒介审判"的问题上,表现在司法报道中就是在法庭没有宣判之前,媒体先行给当事人定性、定罪,这是学者们普遍认同的当代传媒存在的一个弊端。比如曾经轰动全国的典型案例:四川夹江"造假者状告打假者"案、郑州张金柱撞人案、刘涌案、沈阳宝马车撞人案等等,媒体报道广泛存在"过网击球"、干扰司法审判的现象。

造成上述司法报道不良表现的主要原因,学者们认为集中于以下三点:

1. 社会转型期的混乱和对市场利益的追逐。一方面,对订阅量及最大限度广告利润的追逐导致媒体的炒作;另一方面,这种炒作也是我国民主法制发展进程中的必然现象。对此,陈兴良借用"法制乱象"的概念予以说明:像刘涌案等非常具有戏剧性的传奇性的整个社会公众参与的事件,也不全是媒体炒出来的,"这些事情说明我们整个社会秩序处于转型期,在向法制化发展的进程当中出现的这么一种混乱的现象"(陈兴良)。

2. 由传统文化积弊所导致的社会人文精神的缺失及公民媒介素养的缺陷。比如,贺卫方谈到在我国古代法律文书中一向用形容动物的能指来指称人;蔡定剑则认为中国人骨子里有一种非常粗的源于儒家文化的所谓大是大非的善恶观,善人、恶人界限分明,至于恶人,是人人喊打,没有任何权利而言。这些文化集体无意识也影响到传媒工作者和受众,表现为新闻语言的诸多问题,以及传媒的煽情和公众的易被煽动,对被批判的对象往往揭露得一塌糊涂,毫无人格尊严,等等。

3. 从业人员的专业素质良莠不齐。学者们普遍感觉当前新闻工作者总体专业水平不高,尤其是很多司法报道记者法律专业知识相当匮乏,影响了报道的深度和准确性。贺卫方对某些记者在报道"严打"时频频使用"风雷震荡"、"出重拳"、"扫六合"等词语表示不满,因为从法律专业的角度来审视,"有失严肃,而且缺乏水准"。陈兴良则认为有些记者知识产权意识薄弱,比如电话采访后缺少主动强调审稿的意识,占用学者大量时间却不付任何报酬等,更有甚者,将学者稿件改头换面后变成自己的劳动成果,实际上反映了国内媒体的采访规范化程度存在严重缺陷。

三、冲突与平衡

贺卫方认为,"媒体就是反映这个社会的真实状态的一种折射,一面镜子",是知识分子将其狭窄的学术的知识运用到分析社会事务中去,实现其"坐着写、起来行"的理想的手段。它不是第四种国家权力,而只是一种满足人民的知情权基础之上的延伸出来的权力。这种权力在客观效果上有时候甚至会起到比某种国家权力在某个时段更大的一种效果,更大的一种力量。

理想的媒介状态:

新闻的客观真实性是一个相对的概念。陈兴良认为新闻真实是认识论意义上的真实而非本体论意义上的真实,所以具有相对性。同样,客观性也是一个相对的概念,媒体报道的倾向性是不可避免的。追求客观与表达倾向并不矛盾。媒体首先应该努力去把真实情况反映出来,比如消息中对客观情况的介绍。在反映真实的前提下,再把自己的倾向性表达出来。媒体可以反映学者意见或其他人的意见,"但要给读者自己的判断提供一些空间"(陈兴良)。

贺卫方认为,要求一个媒体完全代表一种所谓的客观、公正、无私的形象,这是过于苛刻的要求。因为本来就不存在一个纯粹客观的世界,"你自己个人的观念、价值不同,这个世界呈现在你面前是不同的面貌。媒体本身应该是这个观念越来越多元化、利益越来越多元化时代的客观折射,它本身也应该是多元化的一种"。所以在他看来,客观性只是一种理想的状态,现实的情况是,即使如《纽约时报》、《华盛顿邮报》这样的报纸,"还是有一种倾向性,多多少少还是有一种意识形态化的东西在里面。绝对的客观公正是绝对不可能的"。

客观真实性的现实操作:

其一,区分事实与意见。陈兴良认为,如果把加入很多价值评判的东西当作事实呈现,会使读者产生误判。张志铭认为,事实或信息层面上的东西是没有举证责任的,而意见或评价是有举证责任的,在新闻报道中进行评价或提出观点必须提供证据,因此传媒应当特别注意区分事实与意见的界限。

其二,实现媒介意见的多元化和多元意见之间的平衡。对此,四位学者一致认同并特别强调。贺卫方认为,既然媒体报道中倾向性难以避免,关键在于有一种合理的法律框架让社会各类群体均有表达意见的机会,而且机会要平等,这在客观上能起到真实反映整个社会观念、利益、价值追求的状态和效果。在法治新闻报道中,就是要注意原被告之间的平衡。

在我国,传媒的法治报道对司法进步起到了一定的推动作用,比如揭露社会问题,维护公民的知情权,促进法治、权利、正义观念的实施等。但二者在协调合作之余,表现更多的是冲突和对立,比如上述文章中提到的"媒体审判"现象,等等。这种冲突在张志铭看来缺乏有序性和规则制度层面上的约束,一方面表现为媒体审判干扰正常的司法程序,另一方面,司法对传媒也采取排斥甚至打压的态度。

贺卫方认为,传媒如果超越了监督的合理界限,就可能导致侵犯司法独立,造成传媒而不是法院对案件进行审判的情况。比如,直呼犯罪嫌疑人为"罪犯",把检方的指控当作实际发生的情况,无所顾忌地使用煽情的和各种带有倾向性的话语,等等。

司法与传媒关系严重对立的一个典型的案例:

"广东法院封杀 6 名记者事件"。对此,贺卫方曾经撰文予以批驳,因为"'不能禁止新闻界报道在法庭上业已展现的事实',这是现代普通法早已确立的准则。所谓司法独立,应当包括司法独立于媒体的影响"。这次封杀行为依据的是当年 6 月广东省高院会同有关部门下发的《关于规范采访报道法院审判案件活动的若干规定》。该规定的一些内容对新闻报道与司法之间的关系作出了一些具体的界定，例如"依法公开审理、尚未宣判的案件，记者可以旁听，但不得进行采访报道"，"已经公开宣判的案件，可以采访报道，但必须实事求是、客观公正，对事实和法律负责，并且不得作出与法院裁判内容相反的评论"等。他认为，司法权力是人民委托司法机构来行使的权利，要受到人民的监督、评判，怎么可以说不允许媒体进行独立的、不同于司法判决的评论呢？而且法院作为一个司法机构，它本身并不享有制定规则的权利，只有国家立法机关才有权利来制定调整媒体与司法之间关系的法律，所以广东省高院的这个所谓规定完全超越了司法机构行使权力的范围。

造成司法与传媒不正常关系的原因：

陈兴良认为，关键是我国的司法独立性有待进一步加强；贺卫方认为是双方的职业化程度都不高所致；张志铭则分析了媒体因自身固有特性而产生的局限：报道者缺乏必要的法律训练；新闻求速度，而案件的处理需要时间，具有新闻价值的案卷材料可能卷帙浩繁，一味求快，就难免顾此失彼，忙中出错；新闻报道倾向于把案件作为一个整体"事件"，更注重其概然层面，而非具体细致的事实层面；新闻报道即使关注具体事实，也更近似于常识意义上的"自然事实"或"客观事实"，而非经法庭确认、证据意义上的"法律事实"。

学者们认为，传媒与司法之间的正常关系应是合作的而不是对抗的，"双方是一对难兄难弟，谁也离不了谁，需要搀扶着向前跑"（贺卫方）。关于如何平衡司法与传媒之间的关系，贺卫方认为，首先是这两者的职业化程度都要逐渐地提高，其次是各自遵循各自的逻辑并且都要尊重对方不同的逻辑。张志铭认为，在二者产生冲突之后，应该建立一个有效的、健全的机制来平衡与考量。这样的制度建立之后，双方之间的纷争就可以定性并且可以有依据地解决。

解决上述媒介传播与司法报道中存在的诸种问题，专家们一方面寄希望于渐进式的媒介体制改革，另一方面强调要重塑媒介的伦理道德，实现市场机制下的媒介行业自律和共同体意识。

学者们认为,由于存在许多体制上和传统文化上的障碍,新闻体制改革不能一蹴而就,只能是一个循序渐进的过程,而且新闻体制改革与中国的民主法制进程有一个同步关系,要有一个平和的心态。针对当前出现的新闻从业人员的职业道德水准滑坡现象,学者们认为这属于媒体内部的行业自律问题,应该主要是由市场来监督媒体,不需要出台专门法律进行规制,触犯法律可以根据已有的相关法律条文提起诉讼。"在市场机制的激励下,传媒业不得不自律,提升自己的职业化程度,形成自己的行规,否则就没有市场,就无法生存。在一个建构良好的职业群体中,行规的效力有时候不低于法律的规范。"(贺卫方)

选自《新闻记者》2006 年第 2 期

4

新闻的力量来自哪里

新闻写作中的"情"、"理"、"事"、"态"

赵超构

朱光潜先生有篇谈《写作练习》的文章,把文学作品分作言情、说理、叙事、绘态四大类。例如诗歌侧重言情,论文侧重说理,历史、戏剧等侧重叙事,山水、人物、杂记等侧重绘态。

这个"情"、"理"、"事"、"态"的运用,对于新闻写作也是必要的。新闻写作,除了必须遵守新闻报道的特殊规格之外,也不能脱离"情"、"理"、"事"、"态"四个方面。对于新闻报道来说,这既是四个方面的内容,又是四种体裁,四种表现形式。

譬如说,新闻总是有倾向性的,表现为喜怒哀乐、好恶爱憎。我们读过很多抗美援朝、自卫反击、模范英雄……的报道,凡是能激励人心的,总是笔锋带有感情的。同样的,如果是在打击某种落后、反动事物的报道中,也必然流露一种义愤填膺、鄙视蔑视的感情。

至于"理",从社论、专论以至小言论、杂文,都是说理的,每个版面都不能缺少。另外还有些体裁如夹叙夹议的,则叙事、说理兼而有之。

"事",用不着解释了,每天报纸最大量的就是记事。从短讯到通讯,都是今日的新闻纪事,明天的历史文献。

说到"态",历来在新闻版面上占有大量篇幅。从专访、特写以至报告文学,都要着重于叙事、绘态的适当配合。假如你报道一场球赛,一幕舞蹈,一次领导人的会见,一个庆祝会的场面,却缺乏绘声绘色的描写,缺乏那种气氛,那就只能成为一篇流水账,不可能使读者感到亲临其境而受感染。

"情"、"理"、"事"、"态"当然不是个别孤立的,有的报道就兼有其中的一二或三四,有的甚至是四美齐全。例如:述评之类的就是理与事、态之结合;

专访之类的必兼叙事与绘态;有的纯属绘态的其实也表现着一种感情。假如你要介绍一出好戏,你就得把这戏的事态和感情都写出来。交代主题也就必须说理。一篇介绍《汤姆叔叔的小屋》的特写如果写得缺乏感情,引不起读者对奴隶主的憎恨,那就算失败了。同样,一篇打赢国际球赛的叙事、绘态的特写,如果不能激动读者的自豪感,那也不能说是佳作吧。

以上说明:"情"、"理"、"事"、"态"四者是新闻报道中的固有的内容,也是体裁与形式。问题是,我们今天谈新闻改革的时候,更应当自觉地有计划地运用这个法则。比如说,有些会议新闻为什么不吸引人?因为它只有平面的记事(流水账,程式化),而缺乏情感、气氛和神态,缺乏立体感。这就值得我们作一专题来研究。又比如,我们对于某些人物的活动总是程式化的记事,而外国报纸的报道就生动得多,因为他们还善于绘态,往往把在场人物的神情和动作都写活了。

因此,我希望我们的记者要全面学会"情"、"理"、"事"、"态"的写作技巧。

我们的新闻版面的安排也必须注意"情"、"理"、"事"、"态"四种内容、四种形式的配合安排,做到多样而统一,版面立体化。

运用"情"、"理"、"事"、"态"四个字,新闻标题的改进也大有可为。不妨设想标题也可以有抒情的,说理的,记事的,绘态的。四种形式交错、配合,使得每个版面都像人们的面孔一样富于表情。

这都是值得作为新闻改革的专题和结合报道的实践来进行研究的。我相信,解决好"情"、"理"、"事"、"态"四者的配合结构与相辅相成的关系,将有助于把报道写活,把版面编活,把副刊办活,把标题标活,使整张报纸更能光彩照人。

选自《新闻记者》1983 年第 1 期

没话找话：评论写作随想录

詹国枢

一、问与答

问：什么饼不能吃？

答：铁饼。

问：什么伞不能打？

答：降落伞。

问：什么马不能骑？

答：鞍马。

问：什么球不能拍？

答：铅球。

问：什么门永远关不上？

答：球门。

问：什么枪能把人打跑却不能把人打死？

答：发令枪。

问：什么叫"评论"？

答：没话找话。

前面的问与答，是抄来的。最后一个问与答，是本人杜撰的。把报纸的"眼睛"和"旗帜"——评论说成是没话找话，话是说得"损"了点儿，但冷静想想，我们写的（准确点说是笔者自己写的）大多数评论，几乎都是在可写可不写、明知没多少新意而又不得不"为赋新词强说愁"的情况下拼凑出来的，这不是名副其实的没话找话吗？

没话找话而又要把话说得有点意思，起码让人看了不嫌烦、不讨厌，确实是门艺术。本人不擅评论，偶一为之，纯属客串，艺术谈不上，顶多顶多，雕虫小技耳。

二、说新话

没话找话，最好说点新话。

说新话，包括两层意思：一是立意要新，一是用语要新。立意，讲的是宏观；用语，说的是微观。

立意新，又分为几种情况：一是你所要议论之事，本身就有新意，确确实实是新闻，那当然好办，直接生发开来，即有新意。

另一种情况，也是平时经常会碰到的情况，你所要议论之事，根本没啥新意，春种夏收，企业承包，产品质量，内部挖潜，提高效益……这样的评论，到资料室翻翻，厚厚一沓，数不胜数，要想写出新意来，难矣哉。

不过也并非无法可想，完全绝望。最好的办法，是变换视角。比如说承包，刚在全国兴起之时，可以唱唱赞歌；及至普遍推广开来，又可说说不足；遇到动荡风波，尚须鼓鼓士气；到了承包期满，则可谈谈衔接……视角因势而变，一般说来，现实中有何种"活思想"，则依此而有针对性地一一变换视角。

立意新的最高境界，是"跳出此山中"，高屋建瓴，作冷静超脱的鸟瞰旁观。梁厚甫的国际评论就常常视角独特，让人耳目一新。

说新话的第二层意思，是用语要新。记得有位外国记者，初到中国，很惊异于中国新闻界对于某一事件的评论文章何以如此雷同。北国黑龙江写的文章，与南国广东写的文章，不但立意相同，结构相同，甚至行文用语，也几乎相同，简直像是同一个人写出来的。其实这位同行是少见多怪，我们的评论中，常用空话套话多矣，什么"在当前……的形势下""值得重视的是……""希望各级党委切实把此事抓紧抓好……""当前市场疲软，既是挑战，又是机遇……""团结一致，上下同心，定能夺取更大的胜利……"等等。有些话，本来不错,偶尔说说,也有新意,但说得多了,滥了,也就成了套话。

一篇评论,完全没有套话,不大可能(除非把评论写成杂文),但要尽量少些。我们为什么看到有些海外华文报刊的评论,觉得比较新鲜? 重要原因之一,就是人家的套话较少,新话(带个性色彩的话)较多,读起来不沉闷。

三、说活话

没话找话,最好说点活话。

说活话的意思,是把话说得活泼些,生动些,幽默些。

新闻文体中,面孔最板的,恐怕就是评论了。本来,你那评论中就没啥新闻,也不可能有什么情节、人物,难免枯燥乏味,你还要摆架子教训人家"应该"如何如何,"必须"怎样怎样,读者怎会买你的账? 不信你做一个读者调查,凡是"社论"、"本报评论员"、"短评"之类楷体文章,除了题目溜一眼外,能够耐下性子从头至尾读一遍的,十人之中,有一人就算不错。笔者虽然喜欢评论,涉足评论,但对评论,往往不看,爱写评论者尚且如此,何况他人?

评论要吸引人,除了说新话,使人有所悟、有所得外,一个最常用也最见效的办法,就是说活话,让人读着轻松,看着有味,不知不觉间,接受了你那"必须"和"应该"。

活话如何说? 似有以下几种办法。

一是说得形象些。

我们还是先来看梁厚甫的例子。1979 年 7 月 2 日,梁在一篇介绍美国经济的文章中如此开头:

"今天的卡特总统,很像是塌了屋子而被压在下边的一个人。今天压在总统身上的那两所房子,不是卡特总统自己手建的,而是早已有之的。这两所塌下来的房子是通货膨胀问题与能源问题。"

文章如此收尾:

"看来,今天的经济问题,实际就是对卡特胆子的考验,胆大,便可以过关,胆小,就会被一座塌下来的房子,压到透不过气来。何去何从,决于今日。"

由于找到了"塌下来的房子"这一形象比喻,全文顿时活了,轻松了。反之,如果就通货膨胀讲通货膨胀,那就逊色多了,乏味多了。记得《人民日报》有一篇在发表时颇叫座的评论《大锅饭养懒汉》,也是以"大锅饭"为喻而使文章大为生色(当然后来论得多了,滥了,"大锅饭"也煮成了馊饭)。

整篇文章找一个"大形象",依此而生发开来,当然最好。实在不行,在行文中也可随时把话说得形象些。比如,"高兴"一词,比较抽象吧? 梁厚甫却将它"形象化"了:

"当产油国大力提高油价,举世疾首蹙额,但美国那边,也有掀髯微笑的人,那就是石油公司的老板们。"

"掀髯微笑",多精彩,多形象!

依此类推,"应该严守机密"不如写成"应该是嘴严得铁棍都撬不开"。

"看了谁冒尖就心里不舒服",不如改为"看了谁冒尖就想拿长刀去削平了它"。

"听不得不同意见",不如换成"一听不同意见便高举挡箭牌"。

……

二是说得活泼些。

有些人说话很风趣,很吸引人,非常生动活泼,可是一写文章,尤其是写评论,马上正襟危坐,不苟言笑,简直变成了另一个人。这些同志大概潜意识中认为:写文章就得正儿八经,不能像说话那样随随便便。其实,口语与书面语言,并无高下文野之分,前者与后者相比,往往更生动、更活泼甚至更准确。你看老舍、茅盾、朱自清等语言大师,文章中口语用得那么多,非但无损其严谨高雅,读起来反倒觉着又亲切,又有味儿。列宁说过一句话:"最高限度的马克思主义=最高限度的通俗化。"我们常说"明白如话",这不是贬意,而是赞词。口语的应用,不但使文章通俗易懂,而且会使文章带上活气和感情。比如一篇论述节约的文章,有这么一句:"企业领导,当然应该多为职工办好事,但是惭愧得很呀,钱袋子里一个子儿也没有。"这就比使用"企业资金有限"读着活泼,亲切。

三是说得幽默些。

什么是幽默？定义颇多。什么"幽默态度是他们对自己事业满怀信心和了解自己优势性的最好证明"（恩格斯），什么"幽默这种态度是人生很宝贵的,因为它表现着心怀宽大"（老舍），什么"幽默感是智力上的优势感"（王蒙）……不管怎么说,幽默是个好东西,大概没有谁会讨厌它。欧美一些国家不但喜欢幽默,还特别崇拜幽默,把幽默感当作沟通人们感情的钥匙,同时,又把幽默感当作衡量信心的天平。一个总统候选人在电视屏幕上进行竞选演说时,如果没有幽默感,选民会说：他完蛋了,他丧失了幽默感!

评论带上幽默感,是个难题儿,也是评论的上乘境界。梁厚甫的一些评论,字里行间不乏幽默。比如他在评述卡特刚竞选总统,人们对他还不熟悉时,这样写道：

"卡特开始竞选的时候,大家问道：'吉米贵姓?'"

"吉米贵姓",多简练,多风趣!

又如他在评论美国绥靖主义时写道：

"粤语有言：'不见棺材,不流眼泪。'美国见棺材,见过两次,第一次是捷克事件……第二次是阿富汗事件,现在美国开始流泪了。"

前几年,曾见到一篇评论批判过去"左"的那一套路线,别的话忘了,一句有幽默感的话,至今留在记忆中："他们搞的那一套穷过渡,坚持下去,过渡到原始共产主义还是有把握的。"读之令人捧腹。

四、说"套"话

没话找话,最好说点"套"话。

注意,这里的"套",加了引号,不是通常意义的套话、废话,而是指文章本身拐个弯儿"套"出来的话。

写评论最怕无话可说。记得刚写评论那阵,常常是接过题目,只写了两句"在当前……形势下"之类的套话,接下来就没了词儿,只好坐在桌前,搔头皮,咬笔杆,发呆。

这时就需要说"套"话了。

"套"话的一般方法,是虚拟对立面。比如论述企业推广承包制,可以用几个虚拟发问,引出几个段落:

——有的同志也许会说,去年还在搞利改税,今年又要推广承包制,这不是政策多变吗?

——有的同志还会发问,承包制"交够国家的,剩下是企业的",会不会导致企业分光吃净,缺乏后劲呢?

——有的同志尚有顾虑,承包制既然不是企业改革的最佳方式,会不会搞几年就夭折了呢?

有了这几个虚拟的对立面,要做文章也就有了靶子,不愁无话可说了。

"套"话的另一方法,是举例子、讲故事,这在"短评"、"编辑点评"之类小评论中,比较常用。今年春天,编辑部交给我主办一个专栏"调整产品结构大有文章可做",每期先发一两篇消息(或通讯),下面还得配一段"编辑点评"。按说,"调整产品结构"本身没多少话可说,凡是工厂大门两边,一般都有这么两句标语:"以质量求生存,以品种求发展"。这后一句,不就是"调整产品结构"吗?三加二减五等于零,人人明白的道理,有多少话好"点评"的呢?没办法,只好东拉西扯说"套"话。

在一篇记述新乡家用电器厂厂长吴东源带领职工搞新产品的通讯后面,我是如此点评的:

"不知读者是否吃过麻团并且看见过炸麻团?那是江浙一带居民非常喜欢的一种小吃。炸麻团时,一口油锅,热气腾腾。锅里,炸着七八个;芝麻盆里,滚着七八个;案板上,还搓着七八个。锅里刚刚捞走,盆里沾上芝麻的团子就陆续下锅,而案板上的团子,又接着送入芝麻盆中……环环衔接,源源不断,煞是好看。

"企业调整产品结构,形象比喻,就似炸麻团。若问吴东源厂长有啥秘诀?他不过是善炸麻团而已。我们有的企业吃亏就在于不善此技,锅里的麻团早已捞光,而芝麻盆里和案板上却空空如也,缺乏'后续部队'。此事本该早打主意,事已至此,咋办? 一句话: 亡羊补牢,未为迟也。"

　　整段点评,几乎就是讲一个"炸麻团"的故事。道理没啥深奥,起码,有一点知识性、趣味性,不致让人读了味同嚼蜡吧。

　　在另一篇关于天津市打火机二厂老式打火机大摇大摆走进国际市场的点评中,我引用了二十多年前徐寅生在《怎样打乒乓球》中的一句话:"以己之短,攻人之长。"并由此生发开来,说明在竞争中有时"反其道而行"往往能出奇制胜。最后再说:"世界很大,世界市场非常广阔。中国很大,中国市场非常广阔。应该感谢天津打火机二厂,你看人家'以己之短,攻人之长',干得多棒!"从二十多年前的这件事一"套","点评"也就不至于无话可说了。

　　作为一个报社记者(编辑),除大量写消息、通讯外,最好也能写写评论。正是基于此,在采访、写稿、编稿之余,偶尔技痒,跑到评论场中,喊一嗓子。

　　没话找话,雕虫小技耳。

选自《新闻记者》1991 年第 1 期

对一篇统发稿的改造

贾安坤

报纸的第一版,通常被称为"要闻版";顾名思义,是发布国内外的重大新闻,传播国内外的重要信息,刊登涉及这些新闻和信息的重头言论。作为在全国乃至世界颇有影响的《解放日报》,尤其注重这"三重"。然而,《解放日报》作为一张地方党报,对于这"三重"往往事先难以完全掌握与把握,就国内而言,例如党和国家领导人的党务政务活动,包括他们视察上海,便是依赖国家通讯社统发稿的。这不是因为报纸记者的无能,也许是由于现行的新闻体制和有关规定的约束所致。至于国家通讯社统发的稿件,究竟有多重的分量,哪些该上第一版,放在什么位置上,等等,便全靠夜班编辑部对付了。因此,作为夜班工作主持人之一的我,进入工作状态的第一件事,便是全神贯注拜读国家通讯社的统发稿。

"黄金"被埋在"沙漠"里

那是 1986 年 8 月 31 日晚上。"胡耀邦总书记第二次视察青海省 勉励大家同心同德,深入实际,坚持改革,奋发进取,为开拓青海建功立业",这一连同标点符号在内,长达 48 个汉字,换一口气才能读完的统发稿标题,引起了我的高度重视。紧接着拜读长达 3500 字的全文,产生了三点遗憾,得出了一个对它大不敬的评价。

评价是:这篇统发稿,反映的题材十分重大,包含的有些内容十分重要,然而,从文章的结构到标题的制作,都将"黄金"埋在"沙漠"里了,是一篇不入流的新闻作品。

遗憾呀,遗憾!

真正的遗憾呀!遗憾之一,它该略却详,该强则弱,主次不分,甚至本末倒置。遗憾之二,它将内容如此丰富、含意各不相同的素材,捏成一篇冗长的文字,要是放在一版头条位置,横排必是黑压压一片,竖放则为一片黑压压,重而不活,死气沉沉,是为版面设置和安排之大忌。遗憾之三,它题文不符,标题长得无法制作。看来,通讯社作出的"参考"标题是示意报纸将"胡耀邦总书记第二次视察青海省"作主题的,然而,报纸如果照此办理,工作性太强,这也是犯忌的。作为国家通讯社,在统发消息的时候,要么精心将标题做好,让报纸拿到便叫绝;要么干脆不要做,用个代号便了,何苦要人家"参考"哩!想来想去,对通讯社统发的这篇内容十分重要、我又看不上眼的新闻作品,从文章的写作、版面的策划,到标题的制作,非运用编辑手段和技艺,下一番"开肠破肚"的改造功夫不可了。这是《解放日报》夜班编辑部常干的"买卖"。今晚,坐在我身后近 2 米之距的副总编辑陆炳麟,究竟有什么想法呢?

我与面对面而坐的夜编部主任交换了一下看法(他是具体分管第一版的),然后转过身去,在陆炳麟的办公桌前的一张空椅子上坐下,顺手将通讯社统发的这篇稿件递给他。我大声说:"真想回到日班,重新去当记者!"老陆露出了惊讶的神色,但说得倒很实在:"我早就对你讲过,无论从哪个角度看,你更适宜做日班,当记者的头子。不过,"他又叹了口气继续道,"有什么法子呢,现在的夜班更需要你,还是死了这条心吧!"我哈哈大笑起来:"谁想离开夜班? 只不过是你手上这篇蹩脚的统发稿,勾起了重当记者的邪念。"老陆也笑了,一下子轻松起来。

原本是可以写四篇新闻稿的

不等老陆拜读这篇统发稿,我先向他谈了自己的想法。从这篇稿件中可以看出,胡耀邦当时作为党的总书记,自 8 月 19 日至 8 月 30 日这 12 天在青海视察,还于 27 日在青海省党政军领导干部会议上作了重要讲话。这篇重要讲话,传递了世人欲知又鲜为人知的重大信息,披露了他对国内某些重大问题的看法,提出了解决问题的思路。如果我是一名跟随视察采访的记者,则将根据题材和素材的重要程度,以及国内外受众的欲知意向,依次撰写四篇新闻作品。它们是:第一篇,胡耀邦在青海告诉大家,党的十二届六中全会就要召开了,议题之一是审议通过中央关于精神文明建设的指导方针的决议。——岂不是一条轰动世界的头号新闻!第二篇,胡耀邦谈论我国城市改革情况,指出了存在的问题。——可以说,这是国人所关注的重大现实事宜!第三篇,胡耀邦在同一篇讲话中强调,全党全国各级领导干部,要重新学习邓小平同志《党和国家领导制度的改革》,指出这是一篇纲领性文件。——阐明了这个文件是解决改革中存在的思想问题的金钥匙!第四篇,介绍胡耀邦视察青海的情况,以及针对青海的实际向这里的干部提出几点具体要求。——如果统发全国,应当简短,至于单发青海,则可详尽。

"你得把肚里的竹头吐出来"

然而,通讯社长达 3500 字的统发稿,包罗了上述四方面的内容,而介绍视察青海的情况和谈及青海的事宜,字数占据了全文的大半,且置于全文的前大半部分;至于十二届六中全会即将召开这一头号新闻,对不起,则放在极易被受众忽视的全文将要结束的地方。真是太可惜呀!讲完上述这些想法以后,我问陆炳麟:"你看这样的稿子整脚不整脚?你说我重新去当记者的欲望对不对?"全在意料之中,他既不点头,也不摇头,只是埋下头去拜读我给他的这篇统发稿。

不到一刻钟,陆炳麟站到了我的写字桌西侧。他打趣地说:"中央没有调派你去当跟随视察的记者,真是实在太可惜……"然后转入正题道:"可是,当夜班编辑的应该比记者高明一点,这是我的一贯想法。从编辑业务来讲,我想,你得把肚里的竹头吐出来。"说完,他习惯性地深吸了一口烟,将烟蒂压熄在我的烟灰缸里。

回顾向"陆屠夫"学艺

记得在刚粉碎"四人帮",还是做日班的时候,我经常弄到更深夜半不回家,宁愿常到夜班串串门子,学学技艺。有一天晚上 11 时许,我走进陆炳麟的办公室。夜编部主任告诉我,一位资深记者撰写的一篇长达 4000 多字的通讯,讲的是长江中下游也是华夏古国祖先的发源地;这位大记者打长途电话催着见报,夜班准备放在第三版全文刊登,但又苦于没有版面。我问:"大作在何处?"答曰:"在'陆屠夫'手里。"上海新闻界称陆炳麟"聋聋",是戏言;至于提到"陆屠夫",那是一种肃然起敬的尊称。我乐意同"屠夫"打交道,在"帮"他忙的时候,"偷"学他的真本领。

其时,我在老陆的对面坐下,讨来那篇长通讯。读罢,我对老陆说:"事情鲜为人知,新闻价值很高。可以上第一版,惜乎写得又臭又长。""是的。"老陆回答以后问,"你能帮个忙吗?"其实,这是"屠夫"又一次让学生试刀,我的手也早已发痒了,立即答道:"改编成一则消息,请在第一版居中地位留出千字左右版面。"半个小时以后,稿件编就,还学着做了一个"参考"标题,夜班作了加框处理。次日傍晚的编前会上,此篇被评为"红旗稿"。岂料,三天以后,这位大记者打长途电话责问"陆屠夫":是哪个不识货的小编辑,将他的佳作弄得一塌糊涂?爱发脾气的"屠夫",气得火冒三丈;我得知此"信息",却乐得大笑起来,窃喜"屠夫"之怒,是对我这个学生的褒奖。

再一次"试刀"的机会

而在今晚,通讯社统发出的这篇尽管题材重大,在写作上却又不入流的蹩脚长文,想必陆炳麟读完以后,对在编辑业务上如何作出比记者高出一筹的处理,早已成竹在胸。现在,他叫我把"肚子里的竹头吐出来",一来是考虑到由他先说而看法又与我的想法相似,使我失去了"脱口而出"借以"表现自己"的机会,免得我后悔三天;再则也是"屠夫"给学生再次试刀的机会,虽然我没有直接操作版面的任务,但具体操作者是要按照领导人的主张行事的,对待重大题材的稿件,尤其如此。

于是我说:"想重新当记者去采写这样重大题材的新闻,只是一种玩笑话;抓住这一重大题材的新闻稿,在文字编辑、标题制作、版面安排上独树一帜,是表现《解放日报》风格的极好机会,我想今晚决不能放过。"接着,我向老陆讲了自己的思路和设想。

我以为,构成新闻作品的素材层次是一种客观存在,在制作新闻作品的时候,根据受众的需要,将素材层次转换为文字表达层次,这叫主观和客观的统一,由此形成的新闻作品,其可读性是很强的。那末,转换的条件或根据是什么呢?是决定题材分量的诸多素材对受众的重要性、接近性(包括心理、时间和地域)、新鲜性,越是重要、接近、新鲜的素材,它们在新闻作品中占据的位置应当越高,即越是要置前,以形成新闻作品的梯次结构。反映几个主题的诸多素材,并非绝对不能捏成一篇新闻作品(当然最好还是分篇创作为宜),关键在于恰当把握素材层次与文字表达层次的转换。

胡耀邦视察青海这篇新闻作品之所以不入流,或者叫做写得蹩脚,原因在于它的作者不懂得这种转换的概念和技艺。从这篇作品中可以看出,作者是按照胡耀邦视察的时间顺序和他发表讲话的层次来结构文字表达层次的,结果必然是将"黄金埋在沙漠里"。那末,在构成这篇新闻作品的诸多素材层次中,哪一个是对受众最重要、最接近、最新鲜(顺便说一句,这三"最"即三性,往往是一致的,不一致的情况也有,说来啰嗦,此次并未涉及)的呢?当然是胡耀邦宣告党的十二届六中全会即将召开,以及这次会议的主要议题,其次是他对我国城市经济体制改革的估价,再次是他提出要重新学习纲领性文件,以解决干部的思想问题(这里的其次和再次,仅指两者的因果关系而言);至于胡耀邦在讲话中要求青海干部需做的事,对全国除青海的受众来说,便没有多大关系了。我提出,按照自己的这些想法,首先转换这篇新闻作品的文字表达层次，然后制作标题、设计版面。

"标题和版面，也要层次分明"

陆炳麟听罢我的"侃大山"，高兴地说："你讲得不错，看来还有点'理论'色彩。其实，岂止新闻作品的正文，标题和版面的表达，也是要层次分明的。"得到了老师的赞许，我显得兴高采烈："我哪来什么'理论'，只不过是从写稿和编稿实践中抽出来的看法，正准备写一篇论文《新闻作品的文字表达层次和它的可读性》，今晚的实践，是论文的极好材料。"

真是"狗熊"之见略同，也可以说"陆屠夫"刀下出高徒吧：当与部主任以及编辑们商讨如何操作时，他们有的已经在照原稿排出的小样上转换它的文字表达层次和调整作品结构；有的已在思索和草拟大小标题；至于版面地位，当然是一版头条，毫无疑义。

这时的"陆屠夫"，显得特别开心。看得出，今晚他要亲自"操刀"，手痒得熬不住了。大家把转换和删节好的文稿、制作好的初步标题，以及划出来的版样，都集中到他的写字台上，请他最后定夺。

"屠夫"门下的报纸面孔

1986 年 9 月 1 日《解放日报》一版头条的面孔是这样的：6 栏宽，45 行高，粗花线圈框，组成一个横宽竖窄的长方形整体；在这个整体框架中，错落有致地积集了三篇新闻作品，即两篇文字稿和一幅占 3 栏宽 18 行高的照片。文字稿的总字数不超过 1500 字。

事后，有人对照着阅读全国若干张日报 9 月 1 日的版面，对《解放日报》一版头条的评价是：鲜明而生动，突出而准确，弹跳而不失庄重，美观而不嫌花哨——可以说，它是用高超的新闻编辑业务手段，恰到好处地处理重大政治性题材不可多得的成功尝试。作为它的编辑匠中的一员，我不知此种评价是否恰到好处。

选自《新闻记者》1995 年第 8 期

新闻的力量来自哪里

——以"两会"报道的创新为例

李希光

一、力量源泉一：人,有血有肉的人

新闻的力量和冲击力在于其个人化。只有个人化的新闻,才能够在报道的一开始就紧紧抓住受众注意力,激起受众的极大兴趣。所谓新闻的个人化,就是通过人们的个人故事、体验为切入点和线索来报道一个重大的新闻事件,或解释新出台的法规政策等。优秀的记者在报道重大新闻时,总是从某个个人的视角出发,以小见大、贴近读者,从而顺其自然地引出对重大新闻的报道。在报道中,无论这种新闻是长篇特稿、通讯、专栏、会议新闻,还是领导人会见的消息,都至少需要一张有血有肉的人的面孔。

可是,长期以来,中国的新闻媒体在报道重大新闻的时候,常常忽视这一点。而且,越是重大的新闻,越是没有个人化的故事。请看下面这条通讯:

世纪初年,"十五"开局;高歌奋进,步伐雄健。

经历了大事喜事的洗礼,也经受了热点难点的考验,回首来之不易的开门红,备感"两手抓、两手都要硬"的深闳精辟。共赴又一次春的聚会,代表、委员们高度评价2001年的精神文明建设:理论创新与实践创新亮点频出,实事求是同与时俱进交相辉映。

为新世纪汇聚精神力量

2001年的中国,步入全面建设小康社会、加快推进社会主义现代化事业的新阶段。建立与社会主义市场经济相适应的思想道德体系的呼声,空前热切。

重重考验，近在眼前——向内看，改革日益深入，各种深层次矛盾逐渐凸显，必然引发思想观念、价值取向的多样性；向外看，开放不断扩大，给国民素质提出新要求，也向文化阵地发起新挑战……

（《两会特稿：生机盎然又一春——2001年精神文明建设回眸》，见《人民日报》2002年3月7日第一版）

再看《人民日报》的另一篇文章：

高度重视宣传思想工作，是我们党的一大传统，一大优势。

辞别辛巳旧岁，迎来壬午之春。回首过去的一年，宣传思想工作可圈可点。展望新的一年，宣传思想工作怎样继往开来？为此，记者采访了有关人大代表和政协委员。

回眸：主旋律响亮，主动仗漂亮，主基调明亮

"大事喜事临门，热点难点纷纭。"人大代表、政协委员们这样描述刚刚走过的新世纪第一年。的确，这一年神州大地大事喜事连连：庆祝建党80周年、"七一"重要讲话、申奥成功、加入世贸、APEC会议……桩桩振奋精神；国际形势错综复杂，党和政府沉着应对。

在纷繁复杂的形势面前，我们宣传思想战线的广大干部群众是怎样凝聚民心、鼓舞干劲的呢？代表、委员们普遍认为，去年的宣传思想战线，逢喜事而不躁，处大变而不惊，主题突出，基调鲜明，导向正确，把握平稳……

（《两会特稿：扶风气之正聚民心之齐——全国人大代表、政协委员对宣传思想工作回眸与展望》，见《人民日报》2002年3月8日第一版）

在课堂上，我让学生们阅读这两篇通讯。他们都认为，这两篇通讯尽管运用了很多充满感情色彩的形容词，但是读起来不仅感觉不到丝毫的冲击力，而且如果不是老师硬性布置，他们简直无法读下去。

"上面这两篇通讯的症结究竟在哪里？"同学们问。

"没有人，更没有一个有血有肉的人的面孔。"我回答。

早在10年前，邓小平对这种文风曾生气地指出："现在有一个问题，就是

形式主义多。电视一打开，尽是会议。会议多，文章太长，讲话也太长，而且内容重复，新的语言并不很多。"江泽民也多次批评这种文风："强调讲政治，并不意味着简单地重复一些政治口号，搞一些空洞的东西。要讲究宣传艺术，增强吸引力、感召力和说服力，把报纸办得生动活泼，喜闻乐见。"他还指出："有一部分新闻作品，不讲究辞章文采，文字干干巴巴的，翻来覆去老是那么几句套话，也有的哗众取宠，乱造概念，词句离奇，使人看不懂，这种不良文风应加以纠正"。

美国的政治演说家通常采用个人化的风格去打动他的听众。比如，布什总统 2002 年初在清华演讲时，从学生们的衣着回答"中国的变化"。美国众议院议长金里奇 1997 年春天来中国首次访问，他在北京外交学院演讲时，采用的也是这种个人化的手法，从人身上的细微之处看中国的重大变化。他演讲开头就说："到中国来不可能不对三件大事留下印象。第一件事是你们现在比 25 年前明显地更自由了。看看这个房间里人们穿的衣服。这一点很重要。开始挑选自己衣服的民族，比都穿同样衣服的民族更自由。这个民族开始选择夜晚去什么地方了，事实是你们有卡拉 OK，有迪斯科舞厅，有麦当劳快餐厅。事实上这些事物的存在，与我们记忆中的过渡时期的中国是不同的……"这样的个人化的故事开头，一定会把读者紧紧地抓住，促使他们一口气读完。

像"两会"这类重大政治事件报道的冲击力，不只是来自对参加"两会"的代表和领导的报道，更多的是来自普通百姓个人对"两会"的反映，来自"两会"对普通公民产生的影响。这种个人化新闻给读者留下的深刻印象确实胜过几十篇讲大道理的社论和理论文章。

《中国青年报》2002 年的"两会"报道中，大部分的自采新闻用的就是个人化的报道手法。如：

浙江省金华市一个农民，向有关部门申办一个养鸡场，前前后后盖了270 多个章。为了盖这些章，连新买的汽车轮胎都磨破了。几年后，申请终于被批准，但这个农民对办养鸡场已经没有兴趣了，因为市场行情发生了变化。

这是行政法学专家、全国政协委员杨海坤给记者讲的一个故事。他说："这个听起来十分荒唐的案例表明,现在行政机关手里掌握的审批权过滥,有的甚至就是扰民。需要有一部专门的法律对此加以规范,这部法律应该是行政许可法。"

"现代政府应该是一个受到法律有效约束和控制的政府。从《行政诉讼法》到今年即将出台的行政许可法和行政强制法,表明我们一直在朝这个目标前进。"全国人大代表、全国人大内务司法委员会委员应松年教授告诉记者,行政许可法和行政强制法这两部重要法律,现在都已经有了草案,正在广泛征求意见……

（《保护权利制约权力》,《中国青年报》2002 年 3 月 10 日）

这篇报道是关于即将出台的《行政许可法》和《行政强制法》的新闻,然而,这篇新闻的冲击力不在于记者或法律专家关于这两个法律意义的介绍和描述,而是一个农民白白盖了 270 多个公章这个令人生气的故事。

"人"是任何新闻报道中最重要的因素,人的故事,特别是普通人的感人故事,往往是读者最爱看的。但是,中国的记者在"两会"报道中,更多的是只关注会议议程、程序、议题、议案。毫无疑问,"两会"的议题和议案非常重要,但是,记者们必须认识到,"两会"的重要议题只有通过个人化的故事和感受,报道出来才能产生最大的传播效果。

我们读一篇《纽约时报》记者的报道,然后再来看看《中国青年报》是如何报道"两会"代表的。

中国武汉电　当他头顶着雨,拎着一个鼓鼓囊囊的公文包,在溜滑的便道上疾步行走的时候,姚立发（音译）看上去像一个身负紧急使命的人。他的公文包里装的是他带给省会更高当局的议案和建议。

姚的这种紧张工作是可以理解的。45 岁的姚先生花了长达 10 年的时间,才竞选到今天的这个卑微的政治地位：湖北省黔江（音译）这个小城市人民代表大会的代表。

1988 年,姚先生宣布参加竞选……他与选民亲切见面,还写了十几份竞选宣言,印刷成几千份传单塞进选民家的门缝。终于,这个中国通常关闭的政治体制被他用力推向了民主政治,也许是暂时的。由于他向选民们保证他会带来一个廉洁的政府,并且让普通百姓有说话的权利,选民们不顾当地官员的阻挠,在 3100 张选票中,给他投了 1706 张。

"我是太想当它(人民代表)了。我连续 50 个小时没有睡觉,在投票的前夜,我病倒了。"他一边说,一边像一个老练的政客那样露出了诚恳的笑脸,"通过我的竞选,我感觉到民主正在走进人民,而且这是不可阻挡的趋势。"

……

"10 年前,无论地方政府提交什么东西给我们,我们都必须让它们获得通过,"权力很大的广东省人民代表大会常务委员会副秘书长李雨静(音译)说,"即使我们看到对某种立法有极大的需求,我们所能做的就是等待。"

"今天,我们不仅要审议法案,我们已经开始自己起草法案。我们邀请外面的专家。我们举行听证会。我们要求看预算。"……

(《在远离北京的地方,出现了一个民主政治》,《纽约时报》2002 年 3 月 8 日)

再看一篇《中国青年报》的报道,它与《纽约时报》有异曲同工之处,就是抓住了"人的故事",运用了"新闻个人化"手法。

进入新华网,键入"方廷钰"三个字,跳出的相关新闻有 74 条。随便点开一条,无不是些看似鸡毛蒜皮的事:"储蓄所何时不再门庭若市"、"公共汽车不好坐"、"中国电信'最后一公里'垄断何时打破"等等。

发出这类问号并为这些琐事疾呼奔走的人,正是方廷钰委员——一个外表孱弱、文质彬彬的老教授,任职北京中医药大学,专门教医学英语。此外,他的另一个社会工作是:哈佛大学北京校友会副会长。本次政协会议刚刚开始时,方廷钰委员的下榻处已是门庭若市,不断有媒体找上门来。

"看来,您挺有名啊!"方委员听记者这么讲,笑了:"什么'名'不'名'!我就想多反映老百姓身边的事。要不,让我当委员干什么?"方委员的"大名",

是靠提案的质与量得来的。

去年,他提交了 6 个提案,其中绝大多数"命中"百姓所关注的"社会顽疾",反响不俗。其中,《拜托,不要炒作高考了》《四问电信资费调整方案》、《给虚高药价再来三板斧》等,均被新华社发了通稿。有的提案还被教育部作为"重点文件"宣传;有的提案一经披露,网上跟帖讨论的条数,在去年两会期间就占了 40 多个页面。为此,方委员在去年两会期间,成了媒体曝光率极高的"明星"。

今年,这位老先生在政协会上提到的,仍然是一些"鸡毛蒜皮":4 个提案、4 篇大会发言稿、7 篇"社情民意",内容几乎就是百姓的日常生活"素描"。这些素材源自哪里? 方委员坦率地说:"都是街坊邻里、同事、学生,还有很多我不认识的人写信来或者干脆找上门来反映的。"

这位 66 岁的老人,调查取证采取的办法同样"土"得不能再"土":实地一遍遍地走和看,甚至是"乔装暗访"……

(《方廷钰:教授专管鸡毛蒜皮》,《中国青年报》2002 年 3 月 15 日)

改良中国的政治新闻文风的一个重要手段就是努力实现"新闻个人化"。新闻个人化指的是以小见大,从微观到宏观。一个生动感人的普通人的故事和经历,给公众留下的深刻印象胜过几十篇讲大道理的社论和理论文章。

1998 年是中国改革开放 20 周年,国内媒体轰轰烈烈、大张旗鼓地进行报道。我当时在拟定新华社对外报道方案时,特别强调要采用"新闻个人化"的文风。我相信报道的冲击力,不是来自对上层领导、纪念会议、纪念活动和专家学者的报道,而是来自普通百姓个人对改革开放 20 年变化的反映,报道改革开放对普通百姓有什么影响。从新闻个人化角度,我与新华社的同事们拟定了《长安街——从标语大街到广告大街》、《中国今天使用频率最高的 10 个词语和 20 年前使用频率最高的 10 个词语》、《他(她)打破了中国"性"禁区——第一个在电台开设性教育节目的主持人》、《中国人告别"没有"——商店、餐厅的服务观念的转变》、《"草根民主"在中国生根开花》等选题,收到了不错的效果。

二、力量源泉二：使用最简单的字

个人化故事的选择也是新闻报道角度的选择，也可以表达记者本人的立场和感情。香港《信报》曾发表崔少明的一篇文章《把伟大的新闻改革进行到底》，对央视《新闻联播》的"两会"报道提出批评：

《联播》首先读出大会决议，号召"全国各族人民紧密团结在以江泽民同志为核心的党中央周围，高举邓小平理论伟大旗帜，按照'三个代表'的要求，与时俱进、扎实工作，夺取建设有中国特色社会主义事业的更大胜利"。

最高指示要照念可以理解。但接着的女声旁白用文艺腔高声朗诵。第一句"春风五度"（意指本届人大已开了五次会）后，接着是连串褒词：人民大会堂"庄严"，代表们"呕心沥血"、"纵论天下"、"大江南北，春风吹遍"……使你想起革命样板戏。

以下摘录网上的《新闻联播》新闻第二则旁白文稿《未来，让我们共同开创——闭幕会侧记》的描写部分以为证：

日出千山秀，花开万里春。气势雄伟的人民大会堂，在旭日映照下更加庄严肃穆。……沐浴着晨辉，近3000名全国人大代表……目光果敢坚定，他们的步履自信从容。……红日已近中天，阳光普洒大地。……代表们豪情满怀。勉励的话语，共同的承诺，与一双双紧握的手，汇成激情的海洋。……才送春风吹绿柳，又见桃花映红墙。"十五"开局之年盛事不断，喜事连连。……"二月二，龙抬头"。今天恰逢农历二月初二，东方巨龙将再一次昂首腾飞。

在境外看很难明白，写政治新闻为甚么像编样板戏。所用的"美语"高两个八度，本欲唱好，反令人敬而远之。

写新闻的基本准则是尽少加入与事实无关的字句。这篇报道大赞天气。难道会议成果要看天？若这次"欢欣鼓舞"是因为"春风、红日、花开、绿柳"，明年的会议万一"漫天风雪、飞沙走石、乌云密布、狂风落叶"（北京日前就有沙尘暴），是否就"垂头丧气"？而一旦大江南北并非春风吹遍，而是天灾频传,那又是否"天谴"?

而众人在会后握手道别举世皆然,写来作甚?握手"汇成激情的海洋"更只能写在诗歌里。人民大会堂作为会场有必要写,但"庄严"与会议成果无关。好话太多徒然自缚手脚。今后万一忘了说庄严,就会被怀疑会议贬值。同样,今年我们有幸选上"龙抬头"的二月初二来闭幕,但明年闭幕若未能择吉日,中国这条巨龙是否就变成死蛇烂鳝?

开放二十多年后仍然如此报道国家大事,令人担忧。文风反映了思维。这里彰显的是改革开放在意识形态上的局限。

但是,《中国青年报》下面这篇文章通过简洁的语言叙述人民群众的个人体验,说明"两会"与人民近乎是"零距离",普通百姓从这样的报道感觉到"两会"与他们的个人生活关系太密切了。

踩着两脚泥进城的农村文学青年,把大都市的出版社告上法庭,执著地索要著作权;普通女工宁可舍弃工作,也要和银行不合理的行规较真儿;衣食无忧的律师,偏偏和几毛钱的如厕费、几十元的铁路票价没完没了……现在,"秋菊"越来越多了。而且,他们已不再仅仅是要"讨个说法",更多的是在行使自己的"公民权利"。

九届全国人大以来,"重在保障公民权利"的立法理念,留下了一条清晰的发展脉络。1998年对于《收养法》的修改,放宽了收养条件,舆论评价这一修改体现了以公民权益为本位的理念。1999年通过的《宪法》修正案,把依法治国的方略载入《宪法》,堪称我国民主法治建设史上的一个里程碑。立法过程日益民主化,广泛听取民意,也是本届人大立法活动的一大特色……

(《立法进入公民权利时代》,《中国青年报》2002年3月10日)

这样看来,造成人民群众与"两会"隔膜的东西,不是别的,恰恰是记者的文风和观念,是中国新闻报道中大量存在的新闻概念化、模糊化、笼统化和综合化倾向。

有人说,中国的语言文字不够精确,如文言文就过于简练,往往一词多义,且失之模糊。语言文字是思维的表现,那种全无人的面孔的"世纪初年,

'十五'开局;高歌奋进,步伐雄健"的思维方式只会使读者敬而远之,与实事求是的科学精神不相容。还有人解释说,这与中国文人传统上重理论、轻实践有关;终日坐以论道,口头上说要"格物致知",但仅止于言而不及于行,这种脱离实际"格"出来的东西与现实生活相去甚远。

中国的记者,凡事喜欢从整体出发,进行综合性报道。这种报道往往很少去分析各个部分之内涵(如科学家颁奖大会,只报道领导人讲话和出席领导人名单,只用很少篇幅报道获奖者个人的故事),这种片面的综合性报道方法对事物无法深入,读者所得的印象也是概貌而失去精微。这种偏重综合而忽视具体分析的报道方法,是中国记者与西方记者的一个巨大区别。

如果按照上面的标准要求,《中国青年报》2002 年的"两会"报道中也有败笔之处。如 2002 年 3 月 6 日《春风里我们共商国是——九届全国人大第五次会议开幕侧记》,不仅题目中的"春风里"三字是多余,内文更是由于过分综合和笼统,没有一个感人的线性人物故事贯穿始终,读者很难读下去。由于通篇没有个人化的故事,结尾的那段话就显得苍白无力:"春风里,代表们共商国是,展望未来。一位代表满怀深情地说:'只要人民需要我,明年我还希望当选人大代表。'""人民"这个词在这里听起来是那样抽象和空洞。

新闻的个人化要有能够视觉化的细节、具体感人的事实,不使用没有视觉感的形容词,舍弃晦涩的术语、行话、套话和空洞的概念性词语。英国记者格林说:"要让事实说话,而不是让形容词来拔高这个事实,要抛弃那些形容词。"一切要通过记者深入现场采访的细节和感人的事实来表明,通过自己的眼睛观察到或采访到的事实,通过筛选,把自己的观点、感情表达出来。感情不要通过形容词,更不要通过排比句或成语来表达,要通过用朴实的语言描述的事实来表达。

杜绝概念化的报道和语言,更不要写论文式或散文式的新闻报道。"两会"报道的主要问题是,表面上搞得轰轰烈烈,有声势、有气势。但是,由于缺乏个人化的故事,这种气势恢弘的报道只会让读者和观众失去对"两会"的兴趣,导致公众失去对国计民生这些涉及每一个公民自身利益的重大政治进程的兴趣,这对国家公共政策的形成将会带来很大的负面影响。

《中国青年报》在"两会"期间的另一败笔是 2002 年 3 月 16 日发表的社论《坚定信心奋发有为——祝贺九届全国人大五次会议、全国政协九届五次会议圆满成功》。这种空话、套话连篇的文章很少有人喜欢读。

盛世春来早,在春雷惊蛰春风化雨的时节,九届全国人大五次会议、全国政协九届五次会议胜利闭幕了。今年两会是新的历史时期全面推进经济建设和社会各项事业的盛会,两会取得的丰硕成果,作出的重大决策,必将更加坚定全国人民和广大青年的信心,激励我们奋发有为去夺取新的胜利······坚定的信心要体现在奋发有为的精神状态上,要落实在埋头苦干的行动中。信心是人们进行社会实践的一种精神状态,坚定的信心建立在来自社会实践的正确认识之上,又使人们以更加昂扬奋发的精神状态投身社会实践。我们今天的坚定信心,是党领导全国人民在改革开放和现代化建设的实践中建立起来的,是为中华民族伟大复兴不懈奋斗的巨大动力。今年改革和发展的任务十分艰巨,需要全国人民不懈奋斗。广大青年要锐意进取,扎实工作,以改革开放和现代化建设的新成就迎接党的十六大召开。

上面《中国青年报》文章犯的毛病不仅是空话太多,也包括段落太长,一个段落包括了太多的思想单元,读者会越读越糊涂。长段落、长句子会把读者搞糊涂。一个段落最好只表达一个思想单元。简洁的思路是写作的关键。英国作家乔治·奥威尔提出过写作六要素:不要使用那些你常在报纸上看到的隐喻、明喻或其他比喻;字用得越少越好,能用一个字表达,不用两个字;能删除的字,一定要删除;能使用主动语态,绝对不使用被动语态;如果能使用日常词语,绝不使用外来语、科学名词或专业行话;宁愿打破上述规矩,也不要写任何粗野语言。乔治·奥威尔说,一个细心的作者在写每一句话时,必须问他自己至少五个问题:我在试图说什么?什么样的词语能表达它?什么样的形象或土语能表达得更清楚?这个形象是否很新鲜,能足以产生某种效果?我能否再把这句话写得更短一些?

三、应该遵守的若干原则

根据上面对不同媒体"两会"报道的分析，我们在写作新闻的时候，应该注意以下一些原则：

1. **直截了当地写新闻导语，反对拐弯抹角地处理新闻。**最重要的或最有意思的永远放在导语里，最没有意思的永远放在故事的最后。坚决不写概括性导语，不要在导语中提供新闻背景。

2. **只有清晰的思想才能产生清晰的作品。**思考你想要说的话，而且要尽可能地把话说得简明。

3. **注意稿件的风格和色调。**读者和听众关心的是你想要说什么，而不是你采用的是什么样的风格。因此，你采用的写作风格或文章格调的唯一目的必须是能诱惑读者把你的作品一口气读下去，而不是让他不想读你的作品。

4. **文章在格调上千万不要乏味。**要采用一种真诚的、为广大讲中国话的读者和听众所喜闻乐见的表现形式。读这种文章，要让读者感觉到你正在他跟前，用一种普通的聊天方式与他亲切交谈。在这种交谈中，你选择的字眼必须是轻松但有力量的白话。一定要摆脱书生气的字眼，不要让读者感觉你是在那里夸夸其谈地演说或是在教育别人。

5. **使用常用的字，使用短词语。**这些字词人们都能认识和理解。比如，应该使用：建设，而不是"建构"；从理论上看，而不是"从理论的层面分析"；穷国，而不是"非发达国家"。正如丘吉尔说的，"越短和越老的字眼是最好的字眼"。有些词只是给你的文章增加长度，什么作用也起不到。如果非要使用形容词，这种形容词必须能使你要表达的意思更精确。使用形容词去特别强调一件事时，要特别小心。比如，当使用"非常"、"十分"、"重大"这类形容词时，你试试把这些词删掉，看看会不会改变意思。"人民生活幸福"可能比"人民生活非常幸福"更有力量。

6. **不要使用累赘的词语。**生存在下层社会的人（穷人）、罢工行动（罢工）、荒原地区（荒原）、大规模的工厂、天气条件等等；还有：顶尖科学家、著名政治家、重要讲话、安全的避风港、给工业和农业部门的贷款、黑人社区、重大成果、增加透明度……一句话，文字要简明。伏尔泰有一句名言："要想令人生厌，就什么也不要删除。"

7. 避免使用术语和行话。不用自己头脑思考的记者总是爱使用术语和行话。一名出色的记者不使用术语同样能准确地报道和描述一件事情。最需要避免的是那种为了显示自己的学问或知识面，把某种毫无意义的东西披上严肃的面孔。尽量不要使用外来语，除非汉语中找不到替代词。

8. 使用人们日常生活中的语言，而不是政府官员、新闻发言人、法官、律师使用的语言。如："这些军人被指控犯有众多的侵犯人权的罪行。"更有力的写法应该是具体的而不是抽象的："这些军人被指控犯有强奸和谋杀罪。"

9. 永远要使你的新闻稿有清新感，要避免陈腐、低劣的传统新闻问题。今天，越来越令读者、听众和观众生厌的是那些在文字上喜欢新潮的记者，这些记者对使用时髦的专业用语有特别的喜好。这些词或是从好莱坞进口大片上听来的，或是在比尔·盖茨的演讲中拣来的，或是通过现代媒体从西方某个政客嘴里听到的，或是从一个只会背专业名词的社会科学家那里学来的。另外，造句时不要拖泥带水，句子要短。不要写这样的话："由于他死了，不得不埋葬他。"法国《红与黑》的作者司汤达说："我认为写作只有一个规则：思路清晰，文字简练。"

10. 新闻稿件写完后，如果可能，给别人、家人，特别是初中水平的人看看，他们能否看懂？他们能否被打动？如果自己采写的稿件连自己、自己的家人都感动不了，怎么能指望会打动千百万读者和电视观众呢？况且，好的稿件应该是在读者读完稿件好长时间以后，还会记得他或她读过的这篇稿件。

如果用上述标准给那些充满了空话的会议报道把脉，我们就会发现，中国某些报纸在"两会"报道上的问题远远不是新闻体制能解决的，更重要的是记者编辑新闻素质的提高，其中核心部分是新闻采访写作基本功和新闻敏感。

选自《新闻记者》2002 年第 7 期

"更正"和"编者的话"

——《纽约时报》的纠错制度简析

吴　飞　王凤娟

今年 5 月,在被全球许多媒体炒作得沸沸扬扬的"杰森·布莱尔丑闻"事件面前,《纽约时报》再次显示出它的报格。

杰森·布莱尔是曾被时报雇佣的一名记者,经时报调查证实,在其不到 80 篇的新闻报道中有将近一半要么杜撰,要么剽窃。他已于今年 5 月 1 日因此自动辞职。5 月 11 日,时报自曝家丑,用头版的显著位置和内页的整整四页的巨大篇幅向公众公开报道"杰森·布莱尔丑闻",头版标题是"改正以往纪录,长期行骗的记者辞职"。时报关于此事的相关调查、报道一直持续至今,仅仅从 5 月 11 日开始报道到 5 月底,相关的文章至少就有 22 篇。其中有关于时报高层领导者检讨自身错误的报道,有详细解释时报编辑防止欺骗重演的措施——包括建立检查时报经营管理费用纪录和跟踪记者所在位置等制度,有对时报内部管理机制的检查,并说明布莱尔将因此事再受司法追究,有来自读者的对时报雇佣"有色人种"记者的政策的质疑。编辑们还"请求那些对布莱尔的可能全部虚假或部分虚假的其他文章有所了解的读者发送电子邮件"到时报的一个指定的邮箱,以求达到更全面无误地改正错误的新闻记载。5 月 29 日,时报又报道了另一位时报名记者 Rick Bragg 因读者投诉其剽窃经查实被迫辞职。6 月 5 日,时报执行总编辑豪威尔·莱尼斯与总编辑杰拉尔德·博伊德双双辞职。事实上,时报这样的自我纠正报道错误的行为绝非偶尔为之,亦非哗众取宠,自我纠错作为它的一个制度确是历时长久的。

一百多年来,《纽约时报》坚持新闻报道应真实可靠,并确立其新闻独立政策——时报的新闻报道"应无畏无惧,不偏不倚,并无分党派、地域或任何特殊利益",以其一贯的"堂堂正正的大报风范",赢得"报纸中的报纸"的读者美誉。不仅如此,时报以其政策方针为根基,还发展出了许多宝贵的报社制度和工作作风,比如"自我纠错"(self-correction)的编辑制度:"更正"栏(Corrections)和"编者的话"(Editors' Note)的设立。本文将具体地介绍这两个栏目,并分析它们对真实准确传播信息所具有的功能。

"更 正"栏

有的报纸对更正新闻不太重视,认为这是一件丢面子的事,只有当发生了重大的错误或失误时,害怕舆论压力,才被迫进行更正。而《纽约时报》的"更正"栏,每天刊出;它的内容有时多有时少,但几乎每天都有。事实上,一年中只有很少的几天它只有栏名没有内容。时报由 A、B、C、D、E、F、G 几个部分组合而成,"更正"栏固定地放在第一个部分的第二页,即 A2 页,位于"新闻提要与索引"(Summary and Index)的下面,保持它不变的和显著的位置,这样"它们能很容易地被找到","看……当日的更正成了时报职员和读者的一个消遣"。"更正"栏用来"处理对事实的改错",它不仅改正其新闻报道、文章、图表、图片注释当中的事实错误,也用来改正讣告、电视预告、广告当中的事实错误。任何错误只要被发现并证实是错的,就会被时报编辑们自动地、及时地改正。指出错误的人可能是本报社的雇员,也可能来自其他的媒体、新闻研究机构、政府部门、社会团体、读者等组织或个人。

以 2002 年 9 月 4 日的时报中的两则"更正"为例,可以具体说明:在时报中被更正的事实范围的广泛性和时报不放过事实细节的报道准则。

一则更正是这样的:"在昨天关于一个新教堂对洛杉矶大主教管区的贡献的图片注释里,拼错了那个涂油于圣坛的大主教的姓。他是 Cardinal Roger M. Mahony,而不是 Mahoney。"这是关于新闻中人物的姓——新闻事实中的一个细节的更正。

还有一则是这样的:"昨天的电视节目单中的一个精彩节目表和一个照片旁边的注释,以及周日版的电视部分的'周二'页中,把'The Caroline Rhea

Show'——一个工作日中的节目系列的播放节目和频道报告错了。你要在第 17 频道,上午 12：35 收看,而不是在第 19 频道,上午 9：30。"这是对于一则电视节目时间预告的更正。

这样的例子在时报的"更正"栏中不断地出现着。准确地讲,它不是错误的耻辱柱,而是无数正直的报人们勇于改正错误的行动的光荣榜。

"编 者 的 话"

"编者的话"栏目创建于 1983 年,被安置在和"更正"栏彼此相邻的、同一个固定的位置。两者都是时报在长期的新闻报道中积累起来的正反经验的基础上产生的关于编辑制度的"智慧果实"。

"编者的话"创立者是罗森索。1983 年 2 月 7 日,在他"送给各部编辑"的"备忘录"中,提出创设"编者的话"栏目。"备忘录"中写道:"更正"栏用于"处理关于事实的错误",但有些报道"是在事实上不是不对,却有甚至更严重的缺点。可能遗漏了某些相当重要的事情。报道没有采用合适的角度或者它不太公平,可能标题确实没有反映报道的含意",所以"编者的话"用于"对文章增补信息详细解释,或者改正编辑们认为属于公正、平衡或观点方面的重要缺陷之处"。

从那时起一直到现在,时报一直在刊出"编者的话"。与"更正"栏不同的是,它不是每日刊出,刊出的时间间隔有时长有时短,刊出的内容有时多有时少,根据情况而定,但和"更正"栏一样,遵守一查清就立即刊登的原则。

笔者查阅了从 2001 年 1 月到 2002 年 10 月的时报的"编者的话",并从中挑选出了关于新闻失实、标题不当、新闻图片失实等方面的有代表性的例子,以阐述时报"编者的话"的具体功能。

2002 年 10 月 25 日的"编者的话"是关于一张被摆拍的新闻照片。它针对的对象是 9 月 20 日的一张新闻照片,照片中"一个六岁的男孩拿着一把玩具手枪,手枪瞄准的方向与一个写着'阿拉伯食品'的招牌并排"。"编者的话"如实陈述道:"这张照片被刊出之后,其他新闻机构的两位编辑给时报打电话说：他们的摄影记者说那张照片是摆拍的。……作为对电话的反应，时报编辑进行了询问，访问了那个时报摄影记者和几个证人。"但这初次的询问"没能证实那张照片是摆拍的"。然而，"之后，时报接到了来自《哥伦比亚新闻学评论》的电话。它也在调查关于这个事件的报道。资深的时报编辑进行了更加深入的询问，并且仔细检查了那个完整的照片作品中的形象"。最后，"编辑们得出结论，并且那个摄影记者承认，那个男孩的姿势不是自发的"，时报"为这次违背它自己的关于新闻记者必须诚实的政策深表歉意"。

这则"编者的话"不厌其烦地叙述了造成这张新闻照片失实的原因，就在于时报自己的摄影记者的不诚实，并且表明：指出其错误的人既有新闻从业者，也有新闻研究机构。

2001 年 5 月 31 日的"编者的话"是关于一则失实报道的说明："去年 8 月 10 日的一篇关于个人电脑对大学生们社交和学校生活影响的文章，包括了来自 Kaycee Swenson 的话语和轶事，她被描述为一位未来的大学新生。这种说法建立在一个电话访谈的基础上。这个访谈来自大学娱乐部网站的官员们提供的消息，他们认为 Kaycee Swenson 是这个网站上一位参加讨论很活跃的人。"然而，"这个月，一个述评 Kaycee Swenson 的致命的疾病的网址在网上引起了人们的怀疑之后，它的创办者 Debbie Swenson 承认她编造了整个故事——包括 Kaycee——她装成年轻的妇女，她把 kaycee 描述成她的女儿。关于澄清这个骗局的报道位于今天的 C11 页上"。

这则"编者的话"说明了这篇新闻报道失实的最终原因：互联网上有人在撒谎、编造虚幻的故事。时报由此新闻失实事件又引申出澄清骗局的报道，体现了时报编辑记者的新闻敏感和责任心。

2001 年 6 月 2 日的"编者的话"指出一个新闻标题犯了"范围过大"的编辑错误。这个标题"失败的能源计划逼近纽约州"过大，"超出了这篇文章发现的东西"。这篇报道既表明"……更低的用电税的承诺没有实现"，"可是也表明：这个过程仍处于早期阶段，纽约州正在采取行动来改正此计划中的缺陷"，言其"失败"，判断草率，为时尚早。

这个"编者的话"中体现出《纽约时报》的原则——"对一件事或一个问题的两面,予以同时披露与报道,是任何有责任感的新闻报道不可或缺的要素"。

2002 年 9 月 4 日的"编者的话"更周详地解释了前国务卿基辛格和布什总统的第一位国家安全顾问 Brent Scowcroft 关于布什总统"可能与伊拉克作战的计划"的评论的分歧。它更详尽地解释了两人对此的相关评论,以及共和党在此问题上"态度是分裂的"。这个"编者的话"是对以前的报道补充新的重要的信息,使报道更全面、真实。

由以上几例可以看出,时报的"编者的话"对新闻报道起到了补充信息、完善报道内容、纠正报道过程和内容中的差错等作用。

由于记者编辑报道新闻的活动总是紧张匆忙的,而需要报道的现实世界却错综复杂,难免在现实真实和报道真实之间存在距离。更何况,报道出错有时源于记者的认知,有时源于记者的品格——比如这次行骗的杰森·布莱尔。"编者的话"栏就是"在新闻上力求报道客观"的理想(1851 年,雷蒙创刊《纽约时报》时的谈话)在复杂现实中的实现策略。面对越来越复杂多变的世界,新闻报道要"又快又准",已越来越难以一次静态地完成,而需要多次动态地完成。如果类似"编者的话"这样性质的栏目在报刊中缺席,报刊就很难及时、有效地实现它对社会公众许下的"客观公正"的承诺。

信息分享和纠错机制

无论是"更正"还是"编者的话",栏目中的这些补充信息,使其同样成为传播的材料,进入报纸型新闻传播的固定渠道——版面。

被补充或纠正的信息,可以广泛地来自社会大众,也可以来自或本报、他报的新闻从业者,或其他任何组织、个人。概括地说,当新闻传播的"主流"信息——消息、特写、广告等,由新闻传播者流向社会大众以后,来自各个方面的反馈,在有了"更正"和"编者的话"的情况下,不仅可以容易地抵达传播者,更重要的是,经核实、编辑,又把这些信息传播给社会大众。这就形成了更全面、更准确的信息良性循环,形成传播者和受众之间的信息共享。传播者作为信息流通的中介,并不是信息流通的终点,信息分享不仅作为新闻传播的目的,也成为它的实际过程和实际效果。

在这种编辑制度下,职业的新闻传播者不再能因疏忽懈怠而对受众封闭部分信息,信息传播的环境更加开放和公平;也由于受众不断反馈的信息的压力,加强了自我检查和自我纠正。通过社会大众和职业新闻传播者的互通互动,报纸有了"观念的公开市场和自我修正过程"的意味,从而在连续的过程中使新闻报道更加准确和公正。

尤其当"更正"和"编者的话"这样的栏目在一张报纸上被固定地存留,实际上就构成了组织制度的一部分和编辑制度的一部分,构成了新闻组织的"纠错"机制。和许多具有这样的机制的运转良好的组织一样,它们作为组织结构的"必要品种",常规性地发挥作用,维护着自身的信誉。

正如一位读者这样评价《纽约时报》在"杰森·布莱尔丑闻"中的作为:"你们对于杰森·布莱尔事情的反应是我将继续信任时报的原因之一。这个了解发生错误的原因的痛苦过程能够产生将成为新的预防措施的传播准则和程序。"

在大众传媒的新闻传播活动中,新闻失实的原因是复杂的,也是很容易发生的,无论是谁都很难根据自己的良好愿望和几次努力就能完全歼灭它。它是一个永恒的难题,但这并不应变成职业新闻传播者逃避此困境的借口。伴随着中国新闻事业的发展,假新闻作为发展中的负面现象也层出不穷,可是经我们调查,《人民日报》、《解放日报》等大报和《北京青年报》、《新民晚报》、《羊城晚报》等都市类报纸,都没有类似"更正"和"编者的话"这样的长期的、固定的纠错专栏。假新闻能摧毁媒介的形象、公众的信任。在这样严峻的现实背景下,希望《纽约时报》这次自我曝光"杰森·布莱尔丑闻"的诚实行为和以这两个栏目为主的新闻纠错制度,能对我国的新闻业管理规范和媒介自律制度的建设有所启示。

选自《新闻记者》2003 年第 7 期

媒体报道案件的自律规则

徐　迅

媒体报道与司法公正的冲突,或曰新闻自由与司法独立的冲突由来已久,中外皆然。笔者多年观察这种冲突的发展脉络,找寻缓解或平衡这种冲突的途径,认识到这种冲突的本质,实际是公众对司法活动的知情权、公民的言论自由权、公民获得公平审判的权利以及公民对任何国家机关及其工作人员的批评建议权等一系列基本宪法权利的冲突。我以为,这绝非一个什么文件、讲话精神或临时性通知就可以解决问题的。

观察世界各国的做法,由于新闻自由这一宪法原则的极端重要性,各国特别是发达国家都小心翼翼地避免运用强力给予限制,而更多是促使新闻业实行自我约束。

在我国,由中华全国新闻工作者协会第四届理事会第一次全体会议于1991年通过,经1994年和1997年两次修订的《中国新闻工作者职业道德准则》是新闻界最重要的自律性准则。虽然它曾经对规范新闻工作者的职业行为产生了巨大的作用,但是也存在着内容简单、表述含混和操作性差的缺陷。笔者根据法律已有的规定和以往的经验教训,提出以下10条规范,供业内人士讨论。

一、媒体不是法官。案件判决前,媒体不应作出定罪、定性的报道。

法律依据:

1. 宪法:

人民法院依法独立行使审判权,不受行政机关、社会团体和个人的干涉。

2. 刑事诉讼法:

未经人民法院依法判决,对任何人都不得确定有罪。

解释要点：

1. 反对媒体审判。它明确：一个案件进入司法程序之后，是由法官审理案件而不是媒体在审案。媒体只是观察者，而不是裁判者。所谓"媒体审判"，是指新闻机构在诉讼过程中，为影响司法审判结果而发表的消息和评论。之所以要反对媒体审判基于两个原因：一是维护案件当事人获得公平审判的权利；二是维护独立的司法审判权。

2. 媒体审判最重要的表现有二：一是给案件定性，如是否构成侵权、是否构成越权执法、是否应当承担法律责任、赔偿多少等等；二是给被告人定罪。有时，给被告人定罪的行为并不直接表现为确定罪名，而是使用含义明确的形容词。

3. 媒体审判是发生在诉讼中的行为。具体说，它是指案件立案后到结案前的新闻传播行为，特别是判决作出之前的行为。据此，立案之前，执法机关尚未介入，谈不上什么媒体审判；结案之后，由于媒体的报道和评论不再损害案件当事人获得公平审判的权利，也无法影响司法机关独立作出判决，则不应属于媒体审判的行为。

二、不应指责诉讼参与人及当事人正当行使权利的行为。

法律依据：

1. 宪法：

中华人民共和国公民在法律面前一律平等。

2. 人民法院组织法：

人民法院审理案件除法律另有规定的以外，一律公开进行。被告人有权获得辩护，人民法院有义务保证被告人获得辩护。

3. 刑事诉讼法：

人民法院、人民检察院和公安机关应当保障诉讼参与人享有的诉讼权利。

4. 民事诉讼法：

民事诉讼当事人有平等的诉讼权利。

当事人有权在法律规定的范围内处分自己的民事权利和诉讼权利。

5. 行政诉讼法：

当事人在行政诉讼中的法律地位平等。

解释要点：

1. 公民有获得公平审判的权利。市场经济体制下，司法(即人民法院)的裁决具有终局性。一旦发生纠纷，充分行使诉讼权利就是当事人寻求救济的最后通道，是所有公民、法人一项最基本的权利。这种权利是通过一系列诉讼行为实现的，它包括起诉、答辩、请求回避、提供证据、质证、辩护、最后陈述、上诉等。

2. 对当事人行使正当诉讼权利的行为横加指责有悖法治精神。在以往的不当报道和纠纷事件中，新闻机构在这方面曾多有表现，报道中的相关用语都是对案件当事人行使正当诉讼权利的不法干涉，表现出一些新闻工作者对我国诉讼制度的无知。它向社会传递的是非法治、反法治的信息，应当杜绝。

三、对案件报道中涉及的未成年人、妇女、老人和残疾人等的权益予以特别的关切。报道犯罪的未成年人和性侵害案件的受害者应使之不可辨认。避免搅扰与犯罪无直接联系的组织和个人的正常生产和生活。

法律依据：

1. 宪法：

国家培养青年、少年、儿童在品德、智力、体质等方面全面发展。

国家保护妇女的权利和利益。

国家和社会帮助安排盲、聋、哑和其他有残疾的公民的劳动、生活和教育。

禁止虐待老人、妇女和儿童。

2. 未成年人保护法：

保护未成年人的工作，应当遵循下列原则：

(1) 保障未成年人的合法权益；

（2）尊重未成年人的人格尊严。

3. 预防未成年人犯罪法：

对未成年人犯罪案件,新闻报道、影视节目、公开出版物不得披露该未成年人的姓名、住所、照片以及可能推断出该未成年人的资料。

4. 妇女权益保障法：

妇女在政治的、经济的、文化的、社会的和家庭的生活等方面享有与男子平等的权利。

禁止歧视、虐待和残害妇女。

5. 残疾人保障法：

残疾人在政治、经济、文化和家庭生活等方面享有同其他公民平等的权利。

禁止歧视、侮辱、侵害残疾人。

6. 老年人权益保护法：

国家保护老年人依法享有的权益。

禁止歧视、侮辱、虐待和遗弃老年人。

解释要点：

1. 对弱势群体的特殊关切精神应无处不在。未成年人、妇女、老人、残疾人是公民中的弱势群体,因此宪法规定了对其特别保护的原则。而相关法律则细化了保护的具体规范。宪法和法律传递的精神是对这几类特殊群体要予以特别的关切,这种精神在整个社会生活中应当无处不在,当然包括诉讼活动及有关诉讼案件的新闻报道。对不同弱势群体的关切重点不同。比如,对未成年人和妇女侧重于保护隐私,而对残疾人和老年人更侧重于反对歧视和生存保障。

2. 案件报道中有两类人应使之不可辨认。所谓"不可辨认",是指有关人的姓名、性别、年龄、住址、照片、电视影像以及可能推断出其真实身份的所有信息都应当避免披露。这两类人具体指：一是未成年的犯罪者,二是性侵害案件受害者。

3. 避免搅扰与犯罪无直接联系的组织和个人的正常生产和生活。犯罪具有社会危害性,但是否构成犯罪却需要严格的司法程序来判定。新闻媒体对犯罪人的不当披露和猜测,可能损害相关人的人格尊严;如果涉及企业或组织,还有可能造成较为严重的经济损失;同时也会不恰当地引导社会舆论,妨碍司法公正。

四、对不公开审理的涉及国家机密、商业秘密、个人隐私案件的案情,不宜详细报道。

法律依据:

1. 刑事诉讼法:

人民法院审判案件,除本法另有规定的以外,一律公开进行。

人民法院审理第一审案件应当公开进行。但有关国家秘密或者个人隐私的案件,不公开审理。14 岁不满 16 岁未成年人犯罪案件,一律不公开审理。16 岁以上未成年人犯罪案件,一般也不公开审理。

2. 民事诉讼法:

人民法院审理民事案件,除涉及国家秘密、个人隐私或者法律另有规定的以外,应当公开进行。离婚案件,涉及商业秘密的案件,当事人申请不公开审理的,可以不公开审理。

3. 行政诉讼法:

人民法院公开审理行政案件,但涉及国家机密、个人隐私和法律另有规定的除外。

4. 最高人民法院关于严格执行公开审判制度的若干规定:

人民法院审理的所有案件应当一律公开宣告判决。

解释要点:

1. 新闻报道与秘密有天然冲突。新闻报道以揭露事件的真相为目的,但并非所有的事件都适于通过新闻媒体公开。根据法律的规定,涉及国家秘密(机密、秘密、绝密)、个人隐私的案件依法不公开审理。企业采取保密措施的视为商业秘密,涉及商业秘密的案件,经当事人申请,法院依法可以决定不公开审理。

2. "不公开审理"的案件并非不可以报道。理由有三：其一，依照法律规定，不公开审理的案件，其判决也应当公开进行，因此对不公开审理案件的判决结果可以报道。其二，报道判决结果就可能涉及案情，因此案情并非不能报道，而是"不宜详细报道"。其三，报道案情的内容应当以判决书披露的内容为限。

3. 依法不公开审理的案情以"不公开报道"为原则，并非所有不公开审理的案件其案情均不得详细报道。比如未成年人犯罪案件，法律禁止披露犯罪者的身份，却未禁止披露案情。况且此类案情公开披露，对社会有一定的教育、警示意义。

五、不针对法庭审判活动进行暗访。

法律依据：

最高人民法院关于严格执行公开审判制度的若干规定：

依法公开审理的案件，经人民法院许可，新闻记者可以记录、录音、摄像、摄影、转播庭审实况。

解释要点：

1. 限制部分采访行为是为了保障法庭秩序。法庭是审判场所，其庄严、神圣的秩序是司法尊严的需要，也是维护当事人合法诉讼权利的需要。某些采访行为（如摄影、广播电视直播等）妨碍法庭秩序，过多的采访行为常常有喧宾夺主的情形，某些法官面对庭上的大量记者，会产生压力或出现"作秀"现象，从而忽略了审判职责等。这一切都可能妨碍司法公正。

2. 在公开审判的法庭上采访必须经过许可。这里的采访行为包括记录、录音、摄像、摄影、转播，几乎囊括了所有的采访方式，因此在法庭上不存在进行暗访（包括偷拍、偷录以及未经许可的记录等行为）的空间。

六、平衡报道，不做诉讼一方的代言人。

法律依据：

1. 宪法：

被告人有权获得辩护。

2. 刑事诉讼法：

人民法院有义务保证被告人获得辩护。

3. 民事诉讼法：

民事诉讼当事人有平等的诉讼权利。

4. 行政诉讼法：

当事人在行政诉讼中的法律地位平等。

解释要点：

1. 新闻与司法的职业理念没有根本冲突。司法的理念是追求公平正义，通过行使司法审判权平衡各方的权利义务，人民法院徽记上的天平是对此最为形象化的解释。而新闻业追求客观公正，以真实性为新闻的生命，反对偏听偏信，视新闻失实为职业污点。因此，在追求公平正义方面，新闻与司法两界并无冲突。

2. 成为诉讼案件一方的代言人是案件报道最糟糕的选择。由于只有司法的裁决才具有终局性，因此只为诉讼案件一方代言的报道经常使新闻机构处于被动地位，并可能导致新闻侵权纠纷。

3. 偏听偏信是成为"诉讼一方代言人"的外在表现。

4. 以新闻事实代替法律事实是成为"诉讼一方代言人"的内在原因。

5. 成为诉讼一方代言人的新闻机构丧失了客观公正的立场，从"观察者"变为"参与者"，损害自身形象，招致媒体审判的批评。

6. 平衡报道是避免成为诉讼一方代言人的良方。所谓"平衡报道"，是指给诉讼(特别是民事、行政诉讼)案件双方当事人以平等的陈述案件事实和表达法律观点的机会。

七、评论一般应当在判决后进行。

法律依据：

宪法：

人民法院依照法律独立行使审判权，不受行政机关、社会团体和个人的干涉。

中华人民共和国公民有言论、出版、集会、结社、游行、示威的自由。

中华人民共和国公民对于任何国家机关和国家工作人员,有提出批评和建议的权利。

解释要点:

1. 报道与评论是不同的新闻文体。其一,内容不同:报道说的是事实,评论表达的是意见和观点。其二,来源不同:报道所说的事实来源于客观现实,评论所表达的意见和观点是人的主观判断。其三,存在方式不同:报道所说的事实,其真相是唯一的,而评论所表达的意见和观点,由于表达者立场、利益、出发点不同,对同一个事实所表达的意见和观点也会不同,因此观点是多元的。其四,法律空间不同:法律对报道的要求是"真实",不能证实新闻真实,就要承担新闻失实的法律责任;对评论的要求是"公正"或"公允",凡符合公正评论条件的均应免除法律责任。

2. 客观平衡的报道不会损害司法公正。所以要反对媒体审判,是因为倾向一方的、偏听偏信的、渲染炒作的案件报道和评论不恰当地引导了社会舆论,可能损害司法公正。客观平衡地报道司法活动的进程,一般不发表评论,既满足公众对司法活动的知情权,也不损害司法公正。

3. 评论是公民言论自由的重要载体。所谓言论自由,就是表达意见的自由,进而是批评的自由。宪法规定,公民可以对任何国家机关及其工作人员提出批评和建议,司法机关和司法判决也不应例外。表现在新闻媒体上,这种批评权和建议权的具体实现就是发表评论。但是,人民法院独立行使审判权也是重要的宪法原则,它应当充分体现在司法进程中。如果司法尚未裁决,媒体即发表评论,言说公平与否,那是无源之水、无本之木。判都没判,何以评说"公正"还是"不公正"?但既已下判,特别是已经作出了终审判决,不管如何评论,都不能再影响判决结果了,就应当准许发表。

4. 评论一般应当在判决后进行的规则,在言论自由和司法公正间找到了一个平衡点。它兼顾了几项重要宪法权利,应当作为新闻机构处理有关案件报道的评论问题的一般原则。

八、判决前发表的质疑性、批评性评论应当谨慎,限于违反诉讼程序的行为。

法律依据:

除了若干宪法原则外,这一规范并没有直接的法律依据,完全是从实践中抽象出来的新闻采编经验和体会。

解释要点:

1. 评论是媒体审判的常用载体。前提是我们反对媒体审判。所谓媒体审判的载体主要是发表观点和意见的新闻评论。因而在一般情况下,判决前不宜发表评论,特别是批评性评论。

2. 质疑和批评程序违法行为无损司法公正。如果说定罪、定性式的报道和评论是媒体审判的主要表现的话,那么有关诉讼程序问题的报道和评论则不应属于媒体审判。违反诉讼程序的表现如:不提前公告开庭信息、依法应当公开审理的案件不公开、不询问当事人是否要求回避、在法庭上不对证据进行质证、不准一方当事人发表辩论意见、剥夺当事人最后陈述的机会、阻止当事人进行和解、不按时送达判决书等等,这些行为都是显而易见的。在诉讼过程中,新闻媒体发表报道进而展开评论、批评上述违反诉讼程序的行为,不仅不是媒体审判,反而是对司法公正的积极维护和推动,属于正当的舆论监督。

3. 质疑和批评违反诉讼程序的行为应当谨慎。尽管报道乃至评论诉讼中违反程序法的行为不属于媒体审判,但仍然有必要总量控制,避免在公众中造成司法不公的整体印象。具体做法是对素材严加核实,力求典型事实,而不宜不加选择,铺天盖地。本条规范使用了"应当"、"限于"等字眼,就是为了促使新闻机构采取"谨慎"的态度。

九、批评性评论应当抱有善意,避免针对法官个人的品行学识。

批评的"善意"的原则不仅限于案件新闻,它应当适用于所有的批评性报道和评论。

法律依据:

报刊刊载虚假失实报道处理办法(新闻出版署 1999):

报纸、期刊刊载虚假失实报道和纪实作品,有关出版单位应当在其出版的报纸、期刊上进行公开更正,消除影响;致使公民、法人或其他组织的合法权益受到侵害的,有关出版单位应当依法承担民事责任。

报纸、期刊刊载虚假失实报道和纪实作品,致使公民、法人和其他组织的合法权益受到侵害的,当事人有权要求更正或者答辩,有关出版单位应当在其出版的报纸、期刊上予以发表;拒绝发表的,当事人可以向人民法院提起诉讼。

解释要点:

1. "以阶级斗争为纲"的时代已经过去,但遗毒仍有市场,批评一人一地,抓住一点,不及其余;一棍子打死,不准许答辩和反批评;刻意表现被批评者的张皇、尴尬和丑态,对人不对事;不考虑客观环境,不触及深层原因……这些表现的思想根源,就是"把他打翻在地,再踏上一只脚,让他永世不得翻身",以这种你死我活的阶级斗争方式来展开批评,当然会导致某些媒体的舆论监督"杀伤力"过强。

2. "善意"原则是形成良好舆论环境的重要基础。何为"善意"? 条件有四:

其一,非恶意。所谓"恶意",它直接对抗"善意",其表现就是一棍子打死,"整垮你","整死你","就是要臭臭他","不搞得他身败名裂,就不算胜利"……批评的目的不在于被批评事件本身,而在于被批评的人;不在于意见的流通和观点的碰撞,而在于人的下场。这种批评不仅导致社会支付过高的成本(如大批干部受处分,本有前途的干部因一次曝光而结束政治生命),错误地引导社会只关注相关责任人的处理,而不去追究深层原因,同时在社会上制造一种不尊重不同意见、不尊重被批评者正当权益的不良风气。简单地说,恶意就是对人不对事,或借事整人。

其二,准许被批评者申辩。非恶意的并非就是善意,鉴别是否善意的一个重要条件,是是否准许被批评者申辩。公正地制裁犯罪尚且容许被告人申辩,善意的批评却不可以让被批评者陈述理由,那么善意究竟何在? 更何况当今正处于转轨阶段,探索无处不在,新事物层出不穷,难道只有媒介传播的才是"唯一正确的"观点? 不允许被批评者申辩和不允许不同意见并无根本的区别。

其三,富有建设性。批评的目的不在于批评本身,即不是为了批评而批评,而是为了解决问题。因此,仅仅指出错误虽然是可以的,却是不够的。如果不仅指出错误,还提出建设性意见,这种批评无疑是善意的。

其四,避免针对法官个人的学识品行。任何善意的批评都应当对事不对人,这应当成为一个普遍原则。法官是执法者,法官的尊严与法律的尊严虽然不是一回事,却也密切相关。在我国,部分法官素质较差,主要是由历史的原因造成的。简单将司法活动的失误归结于个人原因是不切实际的,对被批评的个人也是不公平的。如果新闻批评不是积极引导公众讨论案件本身引发的法律问题,而是刻意突出少数法官的无知愚蠢,无疑将在公众中强化"法官不值得信任"的观念。久而久之,会促使公众在面对纠纷时不去选择司法救济这种最为文明的方式,而是另寻他途(如找政府、上访、私了或暴力相向等),受损的将是社会整体利益。

十、不在自己的媒体上发表自己涉诉的报道和评论。

法律依据:

1. 出版管理条例:

出版物的内容不真实或者不公正,致使公民、法人或其他组织的合法权益受到侵害的,其出版单位应当公开更正,消除影响,并依法承担民事责任。

2. 广播电视管理条例:

广播电视新闻应当真实、公正。

解释要点:

1. 客观公正是新闻从业者最基本的职业理念。

2. 当媒体涉诉时,该新闻机构及其记者是诉讼当事人,而不是客观中立的观察者。

3. 运用新闻机构的话语优势为自己的官司"助阵",导致诉讼双方的信息和观点披露不对称,破坏公平原则。

4. 如果可以为媒体自己留下一点空间,只应是因为犯下某种误导公众的错误而向公众做出道歉,而不是以宝贵的版面或播出时段为自己喊冤叫屈。

5. 作为诉讼事件当事人也有权利像其他新闻事件的当事人一样,接受其他媒体的相关采访,或在其他媒体上发表相关评论。

以上各项自律规则都具有直接或间接的法律依据。笔者所做的,是将它们从法律的精神中和新闻业的基本理念中抽象出来,用便于媒体从业者理解和运用的方式加以表达。目的是以具有操作性的规则来规范媒体的相关行为,尽力减少或避免新闻与司法的冲突,使双方在追求平衡的过程中各得其所,从而推动政治文明的建设。

选自《新闻记者》2004 年第 1 期

从"公共新闻"到"公民新闻"

——试析西方国家新闻传播正在发生的变化

蔡　雯　郭翠玲

"公共新闻"运动是20世纪80年代末在美国发轫,到90年代盛极一时的一场声势浩大的反潮流的新闻改革运动。在这场运动中,一大批新闻传播研究者、新闻从业者、新闻教育工作者联合行动,新闻媒体、新闻院校、社会团体和社会公众等多种力量共同参与,无论是对美国社会还是对当时新闻传播业的发展都起到了非常重要的作用。纽约大学新闻学系主任杰·罗森(Jay Rosen)教授被认为是"公共新闻"运动的学术领袖,他第一个提出"公共新闻(Public╱Civic Journalism)"概念并对这场运动做了大量研究工作。

随着互联网的发展和普及,尤其是自"德拉吉报道"网站对克林顿丑闻案的揭露始,人们对公共事务的参与开始有了明显的变化:从"公共新闻"运动时期因媒介的发动组织而被动参与,到自发地、主动地进行事实传播和观点表达。"公共新闻"运动的倡导者罗森教授开设了名为"新闻业思考"(Press Think)的个人网站,在美国2004年大选活动中产生了较大影响。2007年,受韩国公民新闻网站Ohmynews的影响,罗森又领衔开设了一个旨在发动普通民众参与新闻传播的网站Assignment Zero,开始了更新一轮的实验。这时,他关注的焦点也由"公共新闻"转移到了"公民新闻(Citizen Journalism)"。

虽然只有一字之差,反映的却是近二十年来美国直至全球新闻传播所发生的巨大变化。

"公共新闻"运动：美国新闻业的自我救赎

美国"公共新闻"运动的兴起，主要是以 1998 年的美国总统大选为契机，针对当时民众对于政治与媒体的失望、报纸发行量长期下滑以及美国公共生活的衰退而在新闻业内部所自发组织的一系列的改革策略。新闻媒体机构在实践中获得学界和社会团体的大力支持，这场运动无论是对美国新闻媒体还是对美国社会都产生了重要影响。

1988 年美国总统大选，候选人之间唇枪舌剑，却缺乏对实质政策的辩论与主张。而当时媒体的报道也让受众倒足了胃口：它们不是对候选人之间的恶言恶语进行火上浇油的报道，就是抱着冷眼旁观的心态进行冷嘲热讽。媒体的做法招致各方的批评，报纸发行量锐减，人们对于政治和公共事务愈加疏离。在多重压力下，一场以"重振社区精神"为口号，旨在"提高报纸的阅读率、增强读者的社区联系感、改善民主运作的品质"的新闻改革拉开了序幕。

1990 年 1 月，《华盛顿邮报》的著名记者大卫·布鲁德(David S. Broder)在自己的专栏中呼吁："身处世上最自由的报业，现在正是我们转变为'行动者'的时刻，我们并不是为特定的政党或政治人物，而是要为民主和自治的过程而努力。""我们必须比以往更为强调，公众有权听到候选人讨论他们所关心的议题，并且当这种议题被候选人讨论时，媒体也应该忠实地作出报道。"随后，奈特·里德(Knight Ridder)报业集团总裁詹姆斯·巴顿(James K. Batten)等也先后强调社区精神对于报纸的重要性，要求报纸在美国政治民主化进程中担当起自己的责任。在他们的号召之下，地方报纸开始自发从事报业变革的实验，如《威奇塔鹰报》"您的一票非常重要"计划和"市民计划"、《夏洛特观察家报》"夏洛特计划"、《威斯康星州报》"我们市民"计划等。有学者将"公共新闻"的报道模式归纳为如下几种：

媒体→针对特定议题进行民调、访谈→形成公共意见→要求权责机构回应

　　媒体→召开社区会议→针对特定议题进行公众审议→作出决策,处理社区问题

　　媒体→选举时期进行民调→建立公共议程→代表公民提问,请候选人回应

　　1993年,罗森教授和《维奇塔鹰报》的编辑梅里特(Merritt)正式把新闻改革称之为"公共新闻"运动。在一些基金会的大力支持下,参与这场运动的媒体遍及美国,产生了广泛的国际影响。从1993年至1997年,罗森主持了一个名为"公共生活与新闻媒介研究"(the Project on Public Life and the Press)的项目,以组织美国记者举办研讨会的方式,对这些记者的"公共新闻"经验进行案例研究。

　　虽然作为媒体运动的"公共新闻"在美国已于2003年随着皮尤公共新闻中心的解散而结束,但关于"公共新闻"的实践和研究现在并没有画上句号。一批新闻学教授组建了"公共新闻兴趣小组"(Civic Journalism Interest Group),作为"美国新闻与大众传播教育协会"(AEJMC)下属的一个分支机构,每年都召开会议研究这个领域中的问题。

　　2003年2月25日,一个国际性的"公共新闻网络"(Public Journalism Network)在"美国公共新闻兴趣小组"的基础上建立起来了。这个组织宣称自己是一个世界各国有志于"公共新闻"的新闻记者与新闻教育工作者的国际性联合会,时至今日已经有几十个国家的新闻记者和新闻学者加入了进去,这个组织中的美国学者也先后到很多国家向新闻界同行传授他们的研究和实践成果。

　　随着互联网等新媒体技术的普及,"公共新闻"又与互联网等新媒体技术结合向着一种称为"互动新闻"或"参与式新闻"(Interactive/Participatory Journalism)的方向发展。皮尤公共新闻中心结束后,在马里兰大学菲利浦·梅里新闻学院新设立了一个"互动新闻机构"——新闻实验室(J-Lab)作为中心的延续,"新闻实验室"的主要目标就是推动运用新技术,帮助人们积极参与重要的公共问题的新闻创新实验,并且在奈特基金的资助下设立了一个

"奈特—巴顿奖"用于奖励对新闻报道的创新,尤其是那些在新闻报道中运用新的信息理论和技术帮助公众参与公共事务的新方式。至此,关于"公共新闻"的研究也开始向着新的方向发展。

"公民新闻":新技术语境下的传播革命

互联网的出现极大地改变了新闻业的传播生态,"公共新闻"也从上个世纪由媒体发动公众讨论、寻求公共问题的解决方案的模式,进入到普通公众可以不依赖大众媒体,自主发表观点,形成舆论甚至组织,进而影响媒体、影响公共事务决策的新的阶段。

"公共新闻"运动的领袖罗森对这一媒体景观表现出高度的兴趣和关注,他认为,网络技术为"公共新闻"的发展开辟了一个新天地,因为"读者和观众现在有更丰富的可供选择的新闻来源渠道,他们越来越自信,也越来越丧失对传统新闻媒体的敬畏"。2003 年 10 月,他在《哥伦比亚新闻评论》上发表了一篇题为"权威的条件"(Terms of Authority)的文章,指出在 20 世纪达到发展顶峰的大众传媒已经面临着新的挑战,虽然像《纽约时报》这样的主流媒体不会因为这些个人网站的出现被挤垮,但是它们的权威性已经受到来自新媒体的挑战。他还进一步提出:"虽然不是每一个公民都会成为记者,但是每一个记者都能够在网络上形成一个迷你型的公众群体。""网络上的新闻交易,意味着一种新的公共领域,在这个领域里,每个读者都能成为作者,而且人们对新闻的这种'消费'是在他们更主动地寻找正在发生的新闻,有时候还在相互合作的情况下完成的。"罗森在 2007 年与美国《连线》(Wired)杂志合作成立的网站(Assignment Zero)就是他这一理论的试验田,在这里,公众不但是新闻来源的提供者,还可以参与到具体的新闻报道中来。罗森希望通过这种具体实验的方式来了解公民新闻网站所要面临的问题并寻求解决之道,以此为公民新闻网站的发展开辟道路。

在 Assignment Zero 网站,公众可以在专业人员的指导下,摇身一变而成为新闻记者。在成为网站会员后,参与者可以到一个虚拟的新闻中心"铲子"

(The Scoop)栏目查看或提供自己感兴趣的话题。在这里,编辑会把大家所关注的内容进行整理和任务分配:如把报道任务分成诸如采访、调查、写作、研究等几个板块,参与者可以到"分配办公桌"(Assignment Desk)栏目根据自己的特长和兴趣选择可以从事的项目。可以选择"群包",即与人合作完成;或"独包",即自己独立完成。如果选择"群包",参与者则可以在任务进行过程中作出自由的选择,可以在任何时间发布获取的信息,是一个正在进行时的工作过程,但网站会对参与此项任务的总人数加以限制;而选择"独包",则意味着这项任务只能由一个人来进行。一旦确定任务,参与者可以在网站上获取一个报道页面来发布新闻,查看他人的评论,或编辑、讨论。参与者还可以时常登录论坛,分享自己在从事新闻报道过程中的感受和见闻。

何谓"公民新闻"? 各实践机构有不同的解读。例如"公共新闻"网站的先驱——韩国"公共新闻"网站 Ohmynews 的口号是"人人都是记者",强调普通公众对于新闻信息报道的参与;美国"公共新闻"网站 New West 则选择用"未经过滤的"这个字眼来形容由受众投稿发布的信息,以此强调这个网站和传统媒体新闻发稿机制的不同,并对网站所提供的信息属性进行了界定。除此之外,网站还为新闻提供者制定了一套规则,号召大家"不要被'公民新闻'这个字眼吓倒。你发布的信息也没有必要必须是经过深思熟虑的编排好的文章。它可以是一篇慷慨激昂的演说,也可以是对某一事件的大声疾呼;它可以是一篇短小的评论,也可以是一篇小说。任何你想写的东西都可以通过我们的网站进行发布。我们就是要听到你们心中最真实的声音"。

在美国一位研究新媒体的专栏作家马克格·拉泽(Mark Glaser)眼中,"'公民新闻'就是让没有经过专业新闻训练的普通公众通过运用新的传播技术和网络全球传播的特点来创作新闻信息,在为传统媒体提供的新闻信息增加新的素材的同时,也可以通过这种方式对媒体所提供的信息进行查证和检验。这些工作可能由某个人自己来完成,也可能由很多人共同完成:你可能会在自己的博客或网络论坛上写一篇关于自己所在城市某些问题的报道;你可以在自己的博客上检验主流媒体上的文章是否有误或存在偏见,并给予指正;你可以把自己抓拍到的有价值的数码照片发布在网络上;甚至你可以摄制视频短片发布到像 Youtube 这样的网站上。如果亲历重大突发事件的发生,你提供的文字或影像资料甚至可以影响整个历史"。还有美国学者认为,"公民新闻"使新闻的定义在经历了很多的曲折和反复之后似乎又回到了起点,因为当美国第一修正案被采用之时,出版自由指的是任何人都有运用出版机构自由出版的权利,而不仅仅是某一组织机构从事新闻出版的自由。

"公民新闻"使人们注意到,大众媒体的职业记者并不一定是它所报道领域的权威的专家,很可能对于某一领域而言,受众或受众集体的智慧更应该受到关注。在新媒体技术日益发展的今天,受众可以一改往日在新闻信息传递过程中的被动地位而积极主动地参与到信息的制作和传播中来。他们不再被大众传媒所设置的议题牵着鼻子走,对于重要的新闻信息可以有自己的判断。

除了"公共新闻"网站,"公共新闻"还有如下表现形式:

新闻跟帖:受众可以通过留言对新闻报道进行评论、补充,甚至提出质疑。

BBS:一块公共电子白板,每个用户都可以在上面发布信息或提出看法。

博客:一种简易的个人信息发布方式,任何人都可以注册,完成个人网页的创建、发布和更新。

维基百科:一种多人协作的写作工具。

"公民新闻"与"公共新闻"之比照

在已有的研究成果中,"公民新闻"与"公共新闻"常常被混为一谈。其实根据前文对这两者的梳理不难看出,虽然两者只有一字之差,但彼此却是有本质区别的。

第一,"公民新闻"与"公共新闻"产生于不同的历史背景,缘于不同的动因。"公共新闻"是在 20 世纪 90 年代前后针对美国民众对于政治的疏离和报纸阅读率下降,由业界、学界和研究机构共同推进的一场旨在"重振社区精神"的新闻改革运动,是以大众媒体为主导的新闻创新实践。而"公民新闻"的勃兴主要依赖于强大的技术推动力,摄像手机、DV 等新闻采集工具的普及以及网络技术的发展,使普通公众可以脱离大众媒体的操控,主动地、自发地运用新媒体技术传播自己的所见所闻,表达自己的观点和主张。

第二,普通公众在这两类新闻中所处的地位不同。在"公共新闻"运动中,虽然公众参与媒体讨论的机会增多了,但仍然处于被动地位,因为公共讨论和调研的内容是由媒体确定的,整个报道过程也是由媒体组织并控制的。也就是说,"公共新闻"运动主导者是传统媒体,公民只是被发动、组织起来的参与者。而"公民新闻"的主体已转向普通民众,公民将自己所关注或经历的事件通过网络以及其他方式进行公开报道,或对已经公开报道的事件自由发表自己的见解和看法。

第三,两类新闻的特征不同。"公共新闻"以报道内容与报道方式的双重"公共性"为特征,"公共"一词,既指报道对象是与公共利益相关的事件或问题,又指报道方式为"公众参与式"。而"公民新闻"是指普通公民作为新闻报道者传播新闻,"公民"一词主要界定报道主体,而非界定报道内容。换句话说,"公民新闻"的内容不一定都具有"公共性",它既可以关注公共领域的问题或事件,也可以表达与公共利益无关的个人琐事或感受。

当然,"公共新闻"和"公民新闻"确有某些相似之处,并且可以产生相互间的联系。如它们都有公众的参与并能表达公众的意见,这也是人们容易将其混为一谈的原因。而且,"公共新闻"运动发展到后期,已经体现出"公民新闻"与"公共新闻"相结合的特点。2004 年 8 月,"公共新闻兴趣小组"在加拿大多伦多召开年会时,决定将"公共新闻"改称为"公共与参与式新闻"(Public and Participatory Journalism),也正说明了这个道理。

对于大众媒体来说,最值得关注的是,"公民新闻"对普通公民"新闻生产力"的开发正在改写新闻传播的历史,它不仅鼓励公民关心身边的公共事务,采集、编辑及传播新闻信息,而且还鼓励公民创建自己的媒介。如果说,15年前发生的"公共新闻运动"是大众媒介发起的自我改革运动,那么,诞生不足10年的"公民新闻"则是普通民众发起的对于大众传播的革命,它使传统媒体与新闻传播都面临前所未有的挑战。

选自《新闻记者》2008 年第 8 期

把事实和意见分开

——《新闻记者》评点假新闻文章名誉权案一审胜诉的启示

魏永征

上海《新闻记者》月刊自 2001 年起每年评点"十大假新闻",10 年共评点了 100 篇,其中有一件假新闻引发了一场名誉权诉讼:广州《新快报》对 2010 年第一期《新闻记者》将它用前一年意大利大雪照片错配"石家庄暴雪封城"的新闻报道列入"2009 年十大假新闻"提起侵权之诉。日前,初审法院经过审理,认为不构成侵权,判决驳回原告诉求。目前本案原告虽已提起上诉,但初审判决仍有相当的理论价值,值得评点。因为判决体现了名誉权法中的一个重要原则:把事实和意见分开。

判决书写道:"新闻报道,传达的是事实,它是客观的,事实真相具有唯一性,评价事实(报道)的标准是真实;而新闻评论,表达的是观点与意见,它是主观的,具有多元性,评价观点(评论)的标准是公正与公允。"这段话表意鲜明,排比工整,本文即据此展开。

本案争议内容不涉及事实

《新闻记者》的涉讼文字,正是包含事实和意见两部分。它所陈述的事实,即《新快报》错把去年的外国照片作为中国新闻的配图发表,网民如何循迹追踪、发现错配照片的来历,都是真实的存在。就是原告自己也并未否认,并且作了更正。

原告说,它只是"误用",而被告说它是"造假",但是在原告所举被告的文字中,看不出被告肯定原告"造假"的意思。

原告所举的这句话"究竟是这三家报纸(指有三家报纸同一天刊登了这

张假照片)联手造假,还是从同一网站下载,或是由谁统一发稿,有待大家提供确切证据",是一句设问句,列举了假新闻来源的三种可能,表达了希望进一步查明真相的意见。这恰好表明,被告在陈述了《新快报》等刊登了"假新闻"这个事实后,明白无误地表示了这组"假新闻"从何而来,是谁"造假",尚未确定,有待查明。

原告还举《新闻记者》摘引一位网民的评点文字作为侵权言论,但是这段文字也没有陈述虚假事实,其中说"这不是误用,而是明知照片出处的剽窃造假",是评点者发现这张照片是被剪裁过的,原作的标识和大楼外貌的部分都被剪掉了。"剽窃造假",正是批评这种剪裁作伪的行为,也没有明指是谁剪裁、谁剽窃。

退一步说,原告当然知道这张照片是从网上下载,不是自己摄制的,但是在刊用时却不注明转载自何处。经查,在它的网页刊用时还打上了自己的印记。如果"剽窃"是指这种把他人作品拿来就用的违反专业规范的行为,即使比较激烈尖锐,但依然是事出有因的一种意见。

初审判决肯定被告的文字并未陈述某种虚假事实,而只是就某个事实发表某些批评意见,从而认定被告的行为并未构成侵权,驳回原告的诉求。这样的思路有没有法律依据呢? 有的。

针对特定事实发表意见不是侵权

最高人民法院 1993 年《关于审理名誉权案件若干问题的解答》中对因撰写、发表批评文章引起的名誉权纠纷列出了三种不同情况:

文章反映的问题基本真实,没有侮辱他人人格的内容的,不应认定为侵害他人名誉权。

文章反映的问题虽基本属实,但有侮辱他人人格的内容,使他人名誉受到侵害的,应认定为侵害他人名誉权。

文章的基本内容失实,使他人名誉受到损害的,应认定为侵害他人名誉权。

条文是穷尽列举,表明批评文章侵害名誉权行为限于两种:一种是基本内容失实,即传播了贬低他人名誉的虚假事实;一种虽然没有涉及事实,但是侮辱了他人的人格。在学理上,前者称为诽谤,后者称为侮辱。仅仅表述一种意见、观点或者感受,即单纯的评论文字,即使意见或观点不那么正确,使被批评的一方感到不快,甚至导致旁人和公众附和批评,也不在侵害名誉权之列。诽谤主要特征是传播虚假事实,而意见、观点、感受并不涉及真实还是虚假。侮辱,是以辱骂、丑化等非理性方式损害他人人格尊严,在理性基础上表达的意见,即使用语片面、偏激,也不会是侮辱。

将事实和意见分开,针对某些事实发表意见不构成诽谤,也是国际上诽谤法的通行原则。

英美法的诽谤法,有一项重要的免责抗辩事由"公允评论"(fair comment,或译为"公正评论")。大致意思是:诽谤案的被告人,如果能够证明自己的言论是针对某些涉及公共利益的事实而发表的意见,这种意见只要是通常人都可能具有的,即使是夸张的、片面的甚至偏激的,也不构成诽谤。传统的英国诽谤法中公允评论抗辩规则相当复杂。今年3月,英国司法部向国会提交诽谤法改革草案,提出将它改为"诚实意见"(honest opinion),规则也相应简化,凡针对公共利益所发表的意见,只需证明所发表内容是意见而并不涉及事实,在特定情形下有一定事实基础且态度诚实就可以成立。

在欧洲大陆,将事实与价值判断(fact or value-judgement)分开,也是欧洲人权法院审理涉及表达自由和保护名誉案件的重要原则。所谓价值判断,也就是指意见和观点。一些判例表明,有的人因批评某位政治人物而被本国法院判决构成诽谤而上诉至欧洲人权法院,法院认为这些言论都属于价值判断,而这些判断所依据的事实则是基本真实的或者并不存在争议,据此判决所在国当局对这些言论的干预违反了《欧洲人权公约》第10条(表达自由)。

这个原则在诽谤法中具有重要地位,英国的一部权威媒介法著作论及事实与意见的区分时写道:"这是整个诽谤法中最重要也是最困难的区分。"

为什么区分事实和意见如此重要?

首先,决定名誉的是特定人行为表现的事实而不是个别人的意见。名誉是特定人(自然人和法人)关于自身的品质、操守、能力等等方面的社会评价,正因为是社会的,所以是客观的,每个人的名誉总是体现了周围人或社会对他的综合认知,这种认知是他的长期的行为表现的事实积累形成的,个别人的主观意见不足以代表这种综合认知。传播了特定人的虚假事实会损害他的名誉,是因为它会造成多数人的错误认知,致使他的社会评价遭到不应有的贬低。而特定人那些在公共领域的行为表现,比如政治家的演说或公务行为,文学艺术家的创作或表演,企业的产品或服务,等等,可以说无时无刻不受到人们的评论。这种评论肯定是多元的,有支持有反对,有赞扬有指责,有欢迎有厌恶,人们并不认为个别或部分人的负面意见就会损害他的名誉,因为事实俱在,公众自会根据事实来评判不同意见,对有关人或机构作出恰当评价。

其次,司法只能判断事实真假而不能判断意见对错。司法是对违法行为的裁判,裁判的基础只能是客观事实,任何不能在现实中作出客观判断的内容不可能纳入司法的管辖范围。在表达内容的事实与意见两种要素中,前者是对客观存在的复述,衡量标准是真假;后者是主观思想的呈现,衡量标准是对错。前者多数可以实时做到,后者则往往难以一刀切,并且在很多情况下要经过长期检验。事实的真假属性,可以也必须作唯一的、排他性的判断(法律对真假难辨的情况会设置特别的推定规则,如"疑罪从无");但是意见却缺乏这种排他性的评价标准,面对许多意见,往往难以作出谁对谁错的定论。欧洲人权法院的判决就表示,必须区分事实和价值判断;事实是否存在可以得到证实,而价值判断则不然。法院不能判决负面的价值判断就是诽谤。

最后,意见自由是表达自由的基础。在国际人权法中,表达自由属于可限制的权利,其中就包括要受到保护名誉的限制;但是对意见自由则予以更多的保护。《公民权利和政治权利国际公约》和在此前的《欧洲人权公约》都特别列明持有意见的权利是不受干预的,因此被解释为绝对的权利。考察表明,受限制的表达内容主要是涉及事实的信息,如虚假信息、秘密信息(国家的和私人的)等,而对纯粹的意见和观点表达的限制则相对要少得多。对意见表达的特别保护源于近代意见自由的理念。启蒙思想家们认为,达致真理的最有效途径就是让不同意见进行自由争论,压制任何意见都有可能窒息真理。在此基础上提出的"意见市场"(marketplace of opinion and idea)理论认为测试某种意见是否为真理的最好方法,就是把它置于自由竞争的市场中,看它是否获得认可。这种主张虽然过于绝对化,但是不同意见应当通过自由讨论来达成共识,真理必须通过同错误意见的交锋得到发展,所以不应压制不同意见,包括可能是错误的意见,这符合认识论的规律,也是民主社会通行的行为规则。

《新闻记者》打假10年,难免发生纠纷。曾有一家报社因为所刊新闻失实被列入"假新闻"而兴师问罪。他们认为"假新闻"必须是主观上有造假故意,客观上完全虚假或在关键问题上颠倒黑白、无事生非,而自己的新闻不属这种情况,不是"假新闻",所以严重伤害了他们的声誉,要求消除影响,赔礼道歉,云云。其实《新闻记者》对"假新闻"的理解如同很多业界人士的理解一样,就是"真新闻"的反义词,通常所说的"虚假新闻"、"失实新闻"、"不实报道"等,均可归入此列。此类对"假新闻"的不同理解就属于不同意见的争论,只要被《新闻记者》列入"假新闻"的报道确有虚假失实,就不应把一部分人对"假新闻"定的标准套用于对方点评的"假新闻"而认为不属"假新闻",进而指控对方侵权。同样,法院也不可能以判决的方式对"假新闻"下一个定义,判决《新闻记者》所点评的失实新闻是不是属于"假新闻"。对于"假新闻"的理解,只能通过业界的自由讨论来达成共识,所以那次争议也并未导致诉讼。

在本案中,原告错配新闻图片,必定会受到社会的批评。发表批评意见的也不只是《新闻记者》一家,也许还有更加激烈的,也可能会有为它辩解的,这些意见的是是非非法院应当怎么判断呢?如果说,质问假照片是联手造假还是来自另外网站的意见是侵害名誉,那么要求报社检讨、处罚责任人、负责人致歉下台之类的意见又是什么呢？面对各种批评意见，原告应该相信公众，特别是它的老读者们，自会对此次表现作出恰当评价。显而易见，原告声誉发生下降并非由于那些批评意见，而是引起批评的错误事实，向法院诉求别人撤回批评意见并非补救之道，以自己改正错误的实际表现获取人们的正面评价，这才是挽回声誉的有效途径。

确认意见合法性的两条界限

把事实和意见区分开来，并不容易，甚至被认为很困难。这是因为表达内容的这两种要素都具有主观的形式，并且交织混杂，表达者往往不在意说一段事实再说一段意见，而是陈述事实时含有意见，表达意见中夹杂事实，所谓"新闻只报道事实，评论只表示意见"只存在于非常理想的情况下，更何况有些意见还会被别人理解为事实。所以，在名誉权案中如何界定涉讼内容属于意见是一大学问。

根据前引我国司法解释的规定，借鉴英美法诽谤法的公允评论抗辩规则，可提出如下两条界限：

第一，相关意见必须针对某一事实并且不致被误认为提出新的事实。

只有针对客观存在的事实而发表的意见才是真正的意见。美国《侵权法重述——纲要》有云：某项意见性表达如果"暗示它是以对未被披露的诽谤性事实的声称作为该意见的基础时，则该以意见性表达为形式的陈述可以就此提起诉讼"。如果表达者的批评意见并无任何事实支持，则是一种"伪装"的意见。比如针对报纸发表假新闻的事实，对它的专业水平提出质疑就是一种意见，而如果没有任何假新闻的事实，就断言某报专业水平低下，那就是一种事实性陈述，批评者就必须举出它专业水平如何低下的事实来。

针对某一事实发表的意见应该逻辑地包含在所评论事实的前提之内，即使比较夸张、不够全面甚至有误解，都在合法之列。还是以本案为例：评论文字对三家报纸同一天发表假照片的事实表示"奇怪"，列举"联手造假"、"从同一网站下载"、由其中一家"统一发稿"三种可能，希望"有待大家提供确切证据",这是合乎逻辑的推理。因为对于这种情况产生是否"联手造假"等各种疑问都是从事实本身合理引申的,其底线是表示怀疑,而没有作出肯定的判断,所以并未提出新的事实。如果不是止于设问,而是作出诸如不是"联手造假"就是"同一网站下载"或"统一发稿"三者必居其一的断言,这就可能成为超越事实提出新的推论。因为这三项并不能穷尽假新闻出台的所有可能,比如,或许是这张照片已在多家网站流传,三报是不约而同从不同网站下载的呢?这样的"遗漏"是不是会被理解为断言假新闻是三报的共同行动呢?这样,评论者就需要对假新闻来历只限于这三种可能提出证明。而我们看到,原告诉状也正是"遗漏"了"有待大家提供确切证据"一语而指控评论"主观臆断,严重失实"。也正因为"遗漏"了这句关键性的话,意味着原告把意见混淆为事实,所以其诉求不可能被法院采纳。由此可见,事实性陈述和意见性表达确实只有一步之遥,无论是评论者还是法官,都需要仔细把握和甄别。而本案涉讼评论只限于以客观公允态度提出不确定的质问,相当准确而有分寸地把握了事实和意见的界限,自应受到法律保护。

第二,相关意见并未侮辱他人的人格。

以言辞侮辱他人人格是侮辱的一种方式(还有暴力等方式),侮辱性言辞不涉及事实,严格说来也不属于意见;意见是建立在理性基础上的,即使那些夸张的、讽刺的甚至偏激的表述,仍然可以说是源于理性;而侮辱性言辞是非理性的,它以辱骂、丑化等方式,损害他人的人格尊严。

本案就这条"假新闻"配发的漫画"造假,过去用浆糊剪刀,现在用计算机!"被原告指为"恶意讽刺",意思是造成了损害人格的后果。诚如判决所言,漫画本来就是以夸张、讽刺和幽默为特征的,是表达意见的一种特殊形式。这幅漫画表示的意思,是形容目前"假新闻"往往来自互联网这样的新特点,画面也很简单:一个人手拿剪刀浆糊,旁边安放一台计算机。这完全是建立在理性思考基础上的创作,既无辱骂词语,也谈不上丑化任何人,所以完全无涉侮辱人格。顺便说说,《新闻记者》"假新闻"点评者是擅长讽刺和幽默的杂文笔法的好手,诸如本案评论:"去年意大利的雪,飘落在今年的石家庄,令中国新闻界蒙羞!"还有对误报某影星怀孕的"假新闻"评说:"当一家媒体对女人的肚子感兴趣之时,也就离九流小报不远了!"形容误报某人死亡的"假新闻"是"新闻记者用笔'杀'人",指责某些造假记者"要向他们谈什么新闻真实性、客观性,无异对牛弹琴"。如此妙句警言,是作者经过深层思考凝练而出,读者也自会予以理性解读,从未有人指这些讽刺与幽默是侮辱了谁的人格,即使本案原告也未对"去年意大利的雪飘落在今年石家庄"这句夸张修辞提出异议。

侮辱人格的言辞,限于那些一无事实、二不讲理,以贬损他人人格为目的的情绪化表达。至今《最高人民法院公报》已刊有两件侮辱言辞案例:一是一篇报告文学作品以"政治骗子"、"扒手"、"诈骗犯"、"一贯的恶霸"、"流氓"、"疯狗"、"大妖怪"、"小妖精"、"南方怪味鸡"、"打斗演员"等词语指斥特定他人;二是有网民在博文中攻击他人"输红了眼睛","如丧考妣、狗急跳墙",还称之为"网络三陪女"等。至于那些形容某些错误行为、现象的负面词语,还是要看有关事实是否适用这些词语。最近有一起评论某画家创作引发的名誉权案,法院仅以评论使用了"才能平平"、"逞能"、"炫才露己"、"虚伪"等词语,就断言评论贬损了事主人格,判决侵权成立,而不问这些词语系针对哪些事实而言,事实是否属实,这是难以令人信服的。

事实与意见分开原则尚需进一步落实

我国对名誉权的民法保护只有二十多年历史,在名誉权案件发生初期,曾经有过多起由于评论企业服务、保健品、家用电器、药物、文艺作品等等引发的案件。由于对区分事实与意见的原则尚不明确,这些案件的审理大多相当曲折,有的判决经不起历史检验。以后,有些法院开始注意到了这一区别。《最高人民法院公报》刊有一起因评论小说《钢铁是怎样炼成的》和据此改编的剧本发生的论争,评论者受不了激烈的反驳意见而诉称反驳者侵害名誉权。判决指出:对一部作品的社会价值进行评价,每个人均可以根据法律赋予的言论自由权,充分发表自己的意见。就学术讨论而言,对不同的意见,应该有一定的容忍度,不能因为对方言辞激烈,就认为是侵权。只要双方的争论不违反法律的禁止性规定,都不应承担法律责任,判决驳回侵权诉求。本文所评点这件判决,则是体现了在先前同类案件正确判决基础上进一步从理论上提升的趋势。

不过,名誉权法中事实与意见分开原则在我国还只是隐含于前引司法解释的条文之中,还没有成为明确而正式的规定。而如何将事实与意见区分开来,则更是十分复杂的问题。本文的概述是粗线条的,在审判实务中,把握也不一致,存在"同案不同判"的情况。这个问题亟待引起司法界重视。

本文认为,在名誉权案的审理中,分清事实和意见的区别,对意见表达予以更多的保护,比起研究构成侵害名誉权的言辞和事实陈述失实的界限,要求对微小失实给以宽容来,具有更为重要的意义。陈述事实有误差自然难免,不应动辄责以侵权,但是从根本上说,任何虚假信息对于他人和社会都会有一定损害或者至少是无益的。对于专业的新闻媒体和记者来说,真实是新闻的生命,过多强调对新闻失实的宽容无异于向新闻专业规范挑战。而确认批评性意见不属侵害名誉权,有利于保护各种批判的、多元的、异质的意见,借以通过不同意见的自由讨论达成正确共识,这有益于真理,有益于社会,也有益于人们的名誉保护,才是表达自由和名誉权保护的主要平衡点。

选自《新闻记者》2011 年第 8 期

后　记

刘　鹏

　　1983 年 3 月,《新闻记者》正式创刊。套一句用俗了的话,可以说,《新闻记者》是沐浴着祖国改革开放的阳光诞生的。那时,新闻界和全国各行业一样,置身于拨乱反正、百废待兴的大局,呈现出思想解放、生气勃勃的精神风貌,新闻改革的大潮开始涌动。因此,上海市新闻学会经与全市新闻单位共同商定,创办《新闻记者》月刊,并由《文汇报》新闻研究部负责编辑工作。

　　创刊伊始,分管《新闻记者》杂志的《文汇报》党委副书记兼副总编辑陆灏就提出:"《新闻记者》的首要任务,就是要为新闻改革呐喊,鸣锣开道。""创刊号"也发表本刊评论员文章《大兴改革　促进改革》说:"只有改革才能前进,只有改革才有希望。新闻工作者应该站在改革的前列,宣传党的路线、方针和政策,破除妨碍我们前进的老框框、老套套、老作风,钻研新情况,解决新问题,传播新经验,反映新气象,做大兴改革、推动改革的促进派。"这一时期的《新闻记者》,做了很多对新闻业基本常识、基本规律正本清源、传播普及的工作,也介绍、讨论了新闻界许多新做法、新观念、新思想。

　　1988 年起,《新闻记者》转由上海社科院新闻研究所主办。当年第 3 期刊出的《新闻记者稿约》,展示了新的办刊思路:"特别要加强以下方面的报道:一、关于发展新闻改革、加强公开性、提高透明度、进行舆论监督的新论述、新见解、新设想,新闻单位进行新闻改革的试验和成效;二、新闻幕后的新闻;三、维护新闻工作者合法权益的呼吁以及有关事件的报道;四、提高新闻工作者队伍素质,对新闻领域的不正之风开展批评;五、关于大陆与港澳台、中国与海外记者的交流。"这些方面的选题在此后的《新闻记者》上都有所体现。特别值得一提的是,当时担任《新闻记者》副主编、主编的魏永征承担了《中华人民共和国新闻法(上海起草小组·征求意见稿)》的起草工作。理所当然地,《新闻记者》也刊出了大量关于新闻官司案例讨论、新闻与法律理论探索文章,作为一个重要的理论研讨平台,为新中国的新闻法制建设作出自己的贡献。

1995年10月,《新闻记者》改由新民晚报社、上海社科院新闻所联合主办(1998年由《文汇报》与《新民晚报》"强强联合"组建的文汇新民联合报业集团成立,《新闻记者》转由文汇新民联合报业集团与上海社科院新闻所主办)。这次转型,使《新闻记者》杂志更密切地融入新闻实践,既注重理论深度,又密切联系实际,成为沟通传媒学界与业界的一座桥梁。《新闻记者》曾经发起的关于"新闻策划"的讨论、连续十余年的"年度十大假新闻评选"等,都在全国新闻界引起很大反响。

回顾三十年来的办刊过程,可以发现,《新闻记者》的编辑新老交替、数代更迭,杂志的风格特色也几经变化,但是始终没有改变的,是对中国传媒业命运的深沉思索和殷殷关切;一如既往的,是为中国新闻改革鼓与呼的信心和勇气。可以说,这就是《新闻记者》矢志不渝的办刊精神。

在《新闻记者》创刊三十周年之际,我们选编了这本"文集",不仅希望它具有纪念意义,更希望它能具有历史价值、现实价值、未来价值。所谓历史价值,就是希望读者能从这些带有强烈时代气息的文献中,不但看到《新闻记者》三十年来风雨兼程一路走来的步履和足迹,也能一窥中国传媒业发展、中国新闻传播研究的辉煌与坎坷;所谓现实价值,则是希望读者能从这些似乎已经"过时"的文章中,发现许多对当前中国传媒发展仍然富有启示意义的思想、观点;而未来价值,则是希望读者能从这些"旧篇"中读出新意,对转型中的中国传媒业未来有更深刻的体认和把握。

非常遗憾的是,因为本书的容量所限,我们不得不"挂一漏万",一再"忍痛割爱"。因为要从三十年上万篇文章中选出几十篇作为代表,难度之大,出乎预料。大量精彩佳作,实难割舍,却也只能割舍。

在此,我们特别感谢并怀念《新闻记者》的创始人——时任上海市新闻学会会长、《文汇报》总编辑的马达,以及《文汇报》党委副书记兼副总编辑陆灏,正是这两位中国新闻界前辈的大胆开拓,为《新闻记者》日后的发展奠定了坚实基础。同时,还要感谢三十年来曾先后分管过《新闻记者》的诸位老领导,以及曾在《新闻记者》工作过的所有记者、编辑及其他人员,"前人栽树,后人乘凉",几代人的不懈努力,铸就了今天《新闻记者》的品牌。此外,应感谢文新集团党委书记徐炯、社长陈保平对《新闻记者》工作以及此书编选和出版的大力支持,感谢文汇出版社社长桂国强、责任编辑陈润华为本书付出的辛劳。

当然,我们由衷的敬意和真挚的谢忱,更要献给三十年来始终关心、支持《新闻记者》成长的广大作者、读者。祈愿下一个三十年,你们继续和《新闻记者》同在!

图书在版编目(CIP)数据

中国传媒业的观察家与思想者:《新闻记者》三十年选 /
《新闻记者》选编. —上海:文汇出版社,2013.8
ISBN 978 - 7 - 5496 - 0966 - 6

I. ①中⋯　II. ①新⋯　III. ①新闻工作-中国-文集
IV. ①G219.2

中国版本图书馆 CIP 数据核字(2013)第 179900 号

中国传媒业的观察家与思想者

选编 /《新闻记者》

责任编辑 / 陈润华
特约编辑 / 陈增爵
装帧设计 / 郭天容

出版发行 / 文汇出版社
　　　　　上海市威海路 755 号
　　　　　(邮政编码 200041)
经　　销 / 全国新华书店
排　　版 / 南京展望文化发展有限公司
印刷装订 / 上海新文印刷厂
版　　次 / 2013 年 8 月第 1 版
印　　次 / 2013 年 8 月第 1 次印刷
开　　本 / 787×1092　1/16
字　　数 / 330 千字
印　　张 / 24.75

ISBN 978 - 7 - 5496 - 0966 - 6
定　　价 / 48.00 元